福煦元帅

福煦元帅传

FOCH

B. H. Liddell Hart

[英]利德尔·哈特 / 著

蒋经飞 / 译

The Man Of Orléans

新华出版社

图书在版编目（CIP）数据

福煦元帅传 /（英）利德尔·哈特著；蒋经飞译. —北京：新华出版社，2022.10
书名原文：Foch: the Man of Orléans
ISBN 978-7-5166-6469-8

Ⅰ. ①福… Ⅱ. ①利… ②蒋… Ⅲ. ①福煦（Foch, Ferdinand 1851—1929）–传记 Ⅳ. ①K835.655.2

中国版本图书馆CIP数据核字（2022）第179137号

福煦元帅传

作　　者：［英］利德尔·哈特	译　者：蒋经飞
出 版 人：匡乐成	
责任编辑：刘　芳	特约策划：巴别塔文化
责任校对：刘保利	特约编辑：张建恩　何梦姣
封面设计：宋　涛	

出版发行：新华出版社
地　　址：北京市石景山区京原路8号　　邮　编：100040
网　　址：http：//www.xinhuapub.com
经　　销：新华书店、新华出版社天猫旗舰店、京东旗舰店及各大网店
购书热线：010－63077122　　中国新闻书店购书热线：010－63072012

照　　排：胡凤翼
印　　刷：北京长宁印刷有限公司天津分公司

成品尺寸：145mm×210mm　32开
印　　张：16.25　　　　　　　字　数：362千字
版　　次：2022年11月第一版　印　次：2022年11月第一次印刷
书　　号：ISBN 978-7-5166-6469-8
定　　价：98.00元

版权专有，侵权必究。如有质量问题，请与出版社联系调换：010-63077124

致敬我的四位好友

E. D. S.　E. G. H.　F. A. P.　F. B. A

致敬我们崇高的友谊

目 录

序　言　　　　　　　　　　　　　　　　01

第一章　两个拿破仑　　　　　　　　　　001
第二章　命运的印记　　　　　　　　　　015
第三章　信念之基石　　　　　　　　　　028
第四章　命运的玩偶　　　　　　　　　　038
第五章　使命与历练　　　　　　　　　　049
第六章　两次革命　　　　　　　　　　　058
第七章　战争爆发　　　　　　　　　　　078
第八章　盲　战　　　　　　　　　　　　087
第九章　马恩河"奇迹"　　　　　　　　115
第十章　伊普尔的守望者　　　　　　　　139
第十一章　僵　局　　　　　　　　　　　170
第十二章　"毒气"　　　　　　　　　　193
第十三章　法兰西之剑的顿挫　　　　　　203
第十四章　1916年——魅影　　　　　　　232
第十五章　1917年——黯淡岁月　　　　　261

第十六章　暴风雨来临	292
第十七章　磨炼信念	324
第十八章　最严峻的考验	346
第十九章　扭转战局	364
第二十章　滚动的球——落潮	374
第二十一章　每个人都在战斗	400
第二十二章　坚强意志的胜利	427
第二十三章　占领莱茵河	446
第二十四章　多年的反思	467
后　记	489
参考文献	501

图片列表

福煦元帅 1

福煦在塔布的出生地 007

两位密友:福煦将军和威尔逊将军 061

在法国召开的一次协约国会议 213

"战场上的福煦" 310

协约国会议 383

福煦在专列车厢里签署《停战协定》 440

福煦正在接受战旗并将其保存在荣誉军人院 480

地图列表

地图 1	法国与德国的计划，1914 年 8 月	083
地图 2	莫朗日战役，1914 年 8 月 20 日	099
地图 3	马恩河，1914 年	110
地图 4	马恩河战役中福煦所部之战斗，1914 年 9 月 6—9 日	121
地图 5	伊普尔，1914 年	155
地图 6	伊普尔，1915 年	198
地图 7	阿图瓦攻势，1915 年 5 月和 9 月	207
地图 8	索姆河攻势，1916 年	247
地图 9	法国进攻战，1917 年	267
地图 10	卡波雷托	278
地图 11	德军攻势，1918 年 3 月	293
地图 12	德军攻势	315
地图 13	莱斯河攻势，1918 年 4 月	329
地图 14	德军突破马恩河	352
地图 15	第二次马恩河战役	370
地图 16	协约国军攻势，1918 年	387

序　言

本书无意自诩为一本"官方"传记，虽然在资料收集以及史实核证方面，魏刚将军（General Weygand）给予了慷慨的帮助，还就若干特定问题向我讲述了他的看法。我应该给予魏刚将军更多的敬意，因为他没有以任何方式来影响我的判断，并避免为其所述之事附加条件，因此出于更公正的立场而言，我应当明确声明，魏刚将军不对本书所得结论承担任何责任。

我知道本书的结论可能有悖于对法国陆军元帅福煦功绩的普遍认知，但并未否定福煦的精神。对此，我的遗憾之情无人可及。我深入研究战争史之后，面对展现的史实，放弃了原先的认识，也是心有不愿。如果我可能有批判性评论，我只能说，我是自由运用史实而在严格的范围内进行批判，这正是论述历史真相所需的态度。我所作之批判都是基于不容抹杀的史实。由于我有一种感觉，相较于史实所传递出来的信息，福煦的精神可能对其行为产生了更多难以捉摸的影响，我有意识地克制了自己的批判。

我强烈希望本书不能被视为对福煦的"攻讦"或"揭露"。本书无疑也指出了福煦太过于专注进攻理论及其在战争中的实践，这不仅给法军，而且给其盟友均带来了严重的后果。然而，除了这个问题，本书认真分析了最高统帅部在世界大战背景之下所受的限制。

因高级指挥将领难以掌握战局之实情,以及不能在知悉战局变化之前适时采取行动,以致不利于其发挥有效之影响。

我对进攻理论的批判,不会超过福煦元帅自己的苛评:"对于进攻特别情有独钟,因而招致无功的败退和惨重的损失。"我的补充仅仅是追溯了福煦元帅在培育这种"情有独钟"方面的影响,这种"情有独钟"导致了1914年及尔后"无功的败退和惨重的损失"。

第一章　两个拿破仑

这是1851年的10月。几个月之前，维多利亚女王在亲王①的陪同下前往海德公园主持了万国工业博览会②的开幕，开创了国际和平与繁荣的黄金时代。水晶宫（Crystal Palace）也许并不是和平精神的安全容身之所。甚至在开幕之际，乌云正笼罩着英吉利海峡的那一边。

三年之前，法国试图撤销一项失业救济金政策，③以致失业问题进一步恶化，引发了"六月起义"以及对其的镇压行动，结果法国社会党从上遭到摧毁，而法国共和党则从下崩溃。威灵顿公爵（The Duke of Wellington）在评论中写道："法国需要一个拿破仑！"法国并没有等待太久。无限的民主铺就了无限专制的复活之路。1848年11月的新宪法规定，总统集普选确权与权力授予于一身，实际上就是有实无名的皇帝。刚刚得到选举权的民众投票给了一个

---

① 即阿尔伯特亲王。——译者注
② 万国工业博览会于1851年5月1日开幕，10月15日闭幕。——译者注
③ 这项政策应该是法国1848年"二月革命"后临时政府设立的国家工厂制度。——译者注

名叫拿破仑的人，他是法兰西第一帝国皇帝的侄子，也是继孙。拿破仑很快从荒唐的冒险家摇身一变为人民的社会主义救世主。民众对拿破仑一世无尽地奉承以及无限地忠诚，使手握大权的路易·拿破仑（Louis Napoleon）费尽心机要将总统之位变成终身制，且欲加封皇帝之名。议会竭力抵制此种潮流，但却软弱无力，致使自己折戟沉沙。1851年秋，当拿破仑集结力量对付议会时，议会却眼睁睁束手无策，最后，在"奥斯特利茨（Austerlitz）之夜"，拿破仑发动了政变。

正好两个月之后的另一个夜晚，与拿破仑同名的一个卑微之人也制造了一场"内部"危机。历史也许存在着巧合，同代之人几乎很难认识到这一事件的重要意义。这是最为普通的人类危机，出现在分娩之前。这件事发生在一张床上，这张床放在一间屋子后面阴暗的凹室里，而法国的中产阶级家庭有着几百万间这样的屋子，没有什么区别。这间屋子有两扇百叶窗，这是面包店楼上一套公寓八间屋子中的一间，位于比利牛斯省（Pyrenean）小镇塔布（Tarbes）的圣路易街（St. Louis）43号。这套公寓的主人是拿破仑·福煦先生，他出任上比利牛斯省秘书长这样一个体面的职务，为弥补其微薄的工资，政府给了他这一套公寓。

拿破仑只是因为工作而与塔布镇结缘，并非存在家族传承的关系。其家族来自邻省上加龙省（Haute-Garonne）的瓦伦丁村（Valentine）。如果将他的孩子比作一种外来植物，事实上这个孩子充满了遗传特征。正如一种植物那样，尽管有时候会移植他处，福煦家族也能很快在新环境里生根发芽。而且，家族基因将影响着后世的未来。

第一章 两个拿破仑

可以确定的是，福煦家族自17世纪以来一直定居在瓦伦丁，其一个先祖让·福煦（Jean Foch）于1693年死于此地。还有一种不确定的传说是，福煦家族在法国宗教战争时从阿尔萨斯[①]（Alsace）南迁。很有可能的情况是，福煦家族的迁徙路线没有这么长，他们来自阿列日（Ariège），且起源于比利牛斯地区邻近的凯尔特人古老部落。

盛名之下，"Fouch"（福煦）的语源也充满了想象。一种合理的解释是，"Fouch"源自于他们的封建领主富瓦（Foix）伯爵，富瓦的本地方言发音就是"Fouch"。这可能来自拉丁文Focus或者Fodium。从象征性意义上而言，"福煦"的谐音存在着有趣的巧合：军事领袖之"火（fire）"或者消灭敌人之"火"，[②]或者说是阻止敌人前进的"壕（fosse）"或沟。

如果有心，还可以在瓦伦丁的纹章上找到神秘的意义，这里曾经是一个重镇。瓦伦丁的纹章与古代法兰西王国的纹章存在着某种联系，因此该镇在法国诸省中是独一无二的。其纹章的图案是：一头狮子托举着皇冠，下面放着百合花，两侧还各有一名天使侍奉着。这皇冠难道就预示着1918年11月11日？狮子难道象征着勇气，或者象征着英国的联盟？天使又是什么呢？也许是美国雄鹰的精神化图腾，也许是即将出生婴童的守护天使，婴童经常需要天使的保护，而天使也会慷慨给予之。

当我们从想象回到历史，必须承认，福煦之名并没有浪漫色

[①] 位于法国东北部。——译者注
[②] 地方方言fire称为fioch，从而增强了这一语源学意义。——原注

彩。福煦家族最初是造纸匠，在路易十四当政的年代，他们成了羊毛商人，为了探索冒险之路以及展现在危险贸易之路中的勇敢精神，他们翻越大山进入西班牙。这段经历强化了他们的宗教信仰，也使他们养成了一个习惯，那就是为后代收集起源于西班牙且具有宗教味道的基督教名字。到了多米尼克·福煦（Dominique Foch）时，福煦家族激起了一些小浪花。他不仅是家族的领袖，而且还是大革命时期的瓦伦丁镇镇长。在此之前，他与其神父兄弟参与了谁能主导瓦伦丁镇的激烈家族斗争，从而共享了荣誉。

在大革命期间，多米尼克的兄弟及其竞争对手退居幕后，将费心费力的领导位置留给了多米尼克，而他也表现出了对权力的渴求。最为重要的是，在议会里，他距离实权人物只差一个等级。一开始，他出任驻瓦伦丁国民警卫队第2连的中尉。在文件上，他的签名是上尉参议，也许在军事狂热新兴之际，这相当之重要。甚至流传着一种说法，他相信令人期待的波拿巴[①]会在恐怖达到高潮之际，驱散暴动的乌合之众，于是他强力维持着瓦伦丁的统治秩序。

当波拿巴在法国掌权之时，多米尼克·福煦出任市长一职，他在瓦伦丁的权力到达了顶峰。他的生意也做得风生水起，为了庆祝新任要职，他修建了一座新房子，门道壮观，正面有7扇窗户，宽敞的客厅装饰精美，悬挂着一位当地艺术家创作的装饰画板，如此豪华的台阶以及主人的奢侈也许会让这位艺术家的作品黯然失色。

多米尼克·福煦在家庭生活方面也一样春风得意。在14年的婚姻里，他共养育了8个孩子。1803年，他为新出生的幼子取名

---

① 指拿破仑一世。——译者注

第一章　两个拿破仑

拿破仑。①他没能活着看到拿破仑登基，但是快乐地期待着他能够称帝。由于他自己在军事雄心与激进爱国主义方面壮志未酬，幼子的教名则借用了贝特朗·杜·盖克兰②（Bertrand du Gueselin）之名。一年之后，由于繁多操劳，耗尽了心血，多米尼克·福煦英年早逝。

多米尼克·福煦无论在他儿子身上寄托了何种军事梦想，都将面临破灭的命运。很快，他们的梦想遇到了滑铁卢。于是，拿破仑·福煦转而投身文职队伍，以期建功立业，这支文职队伍几乎与拿破仑的大军团（Grande Armee）一样庞大，只是少了一些指挥杖而已。有一段时间，他在卢尔德（Lourdes）任职，尽管直到一代人之后，圣母玛利亚方在此地向农家女孩伯纳黛特显灵，③而卢尔德早在当时便已是朝圣之地，因此家族的传统宗教倾向更加深植于他的内心。1832年，拿破仑·福煦与阿热莱斯（Argelès）的舍瓦利耶·迪普雷（Chevalier Dupré）之女玛丽-杰奎琳-索菲（Marie-Jacqueline-Sophie）结为夫妇，为其后代注入了尚武的血液。

迪普雷在16岁时离家，服役于多菲内地区（Dauphiné）的猎兵部队，这是法国皇家陆军的一个精锐军团。革命战争让他有机会

---

① 多米尼克·福煦死于1804年9月2日，享年50岁。拿破仑一世于1804年11月6日称帝。拿破仑·福煦生于1803年3月13日。——译者注
② 贝特朗·杜·盖克兰是法国百年战争初期杰出的军事领袖及民族英雄，一生战功赫赫，被誉为"布列塔尼之鹰"。——译者注
③ 卢尔德又译为"露德"，位于法国南部，1858年2月11日，14岁的伯纳黛特在河边的山洞看到了显灵的圣母玛利亚，从而吸引了更多的朝圣者前来此地。——译者注

去赢得勋章,并在驻意大利法军中谋得一职。奥斯特利茨战役[①]之后,迪普雷的军阶晋升为上尉。1809年,在西班牙战役中,迪普雷第三次负伤,结束了上阵杀敌的生涯,1812年,他荣获"荣誉军团勋章"。为了彰显其新晋之尊贵,迪普雷设计了一个盾徽,包括一只跃立的狮子、一把拔出的剑和一只高卢雄鸡,这又是一个具有预言性的象征图腾。

随着波旁王朝的复辟,迪普雷只能以仅存的尊严聊以慰藉。他慷慨资助老战友以及愿意聆听他忆述昔日荣耀的其他人,以致自己的生活并不容易。迪普雷在家中是说一不二的人,妻子的唠叨也无法阻止他的慷慨,但这样的结果使得迪普雷更乐意接受女婿的资助。1849年,拿破仑·福煦在塔布任职,他邀请岳父和岳母离开自己的家,到塔布与他们同住。只有了解时局以及拿破仑·福煦的民族主义,我们才能懂得迪普雷这个女婿的想法。

巧合的是,拿破仑·福煦这名老兵"葬礼号"吹响的时候,却是一名年轻军人的"起床号",他站在拿破仑·福煦这一边接过了这名老兵的最后一棒。

这一天是1851年10月2日,晚上10时,拿破仑·福煦的第三个孩子,也是第二个儿子出生了,取名斐迪南。他有一个姐姐和一个兄长。长姐尤金妮娅(Eugenie)一生未嫁,她是瓦伦丁拉列斯神[②](lares)的守护人,甚至比她的长寿兄弟们还活得长

---

① 奥斯特利茨战役发生在1805年12月2日,拿破仑指挥7.5万名法军决定性击败了8.7万名俄奥联军。法国伤亡约9000人,俄奥联军伤亡约3.6万人。此役导致第三次反法同盟瓦解,奠定了拿破仑的欧洲霸主地位。——译者注
② 古罗马的家庭守护神。——译者注

第一章　两个拿破仑

福煦在塔布的出生地

久。长兄加布里埃尔（Gabriel）是一名律师，在塔布执业。热尔曼（Germain）在斐迪南之后出生，他参加了耶稣会，这在尔后间接危及他所深爱兄长的职业生涯。

在斐迪南的童年时代，似乎一直受到宗教与拿破仑的最强烈影响。当伯纳黛特·苏比鲁（Bernadette Soubirous）在卢尔德山洞里第一次看到圣母显灵时，斐迪南只有6岁。拿破仑·福煦比纯教徒更为虔诚，比教会更迅速地接受了显灵事件的真实性。他运用自己的说服力，及其妻子的祷告，支持伯纳黛特。这段时间所经历的伟大精神洗礼，不仅增强了父母的虔诚度，而且影响到了孩子们的敏感心灵。不过，这样的启示也不是独一无二的。

实际上，父母如此慷慨的宗教博爱，并不足以产生炽热的地方爱国主义情感。在他们沐浴于卢尔德圣母之光前，瓦伦丁的神秘启示则影响更多。早在伯纳黛特看到圣母显灵之前，布迪皮伊（Bout du Puy）的圣母教堂就是一个朝圣中心，而且瓦伦丁是本丢·彼拉多①（Pontius Pilate）的出生地，通过他尚存的故居可以驳斥质疑这里不是朝圣中心的人。也许，我们可以追溯到斐迪南儿童时代产生的不可磨灭的某些印象。

拿破仑对他的影响则要稍晚一些。斐迪南3个月大时，尚在襁褓嗷嗷待哺，他的祖父突然过世。老近卫军与新近卫军还没有来得及举枪"致敬"。实际上，这个少年还牵扯到另一位拿破仑时代的

---

① 彼拉多是罗马帝国犹太行省的第五任总督，他就是钉死耶稣的人，死于公元36年。又译为庞提乌斯·彼拉多，天主教也译为般雀·彼拉多。——译者注

第一章 两个拿破仑

人物,那就是他的姨婆(Grand-Aunt)①,她是作为一名鼓手参加过法国前皇家陆军、后升任将军的诺格斯将军(General Nogues)的遗孀,孩子们都叫她"妮"姨婆。詹妮一遍又一遍讲述着拿破仑指挥作战的辉煌事迹,从不厌倦。而且,由于她极其耳背,滔滔不绝的话语总是难以打断。另外,她沉迷于往日的生活习惯,以致对于当前的认知出现了错乱,也许另一个拿破仑和第二帝国的崛起增强了此种困惑之感。因此,姨婆常常谈及"小拿破仑们",在福煦的儿童时代,瓦伦丁的人也都这么称呼他们,好像姨婆和他们都曾实际经历了第一帝国的往事。"你还记得吗?斐迪南,他在那天晚上举行的舞会"或者"你还记得吗?斐迪南,在奥斯特利茨的那个黄昏……"带着孩提时代不屈不挠的逻辑思维,小男孩都会一丝不苟地回答:"不记得,姨婆,我还没有出生呢。"也许,更让斐迪南高兴的事情是,可以穿上诺格斯将军的旧制服参加一场晚宴。然而,有关拿破仑的点滴故事不可避免地灌输进了易受影响的孩童思维里,加之对于家族逸事的兴趣,让斐迪南产生了探求稍微可靠的知识的欲望。

如果认为这位勤奋的小男孩有相当奇特的爱好,那么当你得知他早年②最喜欢的是梯也尔(Thiers)大部头多卷本的《执政府与帝国史》(*The Consulate and the Empire*),也就不会感到惊讶了。斐迪

---

① Grand-Aunt 在英语中即指父亲的姑母、伯母与婶母,或者是母亲的姨母或舅母。这里指的是下文中的詹妮(Jenny),也是斐迪南姐姐尤金妮娅的教母。诺格斯将军于 1853 年 12 月 21 日去世,斐迪南这时也有两岁多了。——译者注
② 当时福煦 12 岁。参见《战争论》(福煦元帅原著),陈孝威校订,香港天文台半周评论社发行,1940 年 6 月 10 日再版,第 330 页。——译者注

南自己也常说:"我在 11 岁的时候就知道了马伦戈(Marengo)战役和特拉法尔加(Trafalgar)战役了。"他强调特拉法尔加着实令人惊讶,如果我们相信他朋友亨利·威尔逊爵士(Sir Henry Wilson)的话,事实确实如此,50 年之后,斐迪南赞同霞飞(Joffre)的意见,英国海军不堪"一击"。然而,少年时期的文学兴趣通常强于同化力。知识易得易忘,而智慧却经久不衰。

最初的一次巧合,显现出了拿破仑的影响。当他 10 岁那年,斐迪南已经在塔布的公立中等学校就学,在度过前途光明的第一年后,却突然在第二年未进入褒奖名单。当时拿破仑·福煦被调任罗德兹(Rodez)的公共会计,因此他的儿子也得转学。就是在罗德兹的公立中等学校的时光决定了斐迪南的未来职业。不可思议的是,与同时代的拿破仑·波拿巴一样,出现了类似的箴语,他的数学老师阿米拉(Almeras)断言:"你具有几何学的天赋,将来可以入读理工学院[①]。"

由此,斐迪南有了一个目标,这反而更好,因为寻找目标也是困难之事。理工学院不仅是培养炮兵与工兵学员的院校,而且是通向文官政府绝大多数高级职位的大门。

但是准备实现目标的努力却遭遇了中断。斐迪南 15 岁时,他的父亲被免去职务,在等待重新任命之际,他将儿子送到波利尼昂(Polignan)的神学院就读一年。牧师们都是辛勤的教师,他们鼓励

[①] 即 1794 年法国创立的"中央公共工程学院",1805 年,拿破仑一世将学校改为军校。1816 年被路易十八解散。1817 年以"皇家综合理工学院"重建。第二帝国期间,更名为"帝国综合理工学院"。19 世纪中期,该校的强项是数学教育。——译者注

斐迪南专注于数学。而且,其他学生几乎都比他年长,准备赴任神职。正如斐迪南后来所说:"他们一直都勤奋学习……因此,为了跟上他们的步伐,我必须努力迎头追赶。我在那里最佳的收获就是迎头追赶。"

他的父亲出任圣埃蒂安(St. Etienne)的征税员,斐迪南和加布里埃尔于是进入了此地的圣迈克尔(St. Michael)耶稣会学校,斐迪南曾在神学院就学的经历开始使他显现出了优势。兄弟俩与同龄的同学们角逐学业,获得了各种奖励,顿时不受同学们的待见。但是,比利牛斯距离他们很近,这使他们免于成为书呆子,至少在假期里,他们可以回到瓦伦丁,享受户外生活。最快乐的事是陪着父亲狩猎或者钓鱼。

据说在一次旅行前,父亲发现斐迪南坐在地板上翻阅有关拿破仑的书籍,据此决定是否在假期里去钓鱼。如果这个故事是真实的话,这反映出当时拿破仑已经在斐迪南脑海中留下了不可磨灭的印象。如果说这个故事是后来虚构的,那也恰如其分。

回忆往事,有时斐迪南独自走得更远,与众人失散,使得这样的野外远足更添迷人的乐趣。1869年,在斐迪南获得高中毕业会考证书之后,他前赴梅斯(Metz)的圣克莱芒(St. Clément)耶稣会学校求学,在理工学院的入学考试中取得了优异的成绩。"我6个月没有见过太阳,我不习惯这样!我来自比利牛斯地区……后来我慢慢适应了。但是,这个过程很艰难。我必须勤奋读书,在那里,他们都很努力。"

那么,对于这位虎背熊腰、头发金黄和下巴方正的比利牛斯年轻人,学校同学会有什么印象呢?斐迪南的与众不同吸引了同学们的注意：任性而忧郁；他好看的蓝色眼睛柔化了健壮结实的体格；羞涩而渴望友谊；他虽然沉默寡言，但可以有力地表达自己的意见。他走路的时候目视地面，但与他人交谈时，可以直面相视。由于斐迪南的出类拔萃，在第二学年，同学投票授予他智慧大奖。

1870年战争①的到来中断了他在理工学院的光明前途。正当军队动员起来并相互交战之际，福煦正坐在梅斯的考场里笔试。由于太过于兴奋，以致无法集中精力，思绪从纸上飞到了近在咫尺的战场。准备的论文主题回荡在福煦的脑海之中："论克莱贝尔（Kléber）的思想发展——'年轻人必须训练自己的能力'。"为什么呢？他很快找到了答案。他可以进入理工学院而成为一名战士，而非一名文职公务员。

他在8月的某个炎日入伍，梦想实现得比预期还早一些。第二天，麦克马洪（MacMahon）于8月6日在沃思（Worth）战败的消息传过来，而且法军开始向摩泽尔河（Moselle）全面撤退。福煦后来回忆说："在省府②前面，我看到了拿破仑三世。广场上都是四轮马车，皇帝乘坐其中一辆马车动身，看起来气色不佳、疲惫不堪，而且沮丧消沉……格兰德酒店成了司令部。巴赞（Bazaine）的参谋人员驻扎在那里，一片混乱。巴赞将军正在玩桌球。"如果这次回忆掺杂了听到的传言，但并不影响这个年轻人留下深刻的印象，接下来几天的经历，更加强化了此种印象。

在风声鹤唳之下，学院关闭，学生遣散。惊慌失措的人群挤在

---

① 这里是指普法战争。——译者注
② 法国大革命后，成立了上比利牛斯省，塔布是省会。——译者注

第一章　两个拿破仑

站台之上，这时，福煦赶上了一辆前往巴黎的火车。他所在的火车车厢里有一名农村老妇女，她是斯特拉斯堡（Strasbourg）的难民，唯一的行李是一盆天竺葵。当他回到圣埃蒂安时，并不安于这里遥远的宁静，经其父亲允可，他参了军，成了第4步兵团的一名列兵。虽然福煦的知识足以称得上是理工学院的毕业生，但却不足以胜任一名战士，因此他还必须学习，首先是在圣埃蒂安的兵站受训，然后进入了索恩河畔沙隆（Chalon-sur-Saône）兵营，训练和学习使用武器的过程沉闷而又重要。

由于法国国防政府必须依赖于"缺乏情报和激情"的诸位将领，训练比以往所需时间更为冗长而乏味。这些将领是"旧式学校培养的守旧之人，他们认为，士兵和军队应慢慢培养"。正如福煦所见，以及历史所表明的那样，徒劳无用的训练使他们失去了绝佳的机会，甘必大（Gambetta）本可以让德国人妥协而签订一份令人满意的和平协定，而不是被拖入一场漫长而无益的战争。

然而，法国将领们的认知视野仅仅局限在练兵场上。与法国当时绝大部分新兵一样，年轻士兵福煦注定的命运是，没有开过一枪，题就得到了解决，战争结束了。至少在他看来，他的密友圣克莱芒的里韦·德·肖斯皮埃尔（Rivet de Chaussepierre）更加幸运，获得了委任，但在战场上阵亡。据说，福煦得知消息后说："他死得光荣，令人羡慕，应该为他报仇。"

尽管福煦未经战阵，但也得以幸存。"在我们进入训练营之前，几乎都没有服过役，在训练营里，我们睡在帆布帐篷里面。我们经历了一个严酷的冬天，像苍蝇一样一无是处。我们为何得到如此愚蠢的对待？因为老家伙们认为，只有最严格的训练和历经艰辛，并且睡在帆布帐篷底下,才能塑造成士兵,这是多么荒谬的想法。"

福煦这次短暂的经历并非毫无收获。从他的所见更多是所闻中,他学到了具有无限价值的失败教训。在汲取知识养分的年纪,他看到了军队内在的失败因素及自然趋势。"指挥官们学习如何作战,犹如一头大象学习如何爬梯子。那么上校呢?最多善于指挥一个连。甚至有更低级的部队!在前线,指挥官嘴里叼根烟,喊着'冲啊!'士兵们紧随着他们。指挥官肯定是勇敢的,而且相当之勇敢!但是勇敢并不是决定性因素。这只能说明他们是士兵,优秀的士兵,而不是指挥官。指挥官应该会指挥……他们不是愚蠢的,而是聪慧的……他们涵养极高、精力充沛、幽默风趣。只是昂首阔步,并以光辉的姿态行军而过,这是不够的。"

这名年轻的士兵认为他还需要接受更多的教育、更多的思维方式,以及更广阔的视野。他的问题在于如何吸取教训。历史的问题在于,当他亲自指挥作战时,他记住了多少教训。这就是说,在接下来四十余年和平时期的军旅生涯中,他的光芒会暗淡下去吗?他会落入传统的思维之中吗?

在1871年3月退伍之后,他至少带着丰富的经验回到了梅斯,继续学习数学,他的目标不仅是成为理工学院的毕业生,而是更上一层楼,加入军队。现在,他还有一个目标,那就是在军队之中出人头地。

第二章　命运的印记

德国炮兵齐射的炮弹震动了教室的窗户，似乎正在宣告德军占领了梅斯要塞，城市注定要陷入德国人永久奴役的命运。

这是1871年5月11日黄昏，而就在几个小时之前，在梅斯东面，美因河畔法兰克福（Frankfort-on-Main）的天鹅酒店，俾斯麦亲王（Prince Bismarck）和朱尔斯·法夫雷[①]（Jules Favre）已经在一份重要文件[②]上签了字。从此以后，阿尔萨斯省和洛林省（Lorraine）大部分割让给新建立的德意志帝国[③]。

坐在圣克莱芒的教室里，炮弹传达出的信息，不需要任何解释。男孩们一跃而起，校监也站了起来，神情更为肃穆，放声而哭道："我的孩子们？"然后，哽咽无语，低了下头，双手紧合，仿

[①] 朱尔斯·法夫雷（1809—1880），法国政治家，普法战争时任法国国防政府副总统兼外交大臣，负责与德国进行和平谈判，被人批评没有外交谈判才能，以致接受了德国的几乎全部条件。——译者注
[②] 即1871年5月10日普鲁士与法国签署的《法兰克福条约》，宣告普法战争的结束。——译者注
[③] 德意志帝国成立于1871年1月18日。——译者注

佛在祈祷。这一悲痛的时刻，铭记在学生们的脑海里，永远挥之不去，尤其是福煦。

其他事件的发生，使得这一烙印更加深入心灵。由于当时的夜间没有火车通行，所以在三天乏味的旅程之后，福煦才回到被德军占领的梅斯，发现德军竟然驻扎在校园里。德国人带着胜利的光环，急于确立征服者的权威，如此所产生的刺痛，令敏感的年轻人更感痛恨，因为他们感到无力报复。但并不一定总是这样。福煦自己讲述了所见之故事："在我们经常嬉戏的院子里，一个波美拉尼亚人看守着我们，他以我们把球扔进了禁区为借口，于是拿走了我们的球。然后，我召集了所有伙伴，发起了冲击，最终从他手里夺回了球。"福煦和历史学家都没有提及，这次攻击是否招致了德军的惩罚。也许，与法国年轻人情绪化对待德国人相比，德国人更加体谅法国年轻人。

当福煦前往南锡（Nancy）参加理工学院入学考试之际，重新激发出了他的爱国自豪感。这里是洛林省的古老首府，在支付战争赔款之前，曼陀菲尔将军（General Manteuffel）的德军部队一直占领着南锡，他来这里为进入法国陆军而与他人角逐，当他每天走出考场时，却不得不忍受着屈辱听德国陆军的军乐。

这可能分散了他的注意力，尽管在理工学院的入学考试中他取得了名次，即在140人中名列第76位，然而根据他在梅斯的学业成绩，这个名次并不高。更可能的情况是，尽管他对宗教乐曲一向敏感，但是由于这时听到的伴奏音，让他的耳朵变得爱国性失聪，以致半个世纪之后，他声称自己所知的唯一音乐是《马德

第二章 命运的印记

隆》①(Madelon)的前两小节,否认了他是瓦格纳(Wagner)爱好者的说法。

显而易见,1871年德国军乐造成的伤害比听觉印象更为深入,在42年后收复接管南锡时,福煦用齐鸣的号角来洗刷他的记忆,这宣示了他将施予更大的报复。因此,在离开圣克莱芒之前,这是他致力于实现的一个人生目标。根据一项轶闻,他当时宣称:"我们必须收复阿尔萨斯省和洛林省,法国不能再被打败了,我必须成为这两省的解放者之一。"从上述话语之中,自然可以看到这充满了个人成就的预示性意义。如果是真的话,我们可能会怀疑这是否符合事实。但是,这只是任何年轻爱国者想收复国家失地而都会顺理成章发出的声音。上述话语的光芒不在于讲话人异常的洞察力,而是他稳健地致力于履行自己的使命,为机遇的到来做好准备,这种机遇可能到来或者也可能不会到来。

1871年11月5日,理工学院重新开设新班,校舍是原来纳瓦拉学院(College of Navarre)的建筑物。因此,此时出现了一个巧合,对于福煦来说,这似乎是一种欢迎与吉兆。福煦在塔布入读的第一所学校大门上镌刻的拉丁文格言,也出现在了这里的大门之上,"这座楼屹立于此,直到蚂蚁喝干了海水,乌龟绕行了地球一圈"。在巴黎公社被镇压后不久,福煦来到了这里,幸运的是,这座大楼还依然存在。这些建筑物曾被共产党人所占据,一个营的轻

---

① 这是1914年卡米尔·罗伯特(Camille Robert)作曲,路易·布斯凯(Louis Bousquet)作词,在"一战"期间广为流行的一首歌,描绘了士兵与年轻女服务生调情之景。——译者注

步兵突袭此处,他们的突然攻入,致使占领者只能通过化学实验室逃走,也使建筑物避免了焚毁的厄运。然而,在拉雪兹神父公墓(Père-Lachaise)炮台①炮击先贤祠②(Panthéon)时,由于射击精度较差,这些建筑物曾被击中。它们也曾见证了共产党人的死亡,当军队对暴乱实施报复行动时,在这些血腥的日子里,共有2万人遭到就地处决,这种过度的报复也许是为了发泄因外敌入侵而遭受的屈辱。③

对外战场上战败的耻辱,国内动乱的辛酸记忆,理工学院的每一堵墙上的累累弹痕,在1871年每一名在读学生的心中都留下了深深的烙印。只有首次穿上制服那一刻所带来的光明才能驱散这些阴郁的记忆。福煦到了暮年,甚至还能回忆起第一次穿上军装跨步行进时的激动心情:"我们的脚后跟轻踩着地面行进,我们挺直了腰板,仿佛世界已发生了某种改变。"然而,学院一段时间还有一间停尸间,残存着修道院的阴郁氛围。

学校里的学业日渐艰苦,但却没有娱乐活动可以缓解压力,这里的娱乐消遣总是很少。学校允许学员长时间学习,福煦受此激励,于是前往图书馆,以此放松身心。于是,他重新研读了拿破仑

---

① 巴黎公社在此部署了两支炮兵部队,而且1871年5月28日巴黎公社的最后147名社员也在这里被杀。——译者注
② 先贤祠位于巴黎市中心塞纳河左岸的拉丁区,于1791年建成,是永久纪念法国历史名人的圣殿。——译者注
③ 法国在普法战争败北之后,德国并不满足法国的投降,要求率军进驻巴黎,而巴黎市民反对德国以任何形式占领其城市,拥有30万之众的市民武装国民自卫军成立自治政府,共同保卫巴黎,引发了巴黎公社起义。这里的外敌入侵即指德军占领巴黎。——译者注

第二章 命运的印记

时代的文献,并在沃尔特·司各特①(Walter Scott)的著作中发现了历史浪漫主义的更多魅力。然而,无论他多么热忱而勤勉,这个积极进取的加斯科涅年轻人还是在这种氛围下感到了令人厌烦的压抑之情。他渴望在第一学年末找到释放的机会,这时他的排名提升到了第47名。

当时,当局鼓励理工学院学生进入位于枫丹白露(Fontainebleau)的一所炮兵训练学院,即炮兵应用学校(École d'Application)。法国军队正在整编,缺少军官,尤其是炮兵和工兵军官。法国的惨败至少表明,法军的技术兵种不足。

福煦的入学申请得到了接受,1873年2月,他转学至炮兵应用学校。因此,这位新晋的炮兵士官对拿破仑的往事有了新的看法,因为拿破仑也是炮兵出身。一个如此易受影响的年轻人,无疑将受到枫丹白露的遗风的震动和激励。炮兵应用学校长途骑行穿越森林的训练,不仅具有实用之目的,而且还有神秘的色彩,这也在吸引着他。这种双重目的性具有典型的特征。在18个月之后,福煦顺利完成了所有课程,他以第三名的成绩毕业。福煦优异的成绩可以让他有权利选择去野战团还是去基地,他最终选择了驻塔布的炮兵第24团。福煦回到了自己的出生地,也许是一个巧合,他是想"在大山的庇护之下作战和实现梦想",这是他选择服役地点的动机。

在炮兵第24团度过两年循规蹈矩的军营生涯之后,福煦受

---

① 沃尔特·司各特(1771—1832),苏格兰著名历史小说家及诗人。代表作有《撒克逊英雄传》和《十字军英雄记》等。——译者注

到共同参与爱国重建的感召，1876年，他离开塔布，前往索米尔（Saumur）的骑兵学校，以精进其骑术。他如愿以偿，甚至习惯了骑兵式走路的生活方式。他也爱好骑术，骑上马之后，英姿飒爽，尔后，他得到有别于任何军官的最高赞词是"他是一匹纯种良马"，这也说明了这一点。

然而，在进入骑兵学校的主要动机上，福煦谋取未来的实用目的多于纯粹的乐趣，他将乐趣全部投入事业，因为太过于专注，以致最初的激情也慢慢减退了。在晚年，他坦率承认曾放弃过骑术，自己挖苦道："40年来，责任高于信念，因为军事信条有云，战时应一直在马背上。我迫使自己每天都骑马，不管是冬天还是夏天，不管天气如何，我都会在早上7点半至9点半骑马。看看这多么讽刺！战争爆发了，持续了4年，甚至比这更长，但在这4年里，我却没有骑过一次马，除了庆典阅兵，我很少有机会展示我的骑术。实际上，当我开始指挥军队作战那天开始，就没有再骑过马了。这多么可笑！"

在索米尔的岁月里，福煦初心未改，只是日渐成熟，意志也比以往更为坚定。他在索米尔的同学注意到，他还是像以前一样冲动而又矜持，充满活力而又懂得克制。他仍然低头而行，深深沉浸在思绪之中。同学们的印象是，福煦在索米尔的肌体训练与理工学院的智力学习具有一样的影响力。

1878年9月，福煦的军阶晋级为上尉，由于当时的军官非常少，导致他上升特别快。他从索米尔前赴驻雷恩（Rennes）的炮兵第10团就职。在一代人之后，著名的德雷福斯（Dreyfus）军事审

第二章 命运的印记

判案件①让这个布列塔尼②的（Breton）小镇恶名远播。福煦却在这里感受到了双倍的幸福，他深爱着布列塔尼，成了此地的养子，而且这种养育之恩是确信无疑的，他还与一位布列塔尼女孩坠入了爱河，因此他与此地的关系更加紧密了。

从传统、宗教和氛围来说，对于福煦而言，这个省是一处现成的精神家园，他自己就是凯尔特人和天主教徒，更容易被这里的魅力所吸引。在雷恩，他第一次见到了朱莉·比安弗尼（Julie Bienvenue），多么聪慧的一个名字！她是一个律师家庭的独生女，也是一名孤儿，她原来的家庭与福煦一样，也都是笃信宗教的坚定中产阶级。她也是凯尔特人，中产阶级的基石之上流淌着文化和神秘主义的血脉。正如其未来的丈夫一样，朱莉·比安弗尼的父亲一系有着普通的世俗传统，只是她的父亲偏好于诗歌和教会史。朱莉的外祖母在圣布里厄（St. Brieuc）将她抚养长大，外祖母有着戈达尔·罗沙尔（Godart Rochard）的血统，罗沙尔在拿破仑军中冒险经历远多于舍瓦利耶·迪普雷所部。

福煦并没有着急结婚。1880 年，他离开雷恩前赴巴黎，到法

---

① 1894 年 9 月，法国从德国获得一张据称是法军人员向德国提供军事信息的手写纸，法国方面怀疑是德雷福斯所写，他是一名犹太裔法国军官，在 1893 年 1 月 1 日在法国总参谋部任职。1894 年 10 月 15 日，德雷福斯被指控为叛国罪而被逮捕。同年 11 月 3 日开庭审判，罪成而遭削去军阶并流放外岛。然而，德雷福斯坚称无罪，专家也提出他的手迹与告密纸上的手迹不同。1906 年，他终得以平反。造成这一冤案的主要因素是德雷福斯是犹太人，法国社会存在的反犹主义为冤案的形成推波助澜，所以这一案件也被称为德雷福斯冤案，或德雷福斯丑闻。——译者注

② 法国西北部的一个行政区，意为小不列颠。——译者注

国战争部炮兵委员会（Artillery Committee）任职。在那里，他负责为炮兵士官编写有关炮兵器械的官方教材。尽管普法战争后的火力材料以及开火方式都发生了变化，而当局总是忽视此种官方指南的需要，但在一本非官方手册成功面世之后，当局方才幡然醒悟。于是，炮兵委员会决定有必要出台一套官方指导手册，任命福煦上尉负责编制。福煦知道，若官方指导手册出版，将会扼杀非官方手册的销路，而非官方手册的作者是他在理工学校的老友，他一边提醒作者，一边放缓官方指导手册的出版进度，以让非官方手册有机会在其他版本面世之前可以销售一空。

这次官方的著述经历似乎没有鼓舞他在官方著作方面建功立业，对此他在晚年有过尖刻的评论。但是，这至少影响了福煦的写作风格。从那时候起，福煦大胆自信而腹稿周密，以及严格遵循统一大纲的文风，转变为逐次明确、强调重点的行文习惯。因此，他自己叙述了风格的演变："一位 18 世纪出生的迈诺特将军（General Minot）跟我说，'你写得太差了，根本没法读'。我写的东西空洞无物。在理工学院，我们都是在膝盖上写作，在教室里并没有桌子。这养成了不好的习惯。我成为中尉之前，也没有经常用笔写作。然后，我拿起了大钢笔，与伦伯尔德特斯（Rumboldtes）开始写一部宏大的著作。我必须练习写作，相当刻苦。6 个月之后，将军对我说，'你写的东西开始易于阅读了！'而且，这迫使我放慢了写作的速度，然后有时间深思，想想表达的意思是什么……"

福煦也许高估了自己的收获。慢慢写作，这是笔控制了思维，而非思维控制了笔，也往往导致思维生硬，思路不连贯。可能是这个原因，福煦晚期的战争著作中，存在着结论不确定的思想和自相矛盾的论述。在准确性方面,他的组词遣句以及标点符号的错误,都可以追溯到其经常出现的思维不准确问题。

1881年,福煦转职炮兵第9团。他休假一般会在布塔列尼,但没过两年,当他32岁时,他结了婚。在进入理工学院12周年之际,他步入了婚姻的殿堂。结成伉俪的爱人可能发现,10月31日至11月11日的12天成为他生命中最为重要的日子。他的婚姻有着坚固的爱情基础,并非因为心血来潮的激情,不会影响到事业的发展。即使他休假,携妻返回圣布里厄,也是定时7点起床,外出骑马,然后再回来学习。

现在,福煦的近期目标是进入法军的参谋学院(French Staff College),即位于巴黎的法国高等军事学院(École Supérieure de Guerre)。他在1885年获得了入学通知书,两年之后,以第四名的成绩毕业。10年之后,福煦自己成了一名教师。他说:"尽管我们法国高等军事学院创立于1876年,但是直到1882年至1883年,才以理性与实用为基础而在法国教授战争学。镌刻在墙上的铭文不足以建立战争学校。"因此,在他看来,此时就读法国高等军事学院似乎是恰逢其时,即使这么说稍显勉强。也许,后人可能认为他入学过早。福煦在此所学,不可避免地影响到了自己尔后的教学生涯,他所教的学生,实际上是1914年前最终计划的制订者和战争理论的奠基者。"他们的成果你们必定有所耳闻。"历史表明,根据门生的理论来评价先知是不公平的,但是历史可以通过福煦自己的所作所为来评价他,他亲自践行了自己创立的理论。

1887年11月,福煦从法国高等军事学院毕业后出任驻蒙彼利埃(Montpellier)的第16军见习参谋。这处驻地距离地中海非常近,福煦的父母故乡也近在咫尺,去那里甚为便利,然而,前提是故乡的家没有荒废。1880年,福煦的父亲已过世,在儿子的眼里看来,父亲死于长期营养不良。拿破仑·福煦"早逝"之时,享年77岁,显然这个家族的长寿标准相当之高。

在福煦婚礼的几个星期后,他的母亲离世,在瓦伦丁,只有姐姐仍坚守在这条断裂亲情链的一端。斐迪南家族的分离在更深层次打破了以往的传统,福煦永久迁居在了布列塔尼。福煦与其妻子经常回到布列塔尼度假,在这里他可以放松身心,从尘土飞扬的驻地和闷热的办公室里解脱出来,专注于阿莫里凯拼写游戏,更加坚定自己的内心。几年之后,大约是1895年,福煦承认最终沦陷于此地,他购买了一处名为特鲁费恩特乌努(Treufeunteuniou)的小型物业,就在普卢让(Ploujean)附近。

福煦为自己的这一举动找了另一个更为简单的理由:"我的妻子出生在布列塔尼,与法律相反,在那里丈夫经常随妻而居,事实上,几乎总是如此。十分之九这样做的人都展现出了明智的判断力。这就是我购买小地的原因所在。"

普卢让更靠近北部海岸,位于历史悠久的莫尔莱(Morlaix)郊区,那里的三角墙木屋,楼梯建在屋外,带着内院,保留了中世纪的浪漫色彩。这座房屋的轮廓简朴,用石头建成,呈长方形,遍布着葡萄树的藤蔓和金银花,并用伯切利安(Brocéliande)大森林的树木作为框架,看起来柔和而温暖。此处物业占地70英亩[①],有一部分是野兔和鹧鸪的家园。因此,对于福煦而言,这里有充分的

---

① 1英亩≈4047平方米。——编者注

第二章 命运的印记

机会享受最喜爱的娱乐活动,可以练习他最擅长的技能,而且可以为其军事讲稿总结出最令人喜欢的隐喻来源。

福煦在布列塔尼购房成家是他家庭生活中的一个里程碑,之后,他也许遇到了职业生涯的一个最重要里程碑。每一个里程碑都打开了一片新天地。从 1895 年以后,福煦成为世界历史进程中的举足轻重之人,影响力越来越大。

在这个最重要的里程碑到来之前,福煦还需要跨越一个鸿沟。福煦的参谋见习期结束之后,他成为驻蒙彼利埃第 16 军所辖第 31 师的参谋。福煦早前共事过的人对他留下了良好的印象,这产生了磁场效应,他注定很快从陆军边缘回到了中心。1890 年 8 月,他被召至法国战争部,成为总参谋部第三局的一员,第三局是"作战"部门,处理战争计划事务,这是总参谋部的最高圣殿。关于福煦对第三局以及同仁对福煦的印象,他自己曾说:"当时他们仍然相当守旧。我被认为是那里的革命性人物:我写的命令简短,不会写满所有分类格,他们批评我。我回答说:'我是否做好了每一件事?''是的。''那么,你还要什么?'"

福煦在 40 岁的时候,还能有如此桀骜不驯的个性,恰好证明了他的道德素养,表明他仍具备作为领导者和教师的两种关键素质。陆军不仅是一个保守性组织,本质上还具有退行性。进步遇到的此种天然阻力,一向是为了防止前进过快而产生的风险。然而,更为恶劣且更加确定的危险却是倒退的危险,这已为历史所充分证明。正如一个军人推着小推车往山上走,如果这个军人不推了,战争机器就会倒退,而且将会碾压他。福煦被认为是陆军中的一个革命性人物,这只是说明陆军还有活力,而跳动的脉搏才能表明思维尚存。倘若一名军人不再具有革命之精神,他无疑已成一具木乃伊。如果年届40的福煦仍保持着推动进步的精神,事实上树立了适当的道德理念,很快就可以产生影响力。福煦的进取精神来自他的视野与学识。在很大程度上,这是他准备迎接挑战而产生的结果。

军事领域的一个悖论是,非正统意见能够得到倾听的最可靠途径,就是先证明自己精通正统作战。为了保持练兵场上的圣母无罪成胎理论(immaculate conception[①]),而不顾战场的准备,那可以被认为是一名战术爱好者,然而如果作为教官能证明他的理论优于其他人,他的非正统思想就会得到宽恕。

福煦得到了研究更广泛战争问题的机会,但走了一条艰难的道路,这也就不足为奇了。1891年,也就是福煦在总参谋部的第二年,法军举行了秋季演习。"天呐!这就是秋季演习。按惯例,结束的时候会有一场点评会,我奉命组织……结果令我感到惊讶。在宽120米、长100米,犹如只是手巾大小的矩形场地集结10万以上的人,这先前没有成功做到过。我让他们按军的编制行进通过。到早上8时,阅兵场上甚至连一只猫都没有。10分钟之后,10万人就全部进入了阅兵场。他们从各个方向呈纵队而非延长队列进入。点评15分钟之后,阅兵场又完全清空了。每个方队都按照自己的路线前往乘车站……犹如一群麻雀飞走!"

---

① "immaculate conception"是一个宗教术语,指的是圣母玛丽亚在其母体中成胎时,就未染原罪,这种说法,也称为圣母无原罪始胎,而基督教认为,普通人自出生便带有原罪。这里比喻正统的练兵方式自然是没有问题的。——译者注

第二章 命运的印记

当年，福煦晋升为陆军少校，尔后离开了法国战争部，到团级部队挂职，指挥一支驻温森斯（Vincennes）的骑炮兵部队[1]。这本身就是一个预兆，因为炮兵部队的机动部队传统上颇受重视。1894年，他再次回到总参谋部的作战部门。1895年10月31日，他出任法国高等军事学院的军史、战略和应用战术助理教授。这是福煦的决定性机遇，而且对于他实现理想方面，将更具有决定性意义。不同寻常的是，19年后的这一日，福煦的生涯以及法国被包围的部队遇到了严重的危机。

---

① 该部队隶属于第13炮兵团。——译者注

第三章 信念之基石

福煦如何准备其教授之科目呢？从他自己所说的话中，我们可以找到答案："能够迫使我致力于专业，那就是去教授它……我问自己：'战争的要素是什么？'我阅读了克劳塞维茨的著作……他简直是为我而生之人！他的书里有一些真金白银的东西。"确是如此。克劳塞维茨的长篇巨著相当之厚重，若学生没有长时间研习，则难以消化。只有经过数年的学习和思考，才能将难懂的论述总结为容易消化的要点。如果要产生能够中和克劳塞维茨式发酵思维所需的消化液，这也需要批判能力以及广博的历史知识。

福煦不具备这些使其进阶的素质。多年以来，与绝大多数军人一样，福煦一直埋头于技术与战术研究，除了遵照官方理论的固定套路，在地图或者演习场进行模拟战演习，没有在更高层次的平台上施展身手。倘若福煦在闲暇时只喜爱读史，那么所读之史书似乎也受内容之限，实际上半知半解。他读书认真，反复翻阅，再三思量。然而，这样思考的效果，则取决于阅读吸收的材料以及读者背景的深度。

在福煦的讲稿中，并看不出他遵循了拿破仑的建议，"阅读和

第三章 信念之基石

重读从亚历山大到弗雷德里克等诸位杰出将领的战史"。福煦只是回溯至拿破仑时代的战争,并简单补充了1866年和1870年各战役的研究,这导致他所做结论的基础势必狭窄。如果这不能让福煦总结出来普遍真理,那么浩瀚的资料也妨碍了他提炼出具体理论。关于拿破仑的战役,当时军事文献中盛行的盲目崇拜趋势,导致福煦可以阅读的书籍都将拿破仑描绘为一个完美无瑕的战争天才,而且在1870年,文献还不太完整。福煦既没有时间,也没有强烈的意愿进行批判性研究。

事实上,福煦的某些印制讲稿充满了引语,会给非专业读者留下知识广博的印象。如果稍经分析,便可发现,其中许多引语似乎只是众所周知的格言而已。假若追溯福煦思想的历史起源,而非哲学源头,那么他未以引用的话语更具重要意义。

福煦的战争理论并非原创,而源于最近的时代。福煦战争理论的哲学框架直接取自于克劳塞维茨,他是普鲁士军队的总教头,欧洲军人眼中公认的兵圣。1866年和1870年战争的结果证明了他的理论正确无疑,准确地诠释了拿破仑的军事思想。

克劳塞维茨宣扬征服意志的至上美德,这是尚武之国穷尽无限暴力发起进攻的唯一价值,以军事行动之力量碾压一切。他主张,首要目的应该是在战斗之中击溃敌军主力。这只是一种理想化的理论,在战争史上很少能够实现。这种观点的所谓倡导者是拿破仑,但在其早期作战中,一般都是攻击弱势敌军,而非精锐。在战果最为辉煌的战役中,在敌军企图投入主力之前,拿破仑就斩断了敌军的左膀右臂。后来,拿破仑意欲改变作战方略,然而我们不能忘记,圣赫勒拿岛(St. Helena)成了他的宿命之地。

克劳塞维茨在宣扬其战争理论时，至少措辞模糊，提出了一些保留性条件。不幸的是，克劳塞维茨教义中的基本要旨吸引了追随者的注意，却忽视了他的保留性论述。因此，克劳塞维茨教义遭到了扭曲，追随者对其进行了片面的强调。

福煦是克劳塞维茨更为极端学说的鼓噪者。福煦认为，歼灭敌军主力是实现目标的唯一手段，战斗是"战争的唯一理由"。这种极其狭隘的认知致使他忽视了其他压力因素，即海军与经济。这也导致他进入了矛盾的陷阱。福煦断言："追求战术结果的战略无法成功。"尔后，他对1796年战役进行了不完全研究，从而来论证其一般理论。在这场战役中，波拿巴没有全面与敌交战，也没有决战，就实现了目标，战略如此卓越，以致无须战斗。

福煦只是理解了克劳塞维茨学说的显著普遍性，而不是其微妙的潜在含意，这是福煦第一部著作《论战争的原则》(*Des principes de la guerre*)开篇诸章的显著悖论。尽管生动的语言和引人注目的隐喻给人留下了光辉的印象，然而，言语的尘埃却遮蔽了思想的光芒。福煦在试图定义战争的原则时，顿时出现了不确定的困惑，于是以"等等"结束了其简短的原则清单。

福煦到法国高等军事学院任教一年之后，在理论教学方面令人印象深刻的博纳尔上校（Colonel Bonnal）离职，致使课程的教授岗位空缺。博纳尔研究总结了拿破仑战术的秘诀，即主要归结于其运用了一支战略性前卫部队，部署用于搜索和捕捉敌军，使敌军无法自由行动。福煦被告知他将接任博纳尔之职时，由于不能充分确信自己提出的战争原则，据说他曾短暂地拒绝过。如果是因为不自信而导致他拒绝，说明福煦确实心存合理的疑虑。

第三章　信念之基石

显而易见，福煦自身研究的不完整，已然成了一个真正的障碍。因此，当福煦坐上"军事历史、战略和应用战术"的教授之席，他将应用战术置于前两个主题之前，这才是他的职业经历所涵盖的领域。换而言之，他只满足于教授自己所知之识，将其嫁接于一种战争基本理论，而此种理论是他从权威之士那里承继而来，并未经过批判性的研究。他告诉学生，必须学会推理分析，必须"自由思考，不能先入为主"，此乃正确之理。不过，福煦马上又予以限制，用他自己的话来说，学生学习的理论"不能公开讨论"。

"关于福煦的这种观点，这是他的军事训练经历产生了先入为主的倾向性，也许还因为他的宗教信仰。他不可能质疑自己军事信念中的克劳塞维茨式基础，因为这些基础完全符合自己的性格，也就是以其不容置疑的意志力和强烈坚信的信念力克服重重困难。"

"因此，福煦对于法国战争理论的贡献在于增强了其克劳塞维茨式的特征。"当时的众多法国军事思想家通常认为，拿破仑的取胜秘诀是在军事行动中运用了某些几何学公式，福煦先前也是"几何天才"，反而总结出来一个精神方面的秘诀，即"征服的意志"。他引用了约瑟夫·德·迈斯特（Joseph de Maistre）的一句话："一场战斗的失败是因为某人认为这场战斗失败了，而从实际意义上而言，没有战斗是失败的。"他据此主张："若因士气导致战败，那么也可以因为士气而获得胜利，某人可以说'一场战斗的胜利是因为我们不承认失败'。"他以此揭示了战争中最根本真理的一个方面。然而，福煦的逻辑顺序是不符合逻辑的，而且论证相当不充分。关于胜利来源于士气因素的主张，其逻辑推论是确定无疑的，"一场战斗的胜利是我们自以为敌人已经失败了的战斗"。这是指积极的士气决定了胜利。其次是消极士气，这是积极士气的必要补充，即指拒绝承认战败。

当战争来临，正如福煦的教学上的主要成就是将积极士气注入了消极士气之中。即他认为防御的胜利乃是一种进攻，在这一点上，他大受裨益。然而，如果他保留逻辑次序，首先思考积极士气的形成问题，胜利可能来的更早一些，而且付出的代价最少。

当福煦说到"我们"，他实际上主要不是指部队，而是指部队的指挥官。"军队之于指挥官，犹如长剑之于士兵；唯一所值之物，乃是军队从指挥官那里获得一定的冲劲。""战争的伟大战绩均出于指挥官。"福煦喜欢引用拿破仑的名句："征服高卢的是恺撒，而不是罗马军团。罗马是在汉尼拔面前颤抖，而不是迦太基士兵。"但是，福煦对于指挥官重要性的强调是单方面的。与其削弱敌对指挥官的意志，福煦更倾向强化自己的意志。

因此，他几乎不关注突袭的积极运用，但突袭却是战争中最重要的因素，而且是可以使敌军相信或者迷惑敌军以为自己已经战败的主要手段。但是，福煦在教义中，并没有完全忽视突袭战术的运用，而是降低了其重要性，认为其只是某一点上集中优势兵力进行实际作战行动的补充。拿破仑以前的杰出将领们将突袭战术作为"古老剑术"的一部分而加以运用，以影响敌军微妙的心理，但福煦摒弃了这种战术。而且，当武装国家开始普遍出现，此类令人鄙夷的"小规模战争"已经被淘汰了。

然而，令人好奇的是，福煦对于士气力量的绝对信念，使其低估了诸如军备之类的物质因素。福煦的著作并没有重点分析武器及其未来发展对于战略和战术的影响。他太过于专注指挥官之士气，

第三章 信念之基石

而忽视了优势或劣势武器可能对于部属士气的影响。因此,他往往没有注意到这对于指挥官实力的影响,结果导致战争来临时,他自己深受震动。

福煦对指挥官意志力量的关注如此不平衡,这是否存在一种特别的理由?我们是否可以追溯至1870年的大惨败及其给福煦留下的印象?他决心纠正这些大惨败给法国军队造成的自卑感。然而,对于福煦的关注点,一名心理分析学家可以发现其根深蒂固的"自卑情结",这导致他的教学方式具有片面性。

另一个矛盾强化了这种认识。福煦的教义是希望强化学生的抵抗力和耐力,这是重要的防御性素质。这一点上,福煦受到了赞誉。然而,自相矛盾的是,福煦自己又倡导进攻。他的所有教义都集中于一个理念,即"组织一次最大和最终的攻击"。正如在他的历史战例中,我们可以发现吉尔伯特上尉(Captain Gilbert)的影响,虽然福煦并没有公开承认他的理论是一个源泉,但此种影响的表现仍然相当明显。19世纪90年代的任何法国军事讲师需要一些技巧来避免遗漏吉尔伯特上尉的影响。

吉尔伯特的理论曾在法国军事思想史上留下深深的烙印,他认为巴赞及其防御策略是1870年法国战败的主因。吉尔伯特是霞飞在理工学院的同学,他的光芒高过霞飞,当疾病打断了他的军事生涯时,吉尔伯特注定成为他们那一代的杰出领袖。军事生涯的中断并没有浇灭他的精神,或者说是影响力。即使弃戎投笔,吉尔伯特仍然成了主宰命运的人。吉尔伯特姓名的两个首字母"G. G."很快闻名于军事文献之中。格鲁阿尔(Grouard)离开法国陆军之后,致力于写作,他是拿破仑战略最为敏锐的阐释者,曾评价吉尔伯特说:"几乎所有他的判断都成了法国高等军事学院和法国总参谋部史政处的意见,他们只是吉尔伯特的代言人。"

有人会说,格鲁阿尔是一名坚定的现实主义者,在其历史著作中,狭隘地追求真理事业,以致那些负责军事教育的军官越来越不喜欢他。相反,吉尔伯特振臂高呼复兴"法兰西之怒",他关于1870年法国战败的解释一针见血,从而取悦了法国军界。吉尔伯特成了进攻理论的鼓吹者。福煦是吉尔伯特与格朗迈松(Grandmaison)学派之间产生联系的声带,格朗迈松是"强势进攻"的最后倡导者,也是1914年惨败的始作俑者。

然而,福煦的中庸立场表明,他相当简略的理论相对而言不那么极端。福煦虽然过度相信,在任何情况之下,进攻是绝对可靠的救济之法,但他也认为需采取特定的预防措施。福煦作为博纳尔的继任者,自然会采纳其前卫部队的理论。而认可此种理论的前提条件是,前卫部队理论通常会成为几何式理论,因此须掌握灵活性。他逐渐灌输这样一种理论,即作为进攻的安全保障,有必要"拖住"敌军不动,这也是采取进攻行动的准备措施。前卫部队应成为主力部队的眼睛和膀臂。在试图予敌致命一击之前,必须扼住敌军的咽喉,否则可能徒劳无功。福煦在课堂之上,以单人格斗的形式描绘此举,并运用深具冲击力的肢体演示,强化学生对这个精辟比喻的印象。通过肢体演示,福煦无意识地强调了其教学方式的本质具有战术性趋势。

福煦的两部著作都用了较大篇幅论述了安全保障的问题,即进攻时确切的情报以及行动安全。他连篇累牍地检视了历史战例,以论证之。在他的《论战争的原则》里,最长的章节是研究了1866

年纳霍德（Nachod）战役中普鲁士小股前卫部队的微观战术，这与书名所示有所不符。关于福煦所用之材料，他似乎应当感激库内（Kühne）在这一方面的重要研究成果。

福煦的第二部著作是《论战争的指挥》（*De la conduite de la guerre*），其论证更加层次分明，且更切主题。这部著作避免了第一部著作中的不足，论述范围只提到了连续性战例，即1870年战役的第一阶段。众多法国和德国战史学家仍然没有对此进行充分的研究，这个领域仍有很多细节可以挖掘，于是福煦逐时逐日研究了一名指挥将领的工作，这方面他相当得心应手，结果大有收获。福煦感同身受地评价了毛奇（Moltke）的诸多良策，但发现，毛奇的所有失误都可归因于忽视了"安全保障"原则。如果毛奇没有合理预估法军意图之行动，而是运用一支总前卫部队寻找法军并牵制之，结果将会更好。在福煦看来，毛奇太容易按先入之见行动。然而，德军下级指挥官的团队合作极其卓越，当战斗秩序与实际情况不符时，他们可以采取行动来实现秩序精神，其作战主动性可以弥补失误，但是法军却做不到这一点。福煦极其强调这种"理智的纪律"，并给予了最高的赞誉。

福煦著作的读者认为，作者轻松地将战争哲学转变为了具体的战例，好像从云端落到了坚实的地面之上。然而，如果福煦的视野能够再宽广一些，他的观点也许会更加确实可信。在他有关"安全保障"的研究中，他的思维太过于集中在了确保攻击实现目标的问题。福煦不够关注下一步会发生的情况，或者太自以为是地认为目标就好像和平时期步枪靶场中为人熟悉的铰链板，会应声而倒。他所认为的敌人是将会逃避打击的敌人，而不是可能会原地等待反击进攻的敌人。福煦如此坚定地确信，将沿一条直线打击目标，而过程中不会受到干扰，也不会停下来思考是否需要削弱目标之抵抗。

福煦并没有研究迂回战术的心理问题。如果他考虑了迂回战术，也是认为这只是向敌军侧翼实施几何线运动。

我们现在追溯福煦有限历史研究的影响。福煦的教学很少注意到攻防的可能性，以及诱使敌军疲于攻击，然后实施反攻，而这种军事思想在历史上极其丰富。福煦将拿破仑推崇为军神，但却没有分析拿破仑最得意的奥斯特利茨战役，而且他完全忽视了威灵顿及其取胜之道，注意到这两点具有重要意义。

福煦认为进攻是作战的重要形式，战斗次序是，首先搜索敌军，紧咬之，最后，"在某一点上予以致命一击"，预备队则"作为一条棍棒"，以其重量和冲力粉碎敌阵中的一部分（此部分敌阵是其组织链的一环），从而最终击溃敌军。这种理论本质上具有机械学和数学的特征，然而原理太过于简单。从曾经声称士气因素是最为重要的人嘴里说出这样的理论，令人颇为费解。特别重要的是，物质因素，即现代武器的发展，暴露出了其谬误所在。为了旗开得胜，而在某一点上集结优势数量的兵力，实施熟练的机械性进攻，若以100名或更多的士兵拿着刺刀冲锋，敌军一个人只需要在1挺机枪后面，机械性射击，即可挫败进攻。进攻的队列越多，死的人也就越多。若第一线部队未能突破只有1列守军的防线，那么在这里的纵深集结5列或10列的预备部队，也就毫无意义了。面对这一困境，1914—1918年，机械性运动理论破产了。为了突破敌军防线，也是为了适应战局之变化，还是得重新采用各个时代反复实践过的古老突袭谋略和计策。

第三章 信念之基石

福煦的错误想法部分原因在于其不当地认为"武器的进步必定会增强进攻的力量"。他通过纯粹的数学计算得出了这一令人惊讶的结论,如果某方以 2000 人进攻 1000 人,而双方都装备每分钟能开一枪的武器,进攻方则比防守方多出 1000 发的射击机会。若装备每分钟能开 10 枪的武器,那么这一差距将达到 10000 发。这忽视了实际情况,即现代防守者可以从掩体后方射击,而且在攻击方暴露时,可以更加仔细地瞄准。

福煦以相当贴切的明喻比较了其研究历史战例的方法与科学家运用显微镜的方法。福煦研究的致命错误是太过于微观。他只专注于适合其理论的拿破仑和毛奇战例,而忽视了其他历史战例。如果福煦研究了美国内战,他可以发现防守力量正在逐渐高于进攻力量的明显证据,以及战斗不是仅有的获胜手段的新证据。

通过另一个明喻,福煦将其理论比作"在危险的海岸上点起的篝火,照亮迷途的航海者"。然而,他往往无视武器的影响以及突袭的必要性,其理论成了导致法国军界航海者搁浅在浅滩而几近沉没的失事之灯。福煦的那一代学生,以弟子之道,将其理论发挥到极致,把征服的意志上升为克敌制胜的名言警句。福煦的门生迷恋于进攻的优势,深信只有以充分的热情实施进攻,方能成功征服敌人。于是导致在 1914 年,子弹使指挥官的部下横尸遍野,从而击溃了指挥官的意志,这是最为残酷的事实。

第四章 命运的玩偶

当福煦在法国军事高等学院诲人不倦,沉思于战争之际,头顶正在酝酿着一场大风暴。很快,一阵雷鸣声响彻云霄,不仅粉碎了他的学海遐思,还有他的教职,甚至几乎波及他的未来职业生涯。

先前的一起事件毁掉了阿尔弗雷德·德雷福斯的职业生涯,他是福煦在法国总参谋部的同仁,而即将来临的这场风暴是这起事件的反转结局。德雷福斯是反犹太主义的牺牲品,而福煦则是反教权主义的牺牲品。法国总参谋部在发现他们对一名无辜之人错误定罪时,并不是忏悔过错,而是采用了卑鄙的手段,而军事当局企图在爱国主义的烟雾之下,模糊化处理此事,掩盖真相,提出了"国家正处在危险之中"的口号。佐拉(Zola)在克列孟梭[①](Clemenceau)的支持之下,揭露了他们的骗局。当真相大白之际,公众的厌恶之情尤甚,法国军队为此付出了代价,当局的永不犯错的定论遭到了真理和正义的拷问。

德雷福斯被释放之后,法国掀起了一起猛烈的运动,抑制教权

---

① 人称"法兰西之虎"或"胜利之父"。——译者注

第四章 命运的玩偶

和清洗军队,公众冷漠地看着这场运动,他们的同情心业已丧失殆尽。实际上,人们准备以更加强烈的行动支持国会,他们之所以失去信念正是源于无动于衷的习惯。

不幸的是,这场运动又只是滑向了另一个极端,从指控犹太人到指控天主教徒。安德烈①(André)将军出任法国战争部长,实施了反教权清洗行动。作为法国军队的教育神坛,法国高等军事学院首当其冲。

福煦是一名虔诚的天主教徒,也是一名摇摆不定的共和党人,成为遭禁的一员。确定的事实是,他的兄弟是耶稣会会士,这对福煦相当不利,仅仅是政治立场上的不确定性,不足以扭转这种不利局面。

1901年10月,福煦被流放至拉昂(Laon),以中校军衔到炮兵第29团任职,但对他的惩罚并没有结束。尽管福煦得到了晋升的推荐,但是安德烈将军没有批准。福煦只能屈居军驻军小镇,担任副职,职权甚微,等待三年之后,方得晋升上校。

"我的职业生涯似乎被毁了,至少是严重受挫,即使我怀有幻想,我敬重的战友们不会欺骗我:'哦!'他们跟我开玩笑,'你可以无视现行体制,你可以享用自己的复活节圣餐,参加你喜爱的宗教游行,但如果这样的话,你永远升不了上校。''你,'我回答说,'你是否期望诌媚和叫喊'打倒牧师!'就可以避免麻烦?'没问题!如果你的内心这么告诉你,那就这么做吧。但对于我而言,无论发生什么,我不会改变自己的行为方式。"福煦确实做到了。

---

① 路易·安德烈,1900—1904年任法国战争部长。——译者注

当有着同样遭遇的战友扬言辞职时，他反而认为，此等行径是逃兵行为。"你是懦夫！当战争来临时，你不得不忍受的事情比这糟糕多了！如果你现在都坚持不了，战争时怎么办？"

福煦即使感到沮丧，也从不放弃，更不用说去奉承巴黎的权贵们。他在理工学院的一位同学成了军方宣传官，当时福煦在给这位同学的信中写道："我很少去巴黎，未求任何人，我静静地等待，然后被派往另一处驻地。"若首次听到此言，我们会怀疑这往往是希望如此的人杜撰出来的。但福煦的朋友，马耶尔上校相信这是真实可靠的。马耶尔批判地反对福煦的教学理论，这导致他对福煦的人品判断是可信的。他断言，即使福煦"虽然不为自己图谋未来，没有成就自己的野心，但他致力于使自己的理论获得成功"。这极具重要意义。这个评价为追溯福煦未来战争生涯的曲折道路提供了线索。

福煦被下放拉昂，并没有浇灭他对于使命的信念之火，而是利用闲暇时间将其在法国高等军事学院期间的讲义整理成一本书，保存和传播了其理论。1903 年，《论战争的原则》很快出版了，他在一封信中称这本书是"信念的著作而非科学的著作"。

拉昂成了福煦的蓄势待发之地，这是多么奇妙！这里成为鼓舞人心之地，又是多么不祥！1814 年，拿破仑从贵妇小径（Chemin-des-Dames）进攻，在拉昂败于普鲁士之手，自此到敌军攻入巴黎之前，他难以恢复元气，从而注定了他的命运。福煦来到拉昂，此乃他军事生涯的放逐之地，似乎又重蹈宿命的覆辙，好像在沿着与拿破仑平行的路线前进。15 年之后，就在此地，德军进攻贵妇小径，当时福煦已是协约国军队的最高统帅，遭到了德军最严重的打击。

第四章 命运的玩偶

经受此次打击之后，福煦只能勉强恢复军力。经受此次打击之后，巴黎危急。也许，拉昂上空笼罩着不祥的幽灵。

福煦的下一个驻地同样充满凶险的氛围，这就是瓦讷（Vannes）。1903年，在被推迟晋升之后，他到这里出任炮兵第35团团长。瓦讷位于莫比昂省（Morbihan），靠近比斯坎海岸（Biscayan Coast），此地到处弥漫着舒昂（Chouan）反抗红色恐怖的阴郁和可怕的记忆。因迫害和镇压，给祖先们烙上了神秘而蔑视的氛围，这里迷信而狂热的天主教徒却还依然如此。诡秘而残暴的一方与公然而无情的一方爆发了激烈的斗争，在建筑物上留下了难以磨灭的印记。当福煦到达这里的时候，他内心充满着愤恨，在他们武断关闭耶稣会大学之后，他的情绪更加消沉。

派福煦到瓦讷，这是要考验他对共和国的忠诚吗？让福煦到这么一个令人不安的地方履行上校之职，是否是给他一根绳子自我了断？他自己产生而且一直留存着这份怀疑。尤为重要的是，他的上级米勒将军（General Millet）是一名坚定的新教徒。如此精心设计这个陷阱的人却犯了一个错误。他们也许忘了，早年米勒是福煦在法国高等军事学院的老师。

"如果他们认为我和米勒之间的信仰分歧将会引发敌视情绪以及冲突，如果他们期望如此，那么他们完全被欺骗了。米勒完全知道我的宗教立场，他也知道我有一个耶稣会会士的兄弟。他还了解我的其他事情……简而言之，如果现在我成了法兰西元帅，则应该感谢这位不具狂热主义的新教徒，当我的道路受阻之际，是他打通了我前进之路……米勒是我们军事生涯成功的源泉，除了他，还有霞飞和克列孟梭。"

在瓦讷，福煦遇到了意气相投的上级，更加有了信心，遂致力于提高他新任职团的炮兵操作水准。福煦务实的理想以及客观思维的习惯，使其不安于日常军务，而且也不屑于和平时期军人们往往关注的表面聪明。福煦作为一名团长，关于自己的任务，他问了一个内在而又无法回避的问题："任务是什么？"福煦脑海里有着清晰的答案："教授所部人员怎么开炮。"在这一重点任务面前，其他考量必须为其让路，各种命令和后勤事务似乎都是羁绊而非帮助，所有这些福煦都没有耐心处理。他在晚年回忆这段时期说："军旅生涯中最愉快之事当然是指挥部队了，当还是上尉或上校时，尤是如此。上尉可以直接接触排或纵队……上校则可以影响一批军官……通过这些军官，上校可以塑造他的团，让这个团恰如其分反映出指挥官的形象。"

驻扎在瓦讷的一个便利是，有机会在休假的时候回到特鲁费恩特乌努，在这里，可以修整花园，放松身心。福煦在休假期间，准备将他在法国高等军事学院的讲稿整理成第二部著作出版。由于此书逐日分析了1870年德军将领的活动，将比第一部著作更具连续性，内容也更为翔实，1905年以《论战争的指挥》为名面世。

这一年，福煦的境况也发生了改变。米勒将军出任驻奥尔良（Orléans）的第5军军长，他赏识福煦在瓦讷的工作，将其调任为自己的参谋长。福煦的职权范围扩大了，而且继续在米勒将军麾下任职，他深感高兴。而且，福煦回到了一个充满历史和象征意义的地方，这次是更令人愉悦的历史和象征意义。奥尔良是复仇之地，造就了永垂不朽的圣女贞德（Joha of Arc）。1870年，此地也是法国人民的武装起义核心地区，这里几乎挽救了崩溃的法国职业军队。"保卫国家"运动最终失败了,很大程度上是由于作为新酒的士兵装进了陈旧的将军瓶子里,撞到了德国战争机器,深受重创,法国付出了极大的努力,来重树因色当(Sedan)战役而受损的法军声望。因此,奥尔良成了一个鼓舞人心之地和充满隐喻之地。

1907年6月,福煦最终晋升为陆军准将,这时候,福煦56岁,而拿破仑在24岁就是陆军准将了。相比之下,世界何其不同。或许,拿破仑时代的战争和"现代"战争之间也已是天壤之别。

福煦晋升为陆军准将之后,他得以指挥第5军之炮兵。但是,他的任期很短。博纳尔将军曾在福煦被解除教职前不久,出任了法国高等军事学院院长,现在他即将离任。早前,福煦继任了博纳尔的教授之职。对于福煦而言,这是天缘凑巧,福煦感到了可以再次继任博尔纳之职的巧合。

福煦肯定珍惜谋求这一职位的机会,这可以对军事思想施以影响,而米勒是他实现目标的同情者和推动者。米勒恰好是皮卡尔将军(General Picquart)的一位密友。皮卡尔不仅是一位法军将领,而且是法国战争部长。克列孟梭在1906年10月就任法国总理,因为他想补偿皮卡尔因德雷福斯案而在职业上遭受的牺牲,皮卡尔才得以出任法国战争部长。

米勒也像福煦一样,急于将福煦的战争教义放到更高的层次,试图让皮卡尔认为福煦才是博纳尔的最佳继任人选。米勒满怀希望地回到巴黎,认为时机已经成熟。然而,风云乍起。7月14日国庆节,在按惯例检阅部队之后,米勒将消息告诉了福煦:"昨天,我在圣多米尼克酒店(Rue Saint-Dominique)吃中饭。我想要从皮卡尔那里知道,关于提名你出任法国高等军事学院院长的事情怎么样了。皮卡尔回复说：'我非常抱歉，无能为力。克列孟梭不想用福煦。''原因是什么？''你我都清楚为什么。'"米勒在转述完这场令人压抑的对话之后，话锋一转，再燃希望："我们没有失败，只要我们迅速行动，就会成功。你赶火车去巴黎，我派你去，明天亲自面见克列孟梭。你向他陈情。他会对你有所评价。他会不由自主地被你吸引。太棒了！他是一个不喜欢畏首畏尾的人。你也是。你们就是天生一对。"

于是，第二天早晨，福煦前去勇探"虎穴"，他经过异常安静的巴黎街道，人们因国庆狂欢的疲惫还沉浸在睡梦之中。在福煦看来，这是不祥之兆。一位年轻的守门人低声吼道："总理不接见……不管如何，现在有一个内阁会议。"

"还请向总理转呈我的名片。"守门嘟嚷道，他会尽力而为。他回来的时候，带着惊讶的语气说："总理要见你。"但是，他撇着嘴，似乎挖苦地说："你想要见老虎，那你就去吧！"

福煦进入后，克列孟梭并没有起身相迎。反而充满怒气地坐着，身子前倾，就像他名字首字母的 C，喊着问出了尖锐的问题："你来这里做什么？谁让你来找我的？"

"米勒将军让我来的，总理先生。"

"我没有告诉他这么做。"克列孟梭回答说。

"确是如此，但米勒将军把总理先生对我的态度告诉了我。您反对提名我出任法国高等军事学院院长。米勒将军坚持我应该过来找您，亲自向您陈情。"

"好吧！那你说吧！"

"我作为一名军人，您有何不满的意见？总理先生。"

第四章 命运的玩偶

"没有不满,你是一名优秀的军官,赢得了上级的信任。但是,问题不在这里。"

"那问题出在哪里?我的宗教立场?这我无可否认。我的兄弟是一名耶稣会会士?这才是问题所在。"

"你的兄弟是不是耶稣会会士无所谓,你的个人信仰也无所谓。"

"那究竟是为什么?"

根据福煦所言,克列孟梭巧妙地回避了他的质问,将话题转变到了一般性的国内和欧洲事务。他们谈了50分钟。已经到了9时25分,内阁会议本应在9时开始。然而,福煦坚持谈下去,同时也感到应该抓紧时间了。

"现在,总理先生,关于我自己,您的决定是什么?"

"啊!如果这只是一个部队指挥职务的问题,那我很快就会给你答案。但这是法国高等军事学院的院长问题,那就是另一回事了,这是一个相当重要的问题。那么,首先你会在学院教授什么?"

"我曾在那里教过的理论和我在贝尔赫-勒夫罗公司(Berger-Levrault)出版的两本专著里包含的内容。"

"我不知道什么内容。"

"请让我给您送过来。"

福煦于是告辞而出,前往他的出版商那里,将著作寄给了克列孟梭,然后乘火车回到了奥尔良。

然而,两个月杳无音讯。在9月陆军演习的时候,皮卡尔见到了福煦,还跟他说,必须到法国高等军事学院去教授一些经验教训。

"什么！法国高等军事学院！我要去那儿了吗？"

"看来是如此。克列孟梭已经读了你的著作。他对你没有意见，而且你现在是他的人了。"

然而，到嘴的鸭子也会飞走。9月25日，虽然收到了宣布提名福煦出任法国高等军事学院院长的文件，但在第二天的公报上，却什么也没有提到。这显然遇到了反对意见，在最后一刻推迟了。整整一个星期没有消息。10月3日，克列孟梭打来一通电报，将福煦召至巴黎。

这是一个星期天。福煦再次来到了一幢建筑物，弥漫着不祥的宁静。虽然克列孟梭的接待比第一次热情多了，但他的开场白令福煦的希望破碎了："无能为力。我想任命您。这看来是不可能的了。这里有一份档案对你不利，一份完整的档案，看！"克列孟梭指着一大堆的文件。福煦打开了看："关于福煦将军的长官报告。来自埃纳省（Aisne）省长的报告——'福煦是相当优秀的军官，但也是一名可疑的共和党人。'哼？你看。你有什么可以说的吗？"

"没有。倒不如说，我想问一下有没有确切的事实。有吗？"

"等等，我看看……没有，报告上只有评价，而没有列举事实。"

"那你将其称之为完整的档案？"

据福煦所言，此次交锋留下了深刻的印象。但是，明显的结果却只能让克列孟梭暂时改变立场。

"我们先不管长官报告。还有更严重的指控。'这名军官，在法国高等军事学院担任教授期间，实际上教授形而上学，深奥难懂，以致愚弄了众多学生。甚至博纳尔将军都要求解除其教职。'"

第四章 命运的玩偶

"如果这是真的话，总理先生，那我必定是茹尔丹式（Jourdain）的人，他写的诗连自己都不懂。只有这样，我才能教形而上学，因为我也不懂形而上学。"

据福煦所言，他的回答再次令克列孟梭感到满意，甚至被福煦所吸引，承认他在福煦的著作之中，并没有发现任何深奥之处。然而，克列孟梭又从档案里变戏法似的拿出了另一项指控。

"这名军官，在年度评等定级时，总是照顾教会学校出来的学生，而损及其他学生。"为了强化这一指控，还有一纸附件，为首签名的人是格朗迈松上校。

"只有10个人签名而已，总理先生。从我手里通过的学生有700多人。"

最后的回答似乎说服克列孟梭相信了福煦的正直诚实，或者说，至少动摇他对档案真实性的看法。福煦认为，这些档案是由法国战争部长办公室主任图泰将军（General Toutée）所搜集的，目的是为了"捏造事实"，用以对付他。根据传言，图泰将军自己就是这一职位的主要竞争对手。

第二天，《公报》（*Official Gazette*）刊登了福煦出任法国高等军事学院院长的公文，从1908年10月8日开始履职。这是对他1900年遭遇的完美补偿。"我被从窗户扔出去之后，通过正门回来了。"福煦获得了更大的成就感，这次个人的复仇不仅使他有机会为国家的复仇厉兵秣马，而且成为国家复仇的预兆。福煦的事业以及祖国的军力复兴，在他的脑海里比以往更加清晰。凤凰正在涅槃。

正如先前的预兆，奥尔良成了福煦命运的转折之地，在这里，他塑造了法国的军事思想，将在战争时刻拯救法国！福煦到来之际，即具象征性意义。1908 年，福煦见证了阿纳托尔·法朗士（Anatole France）出版了反对教会干预政治的重要著作《贞德传》，旨在推翻一个传奇。福煦的掌权以及到巴黎任职被视为一次还击，这是法兰西对阿纳托尔·法朗士的回应。福煦自己则被视为一个雄性化身——奥尔良之子。

第五章　使命与历练

福煕回到了法国高等军事学院，攀登上了巅峰。这里作为一个讲坛，与其之前教职的立场没有直接和紧密的关系。福煕现在的影响主要体现在指导教师方面。原来的讲义出现了一个新的不利影响，对于福煕理论的二手解读，使大纲有所模糊，加上其他人的润色修改，导致重点发生了变化。因此，福煕在第二次进入法国高等军事学院时，比起他的思想而言，他的精力更加分散。

而且，人们不应该忽视 8 年以上的和平军旅生涯对福煕思想的影响。现在这是一个 50 多岁人的思想。福煕首部著作中的讲义，表明他努力将其思想具体化，构建了一个明确的框架。第二部著作则更为成形，然而这是指在细节方面，而非根本的内容。这说明福煕推迟探寻战争的哲学，是试图为其哲学奠定基础，首先要收集更多的材料打造基石。这是明智的初步工作，意味着福煕认识到其建设性工作所处之水平。

然而，后来福煕缠身于日常事务，其职业生涯遭遇了挫折。没有迹象，也没有更多的著作表明他试图完成自己的哲学研究。对于年届 50 的人而言，这项工作并不容易，更何况福煕还没有受过学术研究的训练，建构的工作量是无法预知的，而在完成建构之前需要经历多少否定也难以预料。最不容易的是，福煦需要从事职业军务，其现役之身份妨碍了思考，而只有付诸行动，才能评估才智的价值，而哲学上的质疑本质上会损害行动。

那么，福煦放弃追寻了吗？或许从未真正追寻过？福煦是否满足自己已经做出的解释？或者他愿意假设，如果按1870年战争的相同情况进行另一场战争，在已经发现战争指挥出了问题的前提下，他是否可以做得更好？福煦第二本著作的本质属性以及此后再无著作的事实，进一步强化了这一推论。

1909年，福煦为《论战争的指挥》第二版所写之序言，更加确认了上述推论。在这篇序言中，他对最近日俄战争的分析，符合自己原有的论断。

在序言中，福煦首先指出了日俄战争与欧洲战争的区别。经过比较，福煦按逻辑认为，满洲的恶劣公路状况以及铁路的奇缺，妨碍了军队的战略性部署与调动，但正如他提出的那样，这似乎并不能认为这些条件阻止了"快速而强有力的一击"。福煦的论述似乎没有低估日本军人舍生攻击的意志。福煦据此断定，在日俄战争中，"两个敌对国家的存在并没有危险，只是未来堪忧"。"结论是"，有人会认为这个结论相当全面，"日俄战争的教训与我们没有完全或直接的关系，这是我们无法复制的战争模式"。

不幸的是，福煦及无数其他人都忠实地重复着这一模糊不清的模式。福煦认为指挥层面临的特殊局限性，真正的原因在于指挥层未能认识到战争条件的总体变化。福煦认为战壕只是兵力机动的辅助手段，似乎并不认为战壕是理所应当的设施以及现代火力发展

第五章 使命与历练

的产物。

因此,福煦得出结论,满洲战事的经验不会"影响战争的基本原则,而我会力图在本书中论述这些基本原则"。但福煦几乎没有提及战争的物质装备方面。关于机枪或有刺铁丝网,没有片言只语,然而这些方面却会严重挫败其作战考量。1910年,福煦观看东部航空巡回赛时发表的一项意见,证明了他在物质装备上的短视:"这是一项很好的运动,但对陆军而言,飞机没有任何价值。"

福煦以教徒般的热情宣传自己的理论学说,这表明了他的性格,以及对未来战争史的沉思。他不认为还有其他值得探讨的理论学说。与拥护权威理论学说的其他人不同,他不会言不由衷地赞美异端学说。他只是无动于衷地忽视其存在。

福煦的这种态度与其信奉的格言截然不同:"我们必须自由思考,不能怀有偏见,不能先入为主,不能固守成见,不能接受未经讨论的观点以及仅仅总是听说或以往实践过的意见,唯一的检验标准就是理性。"而当福煦遇到别人批判他的进攻信条时,他却不能回归理性。相反,他大声疾呼:"没有战斗就没有胜利。""现在战争全面回归,这是武力决定论的时代,而不适用其他理论。""从此之后,追求战术结果将比战略更为重要,胜利源自于战斗。""现代战争只有一个问题,那就是战术作战。"

这些极不协调的话语都出自同一人之口,而且他之后又如此感激封锁和宣传的帮助,这令人感到奇怪。不可思议的是,在福煦参加战争后,他所信奉的格言又与这些话语完全不同:"空中袭击可以粉碎一个国家的意志,可以让公众认为政府被解除了武装,于是空袭成为决定性的一战。"现在你的"战场"在哪里呢,哦,你还是秉持一种意见的人吗？最后，他的视野得到了拓宽。然而，为何那么晚才茅塞顿开，是想让法国高等军事学院的学生"学会思考"吗？

原因似乎是这样，《论战争的原则》中鼓吹"理性"，仅仅只是前言中的关键字而已，这是一片裹着糖衣的苦药，不管愿意不愿意，必须吞咽下去。福煦的真正想法，哦不，是真正的感觉，体现在另一篇关于战争原则的参考文章中："原则一经确定，便不得公开探讨。"福煦本人或其读者是否感知到了矛盾之处？若确立的一系列模糊原则以"等等"结尾，立论的这位导师又怎么可能感到满意。当然这是信念获得了压倒一切的胜利，而理性则可以弃之一边了。

在法国军界，福煦的理论学说几乎没有遭到任何批判，更不用说在法国高等军事学院了。军人们不可能质疑战斗的普遍有效性，尤其是深受拿破仑传统浸润的军人。甚至进攻理论几乎无可争辩，少数发声批评的人要么已经离开了军队，要么已经达到足够的水平，可以摆脱教义崇拜。以致到了这样的程度，由于担心下台，即使最勇敢的人也不敢质疑进攻理论的最高权威。当福煦的学生巩固了在法国总参谋部的地位，他们为了掌控对福煦"高等理论"的解释权，于是发起了一场清洗运动。在实际情况中，崇拜一种通行的思维方式，往往意味着将其他思维方式作为异端学说而予以压制，以致终结了自由的思想。

不可避免的是，在一支军队里，官大一级压死人。根据上级官长的性情，言论压制可能或松或紧，但是下级依然无法自由畅通地表达自己的意见。

第五章　使命与历练

由此而言，福煦是一个传道者，而非一名教师。福煦的一名学生比以往更加自豪地宣称，福煦具有传道者的单面性，也有免于受到挑战的双面优势。而且，福煦的耳朵也听不习惯含有不同意见的弦外之音。

军界之外，批判的声音可能受到较少的压制。但是，军界是批评声音最少的职业群体。而且，若批评家给传统的信条披上语言新颖而费解的外衣，他的学识将会受到赞扬，则收获颇多；若批评家逆潮流而行，强调本质孤立性，则损失惨重。因此，除了少数因恐惧而不能发声的人，真正的批评家可能为零。

在法国，至少有两位批评家，最重要的是格鲁阿尔，他是一名年轻军官，得到了米里贝尔①将军（General Miribel）的赏识，而米里贝尔将军是1870年后法国陆军的重建者，他的攻防理论颇具影响，从而成了对德战争的基本方略。然而，攻防理论逐渐失势，格鲁阿尔也未受重用。由于他没有读过法国高等军事学院，这成为他建功立业的一道障碍，而且他在关于1870年战争的著作中展现了无畏的坦诚，从而为自己树立了强大的敌人。格鲁阿尔的军事生涯遂告终结，1900年退役。格鲁阿尔摆脱了日常事务的羁绊，得以全身心投入战争和历史研究。他在法国以外声名鹊起，而在自己的祖国，由于常常分析拿破仑的弱势，特别是拿破仑在1813年和1815年的战役，导致传奇的推崇者慢慢不喜欢他的著作，那些编撰非史实性颂文以作军事学校教材的出版商也是如此。但是，官方认证的

---

① 约瑟夫·德·米里贝尔（Joseph de Miribel，1831—1893），曾三度出任法国总参谋长。——译者注

教授们自然不会鼓励研究这位质疑他们肤浅推论的作者,而且这位作者列举的残酷事实将扼杀他们美好的理论。格鲁阿尔深信诚实乃是历史的本质属性,而那些不喜欢他的人则认为完美无瑕才是历史的第一位要素。

1911年,格鲁阿尔出版了一本著作,根据历史经验教训预测未来,从而导致对其的抵制越来越严重。但事实证明,他极其准确地预测出了德国的计划,"最为重要的是,德军将从比利时发起攻势,我们应该在这个方面予以特别关注"。关于德军入侵法国的进攻路线,格鲁阿尔的分析相当深邃,同样警示了法国意欲所采用的计划存在的危险。"对于我们开战的逻辑后果方面,在可以预见的范围内,可以毫不犹豫地说,如我们一开始就发起攻势则将惨败;然而,若我们准备反攻(德军进攻部队的西翼),那么一切机会均将有利于我方。"格鲁阿尔的第一个预言在洛林和阿登高地得到应验,第二个预言则在马恩河一语成谶。然而,法军领导人已经削弱了兵力,降低了实力,致使攻势微弱,而原本可以实施决定性反击。

第二位真正的批评者是福煦的老战友马耶尔①(Mayer)。早在1890年时,马耶尔就预言,无烟火药的出现以及枪炮武器的进步,将发展出"捉迷藏式"的作战,南非和满洲的战争已经证明他的这个预言是正确的,而且应当完全警惕且不要迷信"举国进攻传统"的欺骗性魅力。

---

① 埃米尔·马耶尔(Emile Mayer,1851—1938),与福煦同一年考入理工学院。——译者注

第五章 使命与历练

马耶尔的警告不仅徒劳无用,而且在一定程度并未为人所知,因为法国军事期刊以牡蛎式做法关闭了刊登质疑主流谬论的版面,但是马耶尔却在《瑞士军事评论》上找到了一个发表机会。

10年之后,由于得到了南非战争的证据支持,马耶尔再次进行了抨击,而且做出了重要预测,未来战争的形势只不过是:

> 两道人墙面对面,几近相触,中间只是相隔了一道死亡带。尽管一方或另一方具有前进的意志,尽管双方都企图推进,但是这两道人墙依旧岿然不动。
>
> 其中一些部队在正面鏖战的同时,将试图从侧翼包抄另一方。而另一方则会延伸其战线,双方陷于竞争,看谁能够在资源许可的情况之下延伸至最长。如果可以无限延伸,那么就会出现这样的情况。但是,战场上存在天然障碍。战线将止于海洋、山脉以及中立国的边境。

> 因此,旷日持久的围城战由于外部环境的变化才能结束,例如财政枯竭、政治协商,或者后方厌战的官兵家人不再提供支援。

> 他们看到军队停滞不前,毫无进展,如果还遇到了悲惨的损失,则会越来越感到厌倦。这将导致战役的终结,而并非其他时代的伟大胜利终结了战役。

这是卓越的预言,马耶尔似乎可能读了波兰银行家布洛赫(Bloch)先生的预言书,他的推断更为准确。他们的预言契合了日俄战争不完全稳定的特征，然后又应验了世界大战。

马耶尔曾述及，他给福煦寄去了一份文章副本。马耶尔说，这没有影响福煦，无须其言，我们看到福煦没有丝毫疑惑，其随后出版的著作及其后续版本都没有修订，表明了他平静如水的心理。然而，值得注意的是，福煦是自己理念的狂热信徒，他对待不同意见如此轻描淡写，以致他可以让异见者公开歌颂自己的著作。

马耶尔质疑福煦的基本理论，批评其"不只是危险的言论，而且是谬论"，福煦简单地回答说："不要期望我会予以斥责。我们的友谊永远牢不可破。"这是福煦性格的光辉之处。确实，此等大度与温良令人敬佩。这些素质使福煦受人尊敬。福煦对攻击他的批评者宽容大度，同时对于批评意见也是装聋作哑。他愿意原谅，但却不想讨论。福煦漠视了出现谬误的可能性。他的理论受信念所支撑，而非基于推理分析。相比之下，钢筋混凝土的边境堡垒更易攻破。

与其说福煦是天生聋子，还不如说是他故意而为之。随着这些年的权力上升，他越来越成为鼓吹者。他的声音往往淹没了自己的思想。正如他未来的盟友黑格（Haig）一样，虽然表现形式有所不同，张开嘴巴也就阻断了大脑的活动。与政治雄辩家不同，福煦不会反过来诘问异见者。他语速较快，句子较短，当他的演讲激起了力量，他那精壮的身躯震动，浓眉大眼发出亮光。福煦似乎在内置发电机的驱动之下，发出强劲的信念电流，连通听众的心灵，激起他们强烈的情感反应，关闭了他们大脑中更多的理智和分析元件。尤为重要的是，福煦的感染力能深入部分人的意识，通常称之为心灵。火花炽烈，以致遮蔽了语汇的晦涩，跨越其论点所存在的鸿沟，使不相关的事项看起来井井有条。

对于福煦而言，语言是行为的表现形式。由于福煦无视质疑，这一点极具感染力。他深信自己的论断，无视内心的质疑，从而平息了其他人对他的批评。为了理解作为军人的福煦，我们必须理解福煦是一名天主教徒。

福煦出任法国高等军事学院院长，对法国军队产生了巨大的影响，然而福煦最深远的影响不在法国，而在英国。可以毫不夸张地说，这改变了英国的历史进程，因为福煦为这个岛国的传统战争政策带来了革命。这次革命可以追溯至福煦对一名爱尔兰人的个人影响。

第六章　两次革命

　　1909年12月初的一个早晨，一位身材高大而棱角分明的大鼻子爱尔兰人，幽默地自称是"英国陆军最丑的男人"，走进了法国高等军事学院的大门。此人是英国陆军准将亨利·威尔逊①，时任坎伯利（Camberley）参谋学院②院长，他此行目的是学习法国同行的方法，并向福煦本人请教。当时，福煦之名已闻名英国。每年，参谋学院的高级班学员都会参访1870年战争的战场，而福煦在其书中关于此战役的重点分析，乃是教官整理本问题教案的有用资料。因此，威尔逊怀着好奇之心，急切地意欲一睹作者风采。但是，威

---

① 亨利·威尔逊爵士（1864—1922），1907年至1910年任坎伯利参谋学院院长、英国远征军的副参谋长，协约国最高战争会议英国常任代表，1918年出任帝国参谋总长，退役后历任英国议员以及北爱尔兰政府安全顾问，1922年被爱尔兰共和军刺杀。他之所以被称为"最丑的男人"，是因为他参加了第三次缅甸战争，于1887年5月5日左眼受伤，以致毁容。——译者注
② 坎伯利参谋学院起源于1799年成立的英国皇家军事学院，1802年，英国皇家军事学院设立了高级班，1858年，高级班更名为"参谋学院"。1870年，参谋学院从英国皇家军事学院独立出来。1997年，并入了英国联合军种指挥与参谋学院。——译者注

第六章 两次革命

尔逊并没有得到互惠的待遇。福煦虽然同意威尔逊的到访,但并不太欢迎。他对英国陆军的兴趣甚微,部分原因在于他对军史的研究有限,而且福煦也存在通行的大陆意识,认为布尔战争(Boer War)毫无借鉴之处,并认为一支被布尔民团挫败的军队不值得重点关注。

法方的两名参谋军官接待了威尔逊,将他带到了院长办公室,他对福煦的第一印象是,这是一个相当傲慢的小个子男人,举止无礼而怠慢。早上听了讲座之后,福煦热切送别访客,缓和了气氛。然而,威尔逊说,他在吃过午饭后再回来,当天下午听了更多的讲座后,他们一同用茶,然后进行了一场非正式讨论,持续了两个小时之久。一股魅力驱散了法国人稍显怠慢的阴霾,让威尔逊理解了福煦的待客之道,福煦也愉快地同意威尔逊第二天再次会面的提议。这个约定带来了一次极具重要意义的坦诚对话,他们讨论了英法两军联合作战的问题。对于这个历史性时刻,威尔逊在日记里写道:"福煦预计德军将经比利时进击,重要防线在于凡尔登(Verdun)和那慕尔(Namur)之间,这与我所想完全一致。"这份文献证明了福煦富有远见,其认为德国将绕过法国东部的坚固屏障,穿过中立国领土进攻,然而也显露出了福煦的短视,福煦只盯着默兹河(Meuse)东部的比利时与卢森堡,忽视了比利时大平原,而在1914年8月,德军右翼的滚滚车轮就是经过此地。

在不知不觉之中,这两个男人的友好协约发展成了两国的联盟。次年1月,威尔逊再次访问法国高等军事学院。威尔逊日记的编辑卡尔维尔(Callwell)认为这次访问时,他可能抛出了诱导性问题:"如果发生我们一直在考虑的战争,英军部队若欲给予切实帮助,则阁下认为最低限度的英军兵力是多少?"福煦不假思索地回答:"一个列兵。若其阵亡,吾人必厚待之。"

福煦的这一回应,诙谐而深刻,表明他认定英国的国民性格傲慢而固执,而且表明他认为英国正规陆军是撬动整个英国来平衡大陆势力的一个重要杠杆。为此,福煦认为威尔逊是一名忠诚的军人。如果威尔逊的魅力早点影响福煦,那么他就可以走得更远,变得更加强大。

第一个表现就是威尔逊将法国高等军事学院的做法融入了坎伯利参谋学院的战术实践方案之中。法国教官高喊着"快!快!"和"冲!冲!",营造战场环境上的紧张和压力,鞭策学员快速行动,威尔逊对此做法极为神往。这种方法移植到英国之后,为了以示区别,原来用"冲!冲!"作为教案的标题,被他们改成了不太恭敬的"艾利·斯劳珀①(Ally Slope)教案"标题。

当年6月,福煦进行了回访,这是他首次到访英国。福煦被带到了英国皇家联合服务研究所(Royal United Service Institution)。时任所长亚瑟·里森爵士(Sir Arthur Leetham)讲述了所见所闻,当时他的门突然被推开了,威尔逊走了进来,热情洋溢地说:"我带了一位法国将军,就在外面,他是法国参谋学院②的院长福煦将军,我想介绍给您认识。记住我的话,里森,若发生世界大战,这个人将指挥一支联军部队。"这番振聋发聩的话语不仅是一个预言,而且表明威尔逊认为未来的英法战略关系是联盟关系。英国皇

---

① 艾利·斯劳珀是虚构的漫画人物,最早出现在1884年。——译者注
② 这里法国参谋学院即指法国高等军事学院。——译者注

第六章　两次革命

两位密友：福煦将军和威尔逊将军

家联合服务研究所位于白厅宫（Whitehall Palace）旧址上的国宴厅（Banqueting Hall），查理一世曾从这里走向断头台引颈就戮。威尔逊与福煦一道从同一幢建筑物走出来，对于此种象征意义，也许可以付之一笑。

这年8月，威尔逊离开坎伯利参谋学院，前往英国战争部就任要职，即军事作战局局长。他很快赶往法国，计划陪同福煦参加一场参谋演习。但是，福煦奉命参加俄军的军事演习，威尔逊未能如愿。然而，威尔逊在10月赴巴黎参加福煦女儿的婚礼。法国人的性格内敛，尤其是法国军官，在了解这一点的人看来，这次邀请表明两人的亲密度迅速上升。

婚礼后的早晨，他们商谈了公务。威尔逊的日记写到了这时的福煦："他告诉我，俄军正在进步，但是节奏缓慢……他说，若德法两国在比利时开战，他不认为俄国会积极干预，然而巴尔干的战端一开，俄国将尽全力介入……他相信德国会兵不血刃吞并比利时，将战火烧到法国，简而言之，福煦的意见是，若比利时爆发战事，法国必须信任英国，而非倚赖俄国，因此英法两国必须制订最详细的计划，明确采取的行动以及指导方针。"

最后一句话值得强调。若英国内阁的一些成员看过威尔逊的日记，可能深感震惊。

若欲使英法两国协约牢不可破，则需要全链条的行动，而这个链条的下一个环节就是法国驻英武官于盖（Huguet），我们必须审视当时他这一方面的证据。早在1906年1月，英国战争事务大臣霍尔丹（Haldane）已批准军事作战局局长格里尔森（Grierson）与于盖讨论军事合作的可能性。当年7月，尤尔特（Ewart）继任了

第六章 两次革命

格里尔森之职,他是一个极其谨慎且沉默寡言的军官,讨论遂告中止。在尤尔特任职的4年间,没有一次与于盖讨论过这个问题,而断断续续的研究则留给了其部属去实施。而且,关于英军作战的地点,意见也发生了变化。法国的想法是,英国远征军在法国与法军会师作战,而英国总参谋部①的意见倾向派军至比利时,可进攻德军之侧翼。由于意见分歧,加之高层漠不关心,谈判的内容自相矛盾,无法形成最终结论。

1910年,威尔逊履任英国战争部时,他发现只有纸面上模糊的合作安排。自1904年以来,英国陆军内部的重建导致这方面的问题被忽视。关于英国远征军横渡海峡的输送问题,既没有采取实际措施,也没有制定时间表。于盖趁机向威尔逊抱怨说,两国未在合理基础上采取足够的措施来应对这一重要问题。威尔逊的答复是令人满意的。"这是重要问题!相当之重要!没有比这更重要的事了!"

威尔逊的答复展现了其值得称颂的能力,其承诺将很快采取措施,将根据法军的集中时间和方案,制定相一致的动员时间表,由此而加快动员进度,确定火车输送和港口安排。

然而,威尔逊的答复也表现出了他狭窄的视野。威尔逊将英国的战争努力视为法国战争计划的附属之物,此种狭窄性遮住了英国战争政策的历史性全面视野。如果说英法两国的纽带是丝质的,那么它也是缺乏弹性的。每条线似乎看起来都脆弱不堪,但是拧到一

---

① 英国总参谋部的组建命令在1905年1月下达,但人员的薪酬、条件和职责在该年年底才决定,一般认为1906年英国总参谋部才正式设立。——译者注

起，威尔逊赋予了其牢不可破的力量。

迄今为止，英国的准备工作集中在陆军的重组整编，纠正南非战争所暴露出来的不足。当紧急事态发生之际，只需处理部队调动和确定目的地即可。如果说英国的这项政策存在机会主义倾向，可能也具有短视性，在调用英军部队时，必会遇到迟延，因此调动英军时，必须对其进行合理的判断。

与此相反，亨利·威尔逊主持制订的全面战备计划，确定了英国军力使用的方式和方向。而制订此种计划时，却忽视了备用方案。

缺乏备用方案不仅与战争最为深刻的教训背道而驰，也不符合战争的本质属性。这也违背布尔塞（Bourcet）最为尖锐格言所呈现的精神："每一个战役计划应该有多个分支计划，必须深思熟虑，每一个既定分支计划都不能失败。"布尔塞的军事承继者拿破仑一直秉承此种精神，正如其所言，行事必备两种以上方案。若一支敌对部队出现了问题，而且难以驾驭，则必须预测和制定备用方案。适应性原则是在战争中幸存的法则，战争只不过是人类与环境斗争的一种集中表现形式。

从军事角度而言，根据亨利·威尔逊的方案，英国远征军部署在法军的左翼，英国由此而"登上"欧洲大陆，因此需要英国必须打破传统，征募英国成年男子组织军队，并将英国陆军的主力投入法国。

从政治上而言，威尔逊方案的最大效果却显现的更早一些。1914年8月初，英国突然意识到，这个方案的完备性及确定性使得英法两国形成紧密的共同体，以致英国内阁感到若不履行则必将

第六章 两次革命

背叛法国。这是一条套在英国政策脖子上的绳索。英国内阁仍然犹豫不定，但采取任何反悔的行动，更让人感觉到颈上绳套的限制，只能继续前行，方能缓解此种束缚。因此，德国入侵比利时，提供了一个走向战争的正当理由，英国从不情愿的态度突然转变为默许。

在福煦初识威尔逊不久之后，福煦亲切地称之为"亨利"。

威尔逊在多大程度上预见到他新巩固的英法关系所带来的最终结果，还不能确定。即使威尔逊预测到了结果，他也不可能放弃。在缔结英法关系方面，威尔逊表现出来的单方盲目性令人感到奇怪，然而此举得到了多角度的验证。直到1911年9月，他的日记里才出现了此次缔约的情况："于盖来找我……他告诉我，法国总参谋部希望我们的关系程度到何种地步，以及他们的计划为何。这是我第一次得知。"此后的话语之中显现出了无意识的讽刺："于盖还跟我说，若我能参加演习，M. 梅西米①（M. Messimy）将亲自为我戴上荣誉军团勋章的绶带。""绶带"似乎特别贴切。

亨利·威尔逊投身法国的事业，在福煦的鼓动之下，复仇心也越来越强烈，类似于向浪漫情人盲目而热切的付出。在下一次参访梅斯附近的1870年战争战场时，威尔逊实施了一次自我奉献的行为，他记录道："我们例行参观了'法兰西'之像，它像以往一样美丽，我带来了一小幅地图，其呈现了英军计划在法国的集结区

---

① 阿道夫·马里·梅西米（Adolphe Marie Messimy, 1869—1935），1911年6月27日至1912年1月14日任法国战争部长，1914年6月13日，再次出任法国战争部长，8月26日辞职。"一战"期间，他重返军队，历任旅长和师长，"一战"之后从政。——译者注

域，并将此进献给了法国。"

返回英国后，威尔逊以高昂的热情投身于自求的一项任务，即说服英国政府认同"与法国结盟的必要性"，而且似乎有可能需要实行义务兵役制①，使英国成为满足法国需要的军事盟国。在威尔逊履行其使命的过程中，得知"福煦确信1912年春将与敌开战"，这促使威尔逊加快了步伐，他试图引导并说服英国内阁走入正轨。威尔逊称英国内阁为"废物"，他们可能在独立与和平政策方面进行绥靖。若威尔逊得不到切实保证，他也确信英国内阁会提供道义上的支持，只限于他们在1914年7月末认识到的那种程度。

威尔逊此后频繁访法，不失良机汲取福煦的精华。为此，他现在的参访之地已远远不只巴黎。1911年，福煦晋升为少将②，离开法国高等军事学院出任第13步兵师师长。巧合的是，福煦的师部位于肖蒙（Chaumont）军营，6年之后，这里成为美国远征军的总司令部所在地。这一职位只是福煦爬攀高枝的垫脚石，翌年10月，他出任驻布尔日（Bourges）的第8军军长。1913年2月，威尔逊到访布尔日，他日记记录的讨论内容，在历史和军事智慧方面都非同寻常。

威尔逊首先到巴黎拜访霞飞将军，现在他是法国军队指派负责战争事务的总司令，还见了霞飞将军的能干助手卡斯泰尔诺

---

① 英国在历史上实行了两次义务兵役制度，第一次是1916年至1920年。第二次是1939年至1960年。——译者注

② 原文为General of Division，一般是指指挥一个师的将领，即师长的军衔，英语通常将法语General de division 译为 Major General（少将）。——译者注

第六章 两次革命

(Castelnau)。"我和卡斯泰尔诺、霞飞讨论了雷平顿[①](Repington)最近发表在《泰晤士报》上的文章,他宣称英国海军若部署在决定性位置,相当于为法国提供了50万把刺刀。我曾致信给弗雷德·奥利弗(Fred Oliver),我们的海军不值500把刺刀。卡斯泰尔诺和霞飞则认为,除了道德意义,英国海军连一把刺刀都不值。"然后,威尔逊前赴布尔日,他发现:"福煦也有相同的观点……"

在历史方面,我们说的是全部历史,不仅仅只是1914年至1918年的历史,这种观点看起来具有难以置信的局限性。他们怎么能向战略家宣扬如此狭隘的军事观点?在战争部任职的这些人与战略问题有着最为直接的关系,他们却忽视了自己国家战争史上海上力量的影响以及在经济和政治因素方面发挥的作用,这令人震惊。然而,这更多的是暴露了军事文化的不足,总参谋部的成员用了40年的时间,以空前之努力研究揭示胜利的历史秘诀,却忽略了更为全面的战争经验教训。难道他们只紧盯着拿破仑,就像一个人凝视着一盏耀眼的明灯,从而致盲了吗?也许另一个比喻更能准确描述这样做的后果。法国人长久欣赏某处的风景,也就是拿破仑,导致进入了自我催眠的状态。除了诸如封锁之类更广泛的问题,从序幕拉开之际至1914年,法国军事理论和方案的演变表明其陷入了催眠性迷睡状态,这是唯一可信的解释。

序幕的高潮是法国最高统帅部(French High Command)发生的危机,反过来导致了1911年的国际危机。原本立场温和的

---

① 查尔斯·考特·雷平顿(Charles à Court Repington),曾是威尔逊的好友,后来两人反目。——译者注

德国外交大臣基德伦-韦希特尔（Kiderlen-Wächter）向阿加迪尔（Agadir）派出了一艘炮舰，以此为手段"敦促"法国同意让出非洲的利益，他当然没有意识到，向欧洲政坛抛下的这块卵石而产生的这波涟漪泛了多远。德国的此举乃是公然之挑衅，致使战争越来越近，而且风波平息之后，令人感到战争的爆发已经不可避免，此种印象无法磨灭。由于德国的外交力遭到了削弱，舆论共同支持进一步增强德国海军力量。在德国之外，英法两国的合作关系进一步得到巩固，为原本脆弱的英法关系注入了坚实的力量，以致在未来难以分割。

在法国，德国此举唤起了政府的危机感，于是做出让步，重新赋予了军界曾经因担心其政变而予以剥夺的权力。军界却借此在内部发动了一场改革。[①] 令人讽刺的是，改革结果却为1914年德国陆军的进攻铺平了道路。因此，"阿加迪尔事件"效果之良好，超出了始作俑者之所想。

然而，军界变革虽限于言辞，而非兵刃相见，却依然具有毁灭性，变革者奉格朗迈松中校为领袖和先知，他是福煦的得意门生。格朗迈松现在已经是法国总参谋部作战厅厅长，这是与亨利·威尔逊相等的职位。这两个人各自为自己的祖国挖了一个大坑。

现行应对德国入侵的作战计划是，法军呈纵深部署，形成T形战略结构，以此抗击按进攻路线入侵的敌军。因此，这一战略属于防御-进攻式战略，先让敌军显露自己的意图，然后发挥法国部队

[①] 指格朗迈松的进攻论压倒了米歇尔将军的防御论，当时的法国战争部长迫使米歇尔将军辞职。——译者注

第六章 两次革命

的灵活性，集结有力的"大规模机动部队"击溃敌军。从战略上而言，最初具有防御性，但战术层面却不是。其目的并不是以顽强抵抗顿挫敌军攻势，准备尔后反攻，而是在某一点予敌正面打击，再以更强势之力量攻击敌军侧翼，从而击溃之。这个方案肯定要确保灵活性，依赖高度运动性来获得战役之胜利，而不是筑壕准备防御与运动相结合的战术。

然而，在格朗迈松看来，这个方案不符合法国精神，"几乎完全阉割了进攻理论"。格朗迈松主张，不应该等待敌军暴露行动意图，而是应该先行攻击。"攻势凌厉的敌军，担心各处同时受到阻击，以致无法机动，将很快不能发起任何大规模攻击。我们迅速与敌交战，可确保我军免受突袭，我军攻击部队可应对敌军之机动，保障我军之安全。"他总结其理论说："我们绝对不能放弃这一原则，其唯一的表现形式看起来存在矛盾：大胆行动是最佳保障。"其结论是，无论一支部队的任务是什么，只有一种行动模式，那就是进攻，从实践意义上而言，即猛冲攻击。

这一理论实际上是以非理性的假设为基础，即假设法国人比德国人更勇敢，当然这也淡化了指挥官的作用。指挥官一看到敌军，只需直接下令"前进"即可。鲍彻将军（General Boucher）曾说过，当军队的平时训练受到某种理论的影响，如果军官不屈服于此，即会被认为缺乏"勇气"。公牛的战略已经取代了斗牛士的战略。

理论的简单朴素，契合法国人的性情，而且其含蓄地致敬法国人无法抵制诱惑的精神，从而激发了军队的想象力。少壮军官则必须押上生命的赌注，他们追求大胆无畏的精神，压制了所谓愚蠢的批评。但是，对他人生命负有责任的指挥官和参谋军官则应受全面谴责。而将领们的借口可能是，他们担心被指责因年事渐高而勇气正在消散。对于一个军官而言，接受自己职业生涯的牺牲比接受部下可能遭受的牺牲更难。

格朗迈松实际上提高了变革的等级，在礼堂①连续举办了两场演讲，听众包含了绝大多数的高级将领和法国总参谋部人员。经过勤勉的宣传，格朗迈松事先准备的理论谨慎地赢得了人们的信任。军事当局中只有一个人强烈反对席卷而来的此种思想潮流，这就是米歇尔将军（General Michel），当时任法国战争最高委员会（Conseil Superieur de la Guerre）副委员长，战时将出任法军总司令。但是，在现行体制之下，法国议会意欲削减军队先前的权力，他未来的职务使其没有权力控制法国总参谋部及其理论。由于米歇尔将军是少数派，而"少壮派"掌握了权力。他们主导了法国总参谋部，牢牢把持了法国战争部，政治领袖以及战争最高委员会的委员长都是过客而已，副委员长也只是局外人。

米歇尔将军成为了少壮派的真正目标。他制订了一份新作战计划，突然使其陷入了危机。这个计划基于双重假设：一是德国将打破比利时的中立性，不仅通过默兹河以东进军，而且会经比利时平原从默兹河以西攻击；二是德国将投入现役和预备役各军，以绝对优势之兵力实施攻击。为了应对这种两面危机，米歇尔将军建议沿东部或洛林边境实施防御，将法军大部面向北部或比利时边境部

---

① 这两场演讲是在战争研究高等中心的礼堂。参见小查尔斯·桑德斯（Charles W. Sanders, Jr.）的《别无他法：法军及其进攻理论》（*No Other Law: The French Army and The Doctrine of The Offensive*），第11页。——译者注

第六章 两次革命

署。这意味着法军的防线拉长了一倍，于是，米歇尔将军还建议按一线现役团的数量增加一倍的预备役部队。

这项综合建议让绝大多数职业军人为之胆颤。他们认为，即使现行计划也是基于部队的灵活性和机动力，只有训练有素的部队方可胜任。两派之争议意义重大。

米歇尔将军的综合预测远远低估了战争规模，以致全面降低机动性抵消了兵力数量增加的优势。然而，装备现代武器的预备役军人，必然成为防御战中一支强大的阻敌力量。因此，预备役部队是现役部队的盾牌，是掩护现役部队前后运动的坚实力量。若德军在首波攻击中使用预备师，法国以预备役部队抵挡，能换来更大的安全性吗？

然而，米歇尔将军的方案已无机会进行修正，也没有进行听证。米歇尔将军被法国战争最高委员会的所有同仁抛弃，新任法国战争部长梅西米迫使其辞职。

谁可以继任米歇尔将军之职呢？少壮派的唯一期望是找到一个自我满足之人，因为他们以管理一家有限公司为基础来衡量统帅一支军队的能力。马达加斯加的著名总督加列尼（Galliéni）本可以继任此职。然而，由于他很大程度上不相信预备役部队的可靠性，曾经指控过米歇尔的方案，而且他太过于谨慎保守，而不愿因此而获取个人利益。梅西米遂请他推荐其他人选。他首先建议头脑聪慧的波（Pau），其次是霞飞，后者为加列尼在马达加斯加修筑防御工事，现在打算由他负责战时的交通线事务。

波将军虽然受荐出任此职，但他要求增加权力，法国政府遂想起他的教权主义立场，怀疑他有独裁野心。于是，最终选定霞飞，法国战争部长面对一众记者宣布:"我将与霞飞将军一道努力发展进攻理论,这一理论正在开始浸润我军。"

众所周知,霞飞是一位优秀的共和党人,但却并非政治附庸。他体格魁梧,才智过人,但他显然不是卡西乌斯(Cassius)。因此,法国政府无须担心他会改变体制,于是任命其出任法国战争最高委员会副委员长兼参谋总长。双重职务使其可以掌控平时与战时的指挥权。另一项综合因素使他可以迅速发挥才能,霞飞沉默寡言,加之未曾有过高等战争研究的经历,使其成为一个现代德尔斐神谕,并成为军界司祭团的喉舌,而这个司祭团之中,格朗迈松是真正的占卜师,而德·卡斯泰尔诺将军则是主持大局的大祭司。令人感到有趣的悖论是,霞飞提名卡斯泰尔诺出任自己的助理以及战时的参谋长,他对战略的无知由此而得到了正式的确认。法国政府不信任卡斯泰尔诺的宗教同情心,而不让他控制法国军队,但却信任他对指挥官的控制。

祭司很快宣布了新的神谕。"法国军队回归了传统,除了进攻,不再有其他理论了……以坚定之决心,将一切进攻发挥至极致,用刺刀鏖战敌军,一举击溃之……只有付出鲜血的代价,方能克敌制胜。严重违背战争特点的其他理论一概拒之。"

与其形成鲜明对比的是,1805年战役在奥斯特利茨达到高潮之际,拿破仑掷地有声地说道:"我关心的一切乃是以最少的流血而奏凯歌,我的士兵都是我的孩子。"这也是鼓舞官兵之语,却与新祭司的神谕如此不同。然而令人感到奇怪的是,新祭司却自称且深信自己将成为拿破仑的化身,直接继承师徒传统。

我们如何解释此种断裂?也许最好的答案是福煦曾经说过的

第六章 两次革命

话："我的书传递的是信念而非科学。"若谈信念，则按需采用论据，而科学则需考虑一切情况。在福煦的著作中，既无引证，也没有提到拿破仑在1805年的论断。福煦既没有考虑乌尔姆（Ulm）战役，这是拿破仑流血最少的胜利；也没有提及奥斯特利茨战役，这是拿破仑最辉煌的胜利。奥斯特利茨战役是一个防御-进攻型战例，先抵抗后反攻。这不符合"战略和战术都是进攻"的理论。

格朗迈松及其学派仿效拿破仑的理论，却予以歪曲，从而重塑了官方理论，其下一步是准备牺牲人命。为此，在部队训练方面，他们回到了比拿破仑更久远的腓特烈模式，旨在体格训练，而非智力训练，通过不断重复，为秩序而牺牲了主动性，"培养军人的反射性服从"。新的战术规则实际上是为刺刀战场量身定制的，并非是子弹战场。

一个新的计划实现了梦想中的理念，即现在臭名昭著的"第17号计划"，其设想先期以现役部队发起总攻，猛击德军，紧接着立即从左右翼打击。这个计划显然假设，无论德军兵力大小，法军都可以击溃。此计划似乎没有进一步审议。若是作为一项战略杰作，其简洁性令人赞叹，但前提是制订此项战略计划的人不能头脑简单。曾经盛行的一句格言是，简单即意味着高昂的代价。但是，如果不考虑实施的最终代价，有人可能认为，人寿合同的昂贵设计团队则是多余的。这个计划将使最卑微的法国兵也会得到1品脱[①]普通酒的回馈。

[①] 容积单位，主要用于英国、美国及爱尔兰，1品脱（英）=5.6826分升。——编者注

福煦在法国高等军事学院播下的种子，正在长出绿芽。而福煦作为部队主官，自己正在犁耕新沟。这一次，军事理论家得到了及时而充分的回报。福煦只在布尔日待了一年，1913 年 9 月，他调任第 20 军军长，该军是法军先锋，乃是最精锐之军。其所辖的一个师，即第 11 师被称为"铁师"，另一个师将证明自己是"钢师"。①

于是，福煦到驻南锡的军部赴任。他确定到任的日期是 1913 年 8 月 23 日，这是一次宏大的音乐"盛宴"②，驻军的众多乐队都参加了。在乐鼓声中，他淹没在了不协调的曼陀菲尔的号角齐鸣声里，根据福煦的传记作者，充满激情的路易·马德兰（Louis Madelin）所言："他心中所想的是，至少要有一次小规模的复仇，方得圆满。"福煦即使热情不减，但心中的希望渐渐消逝。"40 年来，我一直期待战争，但我开始思考，有生之年，将无法见证。"

与前任军长们一样，福煦亲驻南锡，直面德国边境，易于集中精力关注潜在战场。然而对于福煦而言，这实际上纠正了他诡异的思维习惯。首批成果之一是他评估了大库罗讷（Grand Couronne）的重要性，这是一系列高地，构成南锡的天然屏障。这里一直未设防，因为从凡尔登经图勒（Toul）和埃皮纳勒（Épinal）至贝尔福（Belfort）是边防要塞线，在其前方设防，被认为是冒险之举。

谢尔菲斯将军（General Cherfils）曾说过，其匆忙组织起来的

---

① 福煦当时所在法国第 20 军的主要隶属部队如下：步兵第 11 师和步兵第 39 师；军直属部队是殖民地步兵第 41 团和第 43 团，同时还配属炮兵、骑兵、工兵等部队。——译者注
② 这个英文原词用了 Retreat，同时暗喻以后从南锡撤退。此乃双关语。——译者注

第六章 两次革命

防御产生了重大影响,这归功于福煦的努力。"福煦未等军事预算的下发,便利用手中之资源,构建防御工事。"人们以宏大"音乐的盛宴"欢迎福煦进驻南锡的一年之后,回忆起当时的音乐记忆,仿佛回荡在更令人沮丧的撤退之中,这次撤退是南锡法军猛烈攻击德军阵地而造成的回弹。在那次意想不到的灾难事件中,大库罗讷防线成了一条救命线。福煦在和平时期乃是进攻理论的提倡者,然而,在战前的最后指挥阶段,他关注于防御之途径,从而挽救了进攻理论的不良后果,令人甚感奇怪。从典型意义而言,福煦的努力是为了进攻之目的,当"第17号计划"得以实施时,南锡附近的防御工事可以为其进攻提供一个安全的跳板。

公平而言,还应该说的是,福煦未参与制订进攻作战计划,而福煦的门生现在主导了法国军事思想,并将其进攻理论发挥到了极致。确实,福煦的学说在战争前夕是过时的理论。福煦向格朗迈松及其幕僚强调了安全性,认为暂时的防御可能极其有助于确保安全性,似乎对法军士兵的勇猛缺乏信心。

由于福煦自己的原因,其对于新崛起的参谋人员的影响力正在减弱。随着职位越来越高,他喜欢引用难以理解的寓言,导致其战争理论越来越神秘。有一次,在演习后的会议上,福煦总结里有一句斥责一名指挥官的严厉之语:"若你在火车开走后两三分钟才赶到车站,那么就已经错过了火车!"福煦很少停下来说明或阐释,也不允许他人违背自己的意见。在高级将领之中,福煦从未寻求或获得过他们的喜欢,而在低级官兵眼中,福煦只是一个象征。即使福煦知道,一些困惑的下属称他精神失常,但他并不在乎,他更关注锻造意志力而非培育理解力。对他而言,士气乃是灵魂之产物,确信于此，心便释然。

福煦作为一个象征，他受人尊敬，至少天生具有英雄崇拜情怀的少壮军官尊敬福煦，然而更精于世故的法国总参谋部人员却并非如此。其中有一位年轻军官迪巴勒上尉（Captain Dubarle），他于1914年7月前赴"铁师"参加演习，对于福煦的印象，他留下了有趣的记录：

> 首先引人注目的是福煦明亮而锐利的目光，充满智慧，精力充沛，而且目含亮光。福煦的这种目光表现在脸上则几乎是冷酷的神情，福煦留着浓厚的八字胡，下巴突出。当他总结演习的经验教训时，变得异常兴致勃勃，几乎是激情澎湃……他指出战争原则，训斥失误，呼吁大家竭尽全力，所有这些都使用了简洁的话语和从容的语调。他是一位牧师，以启示自己的教条为名审判、定罪、训导，并为之付出了全部心血。福煦将军是受到上帝启示的先知。

福煦被放大镜放大了！通过年轻军官带着敬佩的镜面，以相当夸张之辞所塑造的基本面貌，比理性之眼看到的形象更为突出。

这是迪巴勒写给父母的信，写于1914年7月5日。同一天，德国皇帝（Kaiser）给奥地利特使一张空白支票，承诺奥地利"可以得到德国的全面支持。""根据德皇之意见，此项承诺必须毫不延迟得以执行……若奥匈帝国与俄国开战，德国将站在奥匈帝国这一边，对此奥匈帝国大可放心。"

第六章 两次革命

7月19日,奥匈帝国共同部长会议(Council of Minister)批准了贝希托尔德(Berchtold)[1]关于给塞尔维亚最后通牒的草案。当天早上,一位公众熟悉的人物却身穿不常见的便服出现在了莫尔莱的车站,轻松地踏上了前往普卢让的路。战后,夏尔·勒戈菲克(Charles Le Goffic)扮演了博斯韦尔(Boswell)的角色,那么福煦就是约翰逊(Johnson),[2] 勒戈菲克说出了车站旅人恰如其分的话语:"喂!福煦将军又回家了……那就对了!这个时候不会有战争了!"

这是世界被改变之前,福煦最后一次回到特鲁费恩特乌努休假。福煦的两个女婿,法国总参谋部的富尼耶上尉(Captain Fournier)和第26猎兵营的贝古上尉(Captain Bécourt)携妻儿与福煦一道回乡。事实上,福煦只休假了14天,也许比勒戈菲克看到的机警路人更不放心和平之形势。

7月26日,福煦收到电文,得知法军撤退了,召他紧急返回南锡。40年来,他一直在期盼这一时刻。那段时间,他的脑海里一直充斥着复仇,就像年轻的汉尼拔,这是他所献身的事业。但是,又与汉尼拔不同,当实现愿望的时机到来之际,福煦已年届62岁。

---

[1] 时任奥匈帝国外交大臣。——译者注
[2] 勒戈菲克是福煦的传记作者,博斯韦尔是约翰逊的传记作者。——译者注

第七章　战争爆发

7月28日早上11时，奥地利的宣战书送到了贝尔格莱德（Belgrade）。第一次世界大战开始和结束的时间存在惊人的巧合，都是11时，这个时点是紧急行动的象征。从这个时刻起，紧迫性压倒一切，而理性及深思熟虑的判断则被弃置一旁。法国总参谋部以最强劲的动力开动了战争机器，以避免落后于竞争对手。政治家们纷纷登场予以支持，在军事需要的名义之下，他们也必须采取此等立场。在奥地利，总参谋长康拉德·冯·赫岑多夫（Conrad von Hötzendorf）是力主向塞尔维亚开战的主要唆使者，并因此而臭名昭著。

现在奥地利宣战的消息传来，俄国总参谋部强力施压萨佐诺夫①（Sazonov），使其毫无招架之力。俄国总参谋部断言，俄国的战争机制只适合总动员，而不适合局部动员，而政治家们却无法反驳这些"技术原因"。1914年7月31日，俄国公布了宣战敕令。几个小时之后，奥地利下令全国总动员。前一天，奥地利收到了德国总

---

① 时任俄国外交大臣。——译者注

第七章 战争爆发

参谋长毛奇的讯息:"谢绝英国为和平所作的进一步行动。一场欧洲战争是拯救奥匈帝国的最后机会。德国准备毫无保留地支持奥地利。"德国发出这个刺激性讯息之后,紧接着又向康拉德直接发送了一封电文:"立即动员对俄开战。德国也将动员。"毛奇以此压制了德国政治家贝特曼-霍尔维格(Bethmann-Hollweg)的妥协电文。

7月31日,柏林方面宣布了"战争紧急状态",秘密实施了第一步动员,同时向圣彼得堡(St. Peterburg)和巴黎发出了最后通牒。对俄国的最后通牒要求其立即停止一切军事行动,12小时的宽限期一过,德国将正式宣战。对法国的最后通牒则要求知道法国是否将在"德俄战争"之间保持中立,并附以威胁:"动员势必意味着战争。"德国驻法大使要求次日得到答复,他收到了法方简短而又有尊严的回复:"法国将依本国所需利益行事。"在午夜之前,法国和德国均发布了动员令。

但是,法国的政府仍可以否决"军事需要"。7月30日,不愿卷入战争的法国总参谋部已命令边防部队撤至边境内侧10公里的防线。然而,边境的指挥官可以自行处置,将此等撤军的军事风险降低至最小。在某些情况下,他们撤军的距离从10公里减至了4公里。在动员方面,由于霞飞强烈反对此举,致使法国政府撤销了撤军命令。

7月30日,德军侦察巡逻队实际上已经越过边境,7月31日,德军再次越境侦察。德国驻伦敦大使秉持了一个不切实际的假设,即若德国不进攻法国,英国则将保持中立,并在德国碾压俄国之际,法国保证不介入战事,因此德国宣战推迟到了8月3日。德国内部的困惑至少有效证明了德国军事领袖无法掌控自己创设的战争机器。德国皇帝对毛奇大喊道:"我们只好全军东进了!"毛奇回复说:"这是不可能的。百万大军的进攻……需要数年的艰辛努力。一旦计划定案,则不可能变更。"德国皇帝愤怒地驳称:"你的伯父就不会给我这样的答案。"毛奇坚持继续集结兵力进攻法国,德国皇帝予以妥协,但为实际越过边境设置了24小时的暂停期。然而,如此而为极大地动摇了毛奇的庞大计划,他悲痛地宣称:"本人深感震惊,犹如心脏遭受了重击一般。"然而,命令与其执行之间通常会存在适当的差距,这反而缓解了紧张的局面。当天,德军先遣部队的一部分已经进入了中立的卢森堡,实际上早于时间计划表。

8月2日,大规模德军部队侵占了卢森堡。当晚,德国向比利时发出了蓄谋已久的最后通牒,要求根据战争计划自由通过比利时,而这项战争计划自1905年就着手制订了,准备时间更长。德国的威胁让比利时坚定了不愿意违反中立地位的决心,最终也结束了英国内阁的犹豫不决状态,他们曾在渴求和平与维持法国协约关系之间产生了分歧。英国向德国发出最后通牒,要求德国应尊重比利时的中立地位。德国的战略促使英国政策确定化,而不确定的政策必定有害。8月4日晚上11时,英国给柏林方面的最后通牒到期。德军部队已经开始入侵比利时。

德国正在施行预谋已久的施利芬(Schlieffen)计划,这个计划也将接受考验,而当毛奇对计划的修改显现出结果之际,具有辛辣讽刺意味的是,这个计划成了"施利芬与沼泽"。毛奇在其著名伯父的遗留框架基础上进行了扩充,对此可能更适当的称谓是"毛奇与锯屑"。

老毛奇是一个精明的现实主义者,1870年的胜利虽然使德国

第七章 战争爆发

得到了显著的缓解，但他并没有为此而激动得失去控制。他对根本教训的理解比法国批评者更加深刻。他也充分预见到了由于武器进步与法军筑城技术发展而导致物质屏障的增强，因此他认为速战速决是不切实际的想法。根据老毛奇1877年的计划，他考虑采取两线战争模式，第一步首先重击法国，目标并非进军巴黎，而是迫使法国谈判，然后将大军东调。两年之后，他更加确定地认为东面才是唯一可行的进攻方向。他决定以4个半军在西线采取守势，而以14个军进攻华沙（Warsaw）。老毛奇在1888年退休之前，一直遵行这个计划。

他的继任者瓦德西①（Waldersee）得出了同样的结论，法军的新部署及防御工事，致使进攻相当不利，不能冒险。由于瓦德西策略失当，以致德皇在军事演习中被击败，于是很快失势。因此，1891年，施利芬继任德国总参谋长，开始面对前任的遗留问题。正如前任一样，施利芬毫无解决问题的办法。然而，施利芬是克劳塞维茨的虔诚信徒，并将其理论运用至逻辑极端，即军事胜利高于其他一切因素。他如此深信，不仅要击败敌军主力，还要歼灭之，以致自认为这种完美的战果是可能实现的。他勤勉地研究战史，寻找支持其论点的战例。他将坎尼战作为其学习典范及目标，但夸大了此战的攻势阵型。

施利芬的务实态度足以使其认识到，洛林边境的要塞地区并非

---

① 阿尔弗雷德·冯·瓦德西（Alfred von Waldersee，1932—1904），1882年至1890年任德国总参谋长。1900年10月17日抵达北京就任八国联军统帅一职。——译者注

上演此等剧目的理想舞台，他试图寻求替代方案，攻势的范围将扩大。因此，施利芬与前任有所不同，他让政策服从战略，决心让德国冒着政治风险，迂回比利时进攻法国。施利芬的第一份计划，试图减少此种政治风险，只经比利时和卢森堡边境进攻，以望用众所周知的私生子借口，即"这只是小事一桩"，以掩盖这种违反中立原则的行为。但是，在1905年最终计划成形时，内容却得到了扩充，意欲直入比利时心脏地区，也增加了对比利的时冒犯程度，而且风险更大。

　　德军大部将集结在右翼或西翼，以作为一个巨大的车轮，而在面对法国边境的左翼，则有意将兵力减少至可能的最少规模。右翼将以梅斯-蒂永维尔（Thionville）要塞地区为轴心，经比利时和法国北部，绕一个巨大的弧线，再逐渐东进，迫使法国向摩泽尔河撤退，而洛林要塞和瑞士边境形成了一个铁砧，德军以重锤砸向这个铁砧上的法军。在此车轮的最右翼德军，将绕过巴黎以西，在鲁昂（Rouen）附近渡过塞纳河（Seine）。

　　迂回主力部队将包括53个师，而左翼的次线军队只配属8个师。左翼兵力极其薄弱，这里是本来可以成为缓解右翼主力攻势的巨大潜在希望。如果法国发动攻势，即可压迫左翼德军退回至莱茵河，然而德军被击退越远，法军就越难以避开德军经比利时进攻其侧翼与后方。就像一扇旋转门，若压推一扇门，速度越快，则另一扇门摆动及反弹回来的力量就越强烈。

　　这个计划确实存在精妙之处，而不仅仅是地理性迂回。施利芬在多大程度上精心设计陷阱，诱使法军进攻左翼，以及克劳塞维茨的影响在多大程度上掩盖了汉尼拔的教训，这都尚不得而知。格勒

第七章 战争爆发

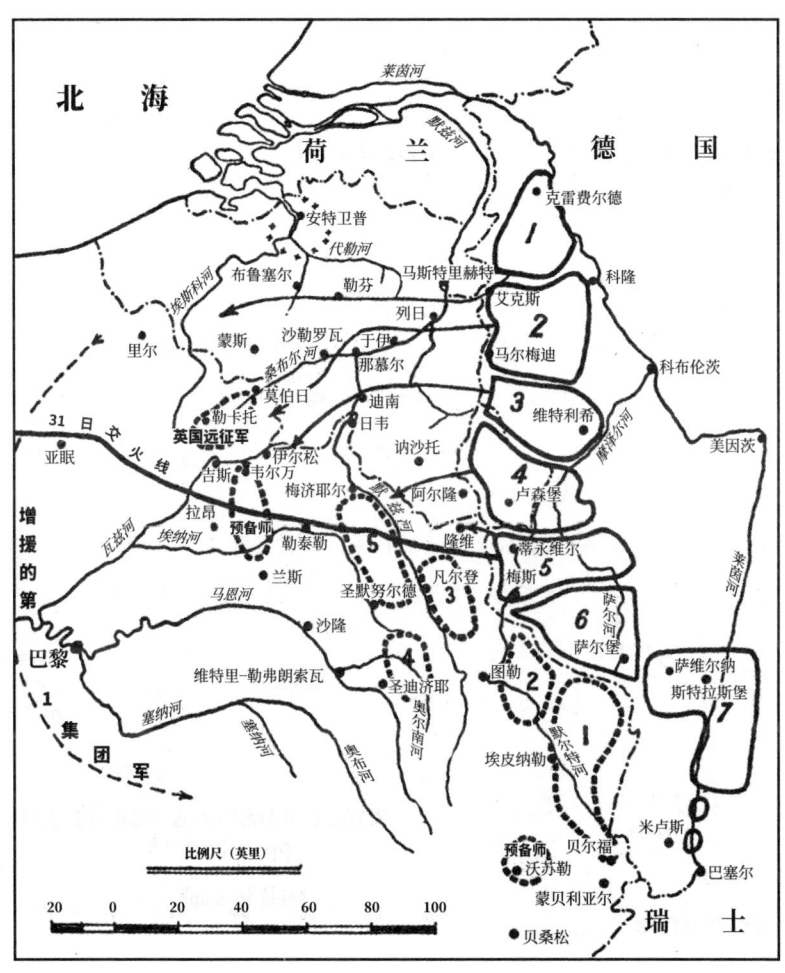

地图1 法国与德国的计划,1914年8月

纳（Groener）曾透露说："在制订计划的过程中，施利芬考虑的基础是，法军会采取守势，当时看来存在此种可能性。"但是，施利芬像其前任老毛奇那样，肯定愿意冒险推测法军可能深入进军至莱茵河（Rhine）。

1914年的法国计划以不可思议的完美程度契合了施利芬的计划。只需要再满足一个条件，施利芬的计划就天衣无缝了。法国放弃了要塞堡垒的优势，鲁莽进攻敌军，遂使德军在适合自己的地域抵抗法军，同时进攻法军暴露的左翼。

德国遇到的不幸之事，乃是小毛奇没有准确评估德军的勇气，从而修正了施利芬的计划。施利芬弥留之际，喃喃而语："必有一战，只能加强右翼之力量。"然而，小毛奇却重兵陈之于左翼。1905年至1914年之间，德军共有9个师，小毛奇将8个师部署于左翼，而右翼只有1个师。在执行计划的关键时期，他还抽调了右翼的部分兵力，致使右翼的损失更大。

德军计划在初期攻势中投入地方防卫军（Landwehr）和预备役（Ersatz）部队，这是法军即将遭遇的一次大突袭，由于法军低估了德军预备役部队的战斗力，对此有所轻视，导致德军此次突袭取得了更好的效果。

尽管小毛奇意欲以其6个预备役师增援右翼，然而到了增援之际，他却将这些预备役师调往了左翼。因此，正在右翼行军途中的7个现役师被调赴警戒安特卫普（Antwerp），并投入莫伯日（Maubeuge）和日韦（Givet）的包围战。8月25日，德军与法国在沙勒罗瓦（Charleroi）首次交战之后，俄国进攻东普鲁士的威胁甚为紧迫，于是德军又从右翼抽调了4个师。然而，德军的这次调兵

第七章　战争爆发

是由于自我错觉，而不仅仅是缺乏道义勇气。尔后给出的理由是，小毛奇及其参谋人员认为，德军已经在右翼取得了决定性胜利！由于德军已在坦能堡（Tannenberg）击败俄军，解除了威胁，增兵东线为时已晚，但是德军诸师仍很快从西线开拔。

　　法军的计划不乏勇武之气。不足之处在于法军深信精神可以战胜一切，而现实证明，精神胜利只是一种幻觉。根据"以统一的全军"直接进攻之思想，"第17号计划"意图以驻洛林的第1集团军（迪巴伊）和第2集团军（卡斯泰尔诺），向萨尔河（Saar）进击。这是霞飞的右拳头。左拳头是部署于梅斯对面的第3集团军（鲁夫）和面对阿登（Ardennes）的第5集团军（朗勒扎克）。其任务或是在梅斯和蒂永维尔附近的卢森堡边境之间发动攻势，或者是，若德军通过中立领土，则进攻德军内侧。在此情况之下，当时在中央附近作为战略预备队的第4集团军（朗格·德·卡里）将增援左翼。由预备各师组成两个纵队，部署于两翼边缘的后方，根据各自军事实力的评估，确定后方阵地的地理位置。

　　比起上述部署，更为致命的是，法国对兵力和地点的认识也犯下了双重错误。在战争爆发之前，法国情报机构至少认为，德军在最初阶段可能会投入其预备役师，基于此等假设，法国估计德军可能会在西线部署68个师。实际上，德军投入的兵力相当于83.5个师，包括地方防卫军和预备役部队。而当战事爆发，两军集结之际，法国情报机构却忽略了这个假设，在估算敌军兵力时，只考虑了德军的现役师。

　　关于法军在地点上的失算，尽管"第17号计划"承认了德军经比利时进攻的可能性，然而对于其迂回宽度的低估，达到了荒诞的地步。法军竟以为，德军可能担心被法军轻易切断交通线，从而会取道阿登地区的艰难路线，如果这样，法军即可轻易切断德军的交通线。霞飞及其参谋人员都没有很快意识到自己的错觉。8月6日，德军炮火轰击了列日（Liege）的外廓防线，霞飞委婉地告知法军："可以确定的是，德军正在执行的集结计划是两年前制订的，而我们也业已知晓。"根据法国总参谋部的说法，霞飞所指的是一名法国军官发现的一份文件，这是一年之前，他在德国旅游期间在火车车厢里找到的！因此，在对敌军行动盲目无知且不屑一顾的情况之下，法军发动了攻势。

第八章 盲 战

维特里-勒弗朗索瓦（Vitry-Le-François）是马恩河畔一个尘土飞扬的小镇，从往常的睡梦中苏醒过来，发现自己成了法国的中心。100多年前，布吕歇尔（Blücher）的普鲁士大军猛烈地打破了此处持久的和平，而拿破仑徒劳地试图阻止不可避免的退位，在最后荣光之战的一次战斗中，曾经突然收复过这个小镇。

现在，1914年8月的炽热阳光之下，维特里-勒弗朗索瓦再次受到了侵扰。① 然而这次并不是普鲁士人所为。普鲁士人还在边境集结。与此同时，主广场上的学校已成为中枢之地，这里是法军的大脑。孩童所用的桌椅被胡子浓密的参谋军官所占用了，他们每8小时轮班，夜以继日地工作。大厅里的氛围弥漫着一种不祥的静默，与先前这座建筑物的人形成了奇怪的对比。在一端悬挂着展开的大幅地图，用于总结以往的地形教训。在地图上，军官们每天两次标注部队的运动，而且这些运动可能严重改变接下来的地形认

---

① 1914年8月4日，霞飞在维特里-勒弗朗索瓦设立总司令部，8月31日弃守，9月5日被德军攻占。——译者注

知。军官们踮着脚尖标注地图，小声讨论着推论。地图旁边，情报处主任杜邦上校（Colonel Dupont）经常就德军的行动情况与进攻目标发表意见。

在军事层级方面，往上更高一级的核心人物是时任副参谋长的贝特洛将军①（General Berthelot）。如果说，支撑贝特洛17英石②的体重需要一架坚实的梯子，那么贝特洛在法军总司令部（Grand Quartier Général）的各项决策中，也有此等份量。而贝特洛锐利的眼光犹如遥远高山上的赫里奥斯闪电，引人注目，从而弥补了身材笨重的不足。贝特洛在法军中的地位相当于亨利·威尔逊在英军中的位置，即使军职没有参谋长之名，那也应该是首席顾问。有些人以诸如邪恶天才之名称呼贝特洛。然而，由于他的盛名及勤勉，其误判的责任，长期以来被掩盖了。与此类似，当参谋长贝兰将军（General Belin）面对紧张与压力而崩溃之际，贝特洛却能岿然不动，恃此资历，迅速超越了英军参谋长阿奇博尔德·默里（Archibald Murray）。

法国高层都仰仗的是另一位典范人物，即法军总司令霞飞。"仰仗"一词之于霞飞，可谓恰如其分。他的脾性可以让他承受忧虑的压力。他的幕僚可以让他缓解工作的紧张。霞飞后来曾长期旅居于尚蒂伊（Chantilly），一名有趣的观察者可以发现他的办公桌没有文牍堆砌，墙上也无悬挂地图。另外，摄影师到访时，则匆忙召集

---

① 亨利·马蒂亚斯·贝特洛（Henri Mathias Berthelot，1861—1931），"一战"爆发时，他任霞飞的第一副参谋长，负责第二局（情报）和第三局（作战）。当时第二副参谋长负责第一局（人员与物资运输）和兵站。——译者注
② 1英石=6.35千克，照此而言，贝特洛的体重将近216斤。——译者注

第八章 盲 战

幕僚以花彩装饰屋墙，营造与通行意义上的伟大指挥官相衬的背景环境。霞飞不像拿破仑那样经常与一位巴克莱·德阿尔布[①]（Bacler d'Albe）类似的人物密谈。

在维特里-勒弗朗索瓦，心怀敬畏的旁观者经过总司令部外面时，经常可以看到霞飞迈着沉重的步伐来回踱步。他的体型庞大，身着的军服也一样宽松。尽管军服是黑色束腰和红色裤子，着色鲜明，即使这样虽看起来稍显过时，但却让法军制服散发出了迷人的艺术气息，然而穿在霞飞身上，却没有能让他与众不同。霞飞的头发花白、眼睛淡蓝、语调呆板，不矫揉造作，所有这些特征都给人们留下谦逊的印象。霞飞相当平淡无奇，反而成为众人皆知的"可靠之人"，遂令权势人物对其深感惊讶，这似乎是一种巧合。然而，霞飞显著突出的下巴乃是坚毅的印记，也可以说是顽固的象征。他的这个下巴凸显了其体型，由此产生了令人觉得可靠的印象。沉默寡言也自然强化了这种印象。

在"坚强而沉默男人"神话尚未破灭的世界里，霞飞的性格具有不可估量的价值。人们不愿相信，身居如此高位的人会像其表面那样简单，也不会相信霞飞超乎常人的冷静来自麻木不仁，以及冷漠无知导致了他的沉默寡言，甚至与霞飞有过近距离接触的协约国领袖也感觉，霞飞肤浅的表面必定暗藏着深不可测的东西。在霞飞的国人看来，其临时价值更为巨大。当希望破灭以及神经崩溃之际，霞飞则是一块坚石。因此，在紧急时刻，印象比现实更具影响

[①] 巴克莱·德阿尔布是一位法国艺术家，地图制作师，也是拿破仑最亲密的战略顾问。——译者注

力，霞飞的坚毅和顽固可以弥补他最严重错误而造成的后果。那些指望霞飞的人甚至也是能力卓群，但宁愿让谎言蒙蔽其双眼，而将仅仅且确实起到国民镇静剂作用的人视为天才。

8月的最初几个星期里，让霞飞心神不宁的一个忧虑就是左翼第5集团军司令官朗勒扎克的强求硬索。在朗勒扎克离开巴黎之前的7月31日，他曾提交过一份备忘录，认为德军右翼可能不经阿登进军色当，而是进攻西北方面的更远之地。自此之后，朗勒扎克一直秉持此种意见，则为霞飞所恶。然而，朗勒扎克的性格桀骜不驯。他有着与霞飞一样高大的身躯，他往往充满激情而又刻薄，而另一面却是冷漠而内敛，他走路昂头向前，习惯将眼镜挂在耳朵上，着重突出他好为人师的训人语调。8月9日以来，朗勒扎克越来越担心其暴露的西翼，尽管军界惯例要求下级与上级的意见保持一致，而不是让上级不悦，这阻止了他全盘托出担忧之事，但朗勒扎克仍在给霞飞的信件中明确表达了不安之情。然而在8月9日，除非第4集团军同时进攻，否则朗勒扎克拒绝发起进攻，在他的坚持之下，8月11日，霞飞同意他向西进一步移动。① 8月14日，朗勒扎克前去谒见霞飞，他当面抗议说，如果按霞飞的要求向东北攻击，他的集团军可能陷入严重的困境。因为若德军右翼正在向默兹河以西进击，将趁第5集团军胶着在阿登之际，横扫其交通线。而霞飞则深信不会存在此等威胁，朗勒扎克似乎稍感安心，但他在回程途中又得知了最新的情报，以致忧虑倍增。朗勒扎克重申了危险警示，坚持要求进一步向侧翼运动，尽管霞飞相当轻蔑地宣称

---

① 霞飞命令朗勒扎克的左翼第1军移防至迪南（Dinant）。——译者注

第八章 盲 战

"危险已经远去",由于朗勒扎克的理由极具说服力,终致霞飞慢慢地同意他将第 5 集团军移防至桑布尔河(Sambre)和默兹河之间的角落地带。

即使如此,德军右翼的迂回幅度更大。英国远征军小部刚抵达朗勒扎克左翼,以致德军兵锋的威胁程度达到了最大。

与此同时,法军右翼部队正在攻击洛林。战略上,这是法军的一个"强大拳头",但很快就变成了"软绵绵的拳头"。8 月 14 日,也就是霞飞斥责朗勒扎克过度担忧的那天,霞飞派出了第 1 集团军和第 2 集团军。一周之前,法军以一个军进入上阿尔萨斯(Upper Alsace),拉开了两个集团军进攻的序幕,这一行动部分是军事牵制,部分也是一场政治作秀。该军已进抵了米卢斯(Mulhouse),目标直指巴塞尔(Basel)以南的莱茵河桥梁,然而当时却被迫后撤。该军得到增援之后,更名为霸气的"阿尔萨斯军",在法军主攻的同时发起攻势。[1]

迪巴伊的第 1 集团军将攻击萨尔堡(Sarrebourg),其右翼位于孚日山脉(Vosges)。法军抵达萨尔堡之后,将接近萨维尔纳隘口(Saverne Gap),通往重要的斯特拉斯堡和莱茵河。卡斯泰尔诺的第 2 集团军在第 1 集团军的左翼,将越过萨兰堡(Château-Salins),通过一片遍布湖泊和树林的区域。

法军进展缓慢,但到了 8 月 18 日晚,在两个集团军前线,法

---

[1] 1914 年 8 月 7 日,博诺(Bonneau)将军率领的法军第 7 军攻占了米卢斯,但德军反攻,3 天之后撤退,霞飞将博诺免职,扩充了第 7 军,整编为"阿尔萨斯军",增派了第 44 师、第 55 预备师、第 58 预备师、第 63 预备师、第 66 预备师和第 8 骑兵师。8 月 28 日解散。——译者注

军与敌军发生了交火。德军假装轻微抵抗,而远在后方的法军总司令部于是敦促法军加速前进。内心炽热的卡斯泰尔诺,人送绰号"穿着靴子的猴子",此时无须鞭策。他虽然身材矮小,却充满斗志,遂命令实施迅速而猛烈的"追击"。虽然其草率的命令对于加快法军的行军速度并无多大作用,然而却促使法军忽视了预防措施。

与此同时的德军采取了何种行动呢?当法军进击之际,毛奇意识到,法军正在离开要塞阵地,他突然灵光闪现,或者说看到了诱惑之物。这实际上将抛弃施利芬计划,反而要在洛林地区寻求决战。虽然冲动是短暂的,然而也足以让小毛奇下定决心将本应奔赴右翼的6个新补充师抽调至洛林。当他改变主意时,却未能调整这6个师的目的地。

小毛奇命令其左翼的两位集团军司令官巴伐利亚王储鲁普雷希特(Crown Prince Rupprecht of Bavaria)和冯·黑林根(von Heeringen),他们不仅应护卫其左翼,而且应防止法军牵制部队抵抗德军经比利时的主攻部队。鲁普雷希特认为,只有实施进攻,才能实现此种目的。我们可以猜想,当德意志王储正在率军前进之际,不愿意因撤退而失去身沐荣光的机会。然而,没有什么东西能比小毛奇的意见更加愚蠢而模糊了。小毛奇认为,鲁普雷希特应诱法军深入,然后将其装进"大麻袋子"里,但鲁普雷希特拒绝不进攻,除非给予"明确的命令"。小毛奇的副手施泰因(Stein)在电话里告诉鲁普雷希特的参谋长[①]:"不,我们不会下令禁止贵军之进

[①] 时任参谋长为克拉夫特·冯·狄尔门辛根(Krafft von Delmensingen)。——译者注

第八章 盲 战

攻。但是，贵军应负责任，依照内心的良知做出决定。"以良知作为战略之基础，乃是千古奇谈。鲁普雷希特的参谋长回复说："我们已经做出了决定，那就是进攻！"然而，施泰因却高傲地大声说："我看不见得！那你们进攻吧，愿上帝保佑你们。"

因此，鲁普雷希特从8月14日开始向萨尔河的撤退没有继续下去，他在8月17日停止撤退，准备一战。当鲁普雷希特发现法军进攻缓慢，于是决定自行发起攻势。他被迫实施进攻，不仅是出于阻止法军前进的想法，而且也是急于消除其面临的不确定性。在分隔敌对两军的狭窄地带，笼罩着异常浓密的战争迷雾。鲁普雷希特的情报不足且混乱不堪，他的骑兵帮助甚微，他的步兵经常会击落友军的飞机导致空中侦察也受到了妨碍。除了波已经接任了霞飞之职、三分之二的法军部队喝醉了、没有英军登陆欧洲大陆之类的"新闻"，德军最高统帅部也没有提供有用的情报，然而事实上英军已经在8天前就开始登陆了，并在3天前从英吉利海峡的各个港口乘火车奔赴前线。在左翼攻势方面，鲁普雷希特节制黑林根的第7集团军以及自己的第6集团军。鲁普雷希特的计划是，以第6集团军牵制法军，而让黑林根的第7集团军突然从萨维尔纳隘口和孚日山脉的各个山口出现，包围法军之侧翼。然而，鲁普雷希特太过于优柔寡断，未能给予黑林根足够的时间进入阵地，这降低了大胜的可能性，也许这一击对于法军来说会是灾难性的。

法军盲目且踌躇地进入了鲁普雷希特的包围圈，法军的骑兵与德军的骑兵一样无能，未能提供预警情报。更高层的指挥官们似乎没有人审视一下实际的战局。8月20日，拂晓后不久，德法两军相逢于一条60英里长的战线之上，而且两军都在向对方进攻。法军受到打击更大，他们进攻德军沿尼德河（Nied）构筑的阵地，然而受挫，蹒跚撤退之际，又遭到了德军的攻击。

福煦及其第20军处于法军进攻部队的最左翼。德军猛攻的冲击致使法军的压力达到了极点，某些指挥官的年龄虽与福煦相同，但神经更为脆弱，此时已经萎靡不振了。尽管福煦是所有人中最早感到焦虑的人，然而现在却没有丝毫焦虑之象。福煦第20军的最初任务是在法军主力部队集结后方时警戒敌军，并护卫主力集结。

福煦从布列塔尼星夜兼程，于7月27日抵达了南锡，紧接着的两天里，他马不停蹄忙于军务，日理万机。尔后的7月29日，他开始构筑防御南锡的战壕，这是延续实施早前的防御措施。翌日晚，福煦的守备部队开始进入既定阵地，以备抗击德军的突袭。7月31日，巴黎的命令来了，要求福煦的守备部队"前进"，但是他的两个师已经进入了防御阵地！福煦满脑子都充斥着"安全"意识，但他可不想因为犹豫不决或拖延行事而被人抓住把柄。

福煦以同样的热忱行动无视了政府关于注意10公里界限的命令。他命令麾下诸位师长派出各自先遣部队前进，可以突破10公里的限令，占领"阿芒斯山（Mont d'Amance）、圣让山（Mont-St.-Jean）和拉罗谢特（La Rochette）各高地，这些地方都是防御南锡的真正要地"。次日，也就是8月1日，福煦收到了法国战争部的电文，重申了命令，但关于防地在哪，须向其直接军事上级请求批准。此时他准确地预料到，若按兵等待，事态发展将赶上他的步伐，而不是让他倒退。一天之后，果然如此。福煦得到了承诺，政府已经取消了10公里的限令，但仍坚持要求，福煦所部必须避免越过边境，以让"德国承担挑起战事的全部责任"。收到这份电文

第八章 盲 战

之后,福煦立即扩大先前政府已经对其让步的成果,将侦察部队向其防线之前又推进了1英里。福煦的侦察部队与德军骑兵侦察队发生了几次遭遇战,他甚至更急于进攻。

随着法德正式宣战,这扫清了一切行动障碍,福煦对德国边境后方实施了空中侦察,并于8月6日派出特遣部队。然而,侦察一无所获。敌军沉寂不动,没有任何提前进攻的迹象。8月8日,法军增派的两个军抵达,第2集团军正在集结,福煦不免感到忧虑,但现在的侦察结果让他大舒一口气。福煦所部历经10天的持续性紧张状态,现在可以在总攻之前稍事休整。他们独立的守备任务结束了,将成为法国第2集团军强劲攻势的一部分。

但是,攻势之"强硬",本质上具有欺骗性,这次攻势并不是由混凝土组成的,而是人体。大集群队伍将为敌军提供多么显著的攻击目标!在现代战场上,军官举着闪亮的佩剑,率领着身着蓝色军大衣和红色军裤的密集步兵阵形,这又是与时代多么不符!灼热公路上扬起白色尘土,还可能与象征性的法国三色国旗相得益彰,但未能遮蔽显目可见的行军队伍,在敌军致命武器的瞄准视野之下,这些法军一览无余。颜色并不是唯一的问题。由于官兵们身着沉重的蓝色紧身军衣外套,悬垂至膝盖以下,妨碍了行动,而且双肩扛着装备,犹如驮兽,导致他们躲避子弹更为困难。这支行军队伍,肢体受到束缚,挥汗如雨,在马克·吐温(Mark Twain)眼里,这看起来就像一只骑兵部队,仿佛是亚瑟王宫廷里的景象,他们都是身着华丽铁制胸甲的胸甲兵,以及戴着装饰性头盔的龙骑兵,头盔上的马鬃悬垂到了他们的背上。上马骑行,敌军的现代火力轻易即可让其寸步难行;下马徒步,他们的机动能力甚至比不上普瓦捷（Poitiers）的中世纪法国骑士。

法军的步兵和骑兵都不乏勇气，但只有勇气并不能应对各种各样的实质困境。这种盲目、显目而笨拙的大规模行军队伍正是被打造为实施极限攻势（offensive à outrance）的先锋。

根据"第17号计划"，法国第2集团军将进入萨尔河和摩泽尔河形成的一个夹角地带或口袋状区域。法军前进得越远，则将收缩更多的侧翼，也会暴露在敌军的反攻压力之下。摩泽尔河是这个口袋的一边，而且，由于梅斯要塞外延导致这一边被人为缩短。福煦的第20军不得不沿着这一边前进，与此同时，还需要保护与其同步前进的其他军侧翼，以免受敌反攻。

1914年8月14日，法军开始总攻，福煦的第20军很快发现其任务与所处态势陷入了尴尬的境地。他们占领了边境的山脊，由于德军炮兵事先标定了炮击目标，炮火覆盖准确，福煦所部损失惨重。第二天的状况更为恶劣，福煦所部终日遭受德军的持续炮击。第20军的右翼第15军在第一天的鲁莽攻击中遭受巨大伤亡，需要停战一天休整，这加剧了第20军的被动局面。

8月16日拂晓，法军恢复攻势，但却进入了神秘的寂静战场，德军没有开一枪一炮。法军发现德军阵地空空如也。当地居民报告称，德军连夜撤退了。

如果一支军队的训练具有更谨慎行事的传统，则会发现这些情况可能昭示着危险临近。然而，法军却不是这样的军队。卡斯泰尔诺似乎已经仓促下了定论，由于法军在敌军隐蔽火力阵地的攻击之下伤亡惨重，而德军是劣等种族，伤亡必定更为惨重，在法军更为强大的意志力面前已经凋零枯萎。8月18日，卡斯泰尔诺下令迅

第八章 盲 战

速追击,表示他期望"各军长鼓舞所部,发挥与按部就班的战斗精神有所不同的狂热之情,方可攻克坚固之阵地"。法军并未攻占德军严阵以待的阵地,实际上还有一天行军路程的距离。

由于卡斯泰尔诺的部队正好在这个时候减少了,卡斯泰尔诺更感震惊。他的 5 个军之中,两个军突然被抽调去增援霞飞的左翼攻击部队,现在法军已得知德军正经卢森堡和比利时前进。被抽调走的其中一个军就是第 9 军,之前一直在保护集团军左翼,这个军的离开,不仅得让福煦的第 20 军接替其任务,而且让他自己的侧翼也处于暴露状态。①

8 月 19 日,福煦所部诸师顺利向敌前进,然而到了下午,他们遇到了德军的火力攻击,而且敌军逐次增强。于是,福煦无法抵达目的地,即使如此,他们还是前进了约 10 英里。福煦右翼的法军第 15 军和第 16 军遇到了德军更猛烈的阻击,进展甚微。因此,夜幕降临之际,福煦的第 20 军成了超越右翼两个军的前方梯队,而按计划第 20 军应该在上述两个军的后方。

当天傍晚,卡斯泰尔诺仍然相信他的前面只有一支德军后卫部队,命令其第 15 军和第 16 军于次日早晨重新发起攻击。由于福煦的第 20 军处于领先位置,则原地待命,同时就地确保阵地。

然而,福煦在夜间命令第 20 军于次日早晨 6 时发起进攻。在他如期开始进攻莫朗日(Morhange)之前的 45 分钟,福煦致电卡斯泰尔诺告知了实情。卡斯泰尔诺在收到福煦的电文之前,就已经

---

① 第 2 集团军所辖 5 个军为第 9 军、第 15 军、第 16 军、第 18 和第 20 军,这里抽调走的是第 9 军和第 18 军。——译者注

看到了福煦昨夜的命令，并派出了一个参谋命令福煦不得进攻，构筑坚固战壕就地防御，阻止敌军从梅斯反攻，这至关重要。卡斯泰尔诺收到福煦于 5 时 15 分发出的电文之后，他通过电话下达了一项严厉的命令，禁止福煦发起进攻，严嘱福煦遵从他原先的命令。

战后就此问题产生了尖锐的争议，有人声称，福煦轻率地违抗命令，暴露了左翼，导致法军面临德军的灾难性反攻，从而致使卡斯泰尔诺被迫下令总撤退。然而，历史事实只证明了一部分指控。

福煦似乎存在不服从命令的意志，但德军却抢先行动，在福煦开始进攻之前就袭击了法军第 20 军。在德军防线后面就可以听到火车整夜在开行的声音。早晨 5 时 15 分，德军在正面和侧翼进攻福煦的左翼。福煦所部被迫撤退，损失了众多人员和一部分火炮。幸运的是，德军尽管具有兵力优势，但未及时乘胜扩大战果，这让福煦的左翼得以重建防线。

福煦不遵从命令的问题，也受到了若干考量因素的影响。他命令进攻莫朗日，毫无疑问是出于帮助相邻友军的愿望，以此展现他对"理智性纪律"的阐释。而且，根据福煦的回忆录所言，8 月 19 日晚，他没有收到集团军司令部的任何命令和情报，直到次日早晨，才得知卡斯泰尔诺的命令。官修史书则回避了这一点。

福煦是否采取了足够的预防措施来保障其左翼之安全，则是另一个问题。8 月 22 日，霞飞打电话向法国总统报告了法军战败的情况，他称："第 20 军的前进也许稍有一些过快，尚未等到选派部队保护左翼。"霞飞的这个电话极其重要。福煦的左翼显然是第 2 集团军最易受到攻击和最重要的防线。福煦在第 20 军与其在塞耶河（Seille）攻击起点之间的 10 英里空隙处只部署了一个预备师。

第八章 盲 战

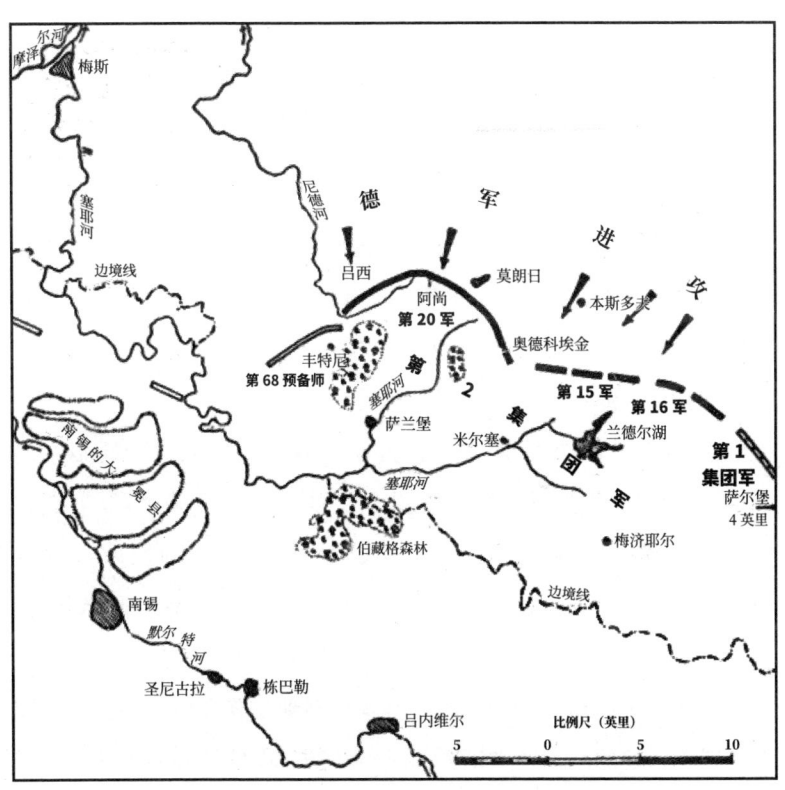

地图 2　莫朗日战役，1914 年 8 月 20 日

鲁普雷希特王储很快认识到了战机所在之地。德军投入两个军进攻福煦防线的夹角，这是德军进攻战中兵力优势最大的一次。福煦命令一个骑兵团在一个步兵团的支援之下保护其左翼，并向外实施侦察。然而，福煦在8月20日凌晨才签发命令，此时实施这项预防措施为时已晚，可能也太过于薄弱了。昨天福煦所部停止前进的时候，已近日暮，他们似乎并没有构筑抵抗德军反攻的阵地。德军在拂晓的突袭，让福煦的第20军没有时间弥补这一不足，而且德军开始其左后方迂回，形势极其危急。

但是，导致法军撤退的真正原因并不在于福煦的防线。法军第16军之左翼受到的攻击尽管不甚猛烈，但他们早在上午7时就后撤了，第15军也很快以更大的规模全部撤退。更糟糕的情况是，报告称其部队的忍耐力几乎到了极限。

因此，上午10时10分，已经全部投入预备队的卡斯泰尔诺下令法军全面撤退。他向霞飞报告时，认为后撤的原因在于右翼攻势的必要性问题，注意到这一点至关重要，证明了福煦的抗命是全面溃败之因的指控不实，而对于福煦的指控只是最高统帅得到的印象，而非部队的实际情况，但前者决定了战争中的问题。

卡斯泰尔诺撤退的命令确实让福煦感到一阵震惊。他的左翼已得以恢复，他的右翼尚未动摇，攻击他的敌军已经超出了其炮火的支援距离。"如果我想抗命，那就是今天。"他告诉参谋长迪歇纳上校（Colonel Duchesne）。但是，迪歇纳提醒福煦："你不知道其他两个军的情况。"因此，在中午之前，福煦命令所属诸师撤退至萨兰堡附近的高地。福煦所言掀开了面纱的一角："但是，无序的部队、补给纵队以及来自尼斯（Nice）的大型车辆堵塞了公路。"不

第八章 盲　战

久之后，卡斯泰尔诺给了福煦一个新命令，让福煦"坚守萨兰堡的桥头堡尽可能长的时间"，以掩护集团军其他部队撤退。虽然福煦防线后方的秩序也失去了控制，但与其他军的情况相比，还是相对较好。精疲力竭及群龙无首的部队撤入水位高涨的溪流，他们的情绪甚是沮丧，因为他们突然不再相信极限攻势的力量。但不久后德军却放缓了追击的速度，这使得法军得以脱险。

福煦部署兵力据守桥头堡，而且他有信心守住阵地，然而他收到了卡斯泰尔诺的电令："我第 15 军伤亡极其惨重，无以保持贵部右翼阵地，因此本人认为明智之举是贵部最好趁黑于今晚后撤。"于是，法军整夜继续后撤，至次日拂晓，法军部队撤过了自己的边境线。

尽管法军还未见到一个德军，他们还是未能坚守阵地。福煦的第 39 师损失了其绝大多数火炮，但第 11 师的状况尚属良好。但是，另一个军濒临险境，而第 15 军也比一群溃兵好不到哪里去，卡斯泰尔诺决定撤过默尔特河（Meurthe），在河东岸只留下一条警戒防线。在福煦的左翼，法军多个预备师仍坚守着南锡的大冕县（Couronné de Nancy），当福煦黄昏到访第 2 集团军司令部时，得知其甚至在考虑弃守这个堡垒。"我去了南锡，他们要撤出这里。我说：'敌军距离南锡只有两天的路程，但第 20 军在这里，他们不会那么容易从第 20 军身上踏过去！'"

然而，德军似乎将要从法军上碾压过去了。翌日早晨，第 15 军报告称，所部人员太精疲力竭了，以致无法抵御敌军的任何进攻。卡斯泰尔诺的防线中央现在出现了一处令人担忧的凹陷。在此不幸之中，却有好运临头。法军防线中无意形成的凹角，现在追抵的德军投入其主要兵力，向吕内维尔（Lunéville）和沙尔姆隘口（Gap of Charmes）进击，主张防御战理论的那一代法国战略家早前就在这里为德军设下了圈套。

8月24日，卡斯泰尔诺发现了德军的主攻方向，遂决定抓住战机反击德军侧翼。福煦所部负责打击德军左翼。

8月25日早晨，福煦发起了进攻，第20军起初取得了一些进展，但敌军迅速恢复了态势，在下午将福煦所部击退。然而，福煦的攻击阻止了德军在主战线的进攻，迫使德军集中力量应对自己后方所面临的威胁。

法军的右翼攻击部队获得了更显著的胜利。这甚至导致卡斯泰尔诺重新迸发信心，要求"以忍耐力之极限"追击，并"予敌以最后一击，确保胜利"。福煦试图在次日早晨实现卡斯泰尔诺的这个目的，但福煦所部的进展甚微。正当其他各军也竭尽全力之际，卡斯泰尔诺不得不叫停进攻。如果说法军的努力未能实现卡斯泰尔诺的攻势目标，却也实现了一个真正的防御目标，即阻止了德军的进攻。结果导致德军在一个星期之后才重新发起进攻，正面攻击南锡的大冕县，德国皇帝与其白色胸甲骑兵等待胜利进入洛林的古都，但却大失所望了。福煦的努力阻止了曼陀菲尔的号角在南锡回荡。

然而，福煦并未能亲眼见证法军挫败德军的目标。8月27日晚，福煦受到征召出任更高的职务。当时福煦在一家古雅酒店里的前进司令所，这个地方被恰如其分地称之为"煮蛋"，他收到了一封电令，要求他到法军总司令部报到出任新职。关于出任何职，福煦并不知道。但是，他被要求带上自己的两名军官，作为参谋团队的基干。其中一名军官是时任第5轻骑兵团副团长的马克斯·魏刚

第八章 盲 战

中校（Liet. Col. Max Weygand），实际上隶属于福煦的第20军。他曾在1913年入读法国高等军事研究中心，这条路奠定了他的未来。魏刚并没有走法国高等军事学院之路，对于不是参谋学院毕业的人而言，他却进入了"元帅摇篮学校"，这是一个例外，标志着一个非同寻常的前途。

魏刚在索米尔（Saumur）担任教官，其授课时论证清晰，运用引人注目的常识，令其声名远播，魏刚的众多同仁认为他是同代的佼佼者。魏刚出任福煦的参谋官是两人命中注定之事。魏刚在战前只见过新上级几次，之后成为正式的上下级关系。在他们共事的前几个星期，能持续多久也都无法确定，福煦也并不轻易信任他人，而且他的行事方式会令参谋军官感到困惑。然而，这两个人很快融合相处，最终成为不可分割的搭档，共同攀登权力之梯，成为历史上最著名的组合。

魏刚之于福煦的关系可以堪比贝尔蒂埃（Berthier）之于拿破仑，鲁登道夫（Ludendorff）之于兴登堡（Hindenburg）。但是，这两种比较都不准确。魏刚的参谋"文书"水平可媲美贝尔蒂埃，但魏刚更胜一等，他记忆力惊人，注重细节，更添人格之力量及创新之精神。魏刚也不像鲁登道夫那样对长官阳奉阴违或者越俎代庖。在世人看来，他对长官忠心耿耿，对那些试图寻根究底的人，他则回复说一切功劳归于福煦。魏刚的体形有助于展现他的谦逊风格。如果说福煦体形小但却坚定，那么魏刚则是体形小而弱不禁风。福煦演说热情洋溢，慷慨激昂，而魏刚则拘谨克制。福煦的头和脸相对较大，与体格不成比例，弥补了身材矮小的不足，令人初见之下印象深刻，而魏刚面庞较小，衣冠楚楚，掩盖了他的人格力量，只能近距离观察方可一窥。相比之下，魏刚给人的印象更为深刻。魏刚是福煦的天然补充，弥补了福煦所缺的素质。魏刚有能力将福煦模糊且通常是碎片化的短语整合成明确及可以执行的命令。福煦是一个天生的无序者，而魏刚则具有组织能力。他们两人结成一体，对各自而言都是天赐之物。"魏刚就是我。"这句话已经湮没在历史之中了，但与魏刚的别号"我的百科全书"相比，具有同等的真实性。

然而，令人讽刺的是，在整个战争期间，一位从未受过参谋军官训练的人，却成了一名参谋军官。无论在工作上，还是在谦逊的风格上，魏刚都完美胜任这个职位。他充满了骑士精神，渴望指挥军队，最终牺牲了自己的理想，这是命运的玩笑。

8月28日中午，福煦和魏刚乘车前往法军总司令部。"我们在一阵高喊声中通过了南锡。魏刚利用这个机会告别妻子，她尚未离开在吕内维尔的家。"他们俩的下一站是卡斯泰尔诺的司令部，在那里又选调了一名新的参谋军官德沃中校（Lieutenant-Colonel Devaux）。由于他们没有特别口令，在通过图勒的战壕军营时，耽搁颇久，直到黄昏，方抵达维特里-勒弗朗索瓦。他们在那里感受到了忧郁的氛围。福煦和魏刚离开洛林的时候，对于那里的形势，深感乐观，从而忽视了其他地方的形势。当得知远至索姆河（Somme）的法国北部所有部队全都淹没在了德军的进攻狂潮之中，他们的希望突然间幻灭了。

德军进攻列日，霞飞并没有顺势得出自然而然的推论，而是根据自己的计划和愿望的行动来获得契合内心的结论。尽管德军显然正在取道比利时，霞飞的结论还是认为默兹河是德军迂回攻击路线的尽头，即使如此，为了尽可能延伸更广的战线，德军将不得不

第八章 盲 战

削弱中央战线的兵力。这种假设也符合"第17号计划"中的备选方案。霞飞及其幕僚再次陷入幻影之中，他们强烈地接受了此种意见，以致臆想法军左翼攻击部队将予德军致命一击。法军第3集团军和第4集团军将往东北方向出击，经阿登高地进攻正经比利时前进的德军侧翼，从而粉碎德军的包围战术。法军第5集团军会同英军集中攻击敌军的另一个侧翼。这是一个天衣无缝的计划，法军的钳形攻击部队将夹击毫无警觉的德军！

然而，德军也有类似的想法，但角色对换了，而且具有更强的兵力来实现此项计划。另外，德军运动的广度超乎法军之想象，且不会削弱兵力，从而获得了更多的优势。于是，法军盲目推进到了阿登地区，企图在这个中央地带歼灭敌军，然而却在8月22日，与德军第4集团军和第5集团军发生激战，法军惨败后撤。

法军部队以刺刀盲目冲锋，以致遭到德军机枪残杀。幸运的是，德军也弄不清楚形势，从而放缓了追击的速度，错失战机。

但是，在西北方面，根据霞飞的命令，法国第5集团军及英军向前进击，几乎与德军迎面相遇。只有朗勒扎克（Lanrezac）怀疑这里隐藏着危险。他的谨慎救了他。协约国军及时后撤，逃脱了德军陷阱，这也是刚刚及时而已。

法军中央及左翼均被德军击退，最后让霞飞清醒地认识到了真正的形势。在其破碎的计划残骸之上，霞飞意图重新制订一个新的作战计划。霞飞决定收缩中央和左翼战线，同时从右翼抽调部队组成新的第6集团军，准备在最左端反击德军。而在右翼的德军已退回到了洛林法军曾经修筑的要塞，这有利于法军从右翼抽调部队。

就在福煦到达法军总司令部的这个黄昏，由于德军突进速度之快,此项新计划即使不取消,也不得不推迟实施了。德军右翼已进抵索姆河地区,正在此地集结的法军第 6 集团军现在也被迫加速全线撤退。向后方撤退速度最快的是英军,其指挥官约翰·弗伦奇爵士(Sir John French)对法军的计划失望透顶,英军似乎首先钻入德军陷阱而惨遭遗弃,为此而厌恶至极,以致他现在一心想要回到自己的基地。弗伦奇甚至拒绝协助友邻部队实施阻止德军攻势的反攻作战。

当福煦到达维特里-勒弗朗索瓦时,霞飞刚视察第 5 集团军归来,他在那里经历了一番激烈的争论,迫使朗勒扎克下令在吉斯(Guise)反攻。福煦知悉了众多有关全局战事的情况,但尚不知晓自己的任务。然而,出现了一个吉兆,前一晚新任法国战争部长米勒兰[①](Millerand)所住的房间分配给了福煦。

8 月 29 日,霞飞早早奔赴前线督促在吉斯的反攻作战,但在他出发之前,见了福煦,并告诉福煦,由他负责指挥从左翼朗格·德·卡里将军(General de Langle de Cary)的第 4 集团军抽调出的一支"集团军直属部队"。福煦将根据朗格·德·卡里的命令行动。

第 4 集团军的分拆乃是基于战局的急剧变化。第 4 集团军最初是规模最大的攻击部队,但太过于庞大,无法适应撤退的紧张战局。而且第 4 集团军与第 5 集团军之间已经出现了巨大的缝隙。福煦的任务是缓解朗格·德·卡里的部分压力,最重要的是重新组织

---

① 亚历山大·米勒兰(Alexandre Millerand,1859—1943),法国政治家,历任法国政府的商务部长,公共工程、邮政和电报部长,劳工部长。还曾两度出任法国战争部长,即 1912—1913 年和 1914—1915 年。1920 年出任法国总统。——译者注

第八章 盲 战

第4集团军与第5集团军之间割裂的防线。

在福煦执行此项任务之前,必须决定由魏刚还是德沃出任其参谋长。魏刚的军阶更高,但德沃毕业于参谋学院。尽管总司令部倾向让魏刚出任参谋长,但决定权还是在于福煦,他以典型的爽快性格回复说:"我选择军阶更高的人,如果他不适合于我,几天后就可以回自己的团了。"法军总司令部对魏刚的评价颇高,尽管福煦也愿意试用魏刚,然而他显然严重怀疑一名没有法国高等军事学院文凭的军官能否胜任,而且如果选择的范围更多一些,他就不会选任魏刚。但是,除了最初的这两名参谋军官,福煦只选择了少数低级军官,其中有一名军官翻译安德烈·塔迪厄(André Tardieu),他后来成了法国总理。正如福煦以后所言:"我们就像是贫穷之家,只有紧急召集起来的五六名参谋,除了自己的记事本及少量地图,几乎完全没有工作资料。"

以如此不足的控制资源,福煦必须指挥由第9军和第11军(各辖两个师)、骑兵第9师及两个预备师组成的一支部队,上述部队均从法军第4集团军抽调而来。此外,从凡尔登赶来且刚下火车的第42师也将归福煦指挥。第11军在开局之战中损失惨重,第9军是临时编成的部队,两个预备师已经出现了不利的"无序及无纪律迹象",第42师尽管素质优异,但因刚从另一个军的编制中抽调出来,会存在磨合。①

---

① 第9军原属第2集团军,下辖第17师和第18师,据前文所述,调隶法军左翼。第11军原属第5集团军,8月15日调隶第4集团军,下辖第21师、第22师和第60师。第42师下辖第83旅和第84旅。——译者注

福煦首先去拜访了朗格·德·卡里，在他欢迎福煦的话语中即可一窥其疲惫焦虑之情，"派你前来，此乃天意！"福煦回答说："好的！好的！我们将不负重托。"关于福煦新指挥的各个部队，他发现朗格勒·德·卡里能给的信息甚少，在撤退的混乱之中，已经与这些部队失去了联系。福煦很快发现，最左翼的第9军撤退太远，以致勒泰勒（Rethel）的埃纳河（Aisne）桥梁无兵防守，侧翼已面临危险。他迅速而特别地下达了一份进攻的命令，即收复埃纳河以北的高地。而福煦得知的另一件事是，所部已经撤退到了更远的地方，只能被迫批准部队撤退到埃纳河以南，因此他的意图并未得到实现。

翌日，福煦的"集团军直属部队"已处于第4集团军后方，其与第5集团军的空隙已达约25英里。

然而，朗格·德·卡里正在筹划反击德军，8月31日，霞飞电话询问福煦是否能坚守，并保护朗格·德·卡里的侧翼。福煦回复称，鉴于所部损失了火炮，而且战力极弱，对此不抱希望。他建议："集团军直属部队唯一可以做的是在撤退中机动，毫无疑问，所暴露的纵深将使第4集团军陷入危险之中。"

这在一定程度上导致霞飞命令第4集团军放弃反攻，继续撤退。因此，第4集团军可以赶上福煦的直属部队，后者现在已经脱离敌军的攻击范围，没有受到敌军追击的压力，于是重聚力量，并与第5集团军取得联络。尽管法军部队因军官损失惨重而致战力困累，但也在一定程度上从精疲力竭和沮丧的状态中恢复了过来。而且，两个预备师已经严重动摇，福煦在第一时间将其撤出了战线。

霞飞做出上述决策的另一个更重要的原因是，在吉斯的反攻取

第八章 盲 战

得暂时性的成功之后，其左翼部队可以继续撤退。因此，9月1日，霞飞签发了新的命令，预示着继续向更远的腹地撤退。霞飞的撤退底线在于塞纳河、奥布河（Aube）和奥尔南河（Ornain）以南一线，这条线远离巴黎，且在其之南。实际上，霞飞下达的命令中还称，可能不"一定撤抵"这一条最后防线，但是此等虚假的乐观条件普遍存在于官方命令之中，此乃温和传递不利消息的一种方式。第二天霞飞给了集团军司令官们一份手令，体现了他的真正意图，他确定了一条距离两翼稍远的防线，构成一条弧形防线，各集团军在此防线"从兵站补充兵员以图恢复战力"。这份手令也表明了霞飞的意图是"组织和强化"此条防线。霞飞显然希望最终可以转为攻势，但时间不想过早。一位正在考虑尽早反攻的指挥官不会在自己的部队及其目标之间设置一条河流障碍。次日，约翰·弗伦奇爵士建议在马恩河构筑防线，霞飞回复说："我认为不可能在马恩河筹划一次全面作战行动。"并建议英军应"协防巴黎"。法军第6集团军已经撤退到了巴黎防御圈内。

如果继续撤退到更远的地方，法军可能会瓦解。因为法军一直不明智地接受着极限攻势的训练，而非撤退。法军的指挥已经出现了失误。高级指挥官可以签发命令，然而甚至传达至作战部队的命令，都作用甚微。在很大程度上，法军的撤退由师长和旅长指挥，行动限于各自的小范围区域。无论如何，霞飞的新停止线需要放弃其轴心点凡尔登，因此反攻的前景严重被削弱。萨拉伊[①]（Sarrail）

[①] 莫里斯·萨拉伊（Maurice Sarrail），"一战"爆发时任法国第3集团军第6军军长。1914年8月30日晋升为第3集团军司令官。——译者注

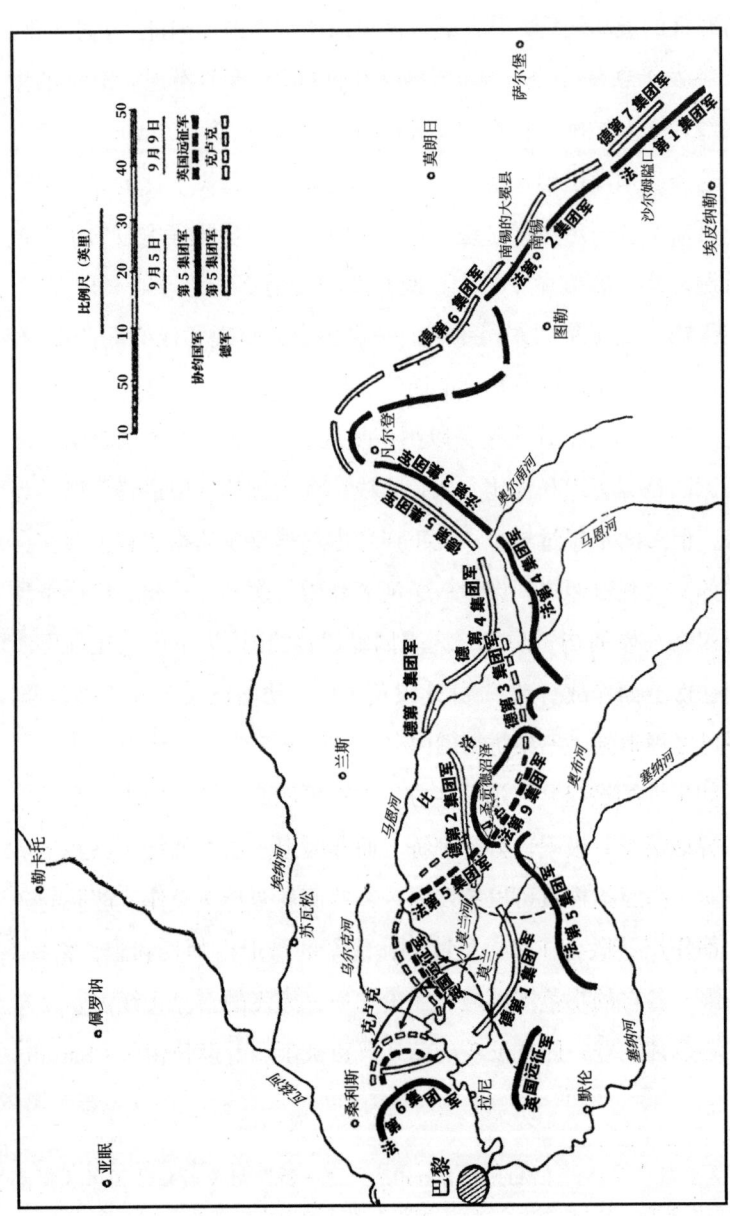

地图 3 马恩河，1914 年

第八章 盲 战

刚刚继鲁夫出任轴心点的第3集团军司令官，他比较乐观，不太愿意遵从霞飞的命令。萨拉伊的犹豫不决反而挽救了危局。法军扭转败退的其他主要因素还是在于德军最高统帅部及巴黎总督。

根据德军最初的计划，克卢克（Kluck）的第1集团军是德军的侧翼部队，将横扫至巴黎西侧。但是，德军想在进抵巴黎之前，向内旋转，以图切断朗勒扎克的后路。小毛奇担心多于希望，于是批准德军改变进攻方向。与绝大多数谨慎的战略家一样，当德军广泛展开，而不是肩并肩地作战的时候，这让毛奇甚为忧虑。他不理解广泛展开的德军是迷惑和羁绊敌军的一张大网，是挫败敌军的反制措施，德军的广泛展开战术已在法国边境和索姆河发挥两次作用。但是，毛奇力求连接其两条战线并避免风险，他不仅削弱了作战前景，而且使德军面临着敌军致命反攻的险境。德军滚滚向前的战线侧翼已在接近巴黎一侧的边缘，越过了巴黎防御圈的正面。

这并不是毛奇作战计划的最后一次变更。毛奇似乎对于其面临的危险，意识慢了一拍，他怀疑法军将从右翼抽调部队至巴黎附近的左翼。9月4日，小毛奇明确放弃了全面包围一个较狭窄目标的施利芬计划。德军中央和左翼紧密合作，就像钳子一样包围了凡尔登，而德军右翼向外旋动，面向巴黎，作为德军钳子的护盾。但是，克卢克已经越过了马恩河，其位置已在德军另一个集团军（即比洛集团军）的前面，而非其后面，因此为了执行毛奇的命令，克卢克必须向后一百八十度转弯。一个大规模的集团军不适合实施此种体操式的运动。这么做也不符合克卢克的性格，他认为若如此行动，其集团军的决定性角色将转变为只承担掩护任务的角色。因此，9月5日，克卢克继续向塞纳河进军，声称"向西行军可能甚为从容"，于是只留下一支兵力薄弱的特遣队以卫外翼。次日早晨，克卢克受到来自巴黎法军第6集团军的攻击。

法军的这次进攻源于加列尼热切的主动精神。霞飞命令法军继续撤退时，他已经知道克卢克的集团军向内旋动了。但是，即使知道了德军的这一举动，霞飞并没有改变计划。但是，加列尼在9月3日稍晚才得知克卢克的行动，于是立即做出了反应。翌日早晨，加列尼命令法军第6集团军准备进攻，然后用了一天时间不遗余力说服英军协同作战，且力图使霞飞批准此次反攻。当天傍晚，他的游说和努力取得了成功。霞飞命令法军全部左翼部队调头，于9月6日发起进攻。他在下达命令之后，又发表了激动人心的宣言，后来发现这份宣言的原件上有3个日期，其中两个日期已经被抹掉了。

当法军发起反攻的时候，胜利的时机业已成熟。德军右翼进军速度相当之快，以致补给跟不上，奋力前进的德军疲惫不堪，他们在烈日之下每日行军20英里以上，而且德军此时已经饥肠辘辘，这更是雪上加霜。然而，德军最高统帅部在精神上的疲惫更甚于德军身体上的疲惫，担心他们唾手可得的胜利将付之东流，而且一直忧虑英军会在其后方的比利时海岸登陆。此外，德军最高统帅部尚在卢森堡，与前线各集团军司令官失去了联系，而且这些集团军司令官都意欲实现个人野心，德军最高统帅部对他们的控制力也遭到削弱。因此，一次震动足以摧毁德国的战争机器。然而，在此情况下，法军带来的不只是一次震动。马恩河的战役规模和战术影响，不亚于一场决战。

在更西侧的战场上，协约国军实施了有力的反攻，但加列尼的绝大多数部队素质低劣，影响了战斗力。这里注定将成为决战之

第八章　盲　战

地。当加列尼所部压迫德军脆弱的侧翼之际,因被法军吸引,克卢克首先抽调了一部兵力,后来又调集了集团军余部,以增援其受到威胁的侧翼。因此,克卢克的集团军与比洛的集团军之间出现了长达 30 英里的空隙。由于英军已经消失在了前线,其撤退迅速,已经看不到他们的人影了,于是克卢克大胆冒险。英军这种无意的"消失战术"成了胜利之源。当英军原路折回时,他们正在接近德军结合部空隙的消息得到了证实,这影响了德军右翼指挥官的士气,[1] 德军出现了撤退的迹象,其于 9 月 9 日开始撤退。

即使没有加列尼催人奋进的主动精神,德军的战败还可以归因于和平时期军演所形成的思维习惯。德军指挥官在遵从裁判官的决定方面,受到良好的训练。如果是演习,根据德军在 9 月 9 日面临的形势,裁判官将会下令撤退。而在真实战场上没有裁判官,则会以军校教育的所得认知而代之。他们会遵从自己内心的裁判官,并实施撤退。比洛的集团军开始撤退,其他集团军也仿效而行。尽管敌军行动迟缓,德军也会继续后撤。这真乃命运的玩笑!

这也不是唯一一个命运的玩笑。同等讽刺的事情还有"马恩河大捷"的荣誉之争。加列尼等待荣誉的授予,这是他最应当得到的荣誉,然而直到他去世,才被名正言顺晋升为法国元帅,可以说是迟到的荣誉。与此同时,法军总司令部的参谋们却用绝大多数象征荣誉的桂叶粉饰霞飞。给霞飞的桂叶并不容易调零,也许给他的荣誉也不会那么轻易失去,因为法军总司令部保留了通信文件档案。但是,战后法国众多批评人士至少指责了战绩的论功行赏。必然的

---

[1]　即比洛的德国第 2 集团军。——译者注

是，其中一些文件永远遗失了。法军总司令部可以授予的战功，大部分都给了福煦。霞飞只是赞扬了加列尼的精神和忠诚。而且，加列尼也没有理由忌妒福煦，毕竟加列尼是霞飞的指定后备继任者。

在马恩河之战的所有传奇战事之中，福煦在战役里的成长最为全面且代价最少。在战争中被长期保存下来的第一份报告声称，福煦决定发起猛烈反攻，将普鲁士近卫军赶进"圣贡德沼泽（Marshes of St. Gond），决定了战争全局"。然而，德军决定在其他地方交战之后，实际上顺利与福煦所部脱离了接触。

第二份报告则更为谦逊，声称福煦阻止了德军突破法军中央阵线，使得法军大捷成为可能。即使这一点也不完全准确，德军指挥层无意突破福煦所部防守的阵地。比洛仅仅是为了执行他的新任务，即面西掩护德军改变进攻方向，因此其右翼不可避免地会遇到福煦的战线。尽管福煦也受到了豪森（Hausen）的第3集团军一部之攻击，但德军的这个集团军只是担负联系德军中央进攻部队与右翼掩护部队的任务。豪森的第3集团军由撒克逊人组成，普鲁士人往往低估其价值，也许因此赋予了其不重要的任务。

我们接下来回顾一下福煦在马恩河战役中的实际作用。

第九章　马恩河"奇迹"

尽管霞飞的反攻命令签发于 9 月 4 日晚上 10 时,但在 6 个小时之后,才传抵费尔尚普努瓦斯(Fère-Champenoise)的福煦司令部。霞飞命令福煦的集团军直属部队现在改编为一个独立的集团军,即第 9 集团军。霞飞在命令中分配给第 9 集团军的任务是掩护,而非进攻:"据守圣贡德沼泽之南面各出口,并派出一支部队至塞扎讷(Sézanne)以北之高地,以掩护第 5 集团军之右翼。"

霞飞命令的迟延传达,危及了命令的执行,现在福煦的第 9 集团军准备开始一天的行军,离开这处沼泽天然屏障的保护。但是,福煦立即派出联络官阻止了此次行动,命令集团军左翼的第 42 师固守沼泽各出口。

然后,福煦考虑了自己面临的问题,于上午 9 时 30 分签发了命令。他们一如既往将霞飞的命令解读为进攻。第 9 集团军的重心西移至沼泽后方。但是,福煦所部并没有就地按兵不动。第 9 军和第 42 师将派出有力的前卫部队越过沼泽,准备加入第 5 集团军的进攻作战。第 11 军则负责防守沼泽东区,这里地势开阔,除了马恩河支流小河索姆河构成微弱的障碍之外,易被敌军突入。第 9 集团军的防线长达20多英里，而沼泽占了一半。在右翼，其与驻维特里-勒弗朗索瓦的第4集团军的左翼之间存在一条20英里的空隙。福煦派其骑兵师[1]填补这条空隙，该师可以胜任。

　　福煦的作战计划源于准备积极协助相邻左翼友军第5集团军的想法。然而，如此而为，却将危及自身。德军将其重心转移至沼泽以东，而福煦在那里的兵力数量以及天然障碍都是最少的。福煦将两个预备师配属给两个现役军之后，他暂时没有直接指挥的预备部队。福煦计划的意图虽然有益，但其是否明智则尚存疑问。只有通过4条堤道才能通过沼泽，但面对抵抗，进攻者实际上根本无法通行。因此，福煦在沼泽后方部署第9军之大部，投入之兵力远超防御所需。而且，福煦企图发起的进攻很快也变得踌躇不前了。

9月6日

　　9月6日凌晨，法军第9军全力执行其初期进攻任务。但是，在越过沼泽之后，第9军遇到了正在前进的德军，很快被击退回沼泽南侧。福煦承认不可避免地将采取守势，遂于当日中午命令第9军"应采取坚定的防御态势并构筑坚固的阵地"。

　　沿着沼泽的西半部，进攻者是德军第10军所部，其为比洛集团军的左中心部队，当时正在实施掩护性转向。德军一部因追击法军而进入了沼泽，但被法军炮火所阻。德军第10军的另一个师进抵沼泽正西方面，在芒德蒙特（Mondement）附近进攻福煦的左

---

[1]　即骑兵第9师。——译者注

第九章 马恩河"奇迹"

翼。经过一天的来回拉锯战,福煦的第42师只弃守了一小块土地。

沼泽东半部沿线,进攻者是德军近卫军所部,其为比洛集团军的左翼部队。该军一个师直接进军沼泽,另一个师则攻击沼泽东部。看到这个天然屏障如此困难重重,近卫军军长普勒滕贝格(Plettenberg)很快停止了强越沼泽的企图。与此同时,其另一个师没有遇到太大的困难,就进抵了索姆河一线。然而,当法国步兵后撤时,法军炮兵登场救援,阻止敌军进一步推进。

接下来,普鲁士近卫军企图在东侧延伸更远,找到包围法军侧翼的道路。然而,他们未能成功找到法军侧翼。尔后,普勒滕贝格请求相邻的撒克逊集团军①增援,并决定在援军赶到之前停下脚步。下午稍晚时候,德军一个师赶抵,但在到达索姆河之前即被法军炮火所阻,因而耽搁了一天的时间。若普勒滕贝格避开沼泽,一开始就将整个军投入沼泽东部,可能让福煦陷入困境。

然而,当晚普勒滕贝格决定将两个师东移,只留下小部警戒堤道。他命令次日拂晓后发起进攻。

福煦也有类似的意图,其核心想法就是以进攻完成他的防御任务。这种想法不仅与其天性相吻合,而且根据其自己的判断,此乃阻止敌军渗透进入所部与友军之间空隙的最佳途径。也许他想起了1870年克特勒(Kettler)在第戎(Dijon)的战例。无论如何,福煦在次日早晨的命令是,其左翼的第42师会同法军第5集团军侧翼各军实施进攻。中央的第9军的任务是确保沼泽,并准备进攻。其右翼之第11军也肯定要发起进攻。刚刚新到的援军第18师则作

---

① 即德国第3集团军。——译者注

为集团军的预备队,部署于第 11 军后方。

9月7日

　　这一天又重现了意图与实际战事相违的情景。关于这一天的战事,福煦回忆录中的记载与德国档案也存在不一致之处。福煦的回忆录称这是一场荷马史诗般的战斗,而德方则坦承,由于部署拙劣以及法军炮火,计划中的进攻并不顺利。但是,根据德国和法国档案的比较分析,可以勾勒出一个清晰的轮廓。比洛显然是计划"在塞扎讷的基本方向上……同时实施向心进攻",以攻克福煦所部构筑的要塞阵地。比洛因奉命实行掩护性任务,则有必要让其右翼转变方向,他为此深感不快,意图取得这场局部胜利,以慰己心。

　　然而,比洛的第 10 军仅仅实施了局部攻击,沿沼泽西部边缘运动,而在向芒德蒙特方向占领更多地方。这至少阻止了福煦第 42 师的预定进攻。在沼泽两侧沿线,双方只限于相互面对面开炮,但德国档案提到法军两个营在这里导致了德军的一场小规模进攻流产。在沼泽东部,普鲁士近卫军的预定进攻很大程度上遭到了惨败。就在近卫军发起进攻前不久,法军炮兵开火,而且法军步兵也实施了威力侦察。普勒滕贝格则误认为这是法军的总攻,遂下令取消德军的进攻,计划将进攻推迟到撒克逊集团军的第二个师赶来。但他的命令为时已晚,德军几个营已经在没有得到支援的情况下发起了进攻,于是伤亡惨重。德军的此次失败影响了本日下午稍早时候发起重新进攻的士气。尔后,德军在遭到法军的连续炮击之后就放弃了攻击,并未全力进攻,但德军的这次进攻致使法军撤出河流

第九章 马恩河"奇迹"

防线。

比较敌对双方关于这一战场的印象,甚有意味。我们看到德军方面承认:"法军炮火产生了意想不到的后果,他们毫无疑问是胜利者。我军预定的进攻被扼杀在了摇篮之中……9月7日是开战以来,我军最糟糕的一天。"但是,在德军第一次进攻后,福煦却认为:"战局已到了危急关头,可能急剧恶化,我军部队明显已处于崩溃边缘。"

为了激励所部,福煦采取了双重补救措施。首先,他告诉部队:"我集团军左翼敌军似乎将要撤退。"他还说,与法军右翼对峙的敌军"目标只是迟滞我军进攻时间,到时德军将会撤退。因此,形势极其之好"。此种鼓动是鼓舞人心的,但与事实不相符合,德军左翼有意后转,显然是企图让其右翼转前进攻。其次,他反复命令第11军进攻,并从预备部队抽调一个旅支援。然而,法军部队似乎并不喜欢福煦的督励,也没有进攻。所部不遵命令,福煦深感恼怒,但到了明天,也许一切都会变好。福煦没有力量取胜,距离一次成功的进攻也甚为遥远,其临时拼凑的部队,耐受力已经到了极低的水平。次日甚为关键,也许很容易一决胜负。

9月7日晚,福煦只是重复先前的命令,但还期望敌军撤退:"我军将对整条战线实施拂晓侦察,清晰确定敌军尚据守哪些要点。"在天明之前,他的期望还是虚幻的,命令最后一条的乐观主义前景让所部深感震惊。

当天晚上,德军前线后方进行了一场重大讨论。由于担心法军炮火太过于猛烈,作为避免其火力的唯一方法,冯·豪森将军建议以刺刀在"灰蒙蒙的早晨发起攻击"。普勒滕贝格对此建议极为震惊,但最终还是同意了。这个计划肯定不是传统战术,且极具危险,部队都缺乏睡眠,没有时间准备,甚至不知道法军的阵地在哪里,但结果却证明这种冒险是值得的,而且这种独创战术获得了回报。

9月8日

凌晨4时30分,德军没有遭到法军的炮击,其步兵列队渡过索姆河,展开部署,蹒跚前进。法军完全受到了突袭,法军第11军的3个师很快混乱后撤,裹挟着福煦的预备队第18师随其无序撤退。法军撤退的脚步并没有停下来,重组部队的一切努力均未奏功,一直后撤了约6英里。法军现在确实已经远至费尔尚普努瓦斯正南,以致福煦在普勒尔(Pleurs)的前进司令部几乎成了前线。

福煦的幸运之事是,德军缓慢的追击赶不上如此迅速撤退的法军。德军大部在进抵法军空置阵地时停止了前进。法军步兵一口气撤了这么远的距离,生动地说明了其受到突袭之后,需要多重抚慰的心理!由于德军过早停止追击,虽缴获了法军一小部分火炮,但却未能缴获全部。因此,法军保存下来的火炮再次让德军深受折磨,阻止了德军进一步前进,这一切都是由于德军火炮跟进的速度过于迟缓。

5个小时后,也就是刚过正午,普勒滕贝格命令德军再次进攻。然而,他的所属各师长并没有遵照执行这项命令,但是某些师的部队却独自推进,占领了费尔尚普努瓦斯这座废弃的村庄。撒克逊诸师也没有投入更多的努力来乘胜扩大战果,其一个师刚过索姆河,

第九章 马恩河"奇迹"

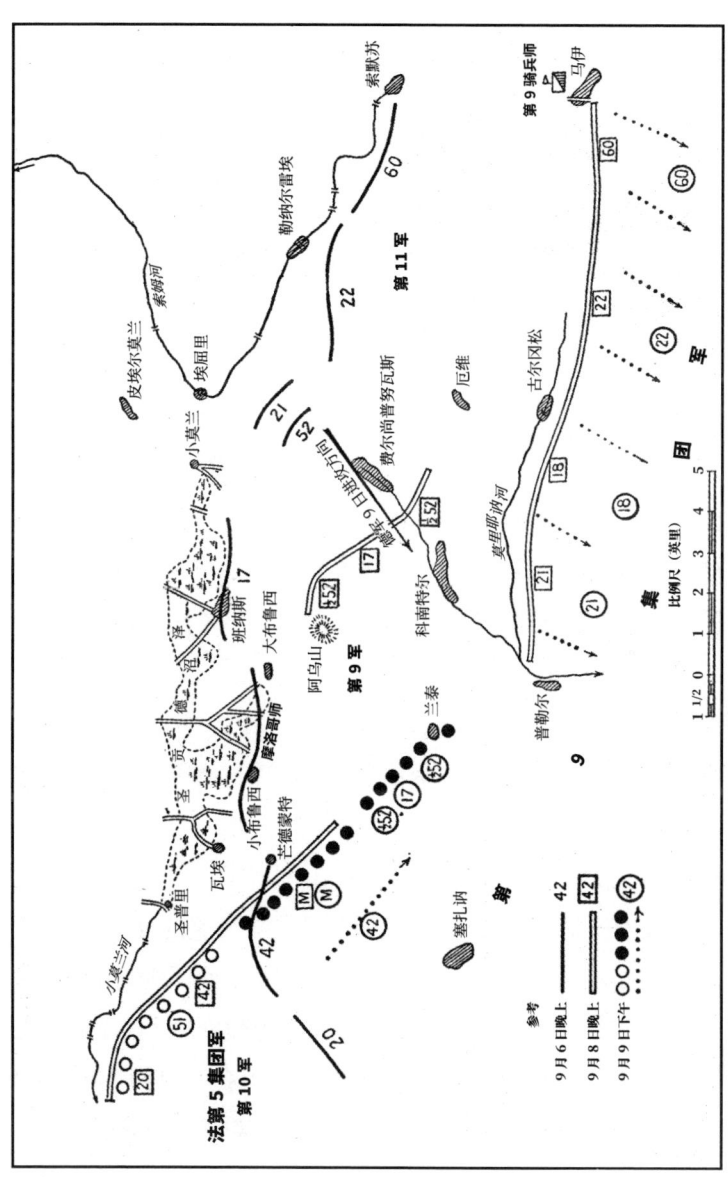

地图 4 马恩河战役中福熙所部之战斗,1914 年 9 月 6—9 日

就停下来在铁路堤防沿线进行整编，另一个师则推进到足够远的地方，然后提交了一份辩解性报告，声称看不到法军了。实际上，"胜利的"德军只是像烂醉之人摇晃而行，除了报告他们已经"极度疲惫"，无法让德国最高统帅部燃起对战局的希望。

与此同时，福煦如何应对呢？当他得知法军溃败的消息，就命令法军第11军收复费尔尚普努瓦斯，并告诉该军军长埃杜（Eydoux），第18师归其指挥，用于收复之战。在当前实际情况之下，此等命令最终徒劳无功。福煦的另一个措施是，电话向友邻各集团军求援。他首先求救于右翼的第4集团军，但朗格·德·卡里回复称，他们也是战事繁忙，而且集团军之间的间隔过宽，从而无法增援。福煦确实面临着德军真正意欲突破其阵地的境地。

然后，福煦致电其左翼友军第5集团军，请求其司令官沿第9军集团军左翼重新发起进攻。应予注意的是，此时福煦只是请求间接援助。

弗朗谢·德斯佩雷（Franchet d'Esperey）刚接替朗勒扎克出任第5集团军司令官，他向福煦保证会实施进攻。他还命令其右翼的第10军趋进东北方面，以减轻福煦所部的压力。但在当天，只有德斯佩雷的左翼攻势取得了显著的进展。

尽管福煦回忆录声称其第42师于早晨在相邻的第10军沿线实施了一次成功的进攻，然而与其交战的德军则称，他们并没有看到任何法军步兵。原因可能是，法军的进攻路线穿过了德法两军之间的真空地带，而且只是经过了一部分真空地区。因为下午德军在沼泽西部边缘也发起一次小规模进攻，将其战线推进至小莫兰河（Petit Morin）以南一线，他们也承认，实际上没有遇到真正的战

第九章 马恩河"奇迹"

斗,以证明他们停止前进是合理的。

福煦中央第9军的运气比其左翼差多了。比洛从最西侧抽调了一个师,以强行军增援近卫军。德军这个增援师的先遣旅经一条堤道越过了沼泽,只遇到了少数法军狙击手。然而,这个先遣旅受到法军及友军的炮击。过了一段时间后,德军先遣旅再兴攻击,其正面的法军摩洛哥师后撤了一段距离。

法军在沼泽的防御形势因右翼出现的危机而陷入困境。此日早晨,福煦已命令第9军军长迪布瓦(Dubois):"再次提醒以下影响:'今天贵军的重点是右翼,必须全力支援第11军。因此,应在此方向投入一切可用之部队,包括中央战线目前尚未参战的部队。'"迪布瓦反对称,他自己的前线已有迹象表明德军马上要开始进攻,但是福煦不理睬迪布瓦的这个借口,确信地说,他只听到了第42师前线的炮声,该师"轻而易举地继续实施进攻"。于是,福煦推翻了迪布瓦的反对意见,第9军军长派出其3个师中的两个师,即第17师和第52师,占领费尔尚普努瓦斯以西至西南的侧翼倾斜防线。

当天,福煦投入主要精力敦促和组织反攻,以期收复费尔尚普努瓦斯。但是,法军在下午最终实施反攻时,仅仅是第52师的两个团发起了一次武力示威而已。然而,法军这两个团的出现及火力导致费尔尚普努瓦斯的普鲁士近卫军陷于混乱,"直到晚上9时15分才完全恢复秩序"。

当晚,福煦在给霞飞的报告中写道:"战局极好,敌军直接针对我第9集团军的进攻似乎只是确保德军右翼撤退的手段。"这段话语经传奇演绎,成为一句名言:"我右翼敌军已被突破,我中央敌军正在撤退,战局极好!我进攻!"实际上,我们也可以发现福煦对战事前景的认识发生了重大的转变。在此之前,他以严厉的措施督励疲惫的部属反复"进攻",当所部踌躇不前,或乞求援军之际,福煦下达更为严厉的命令鞭笞所部进攻。然而,在9月9日的命令中,他的语气发生了变化。福煦命令所部"在据守之地尽可能构筑坚固的阵地",他要求进攻的唯一隐意在于重申了"应收复费尔尚普努瓦斯"。

晚上9时后不久,他打电话给第5集团军,请求弗朗谢·德斯佩雷以其第10军换防第42师,这更为显著地反映了福煦仍存忧虑。然而,鉴于这是一个相当紧急的请求,足以说明福煦面临着严峻的形势。因为第5集团军的任务是实施决定性进攻,而福煦的任务只是掩护和协助第5集团军。

弗朗谢·德斯佩雷尽管处境尴尬,但仍以相当慷慨及自我牺牲的精神响应了福煦的请求。他不仅同意接防第42师之阵地,还将自己的第10军移归福煦节制,他显然认为,福煦是可以在战地指挥且准确了解如何缓解战局的唯一之人。由于弗朗谢·德斯佩雷调出了五分之一的兵力,导致其在次日的攻势不可避免地受到了削弱。9月9日乃是马恩河战役的关键一天,此日,当英军和弗朗谢·德斯佩雷的左翼部队攻入比洛和克卢克之间的空隙,导致德军这两个集团军开始了确定无疑的撤退。因此,福煦的请求产生了广泛而深远的影响。一名批评分析者甚至可能会说,福煦自己而非其对手帮助"确保了德军右翼的撤退"。

因此,福煦为此获得的增援部队也具有同等或稍低的重要意义。尽管第10军接到的命令是在第42师"开始进攻"后,继续攻击敌军,但其主要任务还是保障福煦左翼的安全。第42师被换防

第九章 马恩河"奇迹"

之后，将沿前线后方移防福煦中央的"兰泰（Linthes）—普勒尔一线"，"然后该师就地担任集团军的预备队"。因此，福煦力求换防该师的目的似乎主要是掌握自己可以调动的预备队，而之前缺乏这样的预备队。尽管福煦似乎想让第42师参加决定性的反攻，正如其在次日早晨提到的，让该师"参加进攻费尔尚普努瓦斯的战斗"，但确实没有迹象表明福煦意欲将第42师投入决定性反攻。福煦认为，收复费尔尚普努瓦斯是巩固其防线以及实现作战计划的关键之举。此时福煦的心境概括在了尔后的回忆之中："当某人知道其所欲，一切都变得容易了。为堵塞充满泥泞的漏洞……不可置信的是，某人通过此种安排最终实现了愿望。"

如果福煦一直考虑实施一次此后传奇故事所描绘的那种决定性进攻，他可能采取另一种方案，在第42师得到换防后，沿沼泽南侧直接东进，压迫进攻敌军之侧翼，袭扰敌之后方。此种方案更具雄心，至少可以节省时间，不必迂回至其前线后方，也会产生更有影响力的效果。相反，福煦将第42师移调至其中央前线的后方，注定只能正面进攻。

9月9日

9月9日清晨，福煦将第42师移调至中央的计划一度面临险境，这完全是一次意外事故。比洛前晚命令其右翼部队应继续后转，而作为轴心的中央部队只需就地坚守，而其左翼的近卫军应继续进攻，以图转向前进。然而，由于一个误会，德军中央战线的一个团自行在晨雾之中前进了将近两英里，到达了芒德蒙特，并攻占了沙托（Château），驱逐了据守此地的亨伯特（Humbert）的摩洛哥师之一部。德军的此次佯动被谣言放大为一次强大的进攻。现在的通俗史认为德军这次是佯动，但是亨伯特当时并不知道。

福煦到前线来见亨伯特，他赞扬了亨伯特的冷静处置以及给予动摇部队的安抚。但是，亨伯特不仅请求并获得了第9军仅存的预备队，而且第42师一小部也予以增援。当天下午，亨伯特以第9军预备队实施了反攻，尽管失败，但仍在当晚收复了沙托。对沙托的最后猛攻成为法军的史诗，然而却与德军参战团所保存的档案文件不一致，根据德方记载，他们撤出了沙托，这也是德军全面撤退计划的一部分，而且并未受到法军之袭扰。然而，即使记载一致，也无足轻重了，因为我发现这一战事并不重要。而且，无论福煦多么忧虑，并没有阻止他将第42师移调至其中央战线。

此时，福煦的右翼确实面临着危险。尽管德军下达的命令因通信线路中断而延迟传达，但普鲁士近卫军两个师及撒克逊集团军的3个师已于上午8时45分恢复攻势。德军正面的法军6个师与其一样疲惫，但法军的情况甚至更为恶劣。法军第11军首先被德军突破，尽管该军左翼师经受住了德军的炮击，但发现该师的侧翼友军已经撤走了，遂也后撤，于是暴露了第9军的左翼，此时为止，第9军只后撤了较短的距离，到了科南特尔（Connantre）。现在福煦的防线呈L形，中间存在缺口。

福煦后来宣称："为了鼓舞我军部队，第42师正在赶来……虽然第11军不得已弃守阵地，无论如何也不能阻挡我们以该师重新发起攻势，该师将进攻科南特尔和厄维（Œuvy）。第9军将进攻莫兰（Morains）—费尔尚普努瓦斯公路。第42师……准备于中午发

第九章 马恩河"奇迹"

起进攻。"这种希望是令人失望的,如果关于第 9 军的命令传到他们耳朵里,对于这个面临险境的军而言,听起来会有相当地讽刺意味。福煦在中午的另一次演说中称:"我力图向他们传达我们将最终获胜的全面信心。"详细内容如下:

> 报告……表明德军……的耐受力已达极限……我军利用此等有利局面的重要意义,毋庸夸大,我要求诸位在最危急的关头迸发出最后的力量,以不负法兰西民族之盛名。敌军队伍出现了混乱,此乃法军胜利的前兆。我军应继续以最大之冲劲进攻敌人,定能阻止敌人的前进,将他们赶出我们的国土。但是,每个人必须相信,胜利属于坚持最长时间的人。法兰西的荣耀与安危悬而未决。吾等再奋力一搏,必将胜之。

这是激动人心的号角,然而,福煦所言敌军可能已经陷入混乱,法军却正在这样的敌军面前撤退,不免具有讽刺的意味。只有出现奇迹,才能让福煦的保证令人信服。

但是,确实出现了奇迹。就在福煦激励所部之前,奇迹开始发生了,不到两个小时,奇迹在福煦的前线产生了效果,但是福煦所部在几个小时之后才得知出现了奇迹,而在当时,自然而然对奇迹有所误解。在第 9 军后撤以及第 11 军又后缩的情况下,法军只知道其面临着紧迫的威胁。"法军所有官兵只知道撤退。"当时的情形也许是这样,据说埃杜坦诚地报告福煦说,现在期望有序地撤退,为时已晚,但福煦只回答说:"你说你守也守不住,撤也撤不了,那只有进攻了！"

根据当时的报告，法军第 42 师正在抵达前线。于是，福煦在下午 1 时 45 分最后命令第 42 师预定于下午 4 时发起进攻。随后即令第 11 军和第 9 军协同第 42 师进攻，第 10 军也在遥远的左翼配合作战。"无论任何情况"，必须执行上述各项命令。

福煦派魏刚安排实际作战细节，并予以最终决策。经过与第 9 军军长迪布瓦和第 42 师师长格罗塞蒂（Grossetti）商议之后，魏刚决定将进攻时间推迟到下午 5 时 15 分。法军 7 个师参战进攻，第 42 师进抵战斗线时，乃法军全面进攻的信号。

然而，战事的发展再一次出乎双方意料，随后演变为传奇之事。第 42 师"到达太晚，致使其步兵无法在夜幕降临之前投入战斗，只有该师炮兵参战了"。格罗塞蒂认为，夜间在不熟悉的区域发起进攻，乃愚蠢之举。而精疲力竭的第 11 军自然不会在看到信号之前实施攻击。因此，福煦计划中的大规模攻击减弱至第 9 军前线第 17 师一个旅的进攻。而且也并没有遇到德军。

4 个小时之前，由于比洛得到了令人担忧的消息，"敌 4 列长纵队"（实际上是英军第 1 师、第 2 师、第 3 师和第 5 师）正在向自己与克卢克之间的空隙进军，遂下令总撤退，德军诸师在接到比洛的命令后，突然停止了前进。因此，各战场的形势变化，拯救了福煦所部，加之法军各集团军前线部署的炮火，使得其防御优势已高于进攻力量，若德军继续前进，法军阵地将成为德军的烛花剪。福煦将法军的得救归因于物质战胜了士气，这是极其讽刺的。

德军部队集结之后，在后卫部队的掩护之下，开始后撤行军，所有人都极度疲惫，大部分人对此感到不满。晚上 8 时，德军近卫

第九章 马恩河"奇迹"

第1师奉命担任后卫,他们在野战炊场吃完饭,即听到"在正西方向传来了法军的几声炮声"。这也符合格罗塞蒂坦率的叙述,即他的师及时抵达之后,只在暮色之中向正在撤退的敌军开了炮。撒克逊后卫部队在索姆河一直待到天亮,也没有见到追击者,因为法军第17师直接向沼泽东端的小莫兰进军,并于拂晓之前抵达。这是普鲁士近卫军被赶入沼泽传奇故事的唯一似是而非的来源。除非这个传奇出自第一天法军炮火猛烈反击德军的试探性进攻。

福煦可能不知道他大力督促的进攻方式在执行时得到了修正,或者不知道德军撤退的原因。甚至在福煦战后多年写成的回忆录中,没有提及有关事实的线索,还认为这是"一场著名的胜利"。也许时间让传奇在战后岁月里散发出了魅力。1915年,当福煦向安德烈·德·马古里(André de Maricourt)男爵讲述自己的经历时,他描绘了一幅更为谦逊而非更为准确的图景:"前几天,我被击败了。最后一天是守不守得住的问题。然而,我军向前进攻了4英里。为什么?我不知道。很大程度上这是将士用命换来的,也有一定程度上是我心存信念,当时上帝就在那里。"

福煦定是将功劳归于天意。他在战役中最大的贡献是精神方面,因此也没有理由怀疑他在后来私下回忆中的叙述。"'你想要打败我,'我想:'你做不到。如果必须撤退,我就会撤退,但会尽可能少撤退。如果我的右翼受到攻击,我就会坚守住左翼;但你过不去。'我充满了狂热的坚定之心。""我认为,我军部队的牺牲与传教士的献身截然不同。将士的牺牲几乎可以亲眼所见,清晰地令人震惊,相当鲜明……我继续讲我自己,'即使我不得不弃守小片土地,但必须不惜一切代价坚守住自己的前线。'"福煦有此认识,令人折服，因为福煦也是一个人。正如历史分析所表明的那样，战役中精神影响甚为有限。他自己"所见"的鲜明景象肯定使他看不到实际战局，而自相矛盾的是，这也模糊了他为之献身的目标。

　　临近9月9日午夜，根据福煦尔后向勒戈菲克所说，他突然接到电话，听到有人说："我们在费尔尚普努瓦斯的车站了。""我就问：'你说我们是指谁？''穆西（Moussy）师的西蒙上校①。'然而，穆西自己都不知道，迪布瓦也不知道。这就是战争中的惊喜之事。我回答说：'干得好！好极了！前进！前进！同时我命令下辖所有师，总攻！前进，格罗塞蒂！前进，亨伯特！前进，巴特斯蒂（Battesti）！前进，勒菲弗（Lefèvre）！你也只能做这些了，对吧，拉迪盖②（Radiguet）？我不管你会说什么：上午5时30分，你的所有部队必须参加作战。前进！除此之外，我不想知道任何事情。'可以确信的是，每个人都有很好的理由不再前进。但是，我无视这些理由，因为如果某人想要全力以赴，应该投入一切，当时就是这样的时刻。"

9月10日

　　9月10日临近正午时分，福煦亲自前赴费尔尚普努瓦斯。"我从未见到过此等景象。街道上都散落着破碎的瓶子，以致无论行车

---

① 即法军第9集团军第9军第17师步兵第36旅旅长西蒙。——译者注
② 迪布瓦是法军第9军军长，格罗塞蒂是第42步兵师师长，亨伯特是摩洛哥师师长，巴特斯蒂是第52预备师师长，勒菲弗是第18师师长，拉迪盖是第21师师长。——译者注

第九章 马恩河"奇迹"

或骑马,都无法通行,甚至步行也不行。德军前一晚在这里狂饮作乐,数百名德国人还正在酒窖睡觉解酒。我看到他们一些人在屋顶像猫一样逃窜,然后被飞来的子弹击倒。我也见到了第9军军长迪布瓦,他麾下的一支部队突袭了费尔尚普努瓦斯,打了这么一场非常漂亮的小胜仗。过来见我的时候,他受伤的大脚趾直接露出在靴子外面。迪布瓦与其参谋长努里松(Nourrisson)一同来的,'哎!迪布瓦,努里松,你们看,战局不会再过于恶化了。好了,忙去吧!还有很多事情要做。'我想立即推进到莫兰,但科菲上校(Colonel Coffee)插话说:'这个不现实,将军。山后面的德军炮兵还在向公路进行纵向射击。我们在这里的车站是否安全都还不确定呢。''那好,我们就去车站!'当我们在车站研究地图时,头上的房顶正在熊熊燃烧。房梁被烧裂了,但没有人为此而分心。"应该指出的是,这场火不是敌军炮击引起的,因为德军现在的位置比福煦认为的还要远得多。车站的火是被点着的,然后慢慢在燃烧。

福煦忙于努力加快追击德军,当法军部队在下午再次遭遇敌军后卫一部时,追击放缓,或者说停止了追击。"这是一件苦差事。一天结束的时候,什么也干不动了。"福煦在市政厅过了夜。"我和魏刚躺在极不舒适的床垫上。市政厅里喧嚣不断。我们可以听到大家在头顶上的木梯子上来来回回。根本没有机会睡一觉。凌晨1时,他们进来打扰我,宣布法军总司令部授予我一枚法国荣誉军团大军官勋章。我回答说:'你们觉得我会在这个时候在乎这个勋章?让我睡一觉!'凌晨3时,霞飞将军派来的一名军使给我们带来了一些雪茄。我对军使说:'请放在壁炉架上。'但是,他也带来了一些毛毯。这才是无价之宝。我们每人拿了一条,裹在身上。

天气太冷，我们把所有外套裹身上都无济于事。还是一样被冻僵了……但没有人带来任何消息。"

据魏刚所言，在签订停战协定之夜前，这是福煦唯一失眠的一个晚上。而且按照魏刚的说法，福煦担心的是，法军是否还可以自由利用马恩河的桥梁来追击德军。然而，正如我们所见，福煦为自己失眠而给勒戈菲克及比涅①（Bugnet）的理由更具人性，而军事原因较少。在焦虑时，唯有雪茄可以慰藉："过去8天，我们一丁点烟草都没有。"

9月10日黄昏，福煦的集团军只进抵了索姆河一线，仅前进了8英里，但是少数分遣队前进得更远。现在仍距马恩河15英里。除了慷慨激昂的命令，福煦还力图加快追击，他命令其骑兵部队先于右翼部队前进，直指沙隆（Châlons）。福煦原先的骑兵师现在已经得到另一个骑兵师的增援，他希望骑兵部队可以成为一支有力的追击部队。福煦还命令"集结费尔尚普努瓦斯的一切车辆，运载步兵前往据报现在可能仍然完整的桥梁"。因此，当晚他翘首以盼的消息没有来。但是，根据弗朗谢·德斯佩雷传来的消息，被法军分割的德军右翼部队正在向不同的方向撤退，霞飞敦促集中兵力在德军会合之前进攻其相隔的两部分部队，这让福煦感到更加不耐烦。而且，福煦所部也有机会从比洛和豪森两个集团军之间渗透过去。

9月11日，"尽管敌军并没有反击，我军纵队的前进变得相当缓慢。"疲惫和大雨导致了行军的延误。但是，这并不是唯一的原

---

① 查尔斯·比涅（Charles Bugnet）在1929年出版了《福煦谈话录1921—1929》（*Foch Talks*）。——译者注

因。福煦在战役期间对形势无论有着怎样的错觉,但现在他意识到敌军逃脱法军追击的速度有多么迅速,后来也表明了法军追击的不力。

"马恩河战役之后,法军绝大多数将领对胜利深感'困惑',致使他们不敢轻举妄动……他们担心战局可能发生变化……我派一名将领随一个骑兵师追击德军,他进抵第一座桥就停了下来,以一个骑兵军构筑环形防御圈……当我到达时,问他:'你怎么还在这里?没有前进吗?'他回答说:'没有前进,对我而言,德军太强大了!他们拥有绝对性优势……我不能与他们决战。'"

"'但是,'我说:'我没有让你停下来。你有火炮;你本应该使用火炮的……'当我发现他完全都没理解我的意思,我也没有办法让他理解,只能将他打发走了:'赶紧滚蛋,简直对牛弹琴。'"

"他们畏首畏尾。他们本应该前进再前进!他们拒绝相信已经获得了胜利。部队也没有理解,我并不感到惊讶。但是,谁在领导着部队?简直无法容忍!……9月11日至12日夜间,我见到了一位步兵师长,也就是第18师师长勒菲弗,他已经接到了前进的命令,但在沙隆前面停了下来。他不敢攻入沙隆。在圣母高级酒店,撒克逊王储及其参谋正在举行最后的宴会。勒菲弗本可以将德军一锅端了!……我亲自去领导部队,用棍子鞭笞他们。啊!如果我在那里,右边一列纵队,左边一列纵队,中央一列纵队,我可以一举歼灭德军。"这实际上是吹牛的语调。

"是的!必须有人用棍子去鞭笞他们。他们在和平时期都是卓越的将领,优秀的军人,除了战争,无所不知……他们所准备参加的战争,在作战方面而言,还是一场相当传统的战争。然而,他们需要做的事却在条例里没有规定！他们在演习的时候，全都表现出色，而在危急时刻，他们却不知所措了。"

尽管沙隆的桥梁未受损坏，其上游的两座桥梁也完好无损，在 9 月 12 日早晨之前，福煦的集团军还是没有越过马恩河，用福煦自己的话说："相当之缓慢。"最为荒唐的是，与第 4 集团军左翼各步兵师向同一座桥梁进军的骑兵部队，在步兵师之后才过了桥。福煦已命令其骑兵部队越过马恩河，向东北方向进军，攻击正在法军第 4 集团军下面撤退的敌军侧翼与后方。然而，行动迟缓的结果是："德军几乎得以完全从容撤退，法军骑兵只能跟在德军留下掩护撤退的后卫部队后面。"

对于所部的行动缓慢，福煦大为恼怒，当一位名为洛纳（Laune）的中尉跑来报告福煦，他激动而又结巴，称第 2 轻骑兵团已进入沙隆，福煦生气地回答说："小子，滚出去！捋顺了舌头再回来。"

当天正午后不久，他自己进入了沙隆，心情略有平复。他对于宗教信仰一直有着虔诚之心，据说他回应了沙隆主教热烈的感谢之情："并非为了我们，上帝啊，是为归荣耀予你的名。"

福煦很快就需要宗教的慰藉了，也初步证实了信仰的力量。第二天，福煦收到了迟来的噩耗，萨拉伊将军派人传信，福煦的儿子热尔曼（Germain）及女婿贝古上尉阵亡。[①]两人都在同一天 8 月 22 日遇难，相隔甚近，这一天，德军的第一波攻击横扫了比利

---

① 也有资料说，9 月 13 日，第 3 集团军司令官萨拉伊派人告诉福煦，他的女婿贝古于 8 月 22 日阵亡。几天之后的 9 月 19 日，萨拉伊的参谋长告知福煦，他的儿子热尔曼·福煦也于 8 月 22 日失踪了，有可能受伤或者被俘，但福煦并不抱太大的希望。——译者注

第九章 马恩河"奇迹"

时。福煦一度因突如其来的悲伤而颤抖不止。他请幕僚离开自己的办公室,自己独处。半个小时之后,他把幕僚们叫了回来,简单地说道:"现在我们继续工作吧。"当时以及之后,福煦都不太在意他人的安慰之语,只是说:"好的,好的,没事的。"但是,他的真情实感以及忍耐力的源泉,流露在了一个星期后给其老领导米勒将军的信中:"吾之家事令人悲伤,贝古与吾儿8月22日在比利时边境的普里克特(Yprecourt)附近阵亡。我在9月13日听闻此噩耗,小心翼翼地告诉了还在普卢让的妻子。我应该放下一切事务,去安慰我可怜的女眷们,当我想到家里定会陷入悲伤,我颤抖不已。对于自己而言,我将此事当作一次磨砺,绝不擅离职守。我们残酷的牺牲不应没有价值。我尽所能全身心致力于战事,在上帝的帮助之下,绝对充满信心。"

当福煦给米勒写这封信的时候,自9月14日以来,其所部被德军阻止在了苏安(Souain)和佩尔特(Perthes)一线,即在兰斯(Reims)正东,沙隆以北约15英里处。福煦左翼的法军各集团军在埃纳河沿线也遇到了类似的阻击。法军前进努力都是徒劳的,除了惨重的伤亡,还发现德军修建了布局严密以及构筑精良的战壕阵地。在此战线上,除了小幅波动,德军坚守了4年之久。

9月21日,福煦实际上写道:"战事进展顺利。敌军正在沿途撤退,但是我部将士付出的努力几乎没有达到我的期望。"福煦显然没有意识到战壕战已经开始,以有刺铁丝网和机枪实施封锁,防御方将战胜进攻方。这是德军在战争中首次采取守势。法军应该从他们最近在不利条件下实施的成功防御战中总结出经验,面对在防御战方面比法军准备更为充分的德军,他们可能会遇到顽强的抵抗。战壕让法军的野战炮火失去了优势，其75毫米野战炮没有效果。马恩河救了法军的火炮，但在法军进攻战壕阵地时，反而成了累赘。

刚好在法军停止追击的时候，霞飞已下令节省弹药，尤其是高爆弹，这是针对战壕唯一有用的炮弹，使得法军的努力更加无望。与此同时，霞飞命令进行"有条不紊的进攻"，这是令人费解的逻辑。福煦以徒劳的忠诚执行了霞飞的命令，一直到9月26日，幸运的是，这一天敌军企图发起攻势。当时还有一件幸运的事更是火上浇油，霞飞发来了一封新的电文，称弹药短缺的程度已到了紧要关头，可能"很快演变成悲剧"。因此，福煦在未来两三个星期里将得不到75毫米炮弹，这迫使福煦停止进攻，让部队进行休整。

一个星期之后，福煦告别第9集团军。也就是在10月4日，他被召到霞飞的司令部，在一个新的战区接受一个更高的职位。霞飞在经历最近的挫败后，满怀希望的眼睛中出现了新的幻景，于是启用了福煦。

9月13日，就在法军到达敌军防御阵地前的那一天，霞飞致电法国政府："我军之胜可以说是越来越宏大而辉煌。敌军全面撤退……我先遣部队紧追敌军，未让其恢复元气。"而在第二天，霞飞发现所部被德军坚定地阻止住了，寸步不前。根据普安卡雷（Poincaré）[①]处所言，霞飞解释说："德军除了迎战之外别无选择，我军的猛烈追击迫使其不得不应战。"当法军被德军阻止了一个星

[①] 雷蒙德·普安卡雷（Raymond Poincaré，1860—1934），第58届法国总理，1913年至1920年为法国总统。——译者注

期之后，法军总司令部仍"以愉快的乐观精神起草公报，若米勒兰不予纠正，并淡化处理，公众舆论可能每天充斥着假象"。

霞飞自己的认识也许都是混乱的，直到9月17日，霞飞才决定尝试绕过德军阵地侧翼。此时的德军已经恢复了凝聚力，德军总司令部正在期待并准备应对现在已然相当清晰的进攻。

然而，法军的绕道计划还是推迟了，增援而来的莫努里（Maunoury）①一个军第一次试图从德军战壕防线迂回。自然无功而返。法军遂同时准备第二次尝试，虽然号称由一个新集团军参战，但兵力规模较第一次并没有大多少。霞飞从洛林调来了两个军以及集团军司令官卡斯泰尔诺②，但是他从莫努里的集团军中抽调了两个军组成的新集团军。9月24日，卡斯泰尔诺的迂回运动受阻于索姆河，尽管法军增援了两个军，但自身也受德军威胁甚大，于是卡斯泰尔诺表露出了想撤退至索姆河以南的意愿。据此，霞飞新组建了第10集团军，主要是从卡斯泰尔诺的集团军抽调部队组成，由莫德（Maud'huy）任集团军司令官，并命令该集团军再次尝试绕过德军侧翼。与此同时，经英军自己要求，英国远征军将从埃纳河移防佛兰德（Flanders）。

协约国军之间的此种横向移防，加之霞飞对卡斯泰尔诺的后撤意图感到不安，于是他考虑动一动福煦的职位。9月24日，霞飞请求法国政府任命福煦为其副职，并在紧急情况下继任其职。若此种请求表明了霞飞对于福煦在马恩河的作战印象深刻，毫无疑问，

---

① 法国第6集团军司令官。——译者注
② 法国第2集团军司令官。——译者注

霞飞也想排除被加列尼继任的可能性，此种情况的风险更大，而且加列尼手握继任霞飞之职的公函。随着加列尼所部也在马恩河旗开得胜，战绩斐然，而且加列尼不同意霞飞以图获得对德战略性胜利的策略，他继任而造成的危险在增加。相反，霞飞并不担心福煦的竞争。根据法军总司令部内部留传的一些论断所称，霞飞之所以选择福煦，是因为他认为福煦是高级将领中唯一对他忠诚且可以完全依靠的人。

然而，当霞飞的请求提交给法国内阁时，内阁成员陷入了两难的境地。他们认为无法"否决总司令官的请求"，但也不能在伤害加列尼的情况下撤销"指定其继任总司令官的公函"。随着战事的发展，为了便宜行事，霞飞遂提出了一个折中方案。他将任命福煦为副总司令，以协调对德军的迂回运动，但先不明确承诺由福煦继任其职。因此，10月4日，福煦得到了征召。

当天下午4时，福煦来到了霞飞设在塞纳河畔罗米伊（Romilly-sur-Seine）的新总司令部。福煦了解了自己的任务。他将指挥卡斯泰尔诺和莫德的集团军，协调所部与英军和比利时军的作战。"去熟悉一下形势，尽力而为吧。"

第十章　伊普尔的守望者

福煦马不停蹄地投入了新任务。当晚7时，他回到了沙隆，10时，他将第9集团军的指挥权交接给了亨伯特，然后启程北行。魏刚也随福煦而行，这说明现在两人已经建立了信任。10月5日凌晨4时30分，他们到达了皮卡第（Picardy）的布勒特伊（Breteuil）。通知卡斯泰尔诺他已抵达后，福煦躺在了校舍的一条长凳之上。不久之后，卡斯泰尔诺来了，他神情凝重，向福煦解释说，由于其精疲力竭的部队不能抵挡住占据优势的德军，决定撤至索姆河以南，而且"几乎准备开始撤退"。

福煦立即回应说："撤退绝无可能；必须不惜一切代价死守到底，绝不能放弃一寸阵地。面对危急之战局，任何借口都无济于事。本人全权负责，我的决定不可撤销，这是书面命令。""遵令！"卡斯泰尔诺答道，"本集团军将就地防御。"他们讨论了两个小时的战局，喝着黑咖啡，以解睡意。

告别卡斯泰尔诺之后，福煦往北急驰至欧比尼（Aubigny），莫德已在那里设立了战斗司令所。莫德集团军的情况似乎更加危急，参谋们的脸上都显露出了气馁之色。福煦"像一阵风一样"走了进来，展开双臂拥抱莫德并痛哭："莫德，我为你已经获得的战绩以及之后将要付出的努力而拥抱你，你听我说，这是为了你将要所为的一切。"

然后，福煦转向幕僚，挥手示意："全部都出去！"幕僚们没等命令重复，就鱼贯而出了，但在外面听到他越来越高的嗓门："我什么也不听！你懂的！我什么也不听。我耳聋了！我只知道战斗只有三件事：进攻、追击、歼灭。我不期望看到歼灭，那么就在前两者选一项。"

这个最后通牒似乎是强硬地驳斥了莫德的参谋长所提出的理由。莫德是骑士时代的遗老，使得其子们每夜祈祷自己可以成为像巴亚尔①（Bayard）和杜·盖克兰那样的英雄，他需要受到的鞭笞比卡斯泰尔诺少得多，而卡斯泰尔诺初期在洛林经历失败后也已清醒过来了。

随后，福煦回到了布勒特伊。第二天早晨，福煦又来找莫德，得知进展甚微，德军抵抗顽强，便直率地表示："打到最后一个人，就像水蛭一样给我牢牢钉住。不得撤退。每个人都必须进攻。"然后，福煦驱车赶赴杜朗（Doullens），建立了自己的司令部，这个城镇对福煦的未来具有极其重大的意义。福煦接到了卡斯泰尔诺的紧急电话，后者称他受到了德军的猛烈攻击，请求福煦立即前往布勒特伊，他预计"其防线某处面临崩溃的临界点"。福煦到达后发现，尽管卡斯泰尔诺所部被德军击退，但敌军并未乘胜追击。福煦再次不同意改变计划，只是他们命令卡斯泰尔诺所部就地掘壕据守。幸

---

① 巴亚尔（1473—1524），中世纪法国名将。——译者注

第十章 伊普尔的守望者

运的是,德军未在早晨重新发起进攻。相反,他们正在谋划一次更为广泛的新攻势。

因此,福煦得以返回自己的司令部,在过去57天里,他已奔波了570英里,终于可以享受一次相对舒适的休息。接下来的几天里,福煦致力于卡斯泰尔诺和莫德的重新进攻,但未成功。结果却导致法军部队更加疲惫,使得德军在阿拉斯(Arras)以北和以南高地牢牢地站住了脚,法军也未能阻止德军的北进。福煦所部得到的弹药补给相当有限,致使这次正面攻势注定面临失败结局。

福煦的部下马耶尔(Mayer)当时在索姆河的法军某个军中作战,他的态度是一个重要的间接注解:"在自己的阵中日志发现,1914年10月8日,我军失守了蒙希欧布瓦(Monchy-au-Bois),福煦命令我们的长官布吕热尔[①]将军(General Brugère)于次日上午7时收复该地,但我们并没有执行这项任务。因此,10月9日,福煦重申了前一日的命令,还是未能执行。接下来的几天,不断重复着相同的事,没有人会想到违抗命令,驻杜朗的司令部固执地反复下达相同的命令,所有人都感到好笑。我们的将领们认为这些命令不可能得到执行,也从未想过遵令而行。"

福煦在杜朗与莫兰将军(General Maurin)的一次谈话中表达了下达此种命令的理由:"对于所有请求,我都回复:'进攻!进攻!'他们惊讶地看着我。但是,我实现了目的。我官兵渴望休整

[①] 亨利·约瑟夫·布吕热尔(Henri Joseph Brugère,1841—1918),1914年10月4日,德军以骑兵第1军及预备第14军发起进攻,迫使布吕热尔的第81、82、84和88地方师从埃比泰尔讷、戈默库尔和蒙希欧布瓦向北撤退,德军阻止了法军的反攻,在此战线对峙到1917年3月。——译者注

甚至也许是后撤的想法转变为进攻的精神。"然而，福煦的努力并没有改变敌军的部署，很难认为他实现了何种目的。

此次谈话更清楚地表明了福煦的个人感受。当谈及某些指挥官的疲惫之态，显然这里是指卡斯泰尔诺，莫兰表示，某些人已经遭遇痛失亲友的变故。而福煦回答道："他们并不是唯一经历此难的人！"福煦然后做了一个手势，似乎想挥抹掉痛苦的回忆，还说："某人应该想想以后的胜利。"莫兰看到了福煦眼角的泪水。然而，这是福煦唯一一次向人性的弱点妥协。

10月8日，约翰·弗伦奇爵士及其幕僚在北行途中前往杜朗拜会福煦。威尔逊在日记里写道："在仪仗队和军号声中，福煦当着所有人的面吻了我两次！福煦绝对充满着斗志。"更为重要的是约翰·弗伦奇留下的印象，他见到了卡斯泰尔诺，发现后者"忧虑而沮丧"。"经过一个半小时的访问后，我们告别卡斯泰尔诺，于下午4时到达了福煦在杜朗的司令部。他以仪仗队热情地接待我。他与卡斯泰尔诺截然不同。他说德军没有在各处进攻，其所部在北部逐渐迂回德军的侧翼。""福煦为我们举行了一场隆重的茶与香槟宴会。""福煦满怀希望、心情愉悦，让我们也对未来充满希望。我向他解释了我军的计划……他非常高兴，请求我军尽快进入其左翼。"

从可以追溯为第一次的这次战时会议开始，福煦对英军总司令产生了强烈的影响。精心安排的接待本身就反映了法国人一如既往的虚荣，但表现出来的信心却恰到好处地掩盖了福煦内心的波澜。一方面，法军正在精心呵护一种错觉，认为进军"佛兰德平原"就能找到机动作战的空间，尽管他显然想象着另一种错觉，以为平坦而漫水，且被分割成小块区域以及排水沟纵横交错的地方是"非常

第十章 伊普尔的守望者

适合骑兵作战的区域"。另一方面,福煦也在培育英国人对法国人的同情与疑虑。英国人自 8 月 23 日以来的同情,因霞飞最近向英国政府抱怨法军在埃纳河无所作为而加深。就在法军进抵杜朗的两天前,弗伦奇向法军在英军的首席联络官于盖发泄了情绪:"在我的军旅生涯中,从未遭受此等屈辱,我必须到法国,为深受苦难的法国而战,我永远不会忘记。"因此,福煦展现出来的"得体处事与尊重"让弗伦奇"特别高兴"。正如于盖所言:"然而,约翰·弗伦奇爵士性格善变,具有满溢的想象力,这种示好可能有些奇怪,将军从未拒绝或给予批评。他的第一句话总是赞赏,然后礼貌地说服质疑者……"

然而,弗伦奇的虚荣得到了满足,却并不足以平复他对福煦的疑虑。如果英军前往左翼而再次被盟友所暴露——先前他们在左翼的蒙斯(Mons)侥幸逃脱,这次他还会冒险吗?福煦的表现正是强心剂,弗伦奇终于放了心,在认清福煦更加狡猾的手段之前,弗伦奇给予福煦以信任。

英法两军很快需要建立坚实的互信关系,这是因为最初的信任只是建立在错误的基础之上。当进攻和包围敌军西翼的持续努力徒劳无功时,法国北部风云骤起,很快被所谓的"进军海岸的竞赛"所笼罩。

马恩河战役前后,安特卫普令敌军侧翼部队寝食难安,扰乱敌军中枢的神经。比利时军队撤往安特卫普,但根据协约国军的作战计划,其放弃了此地,于是安特卫普被德军的进攻浪潮所孤立。在安特卫普的比利时军队曾数次让德军从关键的马恩河战场抽调出兵力。因此，德军战败后继任小毛奇之职的法金汉①（Falkenhayn）决定根绝安特卫普之患，9月的最后一个星期，德军已接近安特卫普要塞。霞飞一如既往视野狭窄，反对应比利时之请而派法军增援。霞飞忽视了安特卫普的比利时军坚守敌后以及威胁敌军交通线的价值，反而建议比利时军弃守安特卫普，加入法军相当缓慢延伸的左翼。霞飞不愿派法军增援比利时，犹如一道刹车，阻止了英军的作战行动，但在时任英国第一海军大臣温斯顿·丘吉尔的坚持之下，由海军陆战队和海军志愿兵组成的一支小规模部队迟缓地前赴安特卫普，同时一个新组建的正规师第7师以及一个骑兵师②在奥斯坦德（Ostend）和泽布吕赫（Zeebrugge）登陆，经陆路以解安特卫普之围。这支珍贵的援军虽然姗姗来迟，但最终还是来了。罗林森（Rawlinson）所率的陆路救援部队到达太晚，无以挽回安特卫普投降的命运，其只能掩护突围的比利时军沿佛兰德海岸撤退。

然而，从历史而言，显然这种微小的努力迟滞了德军沿海岸南下，使得德军错失了在西线第二次企图取得决胜的机会。德军占领安特卫普是其更大行动的序幕而已。德军进入安特卫普4天之后，法金汉制订了一个构建战略性陷阱的计划，意图挫败霞飞下一步的侧翼机动，法军此举显然已在德军意料之中。德军企图以一个集团军，即由从洛林抽调部队所组成的第6集团军，负责阻止协约国军的进攻，而由安特卫普围城部队以及4个新组建的军所组成的第4

---

① 埃里希·冯·法金汉（Erich Von Falkenhayn，1861—1922），义和团运动时，法金汉曾驻中国，后到过中国东北和朝鲜。1914年9月14日，小毛奇以健康不佳为理由辞职，德皇派陆军大臣法金汉兼任总参谋长。——译者注
② 即骑兵第3师。——译者注

第十章 伊普尔的守望者

集团军,将沿海岸南击,歼灭协约国军进攻部队的侧翼。福煦现在急不可待地率领所部及其协约国友军,心怀过分的自信和昂扬的进攻精神进入这个陷阱。

10月10日,当安特卫普的陷落已毫无悬念之际,福煦致信霞飞:"若阁下批准且经约翰·弗伦奇爵士同意,我计划以左翼(第10集团军)从里尔(Lille)推进至图尔奈(Tournai)的斯海尔德河畔(Scheldt)或奥尔希(Orchies),英军则向里尔及其以北地区前进,构筑从图尔奈经科特赖克(Courtrai)的防线。照此计划,所有法军、英军和比利时军的各部队将在斯海尔河或莱斯河(Lys)左岸实现联合。此后我们可以看看发生什么。"

用一句恰当的俚语,那就是他们将看到星星。若如福煦所愿执行这个计划,那么法金汉也会给予洞开的协约国军侧翼致命一击。当协约国军东进之际,德军将向南横扫其后方。

福煦给霞飞写完这封信之后,他前去见弗伦奇。根据威尔逊的日记所载:"福煦来了,只是说他想要做什么,在什么时候做。"福煦发现弗伦奇也同意,双方协定,应在10月13日实施此种大镰刀式的东进,英军第2军和第3军此时将抵达战场。弗伦奇倾向于等到英军第1军也到达之后,这样他的整个集团军将集结战场,但是弗伦奇还是服从了福煦的紧急要求。

公道起见,还应提到一件事,10月13日这次前途无望的进攻发起之后,福煦向霞飞表达了疑虑,也就是说,若不在中央同时突破德军,此次进攻是否具有决定性的意义。然而,福煦并不会抛弃进攻的热忱。他在给霞飞的信中说:"(弗伦奇)元帅愿不惜一切代价进军布鲁塞尔(Brussels)。我不会阻碍他的行动。我应全力帮助他。"

然而，意愿与结果之间是何等不同！10月12日，英军第2军开始前进，随即发现莫德的左翼刚刚后退，尽管在其当面德军以两个步兵师换防骑兵之前，莫德所部取得了一些进展，但甚至未抵拉巴塞（La Bassée），距离里尔尚有距离。英军第3军艾伦比（Allenby）的骑兵军[①]到达了法军北侧，但并没有多大的帮助，结果只是将对峙线延伸远至梅西讷（Messines），即在伊普尔正南。因此，到了10月20日，法军将希望转向刚抵伊普尔的英军第1军，该军军长乃是黑格。然而，德军正以更猛烈的打击等着他。

与此同时，福煦已经发现另一个盟友也不太赞同他梦想中的进攻。根据霞飞的计划，福煦力求比利时军成为大镰刀的刀锋。阿尔贝特国王（King Albert）更为谨慎，也更为现实，他认为放弃海岸地带而向内陆进攻是鲁莽之举，于是拒绝这样做。在此方面，阿尔贝特肯定是能预见未来的人。

面对比利时的不情愿，还得到一份报告称，比利时军可能放弃艾泽尔河（Yser）一线，福煦匆忙亲自拜访比利时人。10月16日，福煦驱车前往敦刻尔克，他见到了比利时首相布罗克维尔阁下（Monsieur de Brocqueville）。据说福煦对他说："比利时的未来系于此刻；阁下必须不惜一切代价坚守。若阁下后撤，那么比利时将会被从欧洲地图上抹去。我们必须去见比利时国王，劝说他继续抗战。阁下可否随我一道，以助我完成此项任务？"福煦的这种声明较为罕见，也许是多余的，因为布罗克维尔的意见与国王相近。

尔后，布罗克维尔先行，福煦沿着连绵不绝的难民队伍驱车前

---

① 由一个骑兵师和一个独立骑兵旅组成。——译者注

第十章 伊普尔的守望者

往弗尔讷（Furnes）。这里驻满了部队，从安特卫普艰难撤退之后，比利时人大部分看起来都甚为疲惫。福煦在市政厅见到了阿尔贝特国王及比利时军的总司令部。福煦再次沉湎于戏剧性的恳求之中。如果福煦的记录正确的话，他大胆地对国王说："阁下，如果你撤退，则将失去比利时，也许再也无法收复。请下令贵军坚守。阁下乃贵军之首，他们将服从阁下的命令。告诉贵军将士死守国土，掘壕固守，用有刺铁丝网保护自己。再坚守几天，我将为一切问题找到出路。"

然而，在前一天，阿尔贝特国王已向比利时军下达了命令："艾泽尔河防线是我们保卫比利时的最后防线，为了全局作战计划，必须坚守此条防线，且不惜一切代价坚守之。"福煦自认为其对阻止比利时军的撤退起了决定性作用，但根据此份命令，这不太可能。面对德国的最后通牒，阿尔贝特国王不仅充分证明了自己的决心，而且在比利时陷落之后，众多国民认为应该为荣誉而战。坚守现在的最后一片国土，乃是一种自然本性，阿尔贝特国王深深地忠于自己的国民。同等自然的是，经历过如此严酷的考验之后，比利时军总司令部流露出了悲观主义情绪，毫无疑问一些幕僚质疑坚守艾泽尔河一线是否明智。鉴于到现在为止盟友都没有支援比利时，他们怎么不会心怀异心呢？

由于比利时有此想法，福煦的保证可能正是很好的强心剂，以助阿尔贝特国王消除沮丧之情，因而福煦的意见受到比利时人的欢迎。阿尔贝特国王没有直接反驳福煦远非机智的话语，本身也间接说明了他同情福煦的感受。战后福煦回忆此事时说："我坦率地表达了我的意见，有些简单干脆，在危急情况之下，我从不吞吞吐吐。阿尔贝特国王人格相当高尚，不会为此耿耿于怀。在此后的几次，他向我提起过此事。'你这么说话是完全正确的，'他说，'这是使人感受到你意见的最佳方式，实际上也是唯一方式。当时的情形之下，可能也别无他法。'" 1926 年，福煦在一次访谈中声称他曾经阻止了阿尔贝特国王下令撤退，国王郑重地抗议此种说法。

根据法国方面的记载，福煦与阿尔贝特国王的此次会面完全是讨论比利时是否应该抵抗的问题。而只有根据比利时方面的资料，我们才知道福煦再次努力以图获得阿尔贝特国王在东进里尔作战中予以合作。在这个问题上，福煦的"雄辩口才"没有了用武之地。

也许是因为早期的受训经历，福煦在人际关系上更是一个现实主义者，但在战略意见上却刚好相反。福煦作为一位协调人，为实务之目的而放弃理想之事，此乃成功之秘诀。还应当强调的是，福煦得知从安特卫普而来的德军刚进入了奥斯坦德和托尔豪特（Thourout），德军的此次推进威胁到了艾泽尔河防线，但他的军事意见尚属冷静。当晚，福煦致信法国海军上将罗纳克（Admiral Ronarc'h），后者正率领法国海军陆战队一个旅沿艾泽尔河防线而上，福煦表示："根据当前形势，任何机动出击的想法都是绝无可能的，贵官之战术必须限于在实际阵地实施完全而单纯的抵抗作战……坚守阵地应该不难做到。"

然后，福煦驱车返回 75 英里之外的杜朗，回来之后，将当日之事撰写成报告，递呈霞飞。福煦报告霞飞，他已请求英军"以罗林森军[1]从艾泽尔河向鲁莱斯（Roulers）进击，以牵制进攻比利时

---

[1] 即英国远征军第 4 军，下辖第 7 师和骑兵第 3 师。——译者注

军的德军","比利时军在艾泽尔河沿线构筑阵地。其奉命就地重整，以最大努力抵抗。阿尔贝特国王及首相坚定采纳了这些策略，而且正在执行"。值得注意的是，福煦并没有提到他怒怼了顽固的国王："英军正在继续向科特赖克前进。"

翌日 10 月 17 日早晨，福煦前往莫德在圣波勒（St. Pol）的司令部，他在这里见到了奔赴前线视察的劳合·乔治先生（Lloyd George）和雷丁勋爵（Lord Reading）。乔治这位未来的首相不仅自信，而且表现出了显著的现实主义态度，给福煦留下了良好的印象。福煦的思绪显然聚焦在艾泽尔河，他说："我们将会挖掘战壕，他们想要突破，但肯定突破不了。"根据福煦所言，战后劳合·乔治"经常向他提及"，"你是圣波勒之战的英雄"，致敬福煦较早掌握战壕战背景下的现实情况。

福煦在此次会面之后，下午直奔昂万（Anvin）会见约翰·弗伦奇爵士，并敦促他在次日重新发起进攻，若注意到此事，则耐人寻味，而且具有某种程度的讽刺意味。

正如我们已经所知的情况，战事之进展微不足道。当日，德军进抵艾泽尔防线，与比军发生交火。10 月 19 日，德军全力发起攻击。到目前为止，比利时 6 个战力薄弱的师分散部署在从海岸至伊普尔的整条艾泽尔河防线之上。然而，法军两个地方师及时赶到，在米特里（Mitry）骑兵军的掩护之下，接防了此处防线之右半部，远至迪克斯迈德（Dixmude），并得到罗纳克海军陆战旅的增援，与驻伊普尔的罗林森所部连在一起。

比利时军正面的德军是从安特卫普进军的贝泽勒（Beseler）3

个师。① 经过该部掩护至最后一刻，德军一支更大规模的部队在迪克斯迈德—伊普尔此段区域集合。其由新组建的4个军（8个师）组成，其兵员来自征募的志愿兵，他们是德国年轻的花朵，但以受过训练的部队为框架组建。

福煦显然仍相信，其东进战术将会挫败德军蓄势待发的进攻，甚至将德军部队一分为二。无论如何，福煦都将进攻视为防御的最佳手段。如果福煦现在所寻求的是以进攻反制德军的攻击，他需要向弗伦奇谨慎隐藏意图，而且需要告诉英军指挥官进攻的胜利唾手可得，鼓舞其摇摆不定的士气。弗伦奇是一个随风而倒的人。首次东进失败之后，他已经改变了一次主意，他与威尔逊讨论了在布格涅（Boulogne）周边构筑一个巨大战壕营地的想法。

10月19日，在福煦乐观主义的熏陶之下，弗伦奇似乎又想东进了。当天，罗林森军东进梅嫩（Menin）的努力宣告失败，福煦遂令黑格军向东北推进，"目标是攻占布鲁日（Bruges）"，福煦表示："梅嫩—奥斯坦德前线的敌军兵力估计约为一个军而已。"然而，福煦自己的情报军官估计，敌军兵力是三个半军，而且这是低估的兵力。其中一名情报军官以后解释说："老头子只相信自己想相信的东西。"福煦的"建议力量"当时主导了弗伦奇的想法。此后两天，弗伦奇坚信自己正在进攻，而实际上，所部只是在防守阵地而已。

弗伦奇进攻时，正遇上了德军对伊普尔的攻势，与此同时，德

---

① 即德军第4集团军的预备第3军，下辖预备第5师、预备第6师和补充第4师。——译者注

第十章 伊普尔的守望者

军重新进攻英军防线的南部,这导致弗伦奇的进攻流产。各处英军都转入了守势,还失守了若干阵地。然而,当晚弗伦奇再次命令黑格进攻,他显然认为,其左翼仍可以找到敌军洞开的侧翼。因此,10月21日,黑格军按时通过了罗林森军的侧翼,一开始便遭德军阻截,于是英军左翼受到威胁。英军部队就地掘壕据守,当其左翼后撤之际,伊普尔突出部现在正成为难以磨灭的记忆。

当天,霞飞到访佛兰德,见到了弗伦奇,为激励英军再次进攻,霞飞告知弗伦奇,法军将派出第9军增援弗伦奇所部。这位随风而倒的弗伦奇,现在又改变主意回到原来的进路。但在法国援军到达之前,英军指挥官只愿意在"当前战线对敌作战到明日",除此之外,不愿意下达进一步的进攻命令。这只是维持守势的一种委婉说法。

福煦仍然坚持自己的进攻方案。尽管目前敌军之兵力已然显而易见,他还是命令法军刚在成军初期的德于巴尔(d'Urbal)第8集团军于10月23日,向鲁莱斯、托尔豪特及希斯特尔(Ghistelles)3个广阔的方向实施总攻。与此同时,他请求比利时军与英军协战,希望英军再次东进。若是如此,那么其侧翼就将暴露。幸运的是,敌军没有给他们尝试的机会。

在法军预定开始攻击前几个小时,福煦的请求才送达英军总司令部。英军还收到了德于巴尔的请求,希望英军往不同的方向作战,且根据德于巴尔对所部之命令,其右翼的进攻部队将经过英军的前线,这导致问题更加复杂化。英国公刊战史委婉地评述,这些建议"不能得到认真对待"。得知此情,黑格打电话给英军总司令部称:"对于形势,肯定存在某种误解,没有时间协调行动,一片混乱。"但是,他的担心是多余的。直到下午,法军先遣部队方才出现。敌军火力立即阻止了其前进之企图,然而此法军部队却是受到协约国军防线欢迎的援军。法军的到来导致敌我双方在伊普尔至海岸战线的兵力大致达到平衡。

10月24日,法军第9军奉命"继续前进"。刚刚将司令部前移至卡塞勒(Cassel)的福煦直接打电话给第9军军长迪布瓦:"第9军的所有部队都要下火车。"然而,这只是一种期望,而非实际情况。"今日完成部署,全部参战,为此战注入新的攻击力量。必须坚定而积极行动。"结果至少可以证明福煦的理论有一丝正确,但迪布瓦所部前进了半英里多之后,最后被德军所阻,而实施防御作战的英军也丧失了一些阵地。然而,根据德方档案表明,在其遭受的损失方面,防御更有成效,到了10月24日夜,德军这个新军的兵锋已成强弩之末。

当意识到努力徒劳无功之后,德军第4集团军司令官将希望寄于艾泽尔地区的持续进攻,"决战似乎迫在眉睫"。若能成功,将打开通往敦刻尔克和加莱(Calais)之路。

10月22日夜,德军趁黑渡过艾泽尔河,在特瓦特(Tervaete)附近获得一个立足点。协约国军的反攻未能将德军驱逐,而比利时的所有预备队都消耗殆尽。如果法军第42师投入驱逐德军之战,将发挥不可估量的作用,但不幸的是,该师被用于参加尼乌波特(Nieuport)附近海岸走廊的无用进攻。10月24日,德军投入了两个半步兵师渡过艾泽尔河,以扩大立足点,比利时军的中央防线部队在德军压力之下撤退。幸运的是,比利时军设法在迪克斯迈德—尼乌波特铁路堤道上与德军进行了拉锯战,法军第42师增援而来,

第十章 伊普尔的守望者

虽然为时已晚，无法实施有效地反攻，但及时增强了防御力量。还幸运的是，罗纳克的海军陆战队驻守迪克斯迈德的要点之上，虽受德军反复进攻，却始终屹立不倒。

然而，战局仍处危急关头，次日阿尔贝特国王同意打开尼乌波特的闸门，让水淹没艾泽尔河与铁道路堤之间的平原，制造一道水障。但是，阿尔贝特国王尽可能推迟这项将国土变为海洋的牺牲行动，从军事角度而言，某些法军将领反对此举。福煦在多大程度上赞同他们的意见，尚存争议，但他仍然想发起一次进攻，那他肯定会反对这种防碍进攻的举措。

协约国军守住了铁道路堤，没有受到德军太大的压力，10月28日黄昏涨潮时，比利时工兵成功打开尼乌波特的一个水闸，海水滚滚而入。如果水流缓慢，每天则会增加水流，直到"让德军看起来其所在整个区域及其后方都被洪水淹没了"。在陷入绝境的情况之下，德军不得不重新发起进攻，突破了协约国军在兰斯开卡佩勒（Ramscapelle）的堤岸防线。然而，不断上涨的洪水拯救了协约国军，当晚，德军开始撤过艾泽尔河，避免被切断后路。

在比利时军最初情势危急之际，比利时军司令部通过电话将战况告知了福煦，若能听到福煦自己叙述他当时的行动，也是耐人寻味之事。"我说：'守住铁道防线。'我不知道那里的地形，可能是一处路堤，或者是路堑。无论如何，这条防线应当很好地标记在地图上，可能会为我们提供某种程度的掩护。每个人都能明白，也会认可这一点。比利时军必须停止撤退，坚守在那里，就这么简单！……这里就是一处路堤，我们在另一侧掘壕据守。然后洪水来了，阻止了另一侧敌军的前进。此后，我们就可以打一些鸭子了！

是的，德国兵就像是鸭子……"

艾泽尔河的危局只是伊普尔更大危局的序幕。协约国军再次尝试发起进攻，然而，这反而削弱了他们之后防御作战的力量。

伊普尔的第一次危机刚刚过去不久，福煦恢复了攻势，他的心中根本没有放弃过进攻的想法。根据弗伦奇发给基奇纳（Kitchener）的电文，可以清晰地反映出，福煦又向弗伦奇灌输必胜之信心："敌军正在全力打出最后一张王牌。"10月24日夜，弗伦奇再次致电基奇纳称，此次作战"实际上已经胜利了"。

10月25日，协约国军发起进攻，但面对德军新构筑的铁丝网防御阵地，实际上没有任何进展。10月26日，迪布瓦和黑格继续进攻，但只推进了几百码①。相反，在这个突出部的南端锐角上，驻防的罗林森所部（第7师）被德军击溃，此处防线暂时也成了尖锐的凸角。所幸攻击者没有乘趁追击，然而德军正在准备和掩护一次规模更大的攻击。

法贝克（Fabeck）所率的一个新集团军②赶来增援，犹如一个楔子般嵌入了伊普尔突出部南侧的德军第4集团军与第6集团军之间。这个楔子由6个师组成，得到炮兵的大力支持。该军于10月29日抵达战场，敌军在兵力上获得了二比一的优势。具有讽刺意味的是，毫无预见力的弗伦奇刚致电基奇纳称："德军极不可能实施任何有力而持续的攻击。"

---

① 1码=0.9144米。——编者注
② 这个集团军乃是临时编成的集团军级部队，也称为法贝克军，由第15军、第2巴伐利亚军、第26师和第6巴伐利亚预备师组成，司令部设在法贝克的第13司令部。——译者注

第十章 伊普尔的守望者

地图5 伊普尔，1914年

两天之后，尽管迪布瓦得到了第三个师的增援，但是协约国军的进攻一直没有丝毫效果。面对德军的坚固防线，而法军自己也是弹药不足，前线指挥官相当明智地淡化了从后方收到的命令。10月28日夜，尽管法军高层反复重申了进攻的命令，但前线部队感到德军掀起的暴风雨即将到来。

翌日早晨五时半，暴风雨降临在了英军前线。现在轮到德军离开战壕的庇护，让自己成了英军的靶子。一个步兵受到的训练是，每分钟以步枪"快速射击15发子弹"，以此来证明打击力，并形成由铅弹组成的反击风暴，弥补缺乏机枪的不足，德军进攻者还认为敌军装备了"无数的机枪"，他们声称："每片丛林、每道树篱和每堵墙上方飘起来的一缕薄烟，都说明那里有一挺机枪在嗒嗒开火。"因此，当这天结束的时候，英军防线还是完整的，但是有一处失地，那就是赫吕弗尔德（Gheluvelt）十字路口。然而，黑格却将麾下所有3个师都投入了战场，已经没有了完整的预备队。

当天日间，弗伦奇曾赴卡塞勒，又一次被注射了福煦式鸡血。福煦告诉弗伦奇，对于法军部队在伊普尔与海岸之间的"进攻"，他甚感满意，但也承认"还不太清楚他们的具体作战情况"。弗伦奇回去后，随即命令英军继续进攻！他还致电基奇纳："若乘胜而战，将取得决定性战果。"黑格由于距离前线更近而有更为务实的态度，他命令所部掘壕据守，他还说将推迟下达"恢复进攻的命令"，等看看明早的形势再说。

与此同时，敌军统帅部下达了当日作战命令："突破敌军防线具有决定性的重要意义。我们势必一举平定数世纪之久的纷争，结束战争，予以我们最憎恶的敌人决定性一击。若英国人、印度人、

第十章 伊普尔的守望者

加拿大人、摩洛哥人和其他废物和虚弱的对手受到猛烈打击，必定会大规模投降，将被我们消灭殆尽。"

德军的此次进攻，目标直指赞德福德（Zandvoorde）和梅西讷山脊，突破伊普尔突出部的南半部，进军凯默尔（Kemmel）高地。因此，德军攻势的主要压力落在了英军第7师[1]以及正在下马且呈长薄状队伍的3个骑兵师身上，这3个骑兵师连接了黑格所部与第3军。

英军的防线被德军严重突破，虽然英军早前击退过德军的志愿兵部队，但这次乃是德军久经沙场的进攻者，他们并没有展示出志愿兵的那种鲁莽勇气，他们在乘胜追击方面小心翼翼，致使黑格和艾伦比得以"弥补"缝隙。黑格也请求迪布瓦增援，迪布瓦慷慨地予以回应，派出自己的小规模预备队增援伊普尔以南的英军防线，这必定比支援北部假想的进攻要有用的多了。

福煦回到卡塞勒的山上，他对于战事几乎一无所知，或者得到的消息都是滞后的。"临近黄昏，第一份战事报告"才送到福煦那里。然而，正如他自己所言："这不可能让我评估这些战事的全部意义。"晚上10时左右，福煦的一名参谋带回来了消息："英军骑兵前线确实存在一个缺口，他们没有所需的人去填补。如果这处缺口不能迅速关闭的话，通往伊普尔的公路就要洞开了。"福煦立即打电话给驻圣奥梅尔（St. Omer）的英国远征军总司令部，请求获得更详细的情况，但被告知"尚无更多确定的消息"。

因此，临近午夜，福煦亲自前往圣奥梅尔。到达后，他"叫

---

[1] 隶属于英国远征军第4军（罗林森所部）。——译者注

醒了正在睡觉的约翰·弗伦奇",似乎还发现了正在弥漫的沮丧氛围。弗伦奇声称:"我们全力以赴了。"福煦回答说:"我们会看到的。同时应继续攻击,保持攻势,你会胜利的。若这样下去,实现的战绩会让你惊叹不已。"为了抑制沮丧之情,填补前线空隙,福煦承诺,若弗伦奇守住防线,他将抽调刚抵法军防区的第32师8个营增援英军。凌晨2时左右,福煦才返回卡塞勒。他总结了截至当前的行动,指着地图说:"我到处打补丁,然后在霍勒贝克(Hollebeke),英军防线被突破,德国兵长驱而入,这里又是一块补丁。"

几个小时之后,天亮了,整个战役最危急的时刻来临了。相当怪异的是,这一天是10月31日,在福煦的早期军旅生涯中,这天是最倒霉的日子。而这次,德国皇帝亲自来到前线,坐在坑道的椅子上,主持大局。

德军以五比一的优势兵力发起主攻,再次针对防线已经凹陷的艾伦比骑兵部队。然而,英军几个步兵营以及迪布瓦及时到达的援军增援了此条战线,因而,直到夜幕降临,德军停止进攻之际,协约国军仍坚守着阵地。当晚,福煦承诺的一半援军已及时赶到,接防了部分阵地。

在更北的地方,即位于伊普尔—梅嫩公路上的赫吕弗尔德,也出现了战役的危机。赫吕弗尔德坐落于低矮山脊的山坡上,更准确地说,这里是一片起伏的山地,可以作为伊普尔的屏障,该地也是英军手中可以让地面观察员俯瞰敌军阵地的最后之地。在德军的不断压力之下,英军第1师已经力难支撑,傍午时分,赫吕弗尔德陷于德军之手。第1师师长洛马克斯(Lomax)闻讯急忙赶回司令部,

第十章 伊普尔的守望者

第2师门罗（Monro）的司令部也在同一个地方，洛马克斯简洁地说："我的防线被突破了。"半个小时之后，一发炮弹落在了他们正与参谋们举行会议的房间。洛马克斯与其他几个人阵亡。与会人员只有一人没有负伤。指挥系统暂时陷入混乱。①

与此同时，黑格离开了怀特沙托（White Château）的司令部，沿梅嫩公路骑马前行，但"速度缓慢，一部分幕僚跟在他后面，巡视军情"。沿公路慢行的溃兵与伤兵看到黑格，略感安慰，然而黑格看到士兵以及落在越来越近地方的敌军炮弹，心中即知战局正在恶化。他回到司令部后，得知了明确的消息，英军防线已被德军突破。面对迫近的灾难性危险，黑格做出了一个重大决定。他命令所部，若无法坚守当前阵地，则撤退至守备伊普尔的后方防线，并坚守到最后。

下午2时，约翰·弗伦奇爵士来到黑格的司令部，这里似乎处于前景最为黯淡的时刻。弗伦奇几乎不需要别人来告诉他战局有多么危急，他在氛围中即可感受出来。所有预备队都投入了战斗，他已经没有可以增援的部队了。他心怀焦虑，匆忙步行回到车上，急寻福煦之帮助。弗伦奇刚刚离开，一名军官策马急驰而入怀特沙托，他带来的消息称，伍斯特郡团第2营实施了精心谋划的反攻，将德军驱逐出了赫吕弗尔德。此事对士气产生了极其大的影响，扑灭了敌军进攻的火苗。

---

① 在1972年出版的《第一次世界大战史》中，哈特修正了这个说法，洛马克斯与其他几个人身负重伤。而根据现在披露的史料，当时洛马克斯重伤，门罗严重脑震荡，但只有一名军官死亡或负伤，一个小时之后，指挥系统恢复。这与上述有所不同。——译者注

黑格的副官急忙追赶弗伦奇,就在弗伦奇刚刚坐上汽车时赶上了,并报告了收到的消息。然而,这个消息有多大程度的明确性,以及弗伦奇是否理解其意义为何,都不甚确定。弗伦奇还是以极快的速度奔赴卡塞勒。弗伦奇的车通过乌拉姆廷格(Vlamertinghe)时,放慢了速度,一名法军参谋军官认出了弗伦奇,遂得知福煦就在这里,正与德于巴尔和迪布瓦在市政厅开会。弗伦奇于是就去那里找福煦。为了请求福煦的帮助,弗伦奇描绘了战局的黑暗以及黑格军所处状况的恶劣之情。实际情势必定是黯淡的,由于福煦和弗伦奇长期以来都认为前景光明,这使得形势显得更为不堪。弗伦奇自然地向福煦提到,黑格已命令撤退。福煦也自然地回答说,任何有限的撤退都相当于一场灾难。如果福煦关于其回答的记忆是准确的,福煦是这样回答的:"元帅,你说你的防线被攻破了。你没有可用的部队了。你完蛋了。那么你就必须进攻了,如果你主动撤退,你将像狂风中的稻草一样被吹倒。失去佛兰德,失去比利时,失去加莱。你的军队将被赶进大海。德国皇帝想进入伊普尔,但他不会得逞的,我也不希望他如愿。"

根据福煦所言,弗伦奇回答说,如果要求其疲惫之师继续作战,那么"我只能奋勇前进,与第1军一同血洒疆场"。也许翻译重点强调了弗伦奇这句激动人心的话。无论如何,福煦回应了,"绝对不能说到死,只能说胜利,"他肯定向弗伦奇建议采取与往常一样的解决方法,"我将向右翼和左翼实施进攻。"福煦承诺在拂晓以法军第32师的6个营在英军第1军之右翼发起进攻,但实际上这比他午夜给弗伦奇的承诺少了两个营。同时迪布瓦军一部将在英军第1军之左翼实施反攻。

第十章 伊普尔的守望者

然后,福煦坐了下来,给弗伦奇写了一张"非正式且字迹潦草的便条","既有助于确定我自己的想法,也有助于以明确和精准的方式传递给英军"。其内容如下:"不得撤退,为此,无论贵军现在何处,请就地掘壕据守,这绝对至关重要。但这也不是说不可以组织一条后方防线,可在宗讷贝克(Zonnebeke)与我第9军会师。但是,任何大规模部队的后撤行动都将导致敌军的推进,势必会引起撤退部队的混乱。必须绝对防止此种情况的出现……"福煦将此字条交给弗伦奇的时候还说:"如果我是你的话,就会将这些话作为命令下达给黑格。"

毫无疑问,福煦对弗伦奇具有影响力。弗伦奇现在给黑格下达了手令,并附上了福煦的便条,即可反映出此种影响力:"就地坚守极其重要。我知道,若人力所及,你定会如此而为,所以不用我再强调这一点。我抵达司令部后,会看看是否有可能向你提供更多的支援。然后,我会与福煦最终商定我军未来之任务。"

然而,福煦当时对战局的实际影响力,并无证据可予说明。在福煦与弗伦奇会谈之前,伍斯特郡团第2营的反攻业已挽救了危局。而且黑格在收到他们的手令与便条之前,也已经建立了新的抵抗防线。为了战术上的稳固之计,黑格决定将英军第1师撤至赫吕弗尔德后面,重整阵地,而英军第2师则继续坚守现有防线。由于敌军已经停止进攻,福煦所言只是确认了已经发生的事实。我们承认福煦激发起了作战精神,但我们不能将其视为具有重大而历史性的决定意义。福煦确实本可以下令总撤退,但他不可能下达这样的命令,原因很简单,若是如此,这次战役将成为黑格的舞台。

接下来的10天里,黑格的防线保持防线不变,而且没有发生动摇,只是为了配合法军在其右翼的反攻。右翼部队于11月5日稍微后撤了一点。

11月1日,德军企图再次在突出部之侧翼主攻其南半部。这次德军尝试趁黑进攻,于凌晨1时行动,运用此种战术,德军有所战果,其攻占了梅西讷山脊。艾伦比所部的内凹防线后撤了一英里以上。拂晓后不久,法军第32师赶到,缓解了压力,但是法军的反攻未能收复失地。即使法军在黑格的左翼实施了另一场"进攻",虽然没能取得显著的进展,但法军的出现也阻止了敌军的进攻。

11月1日这天是福煦活跃的一天,也许是本战役最富战果的一天。这次不仅仅产生了精神方面的影响。

福煦得知梅西讷失守后的第一个反应就是前赴乌拉姆廷格,他在那里致电约翰·弗伦奇爵士请他来前线相见。在他看来,弗伦奇又展现出了新的悲观主义情绪。福煦再次劝诫不要撤退,而且在更实际的鼓励方面,他告诉弗伦奇,他正命令科诺(Conneau)的骑兵军①从南面赶来,而福煦旧部第20军第39师之一部已经抵达战场。无论福煦是否夸大了弗伦奇的悲观之情,或者福煦的鼓舞是否产生了有利的变化,一个不争的事实是,弗伦奇随后致电英国称,他越来越不担心战局了。福煦写道:"战斗继续着。我似乎稍事安心了。更多的部队源源不断赶到。不用几天,我们就应该可以重新发起全力进攻。"

第二天,弗伦奇实施进攻以图缩小梅西讷的内凹防线,但被德军的先一步攻击所阻,导致弗伦奇在韦茨哈特(Wytschaete)失

---

① 即法国第1骑兵军。——译者注

守后下令回撤，于是此处的内凹防线进一步深入。法军第39师大部及骑兵军之半部抵达战场，缓解了压力。法军第43师也正在下火车。现在法军接防了艾伦比的绝大部分防线。因此，从此之后法军据守了伊普尔凸角和梅西讷凹角形成的倒S形防御阵地的三分之二，疲惫而混杂的黑格所部负责中央防区。损失最为惨重的是英军第7师，其步兵从12300人减员至2400，只剩下最初兵力的五分之一。

接下来的几天里，福煦敦促进攻，但无进展。法国在11月1日与2日的英勇作战顿挫了敌军的进攻锐气，然而其后的进攻并没有此等士气，以补寸步未进之遗憾。另一方面，德军统帅部暂时按兵不动，等待整合各处战线，集结增加6个师，以图发起新的攻势。此次攻势，德军将进攻连续而封闭的内侧目标，类似于一对测径卡尺的形状。最初，德军放弃深入进攻梅西讷凹角，而是攻击凸角的两侧。

在德军正在酝酿此次攻势之际，福煦却得出结论，德军的进攻是徒劳的，敌军正在从佛兰德撤出部队以救东翼之败局。福煦的这个结论与敌军的最初想法以及最终的行动相一致，但不符合敌军原本的决定，即德军意图在伊普尔再进行一次尝试。福煦也认识到，在对手业已战败之地，即使进攻取得胜利，也毫无意义。于是，11月5日，他告知德于巴尔，比利时战场已经不具有重要性，德军已经有时间掘壕据守，现在无法在那里取得决定性胜利。然而，福煦并没有阻止德于巴尔的局部进攻，但此次进攻以失败而告终。1917年6月，经普卢默（Plumer）方法得当且有准备的攻击之后，法军克复梅西讷山脊，所部发现斜坡脚下排列着骷髅，污秽的白骨间杂着红蓝军服的碎片，这些法军官兵根据福煦的命令蛮勇冲入火力网下的死亡之谷，白白送死。

此次自残式攻击的战术性原因可以追溯至11月6日，此时突出部南侧遭受德军的再次进攻，这也是德军最后总攻的序战，却使协约国军深陷险境而后撤。在圣埃卢瓦（Saint Eloi），灰压压的德军进攻到距离伊普尔两英里的范围之内，包围了坚守突出部前鼻处的英军后方。黑格遂警示上级，为了避免被德军切断后路，他将不得不撤至经伊普尔的防线。然而，福煦则向黑格保证，次日法军将进攻以收复失地。11月7日上午9时，福煦传信黑格称，法军已重建了防线。然而，实际上法军什么也没有做。福煦所部太过疲惫，从而无法执行作战命令。法军最终被督促发起进攻，自然未能奏功，因此也没有消除德军楔入突出部侧翼的危险。

11月8日，黑格与弗伦奇去卡塞勒见福煦，发现他一如既往地满怀信心。但由于福煦的犹豫不决而非胸有成竹，从而未能让英军如愿撤至更为笔直以及更为安全的防线。与此类似，弗伦奇连续多晚派威尔逊向福煦申明撤退乃明智之举，但是英方自以为深具说服力的主张却被福煦诙谐地拒绝了："W[①]，如果你们过来跟我讨论撤退到伊普尔的问题，这是徒劳的，因为我的地图上并没有可以撤退的地方。"

因此，黑格未能获得满意的答复，也不愿让其友军处于困境之中，决定尽其所能，就是拆东墙补西墙也要守住防线。幸运的是，

[①] 在历史文献中，法军参谋人员通常用"W军（L'Armee）"指称英军部队。——原注

第十章 伊普尔的守望者

德军的行动略显迷惑,接下来的两天里,英军防线相对比较平静。然而,法军防线则不尽然。

11月10日,敌军猛烈进攻突出部的北半部,远及迪克斯迈德。法军得益于艾泽尔运河的天然防线,并将左翼部队撤过运河,阻挡住了德军的进攻。此战更具意义的结果乃是让法军统帅部相信,法军的伊普尔以北防线是敌军选择实施最后进攻的地点。而且法军以牺牲业已薄弱的突出部南部战线为代价,在突出部北部投入了仅存的预备队。

然而,德军此次对突出部北部的进攻,原计划还同时进攻赫吕弗尔德和突出部南部[向南远至科米讷运河(Comines canal)],福煦在马恩河遇到的进攻方普勒滕贝格(Plettenberg)已率一个军[①]赶到战场增援。该军由一个普鲁士近卫师以及另一个精锐师组成。由于普勒滕贝格没有准备好,于是推迟了左翼的攻势。

11月11日,在灰蒙蒙的雾色下,德军以最猛烈的轰炸实施了炮火准备,随后展开进攻。然而,除了两处阵地,进攻其他防线的德军都被击退了。其中一处是真正的要地,德军在这里像一枚楔子深插至后来著名的60高地。法军一部向另一侧的法军及英军求援,但两军均没有任何预备队可以增援。然而,"永远乐于助人"的迪布瓦再次派出了自己仅有的预备队,在其帮助之下,法军恢复了防线。德军另一处更深入的渗透是在梅嫩公路正北的英军防线。德军近卫第1旅突破了英军近卫第1旅薄弱的前线阵地,两军番号相同,这是历史惊人的巧合。虽然英军近卫第1旅只剩下了一个近卫营,

---

① 即德国第1近卫军。——译者注

但普鲁士近卫部队受森林所碍,未能乘胜追击,却被英军的一次侧翼反攻击退。

尽管德军此次的进攻比 10 月 31 更为猛烈,然而战局从未达到 10 月 31 日如此危急的程度,也许很大程度上是由于后方的指挥官对德军的这次进攻,印象不太深刻,而后方对于战事的印象总是更为严重。11 月 11 日的德军进攻失败之后,伊普尔的危机终于过去了,这天是具有预言式的象征意义。① 德军间歇性的进攻持续了几天,主要是在迪布瓦的前线,但也犹如渐衰的风暴,慢慢远去。黑格长久以来都在要求换防英军第 1 军,但曾被福煦以"不可能"之语拒绝,现在终于如愿以偿,法军暂时接管了突出部的全部防务。

"第一次伊普尔战役"实质是一场"士兵之战",这是一场规模更大的"英克曼战役"②。埃德蒙兹③将军在回忆语中描绘了当时的形势:"大英帝国的存与亡之间,屹立着由一群疲惫、憔悴、不剃须、不洗面、满身泥泞的士兵构成的防线,他们很多人衣衫褴褛。"这里唯一不准确的一点在于,其违背了一个极其简单的事实。大英帝国已展现出了强大的生命力,即使当其远征军实际上已被击退到船上,即使敌军已经占领了英吉利海峡的港口,大英帝国也没有灭亡。然而,绝对可以肯定的是,若英国远征军兵败伊普尔,德军即

---

① 第一次世界大战的停战日是 11 月 11 日。——译者注
② 英克曼战役是克里米亚战争的一部分,发生于 1854 年 11 月 5 日。——译者注
③ 詹姆斯·爱德华·埃德蒙兹(James Edward Edmonds,1861—1956),"一战"时,曾任英国远征军第 4 师参谋长,后任英国远征军总司令部参谋。战后主编了公刊战史《英国第一次世界大战史》。——译者注

第十章 伊普尔的守望者

可紧追英军,予以重创。从接下的几年来看,黑格未能如愿撤至更为笔直、更为坚固,且穿过伊普尔的沿河防线,确实有理由感到遗憾。若能后撤,英军将会减少伤亡代价,使防御更为简单。此处防线后来挫败了德军进攻佛兰德的企图,这里是不适合进攻的地形,但可能却是英军的另一个优势。

由于福煦、弗伦奇和德于巴尔未能意识到大英帝国灭亡的不可能性,从而加重了"第一次伊普尔战役"的危机。他们对战役施加了最为实质的影响。实际指挥战役的是黑格和迪布瓦。即使是黑格和迪布瓦,他们为了保留预备队,只能明智地从业已兵力薄弱且岌岌可危的其他前线阵地抽调部队,以巩固正在濒临崩溃的防线。迪布瓦不顾自身危险,毅然派出预备队,他已经不只一次这么做了,因而他在防御作战中赢得了最高的指挥声望,乃属实至名归。

毫无疑问,福煦影响了战役中的士气,他固执地拒绝倾听理由造成的影响,不亚于其不可战胜的意志力。福煦的精神影响力从未消逝。如果我们将变幻无常的战场与精神影响力分开来谈,我们可以毫无保留地赞美福煦的精神影响力。所有受之影响的人,都会眼前一亮。福煦的精神影响之于前线官兵,似乎不甚明显。而之于战地指挥官,似乎愤怒多于赞赏。

可以确定的一点是,福煦的意志力强化了前线后方协约国军总司令部的意志。而有些人认为,其对比利时军司令部的影响力不佳,特别是对阿尔贝特国王的影响力,但不能忽视这些影响力。福煦对于约翰·弗伦奇爵士的影响力更为重要,但是此种影响力之效果与约翰·弗伦奇爵士对于战役之影响力同样微乎其微。

关于上述历史结论,我们可以认为这是福煦因致力维持约翰·弗伦奇爵士指挥权而带来的回报。约翰·弗伦奇爵士的撤换问题是本次战役期间后方发生的重要事件。11月1日,福煦与弗伦奇在乌拉姆廷格会谈之后,福煦匆忙前赴敦刻尔克参加一次会议。基奇纳已在敦刻尔克见到了普安卡雷和霞飞。在自以为是隐秘的情况下,基奇纳提出召回约翰·弗伦奇爵士,并以伊恩·汉密尔顿爵士(Sir Ian Hamilton)替换之。霞飞和福煦则欲请求应以威尔逊替换弗伦奇,但他们不支持将英军总司令变更为不熟悉的人,这可能削弱其对英军指挥层的现有影响力。11月5日,福煦将基奇纳的提议私下告知了威尔逊,并建议应将此事通报弗伦奇本人。根据威尔逊日记所载,次日,"下午3时,约翰爵士和我前往卡塞勒,约翰爵士当面感谢了福煦,以最热忱的语言赞扬了福煦的同志之谊以及忠诚。他们两位为伟大的友谊紧紧握手……"由于福煦泄露了此等机密信息,弗伦奇及其幕僚得以在英国和法国双管齐下,以推翻基奇纳的提议。毋庸置疑的是,福煦的某些幕僚用狡猾的方式告知霞飞,伊恩·汉密尔顿爵士的法语比约翰·弗伦奇爵士差远了,显然这一指控完全与事实不符。我们无须强调这种传言在法军总司令部发酵出来的效果,佛兰德的盟友之间充斥着讥讽的谣言,已经堪比"巴别塔"①了。

福煦的泄密自然强化了他对弗伦奇的影响力,而且平复了10月31日因福煦草率对待弗伦奇而使后者心生的怨恨。福煦显然准

---

① "巴别塔"源自《圣经》故事,人类团结一致,希望修建通往天堂的巴别塔,此计划被上帝所察知,为了阻止人类的联合,遂让人类说不同的语言,不能相互沟通,以此瓦解修塔通天之努力。这里是指英法之间,各说各话,相互不沟通,已生龃龉。——译者注

第十章 伊普尔的守望者

确拿捏了弗伦奇的性格,他反对召回弗伦奇的动机并非是出于对弗伦奇的钦佩。于盖早前曾告知福煦,弗伦奇受到了他的伤害。福煦诙谐地回复:"呸!没有任何关系!你只需告诉他,他拯救了英国,这就可以让他高兴起来。"于盖将这一讯息的核心要意传达给了弗伦奇,他深感满意,而且不无得意地回复说:"但,我亲爱的朋友,我相当清楚这一点。我一开始就知道了。"

第十一章 僵　局

协约国军粉碎了德军突破伊普尔的企图,但是德军巩固了从瑞士边境至英吉利海峡的战壕屏障。现代防御体系挡住了进攻,随之而来的则是对峙僵局。此后,英法联盟的军事史就是打破这一僵局的奋斗史,或是强行突破战壕屏障,或是以图偶然找到绕过屏障的途径。

在东线,经过剧烈的拉锯战之后,冲突局面也陷于胶着。起初,俄国在其法国盟友的影响之下,已经放弃了传统的观望战略,将其尚未完成准备的军队投入一次进攻赌博之中,而且赌注翻了一倍。俄国如其所愿,对奥地利发起了一次集中攻势,由于奥军的进攻太过于鲁莽,俄军幸运地捕捉歼灭了奥匈帝国康拉德所部,将陷于混乱的奥军驱逐出了加利西亚(Galicia)。然而,此战之收益,业已记入了借项。

迫于法国之危急战局,俄国也已派遣两个集团军进攻东普鲁士。俄国的这一威胁至少使敌军从侵法部队抽调出了4个师。然而,德军4个师赶到之前,危险已经烟消云散了。德军一名年轻的军官霍夫曼(Hoffmann)从其司令官颤抖的手中接过残局,为新司令官兴登堡(Hindenburg)重整部队,以胜俄军。即使他手段尚不

第十一章 僵 局

娴熟，处事不够冷静，但足以赢得胜利。德军在坦能堡大败俄军，其一个集团军被德军包围，几乎遭到全歼，俄军的两个集团军均被逐出东普鲁士，兴登堡之名成了胜利的同义词。

在兴登堡后面，很快就看到了他参谋长鲁登道夫的影子，随着节节胜利，鲁登道夫的影子高过了兴登堡。然而，霍夫曼将继续站在兴登堡和鲁登道夫身后的阴影之下，两年之后，鲁登道夫离开东线赴任最高统帅部，他才与"幽灵"分离。

坦能堡战役之后，这个军界铁三角的下一个任务是救援奥军，10月，俄军撤回至华沙。俄军撤抵华沙之前，加大了兵力动员，战局再次扭转。俄国7个集团军的庞大阵列笨重地经波兰向西里西亚（Silesia）前进。法国人民和英国人民兴奋地称之为"俄国压路机"，但是听不到机器嘎吱作响的声音。若笑着将俄国大军比作"无声前行的牛"，可能更加适当。俄军很快被击退，再也没能踏足德国领土。德军迅速经火车向北侧横向大调兵，11月11日，也就是伊普尔危机的最后一天，德军沿维斯瓦河强攻上游俄军阵列的一处交汇点。俄军勉强逃脱重蹈坦能堡覆辙的命运，被迫撤出波兰西部，退至防卫华沙的冬季战壕防线。因此，东线与西线一样，也陷于胶着。但是，防线表面并没有那么坚固，俄军已经消耗了弹药储备，已经到了他们薄弱的工业化基础无法支撑的地步。

由于战局起伏变化，海战并不惹人注意。海战开始就是一个僵局，而且一直持续这样的状态，虽然这种胶着局面绝对有利于英国及其盟友。其根本原因在于，与勉为其难参加海战的敌手交战，存在固有的困境，而且随着水雷和潜艇的发展，陆战中因机枪诞生而使防御胜于进攻的模式也令海上的局面复杂化，海战的困境越来越大。导致海战僵局的直接原因在于德国海军总司令部的优柔寡断。他们意识到自己海面舰队处于劣势地位，深信敌军仍然遵循着尼尔逊时代的求战传统，于是采取了费边式的避战策略，以待通过水雷战和潜艇战削弱英国舰队之力量。

然而，德国的这一计划因英国的行动而破产，遂代之以持续监视敌军港口，以图严密封锁英国海军，因此英国海军重创德国战舰的机会就微乎其微了。而且，英国海军部意图再来一次特拉法尔加海战，以确保控制海上航线。但这一策略遇到了挫折，英国的商船被逐出了海面。1915年初，德国对敌海上补给线发动了一次潜艇战。这第一次潜艇战，德军是失败的，但对于英国来说，却是大有裨益，为其提供了一个杠杆，得以松开1909年《伦敦宣言》对英国海面封锁力量的限制。因此，英国可以加紧控制德国从中立国获得资源补给。1917年，为了缓解经济压力，德国发动了第二次潜艇战役，反过来，由于美国参战，对德海面封锁发展成了卡脖子的束缚。但在1914年，经济压力的人为干预、其内在的循序性，以及资源相对丰富，大陆战略家未能发现海上封锁的巨大力量。德国的目标还是在陆地决胜，他们的问题在于如何瓦解战壕防线。

各国应对僵局的措施各不相同。而且对于实际情况的认识也截然不同。在德国权力圈，法金汉的意见是决定性因素。然而，无论根据他的批评者的意见，还是他自己留下的记录，法金汉的立场与方向均令人感到不明确。起初，法金汉考虑重新致力于打破西线僵局。但是，这个方案为人所阻，法金汉心有未甘，于是也没有刻意对俄军发动攻势，只是因形势逼迫而为之。奥匈帝国前线的战局危急，法金汉不得不向其派出援军。因此，他采取了有限攻势的策

第十一章 僵 局

略,作为弥补其责任的最佳途径。即使如此,法金汉也只是不情愿地派出少量微弱的预备队,虽然足以确保虚幻的胜利,但兵力数量与时机均无法获得决定性胜利。

法金汉的深谋远虑更值得赞扬,他意识到现在持久战已不可避免,于是努力开发德国资源,以图实施此等持久战。德国积极而全面致力于军需以及制造业所需原材料的补给,自1915年春季以来,确保了充足的物资流通,英国人此时才如梦方醒,意识到了这个问题的严重性。

1914年秋,有迹象表明土耳其将站在德国一边参战,这是德国通过孜孜以求的努力而获得的外交胜利,土耳其对俄国的忧虑加快了这一进程,而协约国的军事行动更是让土耳其完全倒向了德国。法金汉认为此次外交胜利是"决定性的重要意义",首先,土耳其是俄国军火补给通道上的一道屏障。其次,土耳其可以牵制英国和俄国的军力。

在英国,"第一次伊普尔战役"导致民众某种程度上支持基奇纳的主张。专业化不足的军队自我牺牲,成了英国的先锋。然而,马恩河之战及其虚幻的胜利掩盖了国境战役的失败,伊普尔之战的消息传回英国国内,民众得知了作战的规模以及对人力的需求,但并未意识到真正的需求是什么。到1914年底,将近50万人响应了基奇纳的征召。令人奇怪的是,英国的普通民众比法国军事将领更早地捕捉到了基奇纳深远的见地。亨利·威尔逊曾说,基奇纳"荒谬可笑的25个军是欧洲每一个士兵的笑料……这些乌合之众绝不可能在战场待上两年。那么,他们的用处在哪里呢?"他被英军总司令描绘的光辉前景迷住了双眼,似乎莱茵河只有几步之遥。

加列尼质疑是否有可能突破战壕屏障，弗朗谢·德斯佩雷也已经建议另在近东行动。然而，手握决策权的人却已经在经历伊普尔之战后失去了信心。是否是他们远离战线，从而产生了不切实际的氛围？

11月15日，就在普鲁士近卫军发起进攻之日，威尔逊"在上午11时前往拜会福煦……讨论了长期战略，我们一致认为，德国仍然还有一次机会，也就是说唯一的机会，那就是缩短法比边境的战线，使之足以抽调20个到25个军迎战俄军，并击溃他们，尔后回师我们的前线。为此，德军必须撤至列日—梅斯一线，或者甚至需要撤至莱茵河一线。对于德军而言，任何中间方案都是致命的"。

在11月19日福煦呈交霞飞的报告之中，也反映出了他们之间的共识。福煦开篇先提出了一个符合实际的假设："德国的计划已经破产。"接着又说："我们的士气和物资状况极佳，最好可以继续进攻德军。"这一点就不太真实了。我们可以来看一个内省而非从旁观察的例子。"无论德国解决问题的方案是什么，显然也存在诸多方案可供选择，他们将不得不从西线抽调兵力，因此缩短了防线。毫无疑问，从斯特拉斯堡经梅斯、梅济耶尔（Mézières）的默兹河、那慕尔、布鲁塞尔和安特卫普。"这种推理可以让我们想到《论战争的指挥》中被严厉批判的小毛奇式假设，通俗而言，那就是说"在孵化之前数小鸡"[①]。福煦在讨论"战争的特征"时，展现

[①] 这是一句谚语，是指某人若不能确定某事必定会发生，则不能寄希望或依赖于此事。直接的意思是指在鸡蛋孵出小鸡之前，永远不知道，能不能孵出小鸡，或者孵出多少只小鸡。——译者注

第十一章 僵 局

更为确切的远见:"需要什么?大量的攻城重炮以及充足的弹药。"他强调了手榴弹与工兵的重要性,还说:"我有一个想法。能否从钻探自流井和巴黎地铁(贝利埃地铁)建造中获得启示,在营建坑道及其支撑方面,轻型机械设备比以前更加高效迅速,因此为何不可以使用重型炸药埋设在敌军防线特定要点之下并予以引爆?"

福煦准确地预见到了矿井的发展,尽管稍有滞后,但在1917年6月的同一地区梅西讷,这种方法获得了成功。然而,这个独具慧眼的想法却稍逊于另一个构思精巧但却流产的想法,即1915年法军总司令部官方"见证人"斯温顿上校(Colonel Swinton)以及著名采矿工程师诺顿–格里菲思少校(Major Norton-Griffiths)的共同创意。他们提出向德军防线挖掘隧道,在其后方掩藏好洞口。在既定的时刻,配合正面攻击,机枪小队从隧道口涌出,在敌军后方制造混乱。这个想法极具创意,但也并非不切实际,这是一种企图在选定的区域击溃抵抗力量的方案。这种想法仍然是一战中巨大的未遂心愿,当其被提交给法军总司令部的工兵部长时,此等创意并未引起注意。如果两位创意者知道福煦也有挖掘类似"隧道"的想法,结果也许会大不相同。

福煦在报告里讨论了"选定的进攻地点",他似乎江郎才尽,不像是在讨论地点的选择。"欧洲的命运总是在比利时决定……我们以左翼的强大攻势开始,以右翼(凡尔登)的强大攻势结束,这就是我想法的全部精义……我仍然信奉纯粹的理论,即主张歼灭敌人的军事力量乃解决问题之根本。"

在接下来的几年里,我们将会发现这一理论的价值与代价。福煦显然没有想到此种理论的实际局限性。他没有静下心来想一想,自己是否有打开屏障的钥匙,否则他可能摧毁自己的军事力量,而且比歼灭敌军的速度还要快。

公平地说,他在报告的结论中表明:"我们组织的进攻尚不是着眼于针对要塞化阵地的作战。换而言之,这是大规模的围城战。"然而,很难说福煦的进攻战是按围城战而进行组织的。我们也不能说他适当地考虑了时间因素。福煦在进攻早期关于物质的需求意见,也很难符合围城战的特征。而且,过度紧急以及过度迟延也对时间因素的把控产生了不利影响。

福煦考虑由德于巴尔的集团军在韦茨哈特—霍勒贝克地区进攻,与英军协同作战,而莫德的集团军则在阿拉斯正北发起进攻。霞飞将福煦的方案融入了他自己的一个宏伟计划之中,而且仅剩下一周的时间实施战备。主攻在阿拉斯和香槟(Champagne)附近,而其他集团军则予以辅攻。霞飞的命令强调他"希望的全面战果不仅是迫使敌军向东北方向后撤,而且要切断敌军与德国本土的交通联系"。

这次进攻不仅是一次失败,更是一次惨败。11月17日,协约国军在阿拉斯附近发起进攻,11月23日放弃。11月20日,协约国军在香槟地区沿兰斯以东20英里的战线上实施了进攻,进攻方占领了前线防御阵地,但付出了惨重的伤亡代价。集团军司令官朗格·德·卡里实际上曾告诉过普安卡雷"最好暂停一段时间",以待他有足够的重炮并获得无限量的"75毫米"重炮炮弹。"德军的战壕阵地太过于坚固,而使我们无法取得决定性胜利。"11月14日伊普尔东南的进攻,战果甚微,代价也小。事实上,除了福煦,没有人愿意有所作为。唯一的效果乃是影响了英法关系。

第十一章 僵 局

在丘吉尔倡导之下，英国建议实施陆海联合作战，以图克复比利时海岸地区，这得到了基奇纳的支持，弗伦奇也暂时同意这个方案。为此，英国陆军将重新移防至协约国军防线的左翼，英国于是向法国政府直接提出了此项建议。威尔逊在其日记里写道："福煦来告诉我，米勒兰给了他一份重要文件的副本，这是由温斯顿、基奇纳、格雷和阿斯奎思（Asquith）署名的，内容涉及我们前往左翼之事。福煦甚觉好笑。米勒兰认为这是基奇纳的主意，而福煦却准确地归因于温斯顿。当然，福煦以极大的轻蔑对待之。我一同去拜会约翰爵士，他对移防左翼之事深表歉意，并表示这是温斯顿的主意。"

霞飞也断然拒绝了英国提出的方案。他的攻势即将开始，肯定还要继续实施，这种"异乎寻常"的移防没有任何帮助。现在英军全部位于伊普尔以南的梅西讷和拉巴塞之间一线，他们已经准备就位参加进攻，尽管选择这一地方是出于战略选择，但忽视了战术性实情，即英军陷入了这里的泥泞。一名司令官也许意识不到此等琐事，而英军仍然处于保卫伊普尔的疲惫之中，他们也没有足够的被服更换官兵们的制服，而且由于军靴的匮乏以致冻伤损害不断增加，他们甚至几乎没有材料用来修筑防空壕以及加固战壕，更无镐与平锹来深挖战壕。与德军不同，英军缺乏手榴弹和迫击炮。实事上，他们可以临时制造某些武器，然而造成的结果却经常是自身的灾难重于敌军。如果评估一下战争前两年英军因自己的迫击炮武器而导致的损失，会有令人感兴趣的发现。

约翰·弗伦奇爵士这次并没有像霞飞和福煦那样的信心。"他告诉每位指挥官，无论如何都不在进攻中冲在友邻部队的前面，每个人都需要等待帮手。"在战斗中,每个人都会观望,即使有助力之人,他们被铁丝网所阻之后也会停下来。协约国军并没有考虑用炮兵来摧毁铁丝网。然而,英军左翼法军的进攻也不再积极有效。于是,在这场进攻战中,双方都平淡无奇地重复着等待用"查塔姆(Chatham)勋爵和理查德·斯特罗恩(Richard Strachan)爵士"相关的不朽诗篇来相互谦恭。但是,英国人也许不太擅长伪装自己的三心二意。他们不可避免地成为霞飞失望而愤怒的发泄对象,法军总司令部的批评矛头也指向了英军。法军总司令部的人毫不掩饰自己的意见,认为英国陆军"可能有助于防守阵地以及实施防御,但却丝毫无助于将德军逐出法国"。

法国对于英国产生了恶劣印象,威尔逊为此深感忧虑。他的日记提到 11 月 17 日福煦来找过他。"我解释说我们尽了全力从左翼进击,他一句话都听不进去。最后他说:'但是,我亲爱的威尔逊,我们都是军人,不是律师。'这句话准确地表达了我身处的窘境。我们无所不谈,他尽可能保持礼貌,但说'老霞飞可不会这么好商量',显然约翰爵士如果不打一些仗,将陷入相当困难的境地。"

于盖清楚地传达了霞飞对弗伦奇的愤怒之情:"英法关系从来没有相互信任,或者说热情友好,现在反而变得越来越冷淡。""不幸的是,由于司令官的性格、缺乏人际管理以及解决问题的能力,弗伦奇加剧了英法之间的裂痕。自马恩河战役胜利以来,霞飞将军已经充满信心,威望与权威与日俱增,他要求以统一指挥为名指挥英国陆军,而约翰·弗伦奇爵士却越来越难以管束。"普安卡雷的回忆录以数页篇幅记录了霞飞对于约翰·弗伦奇爵士和英国越来越尖锐的抱怨。

第十一章 僵 局

福煦则更具同理之心、更有理解之情，而且处事也更为圆滑。虽然福煦曾以蛮横的姿态力主加大鞭策，敦促英军进攻，但几乎并没有恶言相向。福煦知道强制命令不仅徒劳无用，而且还会出现反作用，于是通过劝说和建议的方式来实现自己的目的。他的这项工作并不轻松。地理上，他介于德国恶魔与深海之间，心理上，他又夹在霞飞和弗伦奇之间。法军指挥官的愤怒之情日积月累，而英国人自然流露出不满，令人钦佩的是，福煦需要在两者之间危险的横杠上保持平衡。霞飞尚未对福煦失去信心。为了维持这种信任，福煦再次发现了出卖他人信任的价值。根据普安卡雷回忆录所述，福煦将最近 M. 杜梅（M. Doumer）来访卡塞勒所说的话告诉了霞飞，也就是"如果我成为战争部长，我会将酒囊饭袋霞飞免职，任命加列尼为法军总司令"。当然，此等语言也许是福煦的杜撰而非出卖信任。杜梅不会蠢到将自己的想法告诉别人，而加列尼又恰好是这一职务的潜在候选人。然而，福煦至少因忠诚而赢得了霞飞的信任。

但是，还发生了一些奇怪且难以解释的事。如果我们相信克列孟梭的话，据他所言，1914 年年底，福煦请求私下见他，寻求在最高司令部的职位变动。在接下来的这个月，福煦与霞飞一同驱车前赴敦刻尔克，他们所乘的汽车撞上了一辆抛锚的卡车。福煦安然无恙，但霞飞受伤严重，于是被送回了法军总司令部。福煦自己说到了此事："我深感不安，扪心自问：'发生这样严重的事故会有什么影响？'作为霞飞的副手，我应该如实致信战争部长……许久之后，我收到了回复，知悉加列尼将军已获任命书，日期追溯至 1914 年 8 月。这并非是解决问题的最佳方式。加列尼完全不熟悉战局，他必须不断摸索。"

根据福煦的回忆录，我们看到法国战争部长的回复具有相当浓烈的讽刺意味，他让福煦毋庸操心。鉴于福煦与霞飞的亲密关系，霞飞都没有将此事告知福煦，着实令人生疑。如前所述，早在9月，霞飞已经呈请法国政府，在必要的时候任命福煦为其继任者，并出任其在佛兰德的副手。假若加列尼获得提名，霞飞势必感到不悦，他也反复避免给予加列尼指挥实权。正如处于尴尬地位的法国总理维维亚尼（Viviani）坦言："似乎需要众多圆滑手段处理军界事务。"

有人可能认为福煦的探询动机只是提建议，而非想要获得信息。针对此种怀疑态度，我们需要记住，我们是从福煦自己口中得知了探询之事。也许最真实的解释是，如果福煦受野心所驱动，那基本上也不仅是个人野心。在自我服从事业的意识方面，很少人能比福煦更为强烈。然而，福煦将其个人情感和愿望置于事业之下，完全将自己与事业融为一体，于是在他自己看来，个人与事业的目标已经趋同。困惑是自然的，世界上的伟大人物通常都会如此。

福煦认为他自己可以引领实现事业的真正胜利，他受此鼓舞，致力于利用一切可能赋予其更大权力的机会。我们可能认为，有时福煦的手段会受到质疑，会受到诘问，这些人会用新教徒经常使用的语汇"阴险"来形容福煦。然而，福煦的最终目的却是纯粹的。随着对福煦的研究不断深入，即使最爱挑剔的学生也会相信这一点，甚至会认为他的最终目的比实际更为纯粹。

这一结论也可以用来解释福煦对任命加列尼为法军总司令的看法，这个问题实际上更难以解释。但从合理性角度而言，福煦的

第十一章 僵 局

评价乃是牵强附会之语。加列尼已经证明了自己的能力,其身怀卓越之才,即使没有足够的时间来思考形势,也完全可以掌握马恩河的战局。早在福煦在现实中摸索之前,加列尼已经深知战壕战之精髓。更为显著的问题是,福煦如此评论的动机需要进一步探究。

然而,在历史上引人注目的一件事是,当年3月,霞飞再次施压法国政府同意他指定自己潜在的继任者,他"在任何情况下都绝不会同意加列尼接任"[①]。当时,达成共识的人选并非福煦,而是行事冷静的东部集团军群司令官迪巴伊。

福煦则是另一位集团军群司令官。1915年1月5日,福煦正式出任北部集团军群司令官,而霞飞则直接指挥中央集团军群,这种不适当的安排一直持续到了6月卡斯泰尔诺接任之时。

在战事相对平静的期间,伊普尔爆发了秋季危机,福煦丝毫不得空闲。安分守己也非福煦之本性。普安卡雷去了一次福煦在卡塞勒的司令部,他记录了经过:"这里的观测位置无可比拟,从我们摆放桌子的地方透过窗户看出去,壮观的弗莱米什平原(Flemish Plain)在我们脚下延绵不绝,星罗棋布着32座城镇,一个世纪接着一个世纪,这里都是大小诸战的战场。福煦知道的是,先前在卡塞勒的胜利者,罗贝尔·勒·弗里松(Robert le Frison)、菲利普·勒·瓦卢瓦(Philippe le Valois)和奥尔良公爵(Duc d'Orleans),都值得铭记;福煦对军史如数家珍,可以对趣闻逸事以及史今对比侃侃而谈……"普安卡雷甚至很高兴从霞飞那里听到"福煦具有对英国陆军元帅适当的影响力",因此霞飞此时不再希望约翰·弗伦

---

① 普安卡雷,《回忆录》,1915年,第59页。——原注

奇爵士遭到解职。尔后普安卡雷再访福煦时，他的评论非常耐人寻味："福煦……担心我的安全，而他却不顾自己之安危。"

不久之后，福煦对英军的内部事务感到忧心忡忡。福煦的最终断言却展现了其精确的判断力，他对盟友性格的认知好过某些法国人。威尔逊与法军诸将合谋将阿奇博尔德·默里从约翰·弗伦奇爵士的参谋长职位上撤下来，并已经谋求法国政府的干预。但是，福煦1915年1月5日在给霞飞的一封信中说道：

> 本人今日密电将军的电文，简要论述了本人所知弗伦奇元帅关于其参谋长未来变动的意见。本人并不知道他是否意欲保留原参谋长之职。但是，我认为不应保留。他可能不同意将参谋长召回英国，也许会反对我们支持召回其的一些行为，并会做出应对。我知道当他得知我们已经采取了一些措施，却称在当前情况之下，他什么也做不了。
>
> 出于英国人的自尊，默里仍应保留现职。无论如何，基奇纳勋爵和阿斯奎思先生拒绝让威尔逊将军继任之……若默里被解职，而威尔逊得到了众人之信任，我相信我们应该可以有所作为。如果事情往这方面发展，则似乎有利于法国之利益。否则，我们可能只是浪费时间和精力。弗伦奇元帅质问我们，为何我们不能先管好自己的事，而不是插手他的事……

威尔逊日记里的一段话补充说明了福煦的上述论断，其要旨如下："无论如何，最终结果将导致默里的地位比以往更加稳固，约

第十一章 僵局

翰爵士也暗示我最好少管。我可能前往俄国,看看在那里有无作为。多么滑稽之事!……我不能因为没有成为他,或阿斯奎思,或基奇纳的参谋长而感到悲伤。"因此,我们也可以理解威尔逊在新年前夕的日记内容:"这一年在风雨和悲伤之中过去了……福煦来看我,祝我新年快乐。"

几天之后,福煦告诉了霞飞一个更令人高兴的消息以及措施得体的暗示:

> 默里将军离开了英军,表面上是由于健康原因。英军将领的再次洗牌也许乃明智之举。弗伦奇元帅提醒我这一点。罗伯逊将军(General Robertson)将接任默里之职。若威尔逊不能继任,这也是一个不错的选择。威尔逊仍司责作战,牵头与我军联络。他的地位未得到晋升,但他的职位越来越为重要。此乃首要之事……

然而,福煦所言并不准确。威尔逊的职位是法军的首席联络官,但被免去了总参谋部参谋次长一职,作为补偿,英国擢升威尔逊为临时陆军中将。威尔逊职务的变化,表面上剥夺了他对英军作战的影响力,而且他对法国人的价值也面临着被削除之危,然而威尔逊通过其对约翰·弗伦奇爵士的个人影响力,架空了罗伯逊,他仍手握重权。

因此,福煦可以协助法军总司令部联合约翰·弗伦奇爵士,共同抵制放弃对战壕屏障实施正面进攻而转战近东的计划。

1915年1月2日,基奇纳致信弗伦奇,敏锐地指出:"我认为,现在我们必须承认，法军不能充分突破德军防线，以迫使法国北部的德军部队撤退。假若如此，德军在法国构筑的防线可以视为无法攻破的要塞，也不能被完全包围，因此当以围攻部队对峙德军防线，而在他处另辟战场。"弗伦奇很快与霞飞及福煦一样深信可以突破德军防线。然而，弗伦奇在复信中坚定地陈述了自己的主张，但在某种程度上又矛盾地指出，最终必定在东线取得决定性胜利。

英国内阁则支持基奇纳的主张，尤其是劳合·乔治和丘吉尔。他们认为法国的战壕防线无法正面攻破，于是强烈反对白白浪费新编军队的兵力，同时对俄国可能溃败的忧虑也与日俱增。当霞飞得知他们的意图，竟称他们"失去了理智"。遗憾的是，法国人也不能等数月之久而待英国人来为他们的主张辩护。

在1914年12月29日的一份文件中，英国战争委员会（War Council）秘书长莫里斯·汉基中校（Lieutenant-Colonel Maurice Hankey）强调了战事僵局之现状，并建议应攻击德国盟友而予德国更猛烈的打击，特别是土耳其，他可能引用了1796年拿破仑的策略来证明其观点。他提出首批新组建的3个军进攻君士坦丁堡（Constantinople），若有可能，则可与希腊和保加利亚协同作战。他主张，此种策略不仅可以击败土耳其，将巴尔干收入协约国囊中，以此打通对俄补给线，俄国已经军火短缺，另一方面小麦却过剩。在评述汉基的此等建议时，不得不提的是，相当规模的战略储备是德国在1917年获得三次大胜之基石。

劳合·乔治的步伐则更大，他主张将大量英军调往巴尔干，救援塞尔维亚，并攻击敌军联盟之后方。令人感到奇怪的是，这种大规模行动在法国的军人和政治家之中得到的支持比英国还多。弗朗

第十一章　僵　局

谢·德斯佩雷是第一个附议者，1915年1月，加列尼也建议在萨洛尼卡（Salonika）登陆，首先进军君士坦丁堡，然后以一个集团军的兵力进攻多瑙河，足以鼓舞希腊、保加利亚和罗马尼亚加入协约国。

然而，所有此等建议，无论法国人的还是英国人的，都遭到了霞飞和弗伦奇最强烈的反对。正如普安卡雷回忆录生动揭示的那样，无论何时，法国内阁在霞飞面前都是吓得两腿发软。马恩河大捷的传奇进一步提高了霞飞的威望，他稍显辞职的迹象，即可让法国内阁可怜地屈从他的意志。

基奇纳进入英国内阁之后，英国的政治立场得以加强。然而，法国内阁对霞飞的屈从软化了基奇纳的意志，他一如既往忠诚地支持弗伦奇和法国，即使牺牲自己更准确的判断也在所不惜。在直觉上，基奇纳对法国的感情早于对东线的钟爱，即使他深信东线战场出现了战机，但对法国的内心情感却让他产生了妥协。1870年，基奇纳曾作为一名年轻的志愿兵在法国作战，这产生了此种深远的影响。

在1月8日的英国战争委员会会议上，基奇纳认为，达达尼尔海峡（Dardanelles）是最合适的目标，并认为15万部队足已，这一兵力与汉基的估计相一致。然而，他表示暂时没有这么多部队可派，因为他预计德军将在西线再次实施突破的进攻战。基奇纳的这种估计准确切中了法金汉的心思，但并非法金汉的决定，从而导致他最终犹豫不决。基奇纳摇摆不定，而不能一锤定音，这也使得协约国的计划止步不前。只有军界领袖做出坚定之决心，才能尝试不可能之事。然而，德军专一于目标，尽管不具可行性，却足以打乱一切计划。基奇纳清楚地看到协约国军在西线的进攻是徒劳的,但德军利用他对德军进攻西线的忧虑,将英军及新编的各军拖入此种徒劳的进攻之中。

协约国登陆达达尼尔海峡的方案并未从此夭折,而只是削减了行动规模。英法收到了俄国的救援请求,以缓解土耳其对高加索(Caucasus)的压力。尼古拉大公(Grand Duke Nicholas)求援牵制土军的结果是,英国内阁决定,在缺乏足够部队的情况下,只以海军进攻达达尼尔海峡。此举失败之后,英国海军指挥层的"心力衰竭"加剧了此次败局,英国背负了太多的声望,于是海军进攻转为从陆地攻击事先得到预警的敌军。更为糟糕的是,失去最初的突袭性之后,又无视其他所有成功的条件,英军从未以适时之战机及足够之兵力获得决定性胜利。

如果英国在一开始就投入相当规模的部队,而不是最终被分散消耗,土耳其方面的档案文献清楚表明,胜利将属于英军,而且从德国的判断来看,这也将对协约国的主要敌人产生深远影响。

丘吉尔也许太专念于时间的重要性,从而削弱了行动链条的有效性,而且基奇纳不愿及时增派部队,因此此次作战行动面临着双重压力。然而,失败的真正原因在于霞飞的反制力,而且得到了福煦、威尔逊和弗伦奇的支持。这是英国内阁的失败,他们未能坚持自己更准确且更长远的意见,这也是法军领袖的失败,他们未能践行福煦所大力倡导的"理智性纪律"。

普安卡雷在1月7日的日记中记载:"霞飞坚决反对近东的任何军事行动,他告诉我们,他需要我们可以派出的每一个人……他如此期待有着充足的理由,或早或晚,我们应突破德军防线。""他

第十一章 僵 局

的证据像以往那般柔软滑腻,但是相当明确地表达了他的想法,让我们无法质疑其结论的确定性;维维亚尼、白里安(Briand)和我暂且认为,我们可以做,但不能说再多。"1月11日,普安卡雷前往卡塞勒再次拜会福煦,发现他的"鲁莽程度堪比霞飞的冷静程度",但他们都同样自信。

然而,当普安卡雷见了一些集团军司令官之后,他发现"越低级的将领,态度则越不乐观"。他的老同事梅西米现在军中服役,且因勇猛作战而获勋章,他前来告诉普安卡雷:"在尚蒂伊(Chantilly,法军总司令部驻地),他们都生活在华而不实的傻瓜天堂,几乎不知道前线的真实情况。我们为了登上新闻公报而奉命实施局部进攻,这些进攻付出了生命的代价,并且注定是失败的。"普安卡雷仍然将信将疑。法国内阁知道事情真相但却无所作为,偶尔会爆发歇斯底里的争吵,但内阁成员选择屈从,因为如果"他们烦扰法军总司令,他极可能递交辞呈,这将令军队和国家感到沮丧"。

亨利·威尔逊的日记关于此段时期以及福煦的态度也有若干记述。丘吉尔穿越英吉利海峡来见弗伦奇,以图说服他同意将现在英国待命的现役第29师派往近东,而非增援法国。弗伦奇征询了威尔逊的意见。也许受到了威尔逊的稍许鼓励:"约翰爵士告诉我,得让法国人为一切值得奋斗的理念而战斗。"法国人至少无须太多的游说。几天之后,英国议会的反对派领袖博纳·劳(Bonar Law)来到了圣奥梅尔,威尔逊"抓住机会向其强烈反对将任何英军部队抽调至巴尔干的计划,传递了霞飞和福煦均完全反对任何此类行动的信息"。

一两天之前的 2 月 3 日,威尔逊曾访福煦,与其讨论了他自己最近遇到的危机。"自从我遇到这些麻烦以来,福煦还没见到过我。他尽可能保持礼貌。他说,如果我走的话,他也会辞职等等。""我们讨论了形势。他不认为俄国会在 3 月底之前行动。但是,他认为俄军可以坚守华沙,随着俄军的实力慢慢增强,他们的形势也会越来越好。"福煦的此种论断忽视了物质因素,尤其是俄国军需的短缺,只能打通达达尼尔海峡方可缓解。"福煦希望德军进攻西线,他认为泥泞消失之后,他可以大炮横扫抵抗的德军。他还说了一件奇怪的事:'你们英国人肯定也不希望行动拖拉而陷入长期战争;我们法国人无法坚持几年了,尽快将你们可以派出的每一个人都派过来。'这让我陷入了沉思,我不确定他说的是什么意思。法国厌倦战争了吗?难道想让我们明白这一点?"

福煦对于英国人的隐晦批评同样也忽视了物质因素。当福煦解决了法军秋季攻势时所遇到的炮弹短缺问题时,当时英军每门野战炮的炮弹每天只有四发而已!甚者,唯一对战壕有效的高爆炸弹只占全部军需的一部分,此乃战前英国总参谋部的失误,与大陆国家不同,他们忽视了 1912 年巴尔干战争的教训。

福煦的批评似乎基于没有根据的假设。威尔逊记录了 12 月攻势失败后与福煦的谈话,内容如下:"我认为现在的法国陆军比去年 8 月已大有精进,福煦同意这个看法。他也认同这归因于高层指挥人员的巨大变动,归因于法国人和德国人关于 1870 年 8 月战事认知的心理变化,而且随着战役的发展,法国士气高涨而德国士气低落。英国的志愿兵体制也足以导致形势显著恶化。"这句表达混乱的话里,意思似乎是指法国人现在不再流露出技不如人之感,而

第十一章 僵局

德国则不再具有优越感,这种1870年战争遗留下来的心态影响了开局之战的结果。1914年底,若法军士气这么高于英军,那么某人则会疑惑,为何法军如此众多的大规模进攻所获之战果却远逊于英军。因此,这个合乎逻辑的推论并不能完全反映出"高层指挥人员的变化",而此种变化已经让福煦掌握法军的进攻方向。1915年的战役也难以证实福煦关于德军士气衰落的假设。

早在1915年2月,霞飞制订了进攻计划,从阿图瓦(Artois)和香槟集中攻击德军前线战壕构成的巨大突出部阵地,随后在洛林地区进攻德军的交通线。此种设想与福煦在1918年的想法类似,但最大的不同之处在于背景条件、采用的战术以及可资利用的物资。霞飞只有在兵力上占据优势,而且也只是稍许优势,1915年1月,法军85个师、英军13个师和比军6个师对阵德军98个师。

霞飞请求英军于3月7日同步进攻拉巴塞,以助其阿图瓦之攻势。然而,霞飞还请求英军接防伊普尔附近的法军第9军防线,使其可以增加阿图瓦攻势之力量。霞飞的进攻依赖于增援情况。如果从兵力以及防线长度而言,英军部队的实力最近有所增长,霞飞的要求也是合理的,而相较之下的英军炮火力量则稍显不足。然而,在处理谈判事务方面,霞飞不甚圆滑,而弗伦奇也不够理性。

基奇纳扣住第29师不放,弗伦奇深感愤怒,以致愈发固执。甚至福煦幽默而圆滑的周旋也没有消除弗伦奇孩童般的怒火。然而,英军部队则是主要受害者。

霞飞虽然没有弗伦奇那般固执,但也同样难处,他表示,由于英军未能接防法军,导致推迟了他自己的攻势计划,并给弗伦奇发去愿英军进攻成功的祝福,但听起来却充满着讽刺意味。弗伦奇遂决定坚持独力进攻，让法国人看看弗伦奇可以做什么。

1915年3月10日，弗伦奇以黑格的第1集团军在新沙佩勒（Neuve-Chapelle）发起攻势。此次作战的具体计划无可挑剔，但由于缺乏重型火炮和高爆炮弹，导致英军的正面进攻范围仅有2000码。经过35分钟的集中炮击，英军突击攻破德军的第一道防线，同时炮火延伸射程，实施掩护炮击。但在第二阶段，正面攻击的范围有所延伸，而且炮火支援不足，英军迟延的攻击让德军有5个小时不受干扰地重整部队实施抵抗。然后，黑格命令英军"不计伤亡"发起进攻，此时行动为时已晚，而且是错误之举。因此，英军伤亡是唯一的结局。

福煦不愿遵从其上级主官于事无补的态度，而且发现英国人的心情甚是郁闷。根据威尔逊3月13日的日记记载："福煦过来说，他正在集结8个重炮连和步兵一部，进攻维尔梅伊斯（Vermilles），协助黑格的拉巴塞进攻战，而且他想要知道怎么部署部队等等。约翰爵士什么也没有说，他片言未语，意欲保守他和黑格行动的秘密。"更为可能的是，他希望掩饰自己的失败。

然而，霞飞既没有怜悯英军，也没有给予安抚。10天之后，威尔逊前赴尚蒂伊，霞飞在晚宴之上大声评头论足："你的一把手极其令人讨厌。"随后，为了炫耀自己的权力，霞飞描述了他如何向内阁摊牌："如果你们从我这里调走一个我要用的人，我将会辞职。"从而"在5月份获得了全权委托"。紧接着又攻击了弗伦奇："他尊我为总司令，却违抗我的命令。"并宣称他将"坦率地"致信弗伦奇。但是，在企图充当和事佬的威尔逊看来，霞飞"确实深具魅力"。"然后，他继续谈论他的计划，而且估计可在4月底进攻和

第十一章 僵　局

突破德军防线……他已经叫停了香槟的进攻战,将所有部队撤出该地,尽管在一个月内损失了4万人,他还是感到相当满意。"相较于霞飞对英国人的指责,法军总司令部与法国政府之间的联络官则向普安卡雷提交了一份不同寻常的公正报告:"从总司令部刚抵达的佩纳隆上校(Colonel Pénelon)坦诚地告诉我,香槟的作战已经明确失败,霞飞必须辞职以停止此次进攻。"

然而,霞飞并未失去信心。3月21日,他拜会法国内阁,保证立即取得胜利。普安卡雷记载道:"霞飞的意思是在4月中旬再次忙碌起来,他将进攻德军的两个阵地,认为必定可以突破。他说的相当直率而且明确。西线将一决胜负,也许在夏季之前,但肯定是在秋季之前。"德军"正在走向溃败"。"霞飞谈及英国人时略显苦涩;他拒绝将敦刻尔克提供给英国人所用,但基奇纳表示,若无敦刻尔克,他们将无法补给部队。我们的霞飞将军在这个问题上充满了相当危险的火药味,我试图提醒他,但他却丝毫不为所动。我提醒他说,如果我们不能与英国人保持友好关系,他们会将英军派往其他地方,而非留在法国。"

但是,霞飞并没有因普安卡雷的劝说而改变立场。霞飞重申:"我估计会在5月之前取得某些决定性胜利。"而且慷慨地宣称,如果某些部队随后被调往其他地方,他也不在乎。"霞飞生性乐观、坦率以及温和地固执,给内阁各部长留下了最好的印象,他们重拾起了对霞飞的信任。"

3月29日,基奇纳与弗伦奇来到尚蒂伊会晤霞飞。威尔逊记载道:"基奇纳以荷兰之事开场,如果德军入侵荷兰,那该如何应对。基奇纳支持派大规模部队,将荷兰作为决定性战场。霞飞当然不会同意。然后，霞飞全面评述了当前战局，宣称法国才是决定性战场，到 5 月 1 日，他和约翰爵士将进攻并突破德军防线。"

3 月下半个月及 4 月初，福煦制订了阿图瓦进攻计划，并统筹协调英军的作战计划。4 月 13 日，普安卡雷和米勒兰视察了阿拉斯和朗斯（Lens）之间的选定进攻线。在众多人之间，他们看到了贝当（Pétain），"一位高大魁梧、衣冠整洁的英俊军人，他思路清晰地解释着他的方案和部署，但对于大肆宣扬的胜利并不抱幻想。""然而，在卡塞勒，我们发现福煦一如既往充满激情，仍然相信在 5 月初，我们可以获得某种程度的决定性胜利。他认为可以找到方法突破阿拉斯，他的手指放在大地图的弗勒吕斯（Fleurus）和滑铁卢（Waterloo）之上，并说'这里就是我们应该凯旋的地方'。"

在未来几个星期，我们将发现法国复仇史上的这条战略梦想之路横亘着某些战术性障碍。

第十二章 "毒气"

1915年4月22日,协约国军事先暗中查明了敌军的军力,结果极其令人震惊,从而扰乱了原先的构想。当天傍晚5时,德军突然猛烈炮轰伊普尔以北。德军战壕出现两处奇怪且像幽灵般的青黄色烟雾,向前蔓延开来,最后汇成一处,继续前行,渐渐变成了蓝白色的薄雾。这阵烟雾飘了过来,悬浮在了驻守突出部左翼的两个法军师上空,一个是阿尔及利亚师,另一个是地方师[①],相邻友军则是一个加拿大师。在阵地后方的军官很快在惊讶中看到一股可怕的人流涌向后面。距离英军最近的非洲部队正在后撤,他们一边咳嗽,一边用手指着喉咙。法军炮兵一直在开火,但在晚上7时左右,这突如其来的不祥战事又陷入了沉寂。

协约国军的后逃留下了4英里以上的空隙,这里到处是尸体以及因氯气中毒而躺在地上深陷窒息痛苦的伤者。德军使用了一种新武器,尽管战事的范围相对较小,但也许是让敌军最震惊和最无力反抗的突然袭击。在毒气的帮助之下,德军驱逐了伊普尔突出部北

---

① 即法军第87地方师。——译者注

侧的协约国守军，犹如熟练地拔掉了下巴一侧的臼齿。他们只要南进4英里，攻抵伊普尔，即可施压协约国军后方，从而松动整副牙齿。当天晚上，德军只前进了2英里，然后令人诧异地停止了。10天之后，他们距离伊普尔只有几百码之远。

德军已经找到了可以打通战壕屏障的钥匙，而且打开了大门之锁，却未能推开这扇门。由于德国统帅部缺乏信念和远见，错失了重大战机，而且一去不复返。德军没有集结预备部队攻入缺口，因为法金汉根本没有调派预备部队。他的想法仅仅是测试一下毒气作为进攻辅助手段的效果，毒气战本身只是一种牵制性作战，分散对德军即将进攻俄军的注意力。如果能够抹去伊普尔突出部，那样也更好，但法金汉没有更长远的想法。

而且，德军攻击部队只是奉命攻取短距离目标，也未规定特别的战术策略，仅仅下发了简陋的呼吸器，而且绝大多数人甚至没有佩戴。因此，当他们看到毒气在法军部队上所发生的作用，自己对毒气的恐惧让他们在到达规定目标之后，不再继续推进，因此德军并没有发现法军的抵抗已经全然崩溃。

法军对毒气战准备不足，这归因于法军将领的反应迟钝。他们事先已经得到了充分的预警。3月底，法军驻守在突出部南部，他们俘虏的德军全盘供述了战壕里放置了气瓶。这些情报刊登在了驻阿图瓦的第10集团军简报上，虽不知这份简报是否送到了前线的这个法国师，但留驻在突出角左侧的法国各个师均未收到。4月13日，一名德军逃兵在兰赫马尔克（Langemarck）附近的法军第20军防区投降，这是福煦的老部队了，这名逃兵甚至提供了更完整而且范围更具体的情报预警。在这名逃兵身上还发现了德军部队配发

第十二章 "毒气"

的简陋呼吸器。

法军师长[①]费里（Ferry）对此印象极其深刻，遂提醒上级主官以及相邻的法国与英国友军。而法军第20军军长巴尔富里耶（Balfourier）认为费里是一个小题大做的傻瓜。当费里再次提醒法军总司令部的联络官时，这个情报被误认为是一个荒诞之事，费里反而因直接通报英军而受到了斥责。

普茨将军（General Putz）率领其两个二等师接防了第20军，尽管4月16日比利时方面也提供了新的情报，但他对待毒气情报的态度与巴尔富里耶差不多。而且实际上，普茨还带着讽刺的口吻向英军联络官提及此事，显然他不认为值得向自己的部队通报。因此，法军无知地等待着毒气，以致毒气引发的窒息将他们都打倒在地。

福煦在此事件上的责任虽不明确，但可以肯定的是，他既没有强调毒气情报的重要性，也没有为此进行协调。福煦的眼睛似乎盯着翱翔于天的至高战略，而他的耳朵并没有伏地倾听。

福煦听到德军突破的消息，于午夜命令普茨："应（1）确保守住既占阵地；（2）组织反攻基地收复失地；（3）反攻。"为了反攻，福煦命令第20军的一个师从阿拉斯回防，还提醒莫德，他可能需要更多的部队。

实际上，法军只能勉强实现第一个目标。普茨诸师残部已经失去了火炮，沿艾泽尔运河排开，其西撤停留于此。这条运河是弓状突出部的弓弦，在加拿大军前线的最初边缘与运河之间4英里乘半

[①] 即法国第20军第11师。——译者注

英里的空间，只是散布着加拿大军和法军几处阵地。24小时之后，这条通往伊普尔和英军后方的宽阔道路几乎挤满人，但只是战力薄弱的加拿大和英军预备队。

当日早晨，约翰·弗伦奇爵士去了卡塞勒，福煦向他保证，他计划收复失地，并已经命令大规模部队实施增援。弗伦奇承诺协助反攻，但也告诉福煦，除非尽快收复失地，否则他必须下令将所部撤离现在危险且已经收缩的突出部防线。

当天，福煦两次去找普茨，督促其行动。然而，普茨尚不具备进攻条件，只能按兵不动。显然福煦的保证过高，现实情况无法满足。不幸的是，弗伦奇在期待法军的进攻，于是命令英军实施一系列匆忙而且又支援不足的进攻，但告失败，损失惨重。而且，4月24日，德军又发起了一起新的毒气攻击，占领了加拿大部队所在前线的锯齿角阵地，又切掉了突出部的一块。现在只剩下一块狭窄的舌状阵地，两侧相距3英里，但到突出部的顶端则有6英里。为了坚守此处突出部阵地，协约国守军拥挤于此，很容易成为德军火炮的靶子。然而，由于受福煦乐观态度的迷惑，弗伦奇在下令撤退方面犹豫不决。

福煦在战后追忆了他如何应对4月22日的危机。"什么也不知道，什么也无法知道，若等到第二天，阵地就会被德军突破。我派德蒂克（Desticker）前往埃尔弗丁厄（Elverdinghe）。他连夜奔赴。此时，在卡塞勒的魏刚和我正在通知驻阿拉斯的各个师……他们一天即可抵达，将关闭防线之间的空隙！"

福煦此番言语证明了记忆的易错性，也证明了福煦尤其强烈倾向于将战局实情契合其主观愿望。其一，由于德军的目标不只一

第十二章 "毒气"

处,实际上也不会在一个地方乘胜扩大战果,因此阻止德军突破某一处防线乃首要任务。其二,从阿图瓦只调来了3个法国师,直到4月25日,第一个师才抵达战场,因此德军有足够的时间巩固其阵地。其三,且最为重要的是,福煦的目标不仅仅是"关闭空隙",而是收复失地。在行动中,这个目标并未实现。

4月24日令人振奋的一件战事是,比利时军击退了德军在突出部一面"折叶"的进攻,由此德军无法拓宽或深化运河两岸的小规模立足点。当晚,福煦过来告诉弗伦奇,法军第153师已经在卡塞勒下火车了,并交给弗伦奇一封亲笔信,内称第二个法国师将于翌晨到达,结尾还说:"我们将猛烈进攻斯蒂恩思曲特(Steenstraate)、皮尔克姆(Pilckem)、兰赫马尔克及其他地方。"然而在次日,法国先遣师只有一个团到达,而且普茨仍然按兵不动。英军却按约实施攻击,2400人"像被收割的庄稼而倒在了机枪的纵射之下",相比同日攻略加利波利(Gallipoli)海滩之战,代价尤甚。

约翰·弗伦奇爵士愤怒声称,由于法军的不作为导致英军第2集团军遭受此难,法军应当出手挽救危局。然而他还是命令第2集团军司令官史密斯-多尔乐(Smith-Dorrien)于次日重新进攻。于是,在4月26日,4个旅冲向德军,伤亡4000人,但却无功而终。此次法军也实施了反攻,在右翼,德军在战地局部释放了毒气,法军畏怯而再失阵地;在左翼,法军损失惨重且几无树功。

第二天早晨,也就是4月27日,史密斯-多尔乐得知普茨并没有进一步增援。他也意识到以此种零碎的进攻徒劳无用,遂致信英军总司令部:"我怀疑是否值得失去更多生命去收复法国失地,除

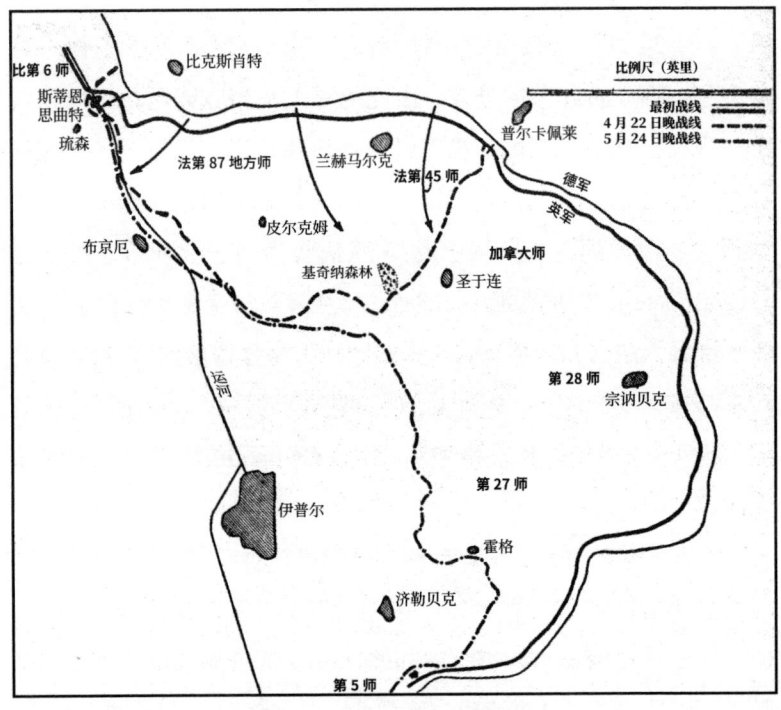

地图 6　伊普尔，1915 年

第十二章 "毒气"

非法国人自己也能发挥真正的大作用。"他进一步建议，英军应准备撤至伊普尔附近相对平直的防线。罗伯逊电话里回复了史密斯-多尔乐的意见："司令官并不认为形势如您信中所述的那般不利。"然而，实际上史密斯-多尔乐信中所述之形势比严峻的战局更为乐观。远离前线而又安逸的英军总司令部致电慰藉史密斯-多尔乐之后，紧接着断然剥夺了他的指挥权，英军总司令部以非加密电文通知史密斯-多尔乐，将伊普尔作战的一切部队指挥权移交给普卢默。弗伦奇抓住机会，以此方式偿还了对史密斯-多尔乐的厌恶之债，并累加了复利，因为史密斯-多尔乐在 1914 年 8 月的勒卡托（Le Cateau）为了挽救法军的危局而违背过他的命令。

在史密斯-多尔乐收到交接指挥权的电文之前，前线重复上演了悲惨的闹剧。福煦专横地告诉普茨，他的部队足以"取得战事的胜利"。普茨遂遵令发起新的进攻，但却未能获胜，所部被德军猛烈的密集炮火阻止，寸步未前。普茨在当天黄昏再进行了一次尝试，但也很快停止了攻击。英军发起了两次进攻，但仍然损失惨重，而且战果甚微。德军以毒气攻击了法属非洲部队，结束了当日的战事。

次日早晨，普卢默得到的第一道命令就是准备撤退，这正是史密斯-多尔乐曾经提出的意见，但他遭到了斥责，而最终执行的结果却与他的遭遇相互矛盾。然而，当弗伦奇在卡塞勒会晤福煦回来之后，改变了对战局的看法。他现在认为，与即将到来的阿拉斯攻势相比，伊普尔的战事处于次等重要的地位。但是，福煦激烈反对任何撤退行为，他认为以现有部队完全可以收复失地，并宣称即使可以赢得第二场战役的胜利，也没有必要在第一场战役中失败。福煦请求弗伦奇延迟撤退,等法军次日进攻的结果,法军正派"一支强大的重炮部队"前来增援。所谓重炮部队实际上只有9个轻重炮连。除了按福煦式的态度降低物质因素的重要性,没有任何理由可以认为这样一支炮兵部队可以扭转整个战局。但在福煦释放"毒气"之前,弗伦奇就妥协了。

为了避免弗伦奇改变主意,福煦在面谈之后又追致弗伦奇一信。福煦认为"英军新选定的阵地是在山脚,比当前山顶阵地更难以据守";而且敌军可以用火炮封锁英军的补给线,撤退是"无能的告白只能招致德军强势的进攻"。福煦典型的撒手锏是:"德军将获得士气上的优势。"他得出"结论","应禁止"撤退,并请求弗伦奇:"务必保持当前的意图,支援法军不惜一切代价收复兰赫马尔克,法军将于4月29日中午发起攻势。"

福煦的最初意见本身是准确的,但因该地区地形起伏,虽任何一部分均几乎无法称之"山顶",但海拔高达160英尺[①]以上,加之具备瞰制敌军的价值,从而增加了此意见的准确性。然而,福煦主张的根本错误在于,对于收复失地的途径与可行性考虑过少。他所钟爱的名言本身也是正确的,即福煦常问自己"我们必须做什么",但却不问如何去做。

接下来的几天里,前线后方上演了一幕喜剧,而对前线部队是一场灾难。弗伦奇日复一日都从部属那里听到英军苦难之事,而法军所承诺的攻势却迟迟没有出现。因此,弗伦奇可以撤退,抛开福煦轻率的保证以及奉承式的恳求,另辟蹊径。我们可以仔细思量关

---

① 1英尺=0.3048米。——编者注

第十二章 "毒气"

于此战的公刊战史记录："直到现在，尽管在去年战争中屡受打击，福煦的进攻精神仍高涨不减。"

4月29日，福煦致信弗伦奇，由于新到的炮兵需要时间校准，进攻将推迟24小时。弗伦奇同意英军再坚守阵地一天。4月30日，在福煦的施压之下，普茨下令进攻，但在一次失败的尝试之后，其右翼没有前进，其中央无法前进，而其左翼不会前进。左翼主将屈雷（Curé）"认为，由于缺乏足够的重炮支援，继续全面总攻无法取得优势"。为了一码接一码地收复运河西岸小村琉森（Lizerne）之地，自4月26日以来，他的部队已经损失了4000人。

4月30日黄昏，福煦再次驱车去见弗伦奇，"在他的急迫请求之下，英军指挥官同意再次推迟24小时，但这意味着英军暴露在敌军三面炮火的攻击之中，将造成无谓的损失，却几乎没有回击的机会"。

福煦强令普茨于5月1日重新发起进攻，但到了预定时间，"法国步兵并没有离开战壕"。战神福煦可能想进攻，但官兵并没有行动，这会白白牺牲他们的性命。他们已经竭尽全力。

当天稍晚时候，福煦见到了弗伦奇，他说，霞飞否决了他的意见，非但没有增派援军，反而从伊普尔抽调部队增援阿拉斯的进攻战。弗伦奇趁势抓住机会下令筹划已久且久拖不决的撤退。

英军撤退的结果似乎验证了福煦的预言，撤退将招致敌军新一轮的攻击。德军经过谨慎的尾击之后，于5月8日针对英军新防线发起了持续6天的进攻。英军建立新防线的方式引来了德军的此次攻击。英军作战指挥官意欲撤退至伊普尔和运河屏障，形成自然笔直的防线，但弗伦奇未同意。英军撤至距离伊普尔不远的地方便停止了。此处防线还是一个突出部，但比原先的突出部防线更为平直一些，却更不便于防御和控制，突出部的顶端暴露在各个方面的炮击之下，而伊普尔本身是补给和通信的狭窄而危险的咽喉。

  英军处于此种不利局面的原因在于，一部分是撤退弃地会招来带着情绪的反对，尤其现在放弃的是伊普尔历史悠久的土地。另一部分是需要协助法军仍然承诺发起的进攻。法军最终在 5 月 15 日进攻，但其规模与范围甚小，只是驱逐了在协约国军运河一侧立足阵地的德军，实际此处是一座长长的小山，据守这里既费人力又有老鼠。为了担当助产士似的角色，英军损失了 6000 人，留下来坚守狭窄的新突出部防线，这里被恰当地称之为"一个庞大的炮击目标"。

第十三章　法兰西之剑的顿挫

　　福煦在"第二次伊普尔战役"期间的行为值得深入研究，这揭示了构想与现实之间，以及指挥官的愿景与作战人员的实际情况之间存在着差异。这也证明了福煦往往假设他下达的命令得到了不折不扣的执行。

　　我们有可能认为，在"第一次伊普尔战役"时，尽管福煦心存的幻想并不重要，而福煦却有着难以抑制的高昂斗志，即使只影响了前线后方的人，但发挥了真正的作用。然而，在寒肃而明晰的历史之光下，我们可以看到福煦在第二次伊普尔战役时的幻想造成了不可估量的危害。

　　公平而言，我们应注意到，福煦的脑海之中都想着即将到来的阿拉斯攻势。他似乎认为，弗伦奇在伊普尔失去阵地，对英军的影响甚于对法军的影响，这是正确的认识。在此情况之下，他没有让英军在合适的时间以自己的方式自寻出路，确属不幸之事。但还需要坦诚的是，在影响弗伦奇的决策方面，威尔逊自己成了福煦意志的工具。威尔逊支持福煦关于收复失地的一切主张，而且反对撤退。当弗伦奇最终未听取这些抗议之言时，威尔逊在日记里吐露了他的悲哀之情:"这真的是一件不幸的事。"

然而,威尔逊在到访尚蒂伊时找到了慰藉,随着阿拉斯攻势拉开序幕,伊普尔遭到了遗忘。霞飞"对福煦即将在星期五展开的进攻寄予厚望。还说他正增派更多的部队,确实认为可以突破德军刚修复的防线,这也许开启了终结战争之路。他谈到了攻击那慕尔,战争将在3个月结束"。威尔逊前往现由德于巴尔指挥的第10集团军,他得到了剧场的前排座位,可以看着帷幕徐徐拉开。

协约国军的攻击定于5月7日开始,但因天气恶劣,于是推迟到了5月9日。直接目标是维米山(Vimy Ridge),福煦之所以选择此地,原因在于"其瞰制的范围甚广,可以利用地形以及敌军无法增强防御力量占领维米山而具有无可估量的价值,最终可以突破敌军防线"。他的计划是直接主攻山脊,而在两侧实施辅攻,北翼则提前一天发起进攻,攻占洛雷特圣母院(Notre Dame de Lorette)的东坡,此地会危及主攻的侧翼。在更北面,法军第9军及英军第1集团军将在一天之后进攻,以扩大空隙。然而,主攻时间推迟之后,福煦决定于5月9日同时攻击各个目标。

英军的进攻几乎也将推迟。弗伦奇极其忧虑伊普尔的局势,曾在5月2日致信基奇纳,抱怨了福煦的无动于衷:"我已经将最近的战事相当郑重地告诉了福煦,并警告他,如果我认为他在北方没有足够强大的部队(鉴于令人厌恶的毒气战,还应有大量的预备队),我就不会再支持他的重大战事,而用兵增援我军左翼……"但是,最后弗伦奇还是妥协于福煦难以推却的恳求,同意按计划发起攻击。

如果协约国军具有足以获胜的兵力优势,即投入"数量众多的营",完全可以胜券在握。除了3个骑兵师,法军第10集团军还有18个师,在狭窄的12英里正面进攻德军4个师。更为重要的是,该集团军配属了1252门火炮,其中293门为重炮。福煦申请了9万发重炮炮弹以及60万发野炮炮弹,这与他的英军同袍不同,他的请求全部得到了满足。实际上,福煦发现钢铁并不是胜利的关键之前,他将分别使用4倍和3倍的炮弹量。

这个计划明确放弃了突袭的想法。协约国军此次进攻总结了冬季战事的经验,先进行为期4天的炮击,"渐次、系统且延伸炮击,目标是摧毁敌军之士气、扰乱敌军之防御组织、破坏敌军之障碍及坚固支撑点"。炮击实际上持续了6天。此次进攻采取了攻击有限目标的新战术,第一天的攻击目标是通往维米山的3英里距离。

在此次系统化的进攻组织中,贝当指挥右中央的一个军,因组织卓越而脱颖而出。他亲自视察每一个炮连阵地,并监督射击的每一发炮弹,确定火炮按其炮战计划分配的目标进行了准确校准。贝当所到各处,均会询问团级军官和士官,以确认他们都清晰知晓自己的职责。虽然如此关注细节有违指挥规程,也定会为福煦所厌恶,但在这样一场战争中,将领已经沦为了枪炮管理员,贝当这么做还是有所作用。

威尔逊的日记生动记录了5月9日初晨的战事:"法军在早晨6时开炮,一直持续到上午10时……炮击连续不断,从9时30分至9时40分渐强,从9时40分至9时50分渐微,而9时50分至10时又达到了令人恐怖的程度。法军投入了1200门炮,将炮击的猛烈程度发挥到了极致。现在活着的人从未听到如此激烈的炮音或者看到此等情景。炮弹发出呼啸声匀速从我的头顶飞过。上午10

时进入第二阶段，炮击停止，我目光所及之处的从北到南，法军长长的步兵队列从战壕里出来，向前突击。接着炮兵再次齐射攻击。这是极其壮观的场面。我看到法军步兵占领了德军战壕，并没有付出太大的牺牲，上午11时，我离开了。"威尔逊然后见了福煦，他对收到的报告甚感"高兴"。

实际战局与福煦所感的大好形势截然不同，他们为了奉承长官而谎报军情，但有一个地方除外。其他各个军很快被德军所阻，损失惨重，而贝当所部则横扫德军防线，推进2.5英里未受抵抗。一些部队甚至进抵了维米山附近的苏谢（Souchez），可俯瞰"应许之地"——杜埃平原（Plain of Douai）。贝当所部的神速攻击毫无疑问获得了最初所放弃的突袭效果。这几个小时里，德军前线濒临崩溃，在距离前线20英里处的里尔，这一距离放大了前线枪炮的回声，鲁普雷希特的集团军群司令部甚至正在准备撤退。

然而，法军司令部甚至更为感到惊讶，原因在于他们刚致力于运用一种有限攻势的战术。贝当只留下了一个旅作为预备队，而距离最近的集团军预备师则有7.5英里之远。在法军增援之前，德军关闭了缺口，下午实施了反攻，收复了之前被法军占领的阵地。由于德军被击退至山顶，从而获得了一项优势，那就是预备部队可以在不被法军发觉的情况下增援前线。到了黄昏，德军最初4个师得到了2个师的增援，因此德军补充兵力的速度高于法军进攻造成的消耗。5月15日，法军第10集团军正面的德军已有13个师。

法军未能及时抓住短暂的开局战机，责任在于集团军司令官德于巴尔，而非福煦。然而，福煦的责任是在霞飞的领导之下，于战机消失之后继续实施进攻。法军拼死作战，伤亡渐重，一码一码地

第十三章　法兰西之剑的顿挫

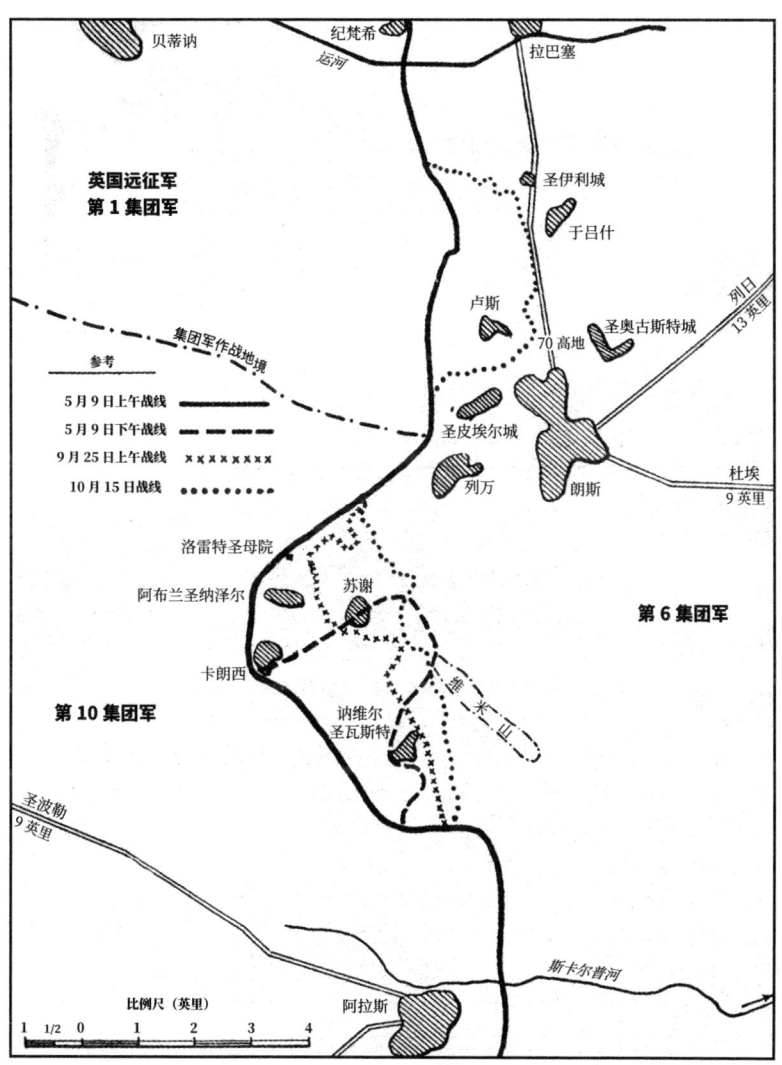

地图 7　阿图瓦攻势，1915 年 5 月和 9 月

向前战斗，经过卡朗西（Carency）和阿布兰圣纳泽尔（Ablain-St. Nazaire）的散落村庄，到达洛雷特圣母院的平原一角，这里遍布着蜂窝状的战壕。然而，山顶嘲弄地悬挂在他们头顶，触不可及。5月15日，法军重新总攻，但也是损失惨重而收效甚微。德于巴尔意图次日再攻，但福煦制止了他，估计在恢复总攻之前，"需要等待8—10天"。与此同时，法军应发起局部进攻，以确保"攻击出发基地"或攻击起始线。

然而，德于巴尔同时也意识到，其所遇之困难致使进攻极其费力。现在轮到福煦鞭策他了。6月5日的一次会议上，福煦断言："无论代价如何，我们都有必要利用现在对德军的兵力优势，有所作为。"德于巴尔心头萦绕的一切疑云很快被吹散了，最令人震惊的是，他命令骑兵准备"全速前进，徒步骑兵的时代已经过去了。"于是，经过若干初步攻击之后，6月16日，最终且徒劳的总攻开始了，但渐渐式微，6月18日，法军的伤亡总数已经达到了102500人，超过了德国守军伤亡的两倍。即便如此，福煦也不愿停止进攻，因为霞飞明确命令，他必须继续进攻。

普安卡雷记录道："佩纳隆上校告诉了我绝密的信息，让我确信，无论阿拉斯作战状况如何，都已彻底失败。战局已定，伤亡极其惨重，我们将无法突破德军防线，这是霞飞第三次在太过于狭窄的前线发起进攻……"为了安慰普安卡雷，有人告诉他，德军的损失"更为严重"，正如他自己坦言："德军的伤亡比我们推测的要好一点吧。"

英军的攻击则往北推进了更多，即由黑格的第1集团军进攻欧贝山（Abers Ridge），与法军截然不同的是，英军仍然采用在新沙

第十三章　法兰西之剑的顿挫

佩勒用过的短程炮击战术，但只持续了 40 分钟，而非 6 天。选择此种战术的原因既在于弹药的短缺，又在于获得突袭效果的期望。黑格共有 9 个师对阵德军 2 个师，他还有 5 个骑兵师在后方严阵以待。但德国守军在新沙佩勒之战后，大大加固了阵地。由于德军机枪火力肆虐，以及英军炮弹不足，特别是重炮炮弹，攻势很快变弱。英军的失误不在于炮击方向，而在于缺乏炮击效果，这仅仅是一种警告性锣声，告诉敌军要掩蔽好了。

威尔逊的结论自然有所不同："第 1 军、印度部队和第 4 军毫无作为，我们失去了 1 万人，但却没有获得一码之地。那么现在谁的计划是正确的？福煦或黑格？"正如福煦将得知的那样，作战目标并不能用码数来衡量。基奇纳则得出了正确的结论，他写道："法军的弹药几乎是无限量的，包括高爆弹，而且还有 14 个师作为预备队，如果他们都不能实现目标，我们就可以证明德军防线是无法撼动的。"只能采用某种突袭战术，方可突破德军防线，这在 1918 年得到了验证。

令人奇怪的是，5 月 2 日，德国预演了法军 1918 年的战术。这就是德军在戈尔利采（Gorlice）—塔尔诺（Tarnow）的突破，其开始迅速击退俄军的"蒸汽压路机"，周复一周，月复一月，到了秋季，40 万俄军成了战俘，残部则远远撤回了俄国领土。康拉德制订了战略计划，并为法金汉所采纳，但这一事实并未得到承认。战术计划则由冯·泽克特上校（Colonel von Seeckt）所设计，他是"一战"后的德国陆军重建者，但是荣誉却归于他的名义指挥官马肯森（Mackensen）。德军在杜纳耶茨河（Dunajec）集结了 14 个师，经过 4 个小时的猛烈轰炸之后，在升起的毒气后面开始进攻俄军据守的 30 英里防线。俄军的阵地防线确实比法军更为薄弱，但不容忽视的事实是，德军投入的火炮也甚为分散稀疏。然而德军此次进攻的真正优势和效果在于攻击的迅速性。这可以归因于德军快速投入预备队，归因于德军的纵深部署，归因于乘胜增兵而非按兵不动，归因于弹性的作战目标，所有以上因素都融入了战术计划之中。这些战术领先西线将近三年。

霞飞关于英军失败的结论自然与威尔逊相一致。福煦显然也附和他们的意见。因此，协约国的两位总司令之间产生了新的紧张局面。

在霞飞和福煦的压力下，从 5 月 16 日至 27 日，黑格在费斯蒂贝尔（Festubert）区域重新发起进攻，并在纪梵希（Givenchy）再行攻势，以助福煦在 6 月 16 日的最终攻击。在这些进攻行动之中，黑格采用了法军的战术，即延伸炮击之后实施有限突击，由于重型高爆炮弹的补给有限，运用此种逐渐而零碎的攻击战术效果不佳。英军虽然可以撕开德军连续的一小片防线阵地，但德军也有时间在后方构筑新的防线，然而，就是这种小规模的进攻，英军伤亡总数也高达 3 万多人。

约翰·弗伦奇爵士被来自法国方面的批评和压力刺痛，为了释放情绪而抱怨他极缺弹药，并且英国为了满足达达尼尔远征之需而牺牲了他的需要，基奇纳应对他当前的困境负责。弗伦奇利用他朋友的职务之便，也就是《泰晤士报》的战地记者雷平顿上校，点燃了一场媒体战，目标直指基奇纳。而基奇纳本可以苦涩地辩解，英军在法国失败的主要原因是弗伦奇愚蠢地发起了一场进攻战，但弗伦奇自己又无相应资源，反而与霞飞联合起来反对另辟蹊径，致使将有限的资源浪费在了法国,这可能危及协约国的胜利。

5月9日早晨,普安卡雷见到了卡斯泰尔诺,他发现"卡斯泰尔诺不认为可以取得相当重要的战果,与霞飞的意见相反,他认为可以在其他战场决胜,比如意大利或多瑙河"。注意到这一点,令人感兴趣。在进攻结束之后,亨利·威尔逊也见到了卡斯泰尔诺,他发现后者"极其反对像阿拉斯这样的进攻,损失了10万人,但是除了打残了4个军之外,其他毫无益处……他支持以大炮、充足的弹药和深深的战壕,等待英军增援,在出现某种真正可以决胜的战机之前,停止一切进攻,等等"。因此,甚至战前进攻理论的主要人物也开始质疑他曾经向霞飞灌输过的信念,霞飞原是卡斯泰尔诺在战略方面的迟钝学生。各师长和军长根据与敌接触,首先发现了进攻的不可能性。此后,对进攻的质疑上下广为传播。只有福煦以自己的信心增强了总司令官的意志。除了福煦,也只有霞飞及其在尚蒂伊的幕僚相信可以突破德军防线,然而他们的位置距离前线相当之远,并没有准确认识到现实情况。

但是,协约国军在继续筹划一次新的进攻。那么,如何产生了这么荒唐的动机?因果关系链与主从关系链相关,这证明了等级制度里根植了无限制权力,无论结果是祸是福。

阿拉斯战役后,沮丧之情与厌恶之情广泛蔓延开来,虽然士兵中间的传言遭到了压制,政客与民众的声浪却极其之高。在法国参议院中,甚至有人声称法军两个营唱着"国际歌"走向敌军。6月初,普安卡雷发现"每个人都在抱怨霞飞,尤其是他的幕僚"。克列孟梭则宣称:"若任由事情发展下去,法军将领们会反叛最高统帅部。"在国会陆军委员会上,克列孟梭及其他人"激烈控诉了法军总参谋部"。国会陆军委员会主席说："我感到绝望透顶，难以平复激荡起伏的心情，每天晚上回到家，都忍不住落泪。"一名军长的来信也得到了公开："部队已经失去了冲劲，陷入了认输的黯淡境地。"

普安卡雷收到的信件也日益增多，都是促请和平谈判。7月初，普安卡雷前赴阿拉斯时，第9军军长大胆恳求他："请求总统先生尽力阻止这样的局部攻势；我们手中的胜利之剑正在被折断。"当他与参加攻势作战的其他5个军交流时，"所有军长异口同声提出几乎相同的意见"。另一方面，集团军司令官"则完全不同意军长们的意见；反而提出了相当傲慢的说法，如果部队当时伤亡如此惨重，那么他们应该已经推进至山顶了"。"再一次感受到确定任务之人与执行任务之部属之间存在的巨大差异。"

贝当是头顶桂冠而冉冉升起的新星，他坦率地质疑了法军险些错过一场决定性胜利的说法。他还说，此次进攻业已再次证明了"未充分征询执行者意见而贸然发起进攻"的错误。

面对如此众多的声讨声，霞飞被迫做出了让步。他同意给全体官兵放假8天。霞飞带上心中惶恐不安的新任参谋长佩莱（Pellé），"去探求法军总司令部与作战前线之间所存在的鸿沟"。舆论指责霞飞与部署隔绝，不再听取他们的意见，于是他承诺给予3个集团军群司令官更多的自由裁量权，将自己的中央集团军指挥权移交给卡斯泰尔诺，并召开三大集团军群长官会议。值得注意的是，卡斯泰尔诺赞成召开会议的想法，而福煦却予以反对。显然这会增加卡斯泰尔诺的影响力，改变福煦当前作为霞飞得力助手的地位。当卡斯泰尔诺明确表示参加阿拉斯进攻战的各军需要长期休整，福煦"激

第十三章 法兰西之剑的顿挫

在法国召开的一次协约国会议

动地说，两三个星期足已"。

然而，注意到卡斯泰尔诺晋升新职的影响以及对决策的影响力，这也相当重要。他不再主张开辟另一个战场的必要性。当会议讨论基奇纳的意见，即保持防御态势，等待英军兵力与弹药补充完全，其他人斥责"基奇纳的理论乃胡说八道"，卡斯泰尔诺也默许了。他们普遍认为："基奇纳站着说话不腰疼，他也没有需要解放的沦陷省。"这表明联合战略中不同寻常的从属问题演变成了单一的爱国主义问题，实际问题演变成了情绪问题。因此，相当自然地"形成了一致意见，必须只能有一个指挥中枢，而且只能在法国"。他们还天真地认为："不幸的是，协约国之间似乎对这个问题还有不同的看法。"霞飞的解决之道是："法国政府可以向协约国建议，在法军总司令部集中战争最高指挥权，可由其制订具体计划和下达作战命令。"

关于在法军总司令部担当此任的以往资历，卡斯泰尔诺的评论最为恰当："现在我们没有计划，我们十分像玻璃盒里的金龟子；伸头随意左顾右盼。"但是，卡斯泰诺尔不是在尚蒂伊，而是回到自己的司令部之后，才做出了此番评价！有人怀疑，霞飞给卡斯泰尔诺升职是狡猾地用高官要职封住他的嘴。

我们从这里可以得知，霞飞的计划聚焦于对一支军队发起新的攻势，从逻辑上而言令人惊叹，但其获胜的机会几乎渺茫，或者说绝无可能成功。甚至一直忠实支持霞飞的福煦由于历经苦难，从而也产生了怀疑。普安卡雷在 7 月初视察福煦的前线时，福煦招待了晚宴，普安卡雷记录道："福煦说话还是那么活泼、健谈而不拘小节，但他似乎改变了看法。他不再谈论进攻，而是说，战争将会长

第十三章 法兰西之剑的顿挫

期持续,确实非常之长,我们必须耐住性子,坚守住防线。"当月稍晚时候,普安卡雷从佩纳隆处得知:"没有一位将领认为这次进攻可以成功,包括福煦在内,总司令对此相当不悦。"然而,计划仍往前推进。

霞飞关注的首要之事是确保协助其进攻的英军资源。他想要英国派大量的英国新军来法,普安卡雷记录道,当霞飞得知英国人存在与法军将领相同的疑虑,他"对英国相当不满"。基奇纳则中肯地记录道:"霞飞和约翰爵士在11月告诉我,他们将把德军逐出边境地区,在12月、次年3月和5月又给出了同样的保证。他们做了什么呢?进攻战代价高昂且一无所获。"然而,曾经嘲笑基奇纳之前担心俄国战败的霞飞,现在则将这个现实作为再兴攻势的一个理由,而且利用俄国战败的影响成功将英国新军吸引至法国。但是,在英国新军抵法之前,他却不愿推迟进攻。

在8月之前,霞飞一直向法国政府隐瞒着他的计划,当法国政府要求他解释其作战目的,这一暗示增加了他的忧虑,才全盘托出了计划。尔后他提出了援助俄国的必要性,但被告知"联盟问题"需由法国政府决定,他只能从"战略立场"审视问题。于是,霞飞转变立场,并宣称:"从纯粹的军事方面考虑,有必要保持俄国军队的存在,除非他们的军力与士气恶化。"在法国政府得到因先前进攻而致士气与军力耗竭的证据之后,还能接受这样一个借口,如果不是确实发生的事实,实属难以置信。

法国政府轻易妥协,更令人惊讶,因为在6月,他们与英国政府实际上一致决定,在1916年之前推迟一切攻势,同时致力于增强兵力,以在达达尼尔取得胜利。协约国军于4月25日登陆达达尼尔，尽管敌军事先察知了协约国军进攻，而且协约国军仅以5个师进攻敌军6个师，但取得了险胜。协约国军登陆占领海滩之后，却遭遇了一系列失误和事故，失去了战机，致使陷入僵局。持续到7月，英国政府决定派遣援军，远征军的兵力增加到了12个师。当英国援军抵达时，加利波利半岛的土耳其兵力也增加到了15个师。同样姗姗来迟的是，法国政府终于决定扩大其远征军规模。

法国政府的这一决定受到个人和战略考量的驱动。当时驻防凡尔登的第3集团军司令萨拉伊因7月失败的阿尔贡（Argonne）攻势而受到责难。霞飞命令迪巴伊调查进攻行为以及萨拉伊的统帅行为。根据迪巴伊的报告，萨拉伊被免去职务，但这份报告却神秘失踪。萨拉伊曾经是一名公开批评霞飞战略的将领。

萨拉伊也是一名强势的激进党员，他的政治盟友都站在他的一边。出于显著的公义，他们指出，没有人为阿拉斯更大的失败受到惩处。霞飞一派承受不起新一轮的猛攻。霞飞圆滑地暗示，他可以让萨拉伊指挥达达尼尔的战事，法国政府感激地同意了这个解决方案。他们暗示萨拉伊，他的指挥规模将得到扩大，这相当于在苦涩的药丸之上包上一层糖衣。威尔逊日记记录了霞飞幕僚人员的暗讽，他们说萨拉伊图谋以增加部队规模来提升自己的尊严。这也是一种通行的说法。法国扩大远征规模实际上是由于回国养伤的前任指挥官古罗（Gouraud）力主此议，而法国政府批准了增兵。然而，法国政府将此想法转化为行动，毫无疑问也是想抚慰萨拉伊及其政治盟友。法国政府要求霞飞抽调4个师增援达达尼尔。基奇纳得知法国政府的决定之后，建议从法国战场再抽调2个英国师。威尔逊深感震惊："此举令人惊愕。"

第十三章 法兰西之剑的顿挫

霞飞发现自己的暗示成了自作自受之举。然而,他也采取了紧急措施。霞飞直截了当地告诉法国政府,他不能也不会在此时抽调出部队,但作为一种让步的姿态,他说,如果他不能在9月"突破"德军防线,那么就可以抽调出部队。我们从威尔逊的日记里得知,霞飞突然想到了一个巧妙的计策,宣称萨拉伊的作战计划太过于"粗略",建议萨拉伊应走出去,就地研究问题。"这相当体面地扳倒了萨拉伊!因此所有事情又得推倒重来了……"这经过了精明的算计,如果增援达达尼尔推迟到霞飞攻势"逐渐结束的10月",增兵之事实际上几无可能。我们也从威尔逊日记里得知,霞飞匆忙前赴意大利,说服卡多尔纳(Cadorna)"决不向达达尼尔派兵"。法军总司令如此一番体面操作,挫败了法国政府的计划。最终,9月11日,霞飞和弗伦奇在加莱见到了基奇纳,而且挖苦地说:"如果大规模进攻失败了,我们同意向达达尼尔派出4个法国师和2个英国师。"

与此同时,伊恩·汉密尔顿在达达尼尔投入了新兵援军一部进行第二次尝试,此后证明,这也是最后一次努力。他虽然获得了突袭的效果,但只是再次险胜。与此同时,敌军也在集结部队,以期击败塞尔维亚;保加利亚准备加入同盟国参战,并在背后打击塞尔维亚;希腊与协约国渐行渐远;缺少弹药的俄军在德军新的攻击下不断后撤,毫无还手之力。在历经以上重重灾难之后,俄国沙皇亲任总司令,然而困难的形势雪上加霜。为敌军谋划最危险行动的中枢大脑是霍夫曼,他同时表示,德国战胜俄国取决于"牢牢封锁达达尼尔海峡"。霍夫曼在自己的日记里也自我安慰道:"当我们近距离观察权势人物,他们与其他人的关系恶劣,野心相异,我们必须记住，敌方法国人、英国人和俄国人的情况肯定更为糟糕。"霍夫曼的直觉正确无比。

尽管霞飞和弗伦奇一致反对从法国抽调部队，而且仅仅是在这一方面意见一致，但他们在法国怎么行动的分歧却越来越大。

霞飞的秋季攻势计划是再次进攻阿图瓦，若有足够的部队，则同时在香槟发起进攻。两路攻势的想法必定好于一路攻势，特别是目标是突出部两侧的时候。因为切断了侧翼区域，中央地区可能会崩溃。然而，霞飞选定的区域相距太远，各侧无法立即做出相应的反应。

但是，霞飞另有所图。若协约国军突破阿图瓦和香槟两个地区，然后以所有集团军实施总攻，"将迫使德军撤过默兹河，有可能结束战争"。根据最初意图，阿图瓦的进攻战为主攻。实际上，德军5个师足以阻止福煦以14个师对阿拉斯和朗斯之间区域的进攻，德军可以一又三分之一的师在更北的区域阻止英军6个师的攻势，这是最为困难的部分。构想与执行之间的鸿沟如此之大！

早在6月4日，霞飞将其作战计划草案送交给弗伦奇，请求英军以两种途径协助攻势：第一，英军接防阿拉斯以南由贝当第2集团军据守的战线；第二，参加福煦的攻势，在德于巴尔集团军的北侧或南侧发起进攻。弗伦奇原则同意这个计划，表示他将在北侧，即朗斯和拉巴塞之间发起进攻。

而必须执行这个计划的黑格刮起了一阵强劲的风，弗伦奇的军事风向标又被吹到了另一边。黑格认为，重炮及炮弹供给不足，而这是问题的主导因素，在补足差额之前，进攻毫无用处。而且，黑格亲自侦察了拟战地区，发现"这个区域不利于进攻作战"。若必

第十三章 法兰西之剑的顿挫

须进攻,他建议英军的主攻方向应在拉巴塞以北。

罗伯逊支持黑格所持的疑虑,但罗伯逊对于弗伦奇的影响力被威尔逊所削弱,威尔逊仍然虔诚相信弗伦奇的军事判断具有权威性。弗伦奇的私人餐会甚至不再邀请罗伯逊。与此同时,弗伦奇的这位密友兼知己正向福煦建议,英军应兵分两路:"一路就地进攻,另一路在阿尔贡和孚日攻击。福煦甚为高兴。"威尔逊遂将其建议告诉基奇纳,并强调了这个方案的优势:"约翰爵士的权力越少,法国人的戒备心越低,两路英军的竞争正中法国下怀。"威尔逊毫无疑问尽全力实现了最后一个目的。

霞飞毫无异议地同意了推迟选址或改变选址。他以权威无误的口吻宣称,回顾既往,欣喜而愉快,但这也只是回想而已:"你们在卢斯(Loos)和拉巴塞的进攻地形特别有利。"黑格基于目力所及,坚持己见。弗伦奇倾向于认为"黑格夸大了困难",甚至从洛雷特圣母院遥望作战地区的地形,他仍认为尚存"诸多优势"。然而在尔后的 7 月,他改变了主意,英国要求节约弹药,而德国防线阵地却无休止地进行了修筑工作,在其后方构建了第二道强化防线,这都增加了弗伦奇的疑虑。

因此,协约国军于 7 月 27 日在福煦的司令部弗雷旺(Frévent)召开了一次会议。威尔逊记录道:"约翰爵士提出了不在法军左翼实施攻击的理由。福煦反驳了他的理由,在我看来,这令弗伦奇相当沮丧。集中、持续及延伸而非分散进攻一个方向和一个目标(即可俯瞰杜埃平原的高地)。所有防线都同等坚固。"可以肯定的是,福煦奇怪地否定了自己战前的教义。他现在更为典型的主张是无视地形和防御工事的情况。另一方面,福煦还建议,在进攻迷宫似的矿镇朗斯时,留下一道空隙,并根据既往经验承认,英军遥远的进攻无法对他自己的攻势做出即时反应。"约翰爵士告诉我,福煦已经说服了他,即便黑格与罗伯逊激烈反对,他仍会在法军附近发起攻击。"

虽然弗伦奇可能在细节上暂时被说服了,但他对整个作战计划以及进攻的想法失去了信心。弗伦奇的解决之道是先只以炮兵协同作战。他计划等待法军的进攻吸引了敌军的注意力之后,再以步兵进攻。

弗伦奇的这个方案遭到了威尔逊的反对,然后基奇纳也不同意。威尔逊察觉到其主官的意图之后,立即捎信给佩莱,尔后,霞飞以强烈的措辞致信弗伦奇,表示他期望弗伦奇以全部兵力进攻,希望弗伦奇与福煦商定细节。弗伦奇仍渴望避战,遂回复称:"将根据弹药情况协助攻势。"威尔逊立即去见福煦:"当我告诉他所有事情之后,他相当坦诚地说,若我们不参战,结果不堪设想……约翰爵士最好谨慎行事。"

霞飞也许还记得1914年的情景,他恳切地邀请基奇纳视察法军。8月16日,基奇纳来了,受到了霞飞、福煦和威尔逊的接待,而且他们一直密切陪伴左右。基奇纳得到了一切可能的尊重。先是霞飞苦心劝说,然后威尔逊危言耸听,声称法国政客正企图解去霞飞之职,以作乞和的第一步,并敦促他说:"我们无所作为绝对会让法军士兵感到心寒,约翰爵士不应该妨碍即将到来的进攻等。基奇纳告诉我,他相当同意此议,并会找约翰爵士谈谈。这一天针对基奇纳的工作相当顺利。"

结果是基奇纳告诉弗伦奇:"我们必须投入全部兵力并尽全力

第十三章　法兰西之剑的顿挫

帮助法军进攻，即使我们可能遭受严重的损失。"作为进一步保证，基奇纳同意了霞飞拟定的一个原则，赋予霞飞更大的权力，以节制弗伦奇。

基奇纳改变了先前的态度，显然是受到俄国最近战败的影响。然而积非无以成是，他经常宣称西线不可逾越，很难理解他会认为一次无望的进攻可以为俄国带来新的希望。

进攻的日期最初定在了9月7日，由于弗伦奇的战备尚未完成，于是推迟到了9月25日。9月14日，霞飞召集法军三位集团军群司令官及弗伦奇在尚蒂伊开会，最后说明了他的计划。霞飞宣称时机"特别有利于发起一次总攻"，并表示他"深信可能取得伟大的全胜"。同时两路进攻是"胜利的绝对保证"。但是，霞飞对最初之计划做出了一个重大的改变。这是霞飞在7月做出的决定，以香槟地区的攻势作为主攻，而不是阿图瓦，理由是协约国军尚未占领维米山，而且对于进攻者来说，香槟地区的障碍或村庄更少。霞飞突然关心地形，这与他对英军进攻的考虑完全不同。然而，法军减少在阿图瓦的进攻力量将对黑格的进攻产生有害影响。

卡斯泰尔诺在香槟的进攻配属了34个师，贝当的第2集团军辖27个师主攻兰斯以东的18英里正面防线，而其余各师则配属朗格·德·卡里的第4集团军辅攻兰斯以西。相反，福煦进攻12英里正面却只有17个师。黑格的进攻正面有6英里，也只有6个师，但弗伦奇还有3个师作为总预备队。霞飞坚持在进攻之前由黑格节制预备队，以免错过乘胜扩大战果的时机，但弗伦奇没有理会这个建议，实际上这是一项命令，因此弗伦奇听到后，反而产生了更多的抵触情绪。

关于进攻的更大分歧在于重炮的配属比例。贝当拥有850门重炮，福煦则有420门，而黑格却只有114门，根据攻击的正面宽度而言，黑格的重炮数量也只有福煦的一半，贝当的五分之二。为了弥补这一差距，黑格配备了可从气瓶释放的毒气，但这取决于有利的风向。这实际上是糊弄黑格。

根据进攻的总体计划，摧毁敌军防线为主，突袭敌军为次。[①]协约国军进攻之前，持续4天4夜进行了从容不迫的炮击准备。但进攻的目的是实现迅速突破。理论上而言，多波纵深且不可抗拒的步兵进攻潮将席卷突破被炮击粉碎的战壕。

根据先前长久的经验，福煦似乎对这种战术和目标失去了一些信心。7月19日，福煦给霞飞的备忘录中表达了突破的疑虑，建议按各个有限的阶段实施进攻，并谈及了突袭的必要性。很难说福煦的信心有多深。当德于巴尔建议分三个阶段逐步进攻，福煦否决了这个建议，并在9月4日命令德于巴尔执行三阶段同时进攻的方案，"作战的目标不仅仅是在一次可以产生决定性结果的战略性突破中取得战术性胜利，应以主力迅速向杜埃推进"。

福煦采用这种"任性的"态度，可能是遵从且忠诚于霞飞。另一方面，他7月的备忘录很大程度上是由于他对霞飞在香槟而非阿图瓦实施主攻的决定不满而做出的反应。假若如此，这也符合他的性格，随着进攻临近，他的信心和视野也随之扩大。

黑格也是如此，在实施了一次非常成功的毒气战之后，他受

---

① 在进攻之前的一个星期，法国驻罗马大使报告，广泛传言会有一次进攻。——原注

第十三章 法兰西之剑的顿挫

到了鼓舞。然而，他设定了明智的前提条件："若无毒气战之协助，决不发起进攻。"但是，由于福煦的进攻也需要毒气的支持，他的条件遭到了否决，作为妥协，黑格与弗伦奇商定，若无毒气，则他只能在最后时刻以两个师投入作战。由于福煦和弗伦奇的想法难以协调一致，还有另一个尚未明确的问题，那就是进攻的时间。弗伦奇希望在早晨尽可能早的时间实施进攻，而福煦则想在炮击的最后4个小时内利用良好的光线发起攻击。最终这种谨慎让英军尝到了恶果，对法军也没有好处。

最后一晚的黑格司令部充满了紧张的焦虑氛围，黑格深入研究了气象报告。结果表明"距离有利风向尚有轻微的偏差"，晚上9时，黑格下令以毒气实施全面进攻，但也做了安排，若有必要则在最后时刻取消进攻。在天亮之前，风几乎没有了，陷入了平静。风势渐微之时，黑格走到了外面。看着从一根香烟上慢慢飘散出去的烟雾，他下令"继续执行命令"。然而，情况好转的印象具有欺骗性，几分钟之后，他的一名参谋打电话给英军第1军，询问是否有可能停止释放毒气，并停止进攻。他被告知，这也许太冲动了，但已经来不及了。

英军在凌晨5时50分释放了毒气，40分钟之后，步兵开始攻击。英军左翼的毒气攻击失败了，一些毒气飘了回来，扼杀了进攻。英军右翼的第15师进攻相当深入，德军司令部一度发出警告，准备疏散整个区域。另一个师则胜果不大，很快因判断错误而错失战机。在使用总预备队方面，判断更为糟糕，尽管黑格和福煦均强烈反对，弗伦奇还是将总预备队部署在后方16英里的地方，移交给黑格时，已经为时已晚。因此，英军敲开的狭窄缝隙很快被敌军填补了。

法军在更南区域且规模更大的进攻几无战果,这也影响了英军的战机。法军步兵在 12 时 45 分才发起进攻,晚于其友军 6 个小时 15 分钟,尔后进展甚微,仅仅相当于一个武力示威。法军右翼及中央的进攻几乎完全失败,即使法军进攻部队已经抵达了敌军前线,但法军在很多地方遭到了德军驱逐。法军左翼则更为成功,攻占了第一个目标的部分,但兵力太过微弱而无法配合英军的作战。根据春夏的惨痛经验,战地指挥官对于福煦定能实现突破的保证打了折扣,都以体面的借口修正了福煦刚性的命令。

然而,福煦仍然深怀着无畏的乐观主义精神,也忠诚于其友军,决定重新攻击。黄昏,他命令德于巴尔以其"主要力量进攻左翼",而同时暂停了右翼的攻势。尔后,福煦前往利莱尔(Lillers)与弗伦奇会面,后者的意图也是继续追逐现正暗淡的胜利之光,投入先前来不及使用的预备队。因此,在晚上 11 时,福煦报告霞飞,"我军左翼的形势较为乐观,加上英军创造的优势地位,可让我们有望进抵"维米山顶。

但他返回自己的司令部后,似乎得知了实情,使其采取了一种更为务实的态度。次日早晨,他命令德于巴尔暂不进攻,以待"他重建诸师之秩序,换防损失最为严重的师"。直到中午,法军才再次开始攻击,最左翼前进了半英里,而其他地方则毫无进展。一个军实际上完全被德军所阻,但是却错误地报告称,其已经前进了一英里,法军令人惊讶地相信了这个消息,一个骑兵旅于是奉命"追击"。

与此同时,福煦的行动遭到了上层的制止。上午 10 时,霞飞在电话里告诉福煦"谨慎行事",还说"我们不必考虑推进至维米山顶"。稍后不久,霞飞又将福煦召至亚眠(Amiens)附近见他,并命令福煦:"停止第 10 集团军的进攻,谨慎避免让英军感觉我们留下他们独力进攻,或者让德军认为我们的攻势正在软化。节省弹药。"

霞飞的理由不仅是他怀疑阿图瓦进攻的获胜机会,而且他现在寄希望于香槟的攻势,而在第一天他带着幻想承诺可以突破德军防线。之所以称之为幻想,很大程度是由于德军聪明地将其主要防御力量设置在第二道阵地,并撤出了绝大部分火炮,由此创造了弹性防御的战术,但最终被贝当在 1918 年所击破。

9 月 25 日,法军终于突破了德军第一道阵地防线,并且在两处进抵第二道阵地防线,俘虏了 14000 名德军,但也付出了沉重的代价。次日,法军攻抵正面宽达 17 英里的第二道阵地防线,但只获得了一个小且临时的立足点。卡斯泰尔诺及其两位集团军司令官最初分别表示,若第一次攻击未能突破德军防线,那么这次进攻就算失败了,有些特别的是,现在除了贝当,所有人都不愿接受自己的结论。卡斯泰尔诺未能采纳贝当的意见,接着又进行了 3 天绝望的战斗,最后被霞飞叫停。该作战计划中最为异想天开的想法是,以 8 个骑兵师进攻,其任务是"不等步兵而持续追击",目标是边境。

福煦见过霞飞之后,回到了阿图瓦,传达了节约弹药的命令。9 月 27 日,只有他左翼距离英军最近的两个军发起了一次明显的攻势,但却无成效。当晚,弗伦奇向霞飞抗议说,他的预备队已经精疲力竭,他的右翼已经暴露,除非德于巴尔毫不迟延地猛烈攻击,否则他将被迫放弃进攻。霞飞要求福煦与弗伦奇达成谅解。次日早晨,福煦前去拜访弗伦奇,但受到的接待是尖锐的抱怨。弗伦奇宣称,如果他是整条战线的总司令,他将在卢斯正北"投入每一个人","击溃"德军的第二道阵地防线。"我感到充满获胜的信心。"

弗伦奇刻薄的话语让福煦感到突如其来的伤害,但他掩饰这种情绪,假装"原则上"同意弗伦奇的空想方案。但他指出,作战区域太过狭小,无法挤下如此规模的部队,也不能组织一次英法联合攻势,因此认为,若如此而为,只能徒增损失。相反,福煦建议以法军接防弗伦奇的极右翼师,从而为弗伦奇留出一个预备队。弗伦奇同意了。

当天下午,弗伦奇恢复了攻势,其一个师实际上已经攻抵了维米山,这一胜利导致德军将其绝大部分新到的近卫军从英军前线抽调至维米山。然而,其他法军各师的战果甚微,加之天气极其恶劣,德于巴尔报告称,他在接下来的几天都无法发起进攻。因此,9月29日早晨,福煦再次来见弗伦奇。他现在建议接防弗伦奇的更多阵地,远至卢斯以外的第70号山地,并承诺与弗伦奇在10月2日"肩并肩"进攻。这一点上,双方达成了一致意见。香槟地区也以类似的方式恢复进攻。

战事稍歇之后,相同的地方将再兴攻击,但却给了敌人时间加固阵地防线以及补充兵力。似乎没有人建议将进攻点转至预备兵力薄弱的区域。

恶劣的气候、缓慢的移动、部队的疲惫以及敌军的反攻现在都导致协约国军攻势的反复迟延。而霞飞、福煦和弗伦奇正在催促加快进展,而且相互抱怨,执行层面的集团军司令官在实施其上级的命令时遇到了众多实际困难,在某些情况下只能忽视他们的命令。

协约国军首先恢复香槟地区的进攻,在步兵出动之前,实际上其炮弹业已耗尽,致使其最先溃败。在阿图瓦,德军于10月8日猛烈反攻,挫败了黑格正在准备的毒气战,致使其将进攻推迟到10月13日。然而,福煦决定不再等待,并降低其在联合攻击中作用,只进行炮击示威,于10月11日进攻维米山顶。但此战再败,再失二千人。福煦将此战败归因于炮火准备不足,于是决定再进攻一次,他极力主张,他的部队已经到达距离山顶的"一定范围之内",若在冬季维米山还掌握在敌军手中,法军无法承受这一点。

然而,霞飞却认为,他负担不起攻占维米山的代价。霞飞没有同意福煦的意见,而是推迟了攻势。黑格在10月13日的努力也是徒劳无功的。公刊战史记载道:"无论如何都没有改观总体战局,除了使步兵遭到屠戮之外,别无他果。"英军伤亡人数已经上升到了50380人,或者60392人,这包括黑格的辅攻,而德军的损失只有2万人。福煦的伤亡人数是48000人,卡斯泰尔诺的伤亡人数是143000人,而德军相应的损失是约12万人。在自身遭受的伤亡与致敌伤亡的比例上而言,法军的比例低于英军,这意味着重炮的成效更大,这也意味着法军处理进攻的自由裁量权也更多。

霞飞因此以牺牲约25万人的代价再次证明了他的理论是错误的。现在保加利亚也对塞尔维亚开战了。10月7日,德奥联军开始入侵塞尔维亚,一个星期之后,保加利亚也紧随侵略的步伐。希腊已拒绝帮助塞尔维亚。由于霞飞扣兵未发,虽然兵力不足,协约国军还是从加利波利派出两个师奔赴萨洛尼卡,但为时已晚,未能阻止塞尔维亚的溃败。即使现在霞飞自己战线的战事业已结束,他还是设法逃避承诺，只派出了原定4个师中的2个师。实际上，霞飞正在筹划阿尔萨斯的攻势。但是，他又改变了主意，认为必须向巴尔干派出援军，愿意抽调出一些英军师。基奇纳直率的话语间接推动了霞飞的这种让步："我给你的部队越多，你要的也就更多，你紧紧扣留的部队也就越多。如果你如此在意这一点，那么我向法国派遣我们国人之时，我将更为谨慎，而会将英军派往我认为必要的地方。"

霞飞愿意抽调出一些英国师，他以为来自英国的部队会填补空缺。然而，弗伦奇成为直接受损者，现在变成了主要的阻挠者。在他的日记里完全不考虑巴尔干的危险："削弱在法国的兵力可能无济于事，这里才一直是主战场，只有在这里，我们才能遇到德军，击杀德军！"然而，弗伦奇的意见被霞飞的一系列运作否决了，霞飞在10月底，当塞尔维亚几乎溃败之际，前往伦敦，利用其影响力，说服英国政府驻防萨洛尼卡的部队不再挪为他用，实际上这是马跑了才去关厩门，为时已晚。

法国人态度的转变将一场闹剧变成了一场悲剧，威尔逊的反应是杂技式的表演。威尔逊刚刚宣称萨洛尼卡远征"遭到了霞飞的强烈反对"；"萨洛尼卡的所有事情乃是政治事件，在国内的阿斯奎思、格雷和基奇纳一如既往犯傻"。然后，威尔逊收到了英国战争部友人寄来的信件，"指责弗伦奇和霞飞让我们卷入了萨洛尼卡之事"。威尔逊无法相信此事，他飞往霞飞的司令部，他发现难以置信的事竟然是真的。然而，威尔逊很轻易地以180度的姿态转变了态度。"霞飞赞成派出15万人；我们正在改变主意……我告诉他，我有强烈的理由不向萨洛尼卡派出一兵一卒，如果我们要向任何地方派出任何人，那么这个地方将是加利波利。他说我们的战略家都是愚蠢之人。我告诉他，我诚挚地同意他的意见。"威尔逊打电话给福煦，"将我们的谈话告诉了福煦，这也是他喜欢的内容"，威尔逊回到了圣奥梅尔，"写了一封长信描述了霞飞的意见，在援救塞尔维亚的必要性上，我相当同意他的意见……"然而达成的这个一致意见稍晚了一些，远征过晚，援军也抵达太迟，而无法拯救塞尔维亚。

霞飞令人奇怪地转变了态度，似乎是因个人不安全感而受到的压力，也是正在形成的一种更深层次的动机。10月9日，佩纳隆曾告诉普安卡雷："霞飞不听任何的意见，第3厅（作战）提交给他的所有计划，均被其否决，军官们都积压了一肚子怒火，如果不是还有像卡斯泰尔诺这样的人留在他身边，他们都会离他而去。我代表所有同仁表达此点意见。"普安卡雷记录道："佩纳隆通常相当谨慎而且认识准确，法军总司令部必定出了问题，才会让他如此而言。"

然而，法国和巴尔干双重灾难却导致了一个讽刺性后果，并不是霞飞被免职，而是让法国政府倒了台。法国政府软弱地屈从霞飞反复且一而再没有根据的保证，倒台也许是罪有应得。同样讽刺的是，因进攻挫败承担责任的一名指挥官是约翰·弗伦奇爵士，这似乎存在充足的理由，他是霞飞野心的工具，虽然不太心甘情愿。他还是被免去了英军总司令之职，而由黑格接任。

在霞飞的善意庇护之下，福煦也避免了受罚，但他逃避不了受人责难。直到一年之后，耻辱的阴影才消散，再次焕发出信心，这一年里福煦吸取1915年的经验，减少了无谓的生命代价。马耶尔准确地描述了福煦的个人悲剧："福煦一直被要求实施一种围攻战，而这种战争与他的本性、他的冲动精神、他的无畏信心与他的冒险狂热极其不同。"

到了年底，福煦的态度肯定是越来越冷静了，在此醒悟时刻，他似乎质疑自己战争理论的正确性。普安卡雷在10月25日见到了福煦，他记载道："他现在似乎冷静下来了，就像被拉住缰绳的纯种马。他不再迷信击溃敌军之防线，而是认为我们需要诸如工业和外交等一切资源；当时机来临，他希望对精心选定的地点施以重压，我们可以让敌军防线开始崩溃，尔后经过一系列有条不紊且准备充分的进攻，得以攻破敌军坚固的障碍，乘胜而进。"

普安卡雷此次找福煦的目的是授予其荣誉军团勋章大十字勋位。根据《宪报》之勋辞所言："自开战以来，无论在防御战，还是在进攻战，在任何情况之下，他都展现出来了举世无双的天资。"在此特别离谱的辞藻之下，我们可以发现实际情况与官方认定的事实之间存在差异。补充理由的评价则更为公平，他"为协约国军之间的出色合作做出了巨大的贡献，因此他为祖国做出了最卓越的奉献"。然而，这里所说的形容词"出色"也同样不准确。

11月10日，福煦就既往作战呈交了报告，并就未来作战提出了深思熟虑的意见。"由于我们没有足够的火炮炮弹，1915年战役未有任何成果。"开场白相当坦率，然而理由只是真相的一部分。而且至于准确的部分是，福煦对于自己判断以及热衷于进攻的自责。他认为应当发展迫击炮，并称目前的毒气弹和探照灯尚无效率，然后福煦继续说："在进攻防御坚固的地面纵深阵地时，我们必须节约一切步兵，以便维持到终战之时。""在炮击之后，请求化学部队支援。"福煦强调珍惜人命，标志着他的立场进步了，宣告了其战前教义所缺失的一个原则。

第十三章　法兰西之剑的顿挫

福煦接下来质疑了战术："进攻遇到的连续障碍物导致攻击也不得不持续不断……一场接一场且尽可能紧密的一系列攻击。我们原来以或多或少纵深而密集的阵形实施进攻，而预备队紧跟着第一线部队前进，现在必须放弃此种想法，也要放弃一次就能越过整个敌军障碍的想法。这种战术永远不可能获得成功。"福煦所放弃的理念却被德军在1918年所采用并执行，因为他们准备以此种战术取得突袭效果。

相反，福煦更为坚定地主张物质性准备，即炮火。"在炮火准备不充分的地点，步兵进攻总是受阻并失败，这是不争的事实。我们再次发现，组织的力量强于部队的勇敢。"福煦的嘴里说出"再次"一词，颇令人困惑。

在12月6日的另一份备忘录里，福煦强化了其推论。"进攻力量来自（1）摧毁力（火炮、毒气）……（2）针对每一条连续防线迅速实施重新进攻的能力。也就是说，其本质特征乃是摧毁和反复攻击。其中之一是我们主动所求，因此应以强化；另一个是我们被迫接受，因此应以摈弃。"

福煦说得漂亮，而且准确，但遗漏了一个重要的问题，即突袭性或者说心理因素。

1916年2月21日，福煦改进了进攻的新战术，更加强调节约的重要性。"简而言之，这是一系列持续的行动，每一次均需要大量的炮击，并投入相当少量的步兵。如果我们得到大量火炮和弹药，此种进攻战术应用于未来作战将开创广泛而反复进攻的可能性。"说到"广泛"，其意义不仅仅是宽度，而且是指攻击点的广泛性，成为照亮未来的一束光，未来即指1918年秋季的战役。

第十四章　1916 年——魅影

1915 年即将逝去，福煦的观念发生了细微而重要的改变。他的这一变化存在一个间接原因。霞飞的作战表现虽招致不满，反常的是，这却导致他的权力进一步扩大。霞飞获得了一切法国部队的最高指挥权，而不仅仅是在法国的作战部队。若此举原因部分在于统一法国与协约国战略的一般性想法，那么特别目的则在于遏制霞飞。由于法国陆军参谋中存在对霞飞的批评，催生了一种想法，即扩大霞飞的责任范围，从而迫使他同意任命"一名实权参谋长"，名义上协助他的工作，而实际上控制他。让霞飞支持出兵巴尔干计划，就是撬动霞飞的一个杠杆，使其不再反对法国政府的计划，法国政府的考虑是，当巴尔干战场名义上归霞飞指挥时，他就不会再反对向巴尔干派兵了。霞飞也喜欢这种想法，既可以强化其权威，又可以此手段将巴尔干计划限制在辅助性和有限性的范围之内。

加列尼是巴尔干计划最具权势的支持者，他刚刚就任法国新政府的战争部长。形势发生了逆转！此属复仇之良机！霞飞敏锐地感觉到了这种危机。就在一个星期之前，霞飞签发了姗姗来迟的褒扬令，表彰加列尼在马恩河之战的功绩，褒扬微不足道，只是公众认

第十四章 1916年——魅影

可加列尼为马恩河之胜所做贡献的呼声日益高涨,以此来平息舆论罢了。空洞的赞词引发了广泛的愤慨,也让受褒扬之人感到了深深的冒犯。然而,命运发生了剧烈的转折,在马达加斯加听命于霞飞之人,现在反而从巴黎向霞飞施以号令。

当法国要求将霞飞解职的呼声高涨之际,加列尼只能发表拥护之词,霞飞的倒台便成定局,这也可报了自己的私仇。但是,加列尼并没有依仗新得权势对付曾经因妒忌而拿走自己一切权力的这个人。加列尼认为霞飞的传奇声望是盟友间的宝贵资产,不能轻易摒弃,于是同意扩大霞飞之职掌,由其节制所有战区,并支持任命卡斯泰尔诺出任总参谋长,以便用思维更敏捷的大脑影响作战。卡斯泰尔诺最近反对所拟的阿尔萨斯冬季攻势,力主法军应坚守以待,静等作战资源增加,并表示:"我们必须以商业的眼光看待战争,需要算清楚一大笔杂货商的账单。"他将自己的意见呈表加列尼,而加列尼认为自己的首要任务是提高弹药产出,增强持续攻势所需的物质力量。加列尼的次要目标是改组法国的最高统帅部,以便更好地分配使用新资源。

因此,卡斯泰尔诺以新任之职视察尚蒂伊,对于具有较高嫌疑煽动制定了1915年战略的少数人,则将其驱逐出尚蒂伊。卡斯泰尔诺的到任势必影响了福煦与法军总司令之间的正式关系,福煦的地位更严格地限于北方集团军群司令。更为不祥的征兆是,霞飞承诺他可能让卡斯泰尔诺直接负责下一次攻势。巧合的是,亨利·威尔逊也失去了对英军和法军指挥层关系的影响力,随着黑格的上任,他沦为了影响有限的一名军长而已。

与福煦相比,威尔逊的影响受限更为显著,霞飞对于福煦的信任仍甚于其他法军将领。地位得到提升的卡斯泰尔诺已成了福煦的潜在竞争者。然而，霞飞狂热而嫉妒心重的追随者煞费苦心，忽视卡斯泰尔诺在尚蒂伊的存在，从而架空他。

1916年，福煦的重要性逐渐降低，但主要原因还是德军插了一脚。

1915年末，协约国军之间实现了第一次真诚的联合作战，12月6日，霞飞在尚蒂伊主持召开了一次联合军事会议。霞飞竟然宣称1915年秋季攻势已获得了"辉煌的战术性成果"，令人瞠目结舌，然后他又向协约国军指挥官或其代表说明了1916年的作战计划。霞飞拟定的这个计划在某种程度上只是模糊的概要。法国、英国、俄国及意大利将"在各自战线以最大可能之兵力同时发起联合攻势"。就法国而言，至关重要的是"最高统帅部无须担心弹药问题"，基于此原因，法军在3个月以上不能实施进攻，另外还应承认的是，英军新部队需要时间训练，俄军则需要时间重新装备。

此次会议的首要成果是，以牺牲其他战场为代价，确保将更多努力和兵力集中在法国。会议"一致要求""立即完全从加利波利撤军"。在几个星期之内完成撤军，实现英国总参谋部的意图，他们采取了"将每个潜在师部署在法国的主导原则……"。这一"原则"也成了罗伯逊的主要想法，他在黑格出任驻法英军总司令之后，回国就任总参谋长。罗伯逊理论上迂腐且行事圆滑，凭借坚韧的毅力，一步步升到高位，且深具可以彻底批判细节的天赋，他在法国的服役经历自然给他烙上了大陆战争准则的印记，而1870年至1914年的参谋学院盛行大陆战争准则。

为严格遵循这些准则，英国总参谋部意欲从萨洛尼卡和加利

第十四章 1916年——魅影

波利撤军,而法国政府和俄国政府坚持认为,现在已达8个师的协约国兵力应留在上述两地,以防希腊和罗马尼亚被劝诱或被推向以德国为主导的同盟国。为抗衡英国更为学术性的军事意见,霞飞抛出了这个决定性的砝码,他认为萨洛尼卡最多只是通过外部摩擦削弱德国这个庞然大物的一种手段。霞飞并不支持阿列克谢耶夫(Alexeiev)提出的计划,后者在沙皇继任尼古拉大公直接指挥俄军之时,出任了俄国战略总监。阿列克谢耶夫的计划是,由10个军组成的英法联军沿多瑙河而上,与一支类似规模的俄军在布达佩斯(Budapest)会师,此部协约国军在奥地利后方产生威胁之后,意大利立即进攻维也纳。1918年秋季,协约国军在没有俄军的协助之下即实现了这个目标。

新年前夕,法国战役计划变得更为确定。霞飞将作战计划送交新任英军总司令,即在从拉西尼(Lassigny)到阿拉斯的索姆河两岸60英里的战线上实施一次大规模联合攻势。

霞飞利用尚蒂伊会议推动形成的统一指挥优势,与对待弗伦奇相比,他寻求更直接节制黑格的途径,将黑格视为自己的集团军群司令,而非与其地位同等的指挥官。英国政府下达给黑格的命令与先前给弗伦奇的命令存在不同,事实上有利于霞飞采取此种态度。弗伦奇得到的命令是"遵循最支持的态度行动",但要避免不必要的风险,而黑格的命令是"英法两军作为一支联合军队应实现最密切之合作,这必须是主导政策"。接着又以表达奇怪的语言要求黑格"若超出上述协约国之间合作所需的范围,在任何情况下都不得接受霞飞的命令"。

如果这存在弦外之意的话,即意味着黑格从战略上接受霞飞的命令，但也有权拒绝。实际执行中，黑格的性格力量会削弱此种从属关系，但他的军事思想倾向也许将会弥补此等鸿沟。黑格的名义从属地位比其前任更为显著，英国在战略上从属法国的局面更加确实，这与兵力不断增大的驻法英军形成鲜明对比。1916年初，英军尽管损失了50万人，但其兵力已增加到了100万人，共有38个师，而法国尚有95个师。加之比利时军，协约国军共有139个师对阵德军117.5个师。然而，在1914年底，英军只负责466英里战线的21英里，现在为67英里，而且很快增加到87英里。与英军的兵力相比，这一长度的正面防线还是不多，从数学计算上而言，法军要求英军负责更长战线尚属正当。需要记住的是，英军占据了战线的一处战略要点，黑格似乎需要防止风险的措施令其友军极为不满。然而，黑格拒绝法军请求的主要动机在于其进攻目标的考量，确保最终攻势尽可能保持强劲力量。为此，虽然罗伯逊的眼光狭窄，只盯着一面，但也帮助了黑格，到夏天中期，以牺牲其他战场和英国传统政策为代价，进一步增援19个师。佛兰德和法国北部的狭窄海岸区域被海水淹没，差点损失一小部分英军部队。历史上著名的"欧洲战场"①成了大英帝国的集水坑。

　　福煦制订了一个英法两军"肩并肩"进攻索姆河的计划，得到了霞飞的批准，法军在25英里战线上的40个师从拉西尼北进索姆河，英军则以25个师在可能的情况之下从索姆河北进至埃比泰尔讷（Hébuterne）。但霞飞认为，协约国军到夏季才能准备好如此大

---

① 欧洲战场即指比利时，因欧洲历史上的诸多战争均发生在比利时，故有此名。——译者注

第十四章 1916年——魅影

规模的攻势,应先以有力的初步攻击消耗德军部队,并击灭一部分预备队。霞飞将此"预备性"作战任务交给其友军。在12月初的协约国会议召开之前,普安卡雷即得知霞飞"考虑必须主要由我们的盟友英国、俄国,甚至意大利来进行消耗战……"。

霞飞于1月20日拜会黑格时,他建议英军应在4月实施大规模进攻。在他提出建议之后,又写了一封信,坦率地表示:"我认为,在总攻之前,英军应通过广泛而有力的攻击致力于消耗德军部队,就如弗伦奇在1915年那样,此乃必不可少之举。"

霞飞说出这段话并不能鼓舞士气,更不用说霞飞和福煦明显暗示此次由英军执行预备性作战任务,而法军在预备性作战结束之前不会发起攻势。

黑格的反应也相当强烈。即使他已经做好了参战准备,但也有充分的根据怀疑提前如此之久进行预备性攻击的价值。黑格与一年之后的尼韦勒(Nivelle)一样,均主张以现有之一切兵力予敌以一次重击,在突袭的同时让敌军一直处于焦虑不安之中,而霞飞却继续施压英军进行预备性进攻。2月14日的一次会议最终解决了分歧,霞飞放弃了之前的要求,而条件则是黑格应在索姆河主攻之前对阿尔芒蒂耶尔(Armentières)实施局部攻击,而现在主攻时间确定为7月1日。黑格同意从法军第10集团军接防阿拉斯地区,法军自去年8月以来,一直嵌入在英军右翼和中央部队之间。

这个方案并不符合福煦的胃口,但为了遵从霞飞的命令,也制订了进攻计划。福煦相信,维米山是决定性进攻之路的关键,相反,他认为索姆河以南地区以及香槟都是战略性死路。在福煦看来,上述两个地区没有重要的目标,而且由于前进路线上受制于索姆河以及埃纳河的"沟渠",存在不利因素。令人注意的是,福煦的此种意见非常注重地形因素。

在霞飞和黑格开会确定进攻计划的一个星期之后,德军进攻凡尔登,扰乱了协约国军进攻计划的基础及其考量。2月21日,法金汉实现了在法国寻求决战的夙愿,为此他缩减了无往不胜的对俄打击规模,现在德军逐次进攻,让"法国流尽鲜血",以求如愿。在霞飞的会议上,他们没有讨论德军进攻的可能性,甚至都没有提及凡尔登。

由于霞飞未能预见,或者说没有准备应对此等威胁,从而在会议上遗漏这件事,并不令人惊讶。1915年8月,霞飞说服法国政府由其统辖凡尔登要塞之防务,然后他抽调走了凡尔登的兵力与火炮,而且也没有修筑足够的防御战壕来弥补防御力量的不足。到了12月,凡尔登兵力空虚的消息传到了巴黎,加列尼过问此事,而霞飞轻蔑地忽视了这种"忧惧",并抱怨说,传播此等没有根据的谣言是"蓄意严重扰乱军中的纪律精神"。最终,霞飞的情报处虽然察觉到了德军的战备迹象,但其作战处太忙于自己的进攻方案,从而并没有注意德军的计划。2月18日稍晚时候,霞飞在给黑格的一封信中暗示,若德军意欲进攻,将会再次针对俄军。次日,卡斯泰尔诺通报黑格,敌军即将攻击凡尔登!因此,在最后时刻才增派了两个军的援军,而且及时抵达,巩固了脆弱而正受猛击的防线。坚守凡尔登的战士提出的预警虽然未被重视,但这些勇敢坚毅的猛士避免了防线遭敌突破。若无上帝之助,他们甚至可能也守不住防线。根据德军计划,其原本定于2月13日发起进攻,但暴雨延迟了他们的攻势。若德军按计划进攻,那么霞飞的会议必定会讨论凡

第十四章 1916年——魅影

尔登!

事实上,援军的及时抵达以及敌军渐渐增强的攻势,掩盖了危机的严重性。甚至当前线正在崩溃的消息传来,霞飞仍然无动于衷,更谈不上为此烦扰了。霞飞的幕僚也使他相信,德军的意图也许与自己的意图类似,进攻凡尔登只是为了掩盖真正的攻击,而且也承认法军防线一部可能遭受德军进攻。霞飞通常在晚上10点关门睡觉,拒绝一切打扰者,但在2月24日晚上,令人担忧的报告接踵而来,极其胆大的卡斯泰尔诺坚持让一名副官去敲开霞飞的卧室门。霞飞授权卡斯泰尔诺前赴凡尔登,"全权"处理战事,并安排贝当负责防线,然后又回到床上继续睡觉。在被召至尚蒂伊履职之前,卡斯泰尔诺发现霞飞远远未意识到形势的紧急性,他在两人会谈结束时说:"好吧,我的朋友,现在你的思想松懈了。"卡斯泰尔诺抵达凡尔登后,他也发现战局有充分的理由令人担忧。"极其使人忧虑"的是杜奥蒙要塞(Fort Douaumont),这是保护凡尔登半圆形山的最高点,刚刚落入敌手。

自此以后令人恐怖的4个月间,危机一个接着一个。但是,每次都能化解危机,法军绝大部分部队可以逃过德军的火炮绞肉机。因此,法军被迫违愿以间接方式参加消耗战,而霞飞本是想让其盟友承担消耗战的大部分任务。这确实是一种残酷的命运,更悲怆的是,法军的损耗速度比德军还快。

霞飞的第一个反应是要求黑格加快接防法军第10集团军的阵地,为自己留出一支预备队实施反攻。他还请求俄军和意大利军以间接作战的方式提供支援。

意大利接到请求之后,在伊松佐河(Isonzo)战线发起了第五次徒劳的攻击，这是 11 次此类进攻中的一次。同时俄军将大量未经训练的部队投入那罗茨湖（Lake Narocz）的大锅之中。3 个月之后，俄军又再次救援盟军，这次还是法国以及在特伦蒂洛受奥军攻击而陷入困境的意大利。布鲁西洛夫（Brusilov）在 6 月 4 日的进攻，起初仅仅是一次牵制行动，由于初战取得惊人的胜利，遂抽调准备参加俄军主攻的预备队到其战线，此举仓促而且为时已晚。布鲁西洛夫最终损失了 100 万人，注定了俄国军事力量的毁灭。然而，布鲁西洛夫的进攻是一次参孙式的壮举，不仅逼停了奥地利对意大利的进攻，迫使意大利从法国撤军，并导致罗马尼亚参战，而且粉碎了法金汉的 1916 年作战计划。

德军的凡尔登攻势对霞飞 1916 年计划的第二个影响是，导致霞飞提前了英法联合主攻的暂定日期，并放弃了预备性进攻的想法。在凡尔登遭受或者阻止的每一次攻击，都动摇了霞飞的进攻构想。

福煦也受到了牵连。随着越来越多的部队被拖入凡尔登消耗战中，福煦的预期作战部队也减少了。4 月 15 日，福煦得到警示说，他只有 30 个师，而非 40 个师。一个月之后，再减少到了 26 个师。最后缩减到了 16 个师，进攻正面也从 25 英里变成了 8 英里。因此，主力的主要压力转落在了英军肩上，福煦只能在索姆河管弦乐团中担任黑格的第二小提琴手了。

在作战范围内而不是提供建议意见方面，福煦很快适应了自己的角色。此年，由于资源的限制以及基于目标受限的攻击战术，他的态度已经做出了调整。在 3 月撰写的"进攻作战纪要"中，他提出的原则是："火炮所覆盖的地面纵深决定了配属步兵可以占领的范围。"因此,进攻将包含一系列系统性的撕咬式攻击,吞噬和突破敌军防御体系连续的层层防线。"当敌军的预备队枯竭之后,无法再以有组织及连续的防御抵抗我军,据此我们只能放弃固有的作战模式。"

福煦的态度转变为,只有"有限"战术才具可行性,其相邻的英军第4集团军司令且负责具体英军进攻的罗林森也赞同这个意见。但是,他们各自的上级的意见却非如此,而且更具野心。

霞飞也必然谈及了"一系列努力"以及"长期而艰苦的战斗",但他也一直克制"突破"。原因似乎是,霞飞不愿接受有限战术作为初期的必要手段,他还像1915年那样热忱地希望,敌军防线会奇迹般地无限制崩溃。

黑格是一名狂热的骑兵,自然更不赞同缓慢的包围战。他比霞飞更期望突破阵地防线。4月3日,罗林森呈交黑格一份系统性攻击方案,进攻之前先进行数日炮击,作战目的只是在第一阶段攻略敌军的前线阵地,这也得到了福煦的支持。黑格严词批评了这个计划,认为其太过直接,缺乏突袭效果。黑格并不是为了满足心理需要,而仅仅是恣意获得更大的战果。罗林森4月30日的日记写道:"进攻是一件大事。我仍认为我们分成若干较短的阶段实施进攻更好;但是我告诉D. H.(即道格拉斯·黑格),我会像执行自己的计划那样,以饱满的热情去执行他决定的计划。"

对于罗林森的异议,黑格的态度某种程度上有所软化。他满足罗林森进行长时间炮轰的愿望,其最终决定是,应在第一天占领左翼的部分德军二线阵地。皮卡第起伏的山地耸立而成高峰,构成了索姆河和昂克尔河(Ancre)之间的分水岭,而且斜着穿过前线。德军与以往一样占据了山顶，其第二线阵地沿着吉耶蒙（Guillemont）与波济耶尔（Pozières）之间的山脊构筑。因此，英军的进攻区域大略是 N 形状，左翼进攻路线是最初的前线，而斜线进攻路线是敌二线阵地沿线分水岭，右翼进攻路线是佩罗讷（Péronne）—巴波姆（Bapaume）公路，霞飞和黑格试图在此突破，然后进军开阔地带。黑格第一天的作战目标是进抵可使英军通过 N 形斜线的一线。尽管黑格的炮兵顾问支持罗林森的意见，提醒他炮兵延伸太远，但黑格坚持不会为增加的任务提供额外的兵力。

英军进抵巴波姆之后，黑格意欲转向左翼，将德军防线往北压迫至阿拉斯，扩大打开的缺口。黑格所部骑兵承担了较为乐观的任务，先于步兵进击巴波姆，然后以大镰刀式运动扫荡北翼外围。实际上，黑格之梦想乃是像德军在一年前在杜纳耶茨河对俄作战那样实现突破。然而，1915 年俄军防线与索姆河的铁丝网和战壕防线不可同等而语。索姆河的大规模的进攻战备未谨慎而行，以致昭然于世，而杜纳耶茨河的战备则得到了巧妙的伪装。而且，据我们现在所知，1915 年德军在杜纳耶茨河的战术是 1918 年灵活渗透战术的预演。相反，英军第 4 集团军的战术却并没有超前一年，反而落后了一个世纪。英军几乎倒退到了克里米亚战争时的战术，步兵军服整洁，排成整齐划一的队列，缓慢步行前进，保持匀速，而非寻找敌军防线的薄弱点。公平而言，英军死板的步兵战术受到协同炮兵理念的影响，然而实际上却不合理地认为炮兵力量足以决定胜负。福煦拥有 900 门重炮，而黑格的正面战线比福煦更宽，但重炮数量不及其一半。随着进攻日的迫近，尽管法军现在将主要任务都交给了黑格，他却似乎越来越乐观，而非相反。但是，在先前的讨

第十四章 1916年——魅影

论中，黑格曾表示，在诸军军长认为敌军已被充分摧毁之后，各军才会发起进攻，而他再也不提这个至关重要的前提条件了。

与黑格不同，福煦的疑虑却毫无疑问地增加了。4月13日，他提醒霞飞说，必须提供充足的弹药补给。"若无弹药，西线不可能有所战果。"两个星期之后，霞飞知会福煦，因凡尔登战事所需，给福煦的补给将会减少，而且必须缩短其正面战线。于是，福煦写道："我们距离广泛而有力的进攻尚有很长一段路要走，这是一个看得见的目标，也可以继续为之努力，但是若欲获得战略性成果，而不陷入无助境地，充足的弹药是唯一的先决条件。即使一开始取得一些战术性胜利后，我们可能会被迫停止作战，换而言之，损失与牺牲没有换来有益成果。"

5月中旬，福煦去见了一次亨利·威尔逊，威尔逊所部已从法军接防了维米山，现在正予以据守。由一名好友接防另一名好友的这片不幸阵地，此乃一种奇怪的巧合；仅仅一个星期之后，恶兆成真，经过德军的一次突袭，威尔逊失去了阵地，他短暂的军长任期原本是纯如白纸，现在却染上了污点。会面期间，福煦"表示协约国军必须更全面动员和组织资源，英法两国必须生产无穷多的火炮和弹药……也许尔后一年，我们可能取得胜利"。威尔逊的参谋长德普雷（De Pree）从更为私人的侧面说明了这次会面："在像这样的时刻，福煦将军和亨利爵士通常密谈几个小时，讨论、闲聊和谈天。他们交换帽子，以这身装扮在会客厅里踱来踱去，笑哈哈地交流经验。"

这种插科打诨是为了缓解因不祥预感带来的压力。5月29日，普安卡雷在亚眠附近主持召开了一次会议，法国政府主要成员以及霞飞、卡斯泰尔诺、福煦和黑格参会，进一步阐明了福煦的主要意见。评述道："福煦将军似乎跟几位政治人物谈过，他反对在年内实施任何进攻，因此确保诸位将领统一认识至关重要。"普安卡雷还说，他刚在凡尔登见过贝当和尼韦勒，他们郑重提醒说："凡尔登将要失守。"并且迫切希望在索姆河加快发起进攻，以此缓解凡尔登的压力。

霞飞坚决反对在条件不成熟时实施攻击，但他明确暗示黑格，除非得到英军炮兵的支援，否则法军可能不会参加任何进攻作战。几天之后，他告诉黑格，虽然最初原计划投入3个集团军，但现在只有一个集团军可以参加进攻，而且福煦毫无疑问可以达成原先设定的目标。法约罗（Fayolle）的这个集团军将进攻索姆河两岸，正面宽度不到9英里。然而，在4月时，霞飞给英军的任务是"协同法军部队的作战"，他现在表示法军将"支援英军作战"。

虽然福煦削减了自己的作战兵力规模，但并没有阻止黑格雄心勃勃的目标。如果不是说说而已，他的态度是："假若黑格喜欢赌博，让他去吧！他肯定会付出代价的。"

福煦赞同霞飞的意见。福煦急于坐享黑格之利，几次劝说黑格给予其更直接的帮助。首先，他曾建议英军提前法军几天发起进攻，但这个建议被黑格断然拒绝，现在福煦又致电法军总司令部指责黑格的作战计划扩大了两军之间的空隙。福煦并不希望英军北进巴波姆，而想让他们先帮助自己，延伸英军的右翼，向南远至萨伊萨伊塞勒（Sailly-Saillisel）。黑格甚至都没有回复这一建议，但在霞飞随声附和时，他才说，德军可能同时进攻其左翼。

黑格厌恶福煦的任何建议或哄骗，这越来越为显著。霞飞建

第十四章 1916年——魅影

议,应在"7月1日左右"发起进攻,黑格予以赞同,但尖锐地要求,不应当在最后时刻"像福煦将军在1915年三次要求"推迟进攻时间。黑格对此感到不安,也是情理之中。由于凡尔登和法国议会出现了新的危机,黑格将进攻日期提前到了6月25日,但因法军战备尚未完成,他又被要求将日期推迟到6月29日或7月1日。黑格同意6月29日进攻,不可再晚,而且坦率地告诉霞飞,他已经紧急准备,以配合法军的计划。在进攻日前的第五天,黑格得知英军相邻右翼的巴尔富里耶第20军尚未准备完成,无法在29日进攻。黑格毫不掩饰自己的愤怒之情,面对黑格反对任何推迟的意见,福煦并不想争论这一点。到了6月28日,黑格的攻击部队一部已经进入了战壕,大雨突然而至,淹没了战壕,黑格被迫让步于雨将军造成的延迟,然而这正是他反对福煦将军所做的事。

无论在讨论中,还是在战场上,福煦都越来越认识到了意志力作用的局限性。也许对比自己的亲身经历,有助于他发现其不足。5月,他在从亚眠至沙隆的公路上发生了交通事故,侥幸逃过一劫。"我与女婿富尼耶同行。公路状况良好,我们开得也不快,但前面一辆乡村马车突然停了下来。马匹受到惊吓,转向穿过公路。我们的司机踩下了刹车,于是撞到了一棵树上。我撞破车玻璃,被甩了出去,富尼耶撞到了门框上,鼻梁骨折。我的脸上、眼睛、嘴巴和头部都是深深的伤口。事故发生在一个叫普莱西(Plessis)或其他名字的地方附近。我们被带到了莫镇(Meaux)。我的军医官安德烈从亚眠赶来,给我缝合伤口。我现在还留有疤痕。这是星期四。到了星期天,我再次出发,头全都包着绷带。使我最不方便的地方是嘴巴。我吃不了东西了……"福煦否认他开车太快,事实也是如此，但只是这一次太快而已。普安卡雷与福煦再次会面时，普安卡雷的话语点明了福煦给人的总体印象："我希望你在经历事故之后，别把车开那么快了。"

在索姆河攻势的开局阶段，福煦绝对没有敦促步兵前进。福煦比其盟友更为明智，法军采取了德军在凡尔登运用的战术，派遣有力侦察队验证炮轰的效果，然后再以大规模步兵实施进攻。法军不仅因此而减少了伤亡，而且获益匪浅。

经过一个星期的炮火准备之后，7月1日上午7时30分，协约国军发起了大规模攻击，这是相当炎热的一天。英军共有13个师，其中6个师紧密靠近，他们开始迈着庄严的步伐前进，无论无人地带有多宽，这都给了敌军时间在弹幕消散之后从掩体里拿出机枪迎击。在机枪火力形成的熔炉里，英军的密集阵列迅速融化，场面悲惨。这一天6万英军倒下，乃英军有史以来损失最为严重的一天。然而，却几乎没有战果。

左翼4个集团军的进攻以完败而告终。右翼的两个集团军则占领了绝大多数德军阵地，敌军前线被撕开了一个狭窄的切口，且相当之深。

英军右翼的法军第20军则以相对较小的代价实现了其目标。在英军出动两个小时之后，法军在索姆河以南也发起了进攻，其进展更为顺利，到了黄昏，法军进抵了敌军的第二线阵地。这一天的俘虏比例很好地说明了胜利的程度。尽管福煦总共只投入了5个师，却俘虏了6000人，而英军的兵力为福煦的三倍，俘虏却不及其三分之一。导致这一差异的原因在于，福煦采用更为猛烈的集中炮击，而且更好地调整了步兵战术。确实而言，英国的辩护者长期

第十四章 1916年——魅影

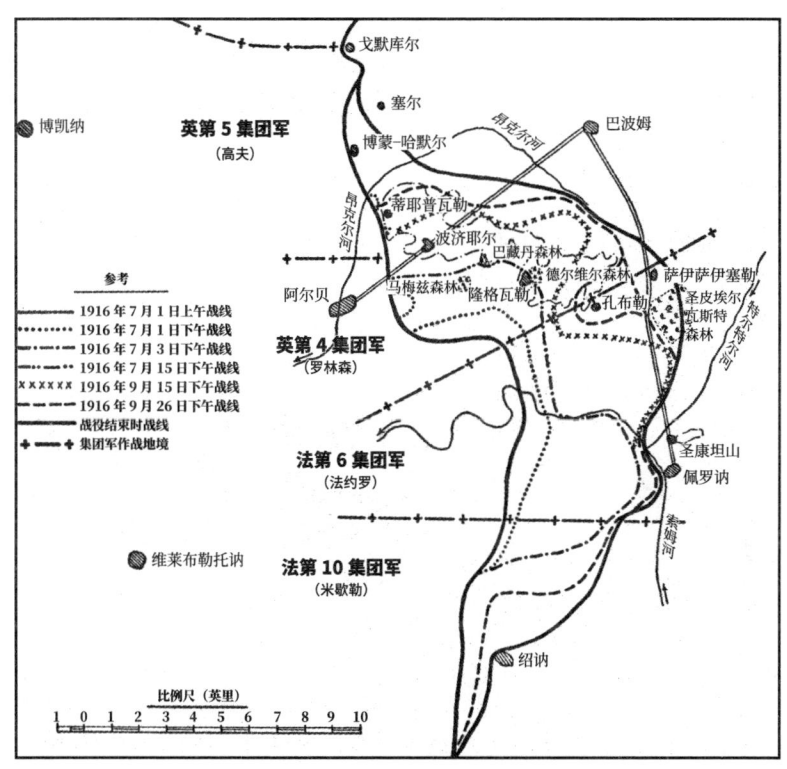

地图8 索姆河攻势，1916年

以来将此差异归因于一个联想出来的事实，即敌军以为只有英军会发起进攻。但是，我们现在知道了，当地的德军司令部预料法军也会进攻，但其索姆河以南的德军遇到法军的攻击时，警惕性不足。

法金汉不相信英军第 4 集团军会对德军实施进攻，也许是因为德军相当公然地准备应对英军攻击。甚至在英军进攻后的 7 月 5 日，他仍然相信这只是掩护更北战线真正进攻的佯攻，因此他没有出动援军。结果导致英军进攻者获得了真正的战机，本可将其部分渗透并扩大为全面突破。

然而，英军却没有抓住此等战机。这时发生了具有讽刺意味的事情。若新到的英军各师冲过撕开的前线裂口并持续几天，将没有可能阻止他们的力量。尽管黑格为完全失败的情况制定了一个替代方案，抽调其预备队北攻梅西讷，但他没有预计到部分胜利的情况，而部分胜利在战争中的可能性更大。此种遗漏导致英军难以很快适应战局。由于英军严格遵循罗林森和福煦的"有限"战术，适应越慢，则失去战机更加确定。

一整天来，英军没有派出预备队通过这处抵抗最为薄弱的区域，到了 7 月 1 日黄昏，罗林森只是命令所属之军以均匀兵力沿整条战线"继续进攻"。为此，罗林森将其左翼两个军调归高夫（Gough）指挥，但高夫充分相信，投入这两个分散的军重新进攻未被突破的防线，这是愚蠢之举。

时机已经相当迟延，黑格又决定以其更为成功的右翼在第二天实施进攻。然而，罗林森的"有限"战术理念仍然是英军的障碍。英军第 4 集团军司令再次下令进攻 N 形的上角蒂耶普瓦勒（Thiépval），但是黑格缓解了此等绝望的境况，右翼部队并没有进攻。然而英军右翼的按兵不动却束缚了其与索姆河之间狭窄走廊之间法军各军的行动。

索姆河以南的德军撤出了第二线阵地,法军攻占了可以俯瞰佩罗讷的高地。他们本可以更容易地向前推进,但一个计划不周的命令却导致其停滞不前,等待索姆河以北发起一次全面攻势。由于相当迂腐地贯彻线性理论,整个协约国军的进攻线实际上被自己的左翼所拖累,但其左翼已嵌入了蒂耶普瓦勒。

罗林森曾消极抗拒以不均衡兵力实施进攻的想法,当黑格解决了罗林森的问题之后,他又遇到了法军方面的新绊脚石。霞飞和福煦均一致认为,具有战略意义的防线优先于实际可以突破的防线。7月3日,福煦与魏刚一同前往博凯纳(Beauquesne),霞飞和黑格在那里发生了激烈的争论。霞飞坚持认为,黑格应攻占山脊左端,以此作为进攻右翼隆格瓦勒(Longueval)的第一步。黑格的实际论点是,他没有足够的弹药对德军整条防线发起有效进攻,而且隆格瓦勒的防线比蒂耶普瓦勒的防线更为薄弱,但霞飞并不为所动,他宣称如果黑格进攻蒂耶普瓦勒的话,他将面临失败。实际上,霞飞直接命令黑格执行他的计划,于是,黑格报告说,他对英国政府负责,将按自己讨论的战术执行。因此,问题只能按此处理。

两天之后威尔逊拜访福煦时,他听到了福煦关于霞飞与黑格会面的叙述。"黑格因其惨重的损失而极其沮丧……因此,他不太愿意再次进攻蒂耶普瓦勒-塞尔地区,而是建议在更南之地乘胜扩大战果。这激怒了霞飞,如福煦所言,他直接走向黑格,表现相当粗鲁。黑格说,当一位绅士与另一位绅士说话时,他不会插嘴。老霞飞说,他不会再与黑格讨论这个问题,黑格必须与福煦合作。"然而，根据其他在场者所述，福煦的叙述某种程度上夸大了争论的激烈程度。

威尔逊还说："整体而言，福煦对自己的攻势进展相当高兴，而不满意我军的进展，但不认为黑格理解了自己失败的原因，也就是说，在步兵进攻之前没有实施足够的炮火集中攻击。"福煦的批评虽说有些道理，但似乎忽视了一个事实，即他自己拥有的重炮数量是英军的两倍，而正面战线只有英军的一半。

尽管黑格下定了决心，但英军第4集团军右翼前面出现了长时间的战事沉寂，尔后，英军才准备好进攻德军的第二线阵地防线。黑格认为，在主攻之前，有必要步步蚕食周围山地的所有敌军阵地，开战间隔进一步拉长。

罗林森的态度发生了奇怪的逆转，现在他支持更为大胆的行动。黑格半信半疑地批准了罗林森的计划，即夜袭敌军第二线阵地，然后经过5分钟的密集炮击之后，在半明半亮的环境之下，实施突击。此种创新性战术获得突袭效果，英军一举而胜。除了德军的第二线右翼，这次进攻击溃了德军的其他第二线阵地。但是，由于投入兵力薄弱以及战线狭窄，只有4个师在4英里的战线作战，其效果也相当有限。而且由于法军不看好此次进攻，右翼法军并没有参战，英军面临了更多的不利条件。①

英军未能在初始阶段乘胜扩大战果，黑格重新采用了蚕食战术，现在此种战术已被抬高为确定而高超的消耗战略，由于错误估

---

① 此战史称巴朗坦山脊战斗（1916年7月14日至16日），罗林森的英军第4集团军伤亡9194人。——译者注

第十四章 1916年——魅影

算了德军的损失,从而强化了这种论调。接下来的两个月来,协约国军经历了艰苦的作战,进展甚微却代价巨大。两军的损失比以前更为均衡,而愚蠢的德军司令官下令任何军官胆敢撤出被摧毁的战壕一码,就要上军事法庭。因此,双方步兵都是大炮之下的炮灰,被"机枪"驱赶着参加作战。例如,在波济耶尔,源源不断的澳大利亚各旅连续20次进攻一处小阵地,6个星期之后,最终攻占了这处纵深只有一英里的狭窄舌状阵地。几乎具有同等执着的德军,也被迫实施反攻。双方的固执无法想象,莫此为甚。幸存者之间那些有着坚强之心的人甚至也在这个大熔炉里黯然失色。澳大利亚公刊战史里引用了一封信,可以概括他们的感受:"看在上帝的份上,为步兵的生涯写一本书,若此,即可阻止令人震骇的悲剧。"

英军已经错失了战机,而另一方面,法军却放弃抓住战机。福煦在等待英军左翼的过程中,代价更为巨大。当福煦获得更多资源,可以扩大进攻战线的同时,德军不仅增加了抵抗法军的力量,还构筑了新的防线,以取代先前被突破的防线。因此,延迟抵达战场的米歇勒(Micheler)第10集团军一部,部署在了法约罗第6集团军之右翼,但未实现预期目标。米歇勒的左翼部队吃掉了敌军第一线阵地的一部分,但法约罗所部未能深化已经获得的凸出部阵地。福煦准备让法约罗以最少间隔实施大规模反复进攻,以图软化敌军的抵抗力,但这种方案的效果从历史上和地形上而言,均无先例。如果英军7月中旬和8月底之间进展甚微,那么法军的进展也几乎无法预料。

福煦的部下未完成其下达命令规定的任务,与此相比,福煦无法向黑格下达类似的命令,更令其担忧。8月12日,威尔逊到维莱布勒托讷（Villers-Bretonneux）拜访福煦："福煦将所有秘密都告诉了我。首先，他对自己与黑格的关系并不满意。黑格总是彬彬有礼且和蔼友好，但没有告诉他任何事情，福煦与黑格之间的关系，还没有到可以无所不谈的程度，福煦也无法告诉黑格所有计划、期望以及经验……福煦想要知道，如何才能回到过去快乐的关系，而且想要我回来，但我们都知道这是不可能的事情。然后，福煦告诉我，昨天劳合·乔治过来找他，他们进行了长时间的交谈。劳合询问了无数的问题，为什么我们的战俘如此之少，为何我们占领的敌军阵地如此之少，为什么我们的损失如此惨重，这些都是与法军相比较而提出的问题。福煦给黑格找了麻烦，但赶不走黑格……福煦说，劳合·乔治的水平远在黑格之上，而且不认为黑格的地位十分稳固。"

威尔逊并不是唯一得知劳合·乔治与福煦这次谈话的人。福煦不失时机地告诉黑格，劳合·乔治让他批评黑格的战术，福煦忠诚地予以了拒绝。福煦此次善意地泄露了机密与1914年11月福煦希望通过泄密的方式像赢得弗伦奇信任那样也获得黑格的信任，这两者之间存在巧合，但也不足为奇。虽然福煦的努力并不是都能成功，但两名军事领袖在9月的关系肯定比之前更为密切。

随着凡尔登所需资源的减少，福煦的物质资源越来越充足。索姆河攻势开始以来，法金汉没有再向凡尔登派出新的师，由于缺乏新鲜血液，德军攻势日益微弱。

尽管黑格宣称遵循霞飞所倡导的消耗战理论，但经过两个月的验证，他的信念似乎发生了动摇。罗林森8月30日的日记写道："9月15日，就要将所有部队投入一场赌博之中，目标是击溃德军之抵抗,直抵巴波姆,总司令为此甚为焦虑。"然后又不合逻辑地说道:"我们手上没有预备队,除了疲惫不堪的部队,但是此次若胜,可能迫使德国人签订城下之盟。"

这次进攻以左翼部队为核心,该部已经组建为独立的第 5 集团军,由高夫任司令官。攻击总方向原为索姆河以北,但现在变为东北方向,罗林森的集团军为中央部队,而法约罗的集团军为右翼部队。为了给法约罗增加攻击力量,福煦向索姆河以北新增派了两个军,9 月,又增援了两个军。然而,5 个集团军挤在如此狭窄的空间,导致了堵塞,妨碍了移动,而且成了德军炮兵的密集目标。

福煦将其主要资源投入索姆河以北的同时,也安排在索姆河以南延伸其进攻的正面战线。福煦也不再等待黑格。在 9 月的第一个星期,当罗林森仍猛烈攻击前进,为"大进攻"确保一条笔直的进攻起始线时,米歇勒的集团军已经在绍讷(Chaulnes)附近突入德军防线,并向前推进了 3 英里,而且俘虏了 7000 名德军。9 月 12 日,法约罗在河北发起了总攻,几个小时之后,似乎有可能实现突破。但是,预备队未能抓住战机前进而扩大战果,也许是因为法军司令部惊讶于自己的胜利。9 月 15 日,当法约罗联合英军重新实施进攻时,兵锋遇挫,其失败严重影响了英军的努力。为此,黑格寄希望于新武器所隐藏的巨大威力,那就是坦克。坦克的发明者反复强调,在装备得到测试以及乘员经过训练之前,不应投入作战,而且大规模参战才能获得突袭效果。8 月,黑格突然改变了想法,决定将已经准备就绪的 60 辆坦克投入战场,以挽回索姆河攻势的颓势。坦克的发明者及英国首相虽然反对,但没有作用。黑格的决定不可撼动。

牺牲换来的却是平庸的战果。9月15日，英军虽然进展不太稳定，但前景光明，10天之后的一次新攻击，英军占领了梦寐以求的山顶沿线，而法约罗在罗林森右翼发起联合新攻势，所部占领了孔布勒（Combles）。然而，最后的结果却是，霞飞在月底决定不再以任何规模继续进攻。

但是，福煦和黑格均不愿松懈。现在英军已经占领了山顶，罗林森指出向山谷另一侧前进作战是愚蠢之举，但他的反对徒劳无功。秋季的雨水提前而至，这更强化了他的意见。德军的炮击使得地面变得泥泞，火炮和车辆陷入了泥淖，甚至轻装步兵也几乎无法前行，这进一步确定了罗林森的判断。此次进攻受阻，失败已不可避免，到了10月12日，黑格似乎意识到已无可能突破德军防线。

然而，福煦的进攻热情并未因大雨而减弱，正当黑格呈现一种松懈的趋势，霞飞出面干预以使其重新增援。10月16日，霞飞写信表示，由于局部进攻的效果甚微，"有必要重新采用战役一开始的战术"。他施压黑格实施"大规模和纵深攻击"。

霞飞得出这个令人惊讶的结论，其中一个动机是，由于部队未能经捷径进攻，只能长途奔袭，这是罗马尼亚所遇灾难的经验教训，其参战成为德军一个新的而轻松的目标。福煦相信索姆河的德军抵抗正在崩溃，但霞飞受其影响的程度有多大，尚不确定。在天气的影响之下，真正破灭的是霞飞的作战目标。

在霞飞和福煦的压力之下，黑格继续命令实施新的攻击，直到一名军长卡万勋爵[①]（Lord Cavan）询问是否有意牺牲英军右翼以助

---

① 时任第14军军长。——译者注

第十四章 1916年——魅影

法军左翼之功,并且尖锐地指出:"没有到过前线的人无法真正了解官兵们到底有多么疲惫。"其他军长的士气与勇气更为低落,在11月中旬之前一直实施小规模和无用的攻击。在最左翼的战事落下了帷幕,而高夫在博蒙-哈默尔(Beaumont-Hamel)出乎意料的行动使协约国占领了德军最初防线的一角,短暂出现了光明的前景。

法军方面的进攻并没有完全改变黯淡的战局。进攻结束时与开始时一样令人失望。因在凡尔登所受之长期压力,法国舆论非常疲软,既沮丧于己方之损失,也沮丧于对法国战绩之批评。尽管法军只是辅攻,但其在索姆河的伤亡达到了25万人,而英军的伤亡总数是41.2万人,这一数字相当于德军抵抗英法两军所造成的总伤亡人数。[①]"索姆河不要再战!"成为全法国的呐喊。

有所比较,方有回响,而此次更为轰动。法军利用敌军在凡尔登减缓压力的机会,在贝当的指挥之下,尼韦勒准备实施一次局部攻势,芒然(Mangin)的军[②]负责具体执行。10月24日,法军趁着浓雾发起了进攻,在失守8个月之后克复了杜奥蒙要塞,还俘虏了6000名德军。这次攻击引人注目,而且此地令人感伤,增强了其在法国公众中的印象。

11月15日,霞飞在尚蒂伊又召开了一次协约国军事会议,并决定在翌年2月初重新发起总攻。霞飞的计划是,法军在索姆河和瓦兹河(Oise)之间的广泛战线实施进攻,而英军攻击巴波姆和维

---

① 根据文特的统计,英国伤亡415690,法国伤亡202567,总计618257。德国总伤亡为434500人。根据米尔斯的统计,协约国军总伤亡623907人,德国为46.5万至60万之间。——译者注
② 即法国第11军。——译者注

米之间的地区。驻防兰斯正西的法军第5集团军随后协同进攻。

福煦一如既往无视泥泞和人的疲惫，急切在最早的时间恢复攻势。然而，法军总司令部越来越忽视福煦的意见，不仅仅是由于福煦受到了真正的批评，而且是由于福煦自己率直的雄心。他们称福煦"曾经是一名伟大的军人，但沉沦在自己过去的影子里"。实际上，尼韦勒这颗新星的升起，使福煦陷入了其阴影之中。在此情况下，福煦的雄心也暗淡了下去。法军总司令部的人总是很容易自欺欺人。他们同情地讨论了福煦的健康问题，悲叹地认为福煦在事故之后已经完全变了一个人，但如果他们问一下福煦的医生，则会获得不同的答案。福煦古怪的行事风格曾经被视为天才的典型表现，而现在被视为老糊涂的症状。

这些谣言传到了政治中心巴黎，那里批评福煦的动机更为直率。勒库利（Recouly）曾提到他与时任法国总理维维亚尼的一次谈话。勒库利说，霞飞和福煦遇到的反对意见越来越多，维维亚尼回答说："你不知道全部真相。福煦比人们想象的更加疲惫，而且病得更重，另外，你了解他多少？他是一个神秘的人！"

福煦失去了法国政府的信任乃不利之事，但却不是致命的。然而，对福煦的致命一击来自霞飞，他自己本身就是政客和公众舆论攻击的主要目标。他受了应有的惩罚，将星未升；他在去年忽视凡尔登的防御现在已广为人知，而且这次与1914年不同，霞飞不能攫取部属胜利反攻的桂冠。法国政府在整个夏天仍保留他的权力主要是将他作为维持公众信心的象征。只有到了秋季，对霞飞的批评声越来越大，他意识到自己的处境极其危险。

11月29日，法国议会发生了一次预兆不吉的辩论。一位知名议员在一片喝彩声中宣称:"霞飞之名不再是信心的同义词。总理先生,你想要将自己的命运与尚蒂伊的霞飞绑在一起吗!"

霞飞很快着手处理个人的危机,他企图牺牲福煕作为自己的替罪羊,以安抚愤怒的众神。一两天之后,霞飞与其一位亲信参谋在尚蒂伊的树林里散步。霞飞突然说道:"福煕是不是看起来真的病了?"这位参谋军官在霞飞面前享有坦率的特权,他开始笑了,回答说:"什么?将军,你也这么想?我以为只有卡斯泰尔诺将军的幕僚们会相信福煕病了。"霞飞微微一笑,什么也没有说。

根据潘勒韦[1](Painlevé)所言,法国政府与福煕的免职毫无关系,而是经霞飞明确而反复的请求。我们也知道,12月初,霞飞通知尼韦勒,将任命他为北部集团军群司令官,负责下一次进攻。这显然意味着福煕将被免职。几天之后,福煕得知了此消息。

数年之后,福煕笑谈了免职的理由:"当你想要杀你的狗时,你会开始说它已经疯了。这是一条相当悠久的古老规则,几乎没有例外。"但是,关于福煕当时如何看待免职,所存记录相互矛盾。福煕的一些密友称赞他的冷静以及在逆境中毫无抱怨的尊严,但很多亲历者却给出了不同的版本。原因也许在于,密友所说的是福煕在经历刚开始的震惊之后的态度,而亲历者看到的是福煕的第一反应。据说,他急忙赶往尚蒂伊,向霞飞提出了强烈的抗议,连相邻房间都可以听到他的声音。霞飞结结巴巴地反驳说:"你被撤职了,我应该被撤职,我们都应被撤职。"正如在南非战争时的斯泰伦博

---

[1] 保罗·潘勒韦(Paul Painlevé,1863—1933),两度出任法国总理。——译者注

斯（Stellenbosch），自战争伊始，利摩日（Limoges）[1]是众多被霞飞解职的法军将领的归宿。

克列孟梭曾回忆说，一个早晨，他惊讶地看到福煦来到他在巴黎的寓所，情绪甚是激动。福煦告诉克列孟梭，霞飞曾对他说："我是一个不如意的人。我也想像我对你所做的那样，以病去职。普安卡雷先生向我下令将你免职。我应该决不同意。但我妥协了。我请求你的原谅。"福煦将此消息告知克列孟梭之后，询问其该怎么做。克列孟梭建议福煦不要反责他人，而应予以服从，以待形势变化。

实际上并不是霞飞当面通知福煦被免职的，而是福煦的老朋友法国海军上将拉卡兹（Admiral Lacaze），他是代理战争部长。战后福煦承认他提出过激烈的抗议，并确认他曾经说过："我想要杀德国人，我想要杀德国人。如果政府想将我撤职，那就撤吧。但不应该说我病了，这是一个谎言！"

然后，福煦被问及是否愿意出任战区以外的职务，避免在战区接受自己以前的下级军官指挥。他回答说："这对我不重要。我要和作战部队待在一起。"战后福煦回忆，也许稍许夸张："为了避免调往后方，只要留在前线，我愿意指挥一个师，甚至一个旅。统率法国军人不存在任何降格之处。在我看来，一位将领奉命下沉指挥，如若拒绝，乃相当错误之举。"

然而，福煦并没有太过于丧失颜面。他也没有机会保留一个执行性的职务。相反，设立了一个理论性岗位，可以发挥福煦的咨询

---

[1] Limoges 与撤职的法语 Limoge 相似。——译者注

第十四章 1916年——魅影

天赋。霞飞设立了这样一个岗位,并提名福煦出任,因此避免了自己老助手的陨落。

但是,霞飞未能阻止自己的陨落,但是此种陨落是著名的军事现象,这与万有引力定律有所不同。12月12日,霞飞出任政府在战争总体行动方面的专家顾问。霞飞仍保留所有战线的总司令一职,尼韦勒出任"北方和东北方各集团军"总司令,这都是法军的野战集团军。然而,此时,形势迅速发生变化。12月15日,这一天协约国军按新方案协同作战,在凡尔登的这次新进攻作战收复了长期失守的另一块大片阵地,俘虏了9000名德军。由于这次进攻的胜利,公众的激情喷涌而出,淹没了一切对霞飞的抗议之声。几天之后,利奥泰将军(General Lyautey)从摩洛哥出任法国新政府的战争部长,但时间较为短暂。这位仁慈的殖民地独裁者无意任职,这将导致自己原有的权力永远得到削弱。这个新安排使霞飞成为一个战争部长与执行司令官之间的中间人,即只是传话办公室而已。利奥泰本来不同意。但霞飞被进一步提升上一个令人尊敬的虚职,从而消除了障碍。实际上是明升暗降。法国政府剥夺霞飞的一切权力之后,恢复了其元帅军衔,以慰其心,12月27日,霞飞成了法兰西第三共和国的首位元帅。

在此高海拔的地方,霞飞马上感受到了稀薄的空气。当他召集幕僚告别之际,询问是否有人愿意成为他的勤务官,只有一个人愿意,即备受折磨但永远忠诚的图泽利尔(Touzelier)。其他人散去之后,他静静地等待着,霞飞转向这位忠诚的军官,友善地称赞说:"可怜的老霞飞!该死的老图泽利尔!"

尼韦勒晋升为总司令,北方集团军群司令的位置空了出来。但是这次命运的车轮并没有让福煦重回指挥职位。相反，这个位置给了弗朗谢·德斯佩雷。

霞飞出任"专家顾问"没过多长时间，他成立了一个新的咨询部门，研究潜在战略问题。尼韦勒想让福煦主持这个部门，而保留着集团军群司令的空职，圣诞节前夕，福煦出任了这个"职位"。

第十五章 1917年——黯淡岁月

福煦得以留在了法军的战区,他选择了一个充满愉快回忆的地方。1915年至1916年夏,福煦将家人安顿在桑利斯(Senlis)郊外的一所房子里,而桑利斯本身也在巴黎市郊。无论何时,如有闲暇,福煦就到桑利斯,或者往返尚蒂伊途中也可以驻息于此。习以为常的人,现在自然会选择居住在桑利斯。

在福煦失意的这个冬天,房子并不是免费的,然而出人意料的是,福煦住在了福拉特酒店(Hotel Fautrat),并将贝勒加德酒店(Hotel Bellegarde)作为自己的办公室。在1914年德军第一次进军巴黎失败之后,他们站在桑利斯的街道上亲眼见证了敌军的侵略行径。他用大量徒步这种强体力活动来消除心中的愤怒之情。福煦在这里表现出来的精力与其身体恶化的传言完全相反。他无意静静躺在"死神沉睡的紫色裹尸袋里"。

桑利斯本身是一个具有象征主义的地方。如果没有同胞的支持,纳瓦尔的亨利(Henry of Navarre)就不会宣称:"我的生涯始于桑利斯这处宝地,由此驰骋整个法兰西王国。"在桑利斯,借着自己经久不衰的运气,还有其他人的不幸,福煦也很快走出了阴影,开始了恢复期,当敌军被驱逐出法国边境之后,方才能完全得以恢复。

当桑利斯春暖花开,万物复苏,福煦第一次短暂停留于此。两个星期以来,他都在制订"H计划",即反攻德军可能经瑞士的翼侧包围运动。1月12日,福煦将该计划呈交法军总司令部,得到了尼韦勒的批准。几天之后,现任东方集团军群司令官的卡斯泰尔诺离开法国参加一个协约国访俄使团。因此,福煦被派往孚日山脉暂时指挥卡斯泰尔诺的集团军群,这一临时任职特别证明了"H计划"与该防区存在密切关系。当福煦到职后,魏刚前往伯尔尼(Berne),与瑞士总参谋部讨论德军企图入侵时的应对措施。

然而,德军在精心筹划一次巧妙的行动,这是战争中流血最少,但却是最有成效的行动。德军没有任何伤亡,但挫败了协约国军1917年的战役计划,致使法国到了崩溃的边缘,也导致英国精疲力竭,使其在1918年面临灾难性危险。在协约国军方面,损失巨大,唯一受益的只是个人。若没有这一系列不幸事件,福煦的个人命运不可能得到逆转。

德军的这次行动是协约国军索姆河攻势导致的部分结果,也是当前德军主导战略思想的产物。兴登堡与鲁登道夫已经接过了法金汉的权杖,着手大规模重整德国的资源。与此同时,他们建议在军事上采取守势,但同意发动潜艇攻势,企图使英国屈服。他们险些成功,却致美国参战。在历史的明亮之光的照耀下,我们可以看到,德军的此种海军攻击产生的唯一政治结果是损害了军事防御的效果。1917年初德军精心谋划的撤退本已将协约国军诱至陷阱,现在也因此使其得救。

第十五章 1917年——黯淡岁月

为何会如此呢？德军面对协约国军的索姆河攻势，为了获得一个"安全系数"，鲁登道夫在向西南凸入朗斯与兰斯之间大突出部弦线构筑了新防线。1月底，为了挫败协约国军可能发起的新攻势，鲁登道夫安排全面而巧妙地逐次撤退到新防线，并为这些行动取了一个恰如其分的名字"阿贝里希"，这是尼伯龙传说中的恶毒的矮子。德军撤退后的全部区域均遭彻底毁坏，并到处散乱着爆炸性的诡雷。尽管德军在2月启动了第一阶段计划，从某些要点撤退，但全面撤退推迟到了3月12日夜，当时协约国军的进攻迹象已然明显。

面对德军放弃的阵地，协约国军的追击缓慢，而且由于协约国军指挥官很难相信其对手会愿意撤出阵地，这进一步迟滞了追击的进度。德军此举鼓舞了士气，与福煦的战术完全不同，德军统帅部值得充分赞扬。如果德军计划所依据的预测能够确定，其成效会更为明显。鲁登道夫当时构思此举不仅仅是一种自保行为，而且企图瘫痪敌军的进攻。其效果即使并非德军当时所愿，但却取得了令人惊叹的结果。德军致使协约国军准备的攻势陷入瘫痪，无力在预定正面的四分之三地区发起进攻。只有在阿拉斯和兰斯的最侧翼，才可以且将会发起攻击。协约国军宣称德军撤退不仅证明了索姆河战役的胜利，而且又是一场新的胜利，这简直是喜剧的巅峰之作！

鲁登道夫的撤退扰乱了尼韦勒实际计划的执行，但比此更为严重的是，其限制了霞飞计划中的攻势。霞飞明确将主攻任务交给了英军，尼韦勒企图为法军保持所希望的荣耀，于是在香槟地区扩大了集中进攻的规模和宽度。因此，当霞飞意欲只在兰斯和克拉奥讷（Craonne）实施进攻，而尼韦勒将进攻正面延伸至苏瓦松

(Soissons)。从实际执行的角度而言,此种变化并不明智,因为这涉及直接攻击险峻的贵妇小径山脊,即历史上著名的"猪背",其位于埃纳河以北。

如果仍由霞飞指挥此次攻势,所付出的代价将比尼韦勒的鲁莽攻击要小。但是,若在德军撤退之前行动,即可取得更多的战果,这也没有实际的根据,即使协约国军在2月发起攻击,也是如此。协约国军的资源不足,而且德军后卫以屡试不爽且威力强大的机枪迟滞追击,加之地形状况,抵销了德军准备不充分的不利局面。福煦在战后断言,如果霞飞和他不被免职,协约国军将在1917年战胜德国,这自然是自我欺骗的说法。回顾过去,福煦再次忽视了其脚下的地形。更为可能的推论是,如果1917年他没有被免去指挥职务,他将无可挽回地消失在历史的长河之中。相反,在福煦的生涯历程,乃是一系列事件贯穿着一连串不幸,他专注于解危济困,声望也来自于此。

在1月14日写成的一份书面文件中,尼韦勒声称:"只要我们愿意,就可以突破德军防线,但前提条件是我们不能攻击其最坚固的阵地,而且我们须在24小时或48小时内实施突然袭击。"正如德军在一年之后的表现,这个目标可以实现。然而,尼韦勒声称计划的成功需要满足一定的条件,而其拟定的计划未能满足这些条件。尼韦勒所写的文件充满了夸大之言和教条式的迂腐,除了相信奇迹的人,本不会有人受其蒙骗。

贝当就没有相信尼韦勒之言。因此,在初期阶段,他因反对而被解除了一切职掌,并将香槟地区的进攻任务交给了新抵战场的预备集团军群,其司令官为米歇勒,下辖部署密集的3个集团军,即

第十五章 1917年——黯淡岁月

马泽尔（Mazel）的集团军、福煦首任参谋长迪歇纳的集团军和芒然的集团军。[①] 当德军撤退的迹象愈发显著之际，法军却疑窦丛生。尼韦勒以冷漠的保证回答了质疑，他在埃纳河的有限主攻"不会受到德军撤退的影响"。利奥泰感到非常不安，以至于想免去尼韦勒之职，但是被人所劝阻，因为临阵换将会严重打击法军的士气。因此，利奥泰试图调和尼韦勒及其部署的关系，协调尼韦勒的意见与其部属尚存的疑虑，特别是黑格所部，在即将发起的攻势中，黑格所部将受尼韦勒节制。利奥泰显然希望自己可以控制尼韦勒。然而，他在法国众议院受到了不利对待，他们威胁要削弱利奥泰的影响力，于是他趁势提出辞职，致使内阁也随之倒台。

新一届法国政府的战争部长是普安卡雷。他是一个极其聪慧的人，对于尼韦勒计划的不信任程度，相当于对贝当判断的钦佩之情。但是他感觉自己卷入了一系列事件编织的网中。在进攻前夜免去尼韦勒之职几乎是不可能的，在世人看来，尼韦勒在凡尔登立下了显著战功，而且没有什么事情可以剥夺他取得更大战绩的资格，如果将这样一位指挥官免职，这一行为便是针对他的卑鄙阴谋。在保留尼韦勒之职的同时，又取消他珍视的进攻计划，面临着同等的困难，也极其不明智。因此，普安卡雷退而求其次，试图劝说尼韦勒修改计划，并留意执行指挥官们的反对意见。因为普安卡雷发现弗朗谢·德斯佩雷、米歇勒和贝当三位主要集团军群司令官认为，德军的撤退已经打乱了计划，现在实施突破已无可能。

[①] 马泽尔的集团军为法国第5集团军，迪歇纳的集团军为法国第10集团军，芒然的集团军为法国第6集团军。——译者注

然而，在尼韦勒坚定不移的乐观主义面前，普安卡雷本意好心的努力付之东流。尼韦勒产生了先前霞飞和福煦也有的幻觉。他确信胜券在握，宣称敌军的新防线仅仅是虚张声势，他可以击破敌军的前两处阵地，"并予敌重创"，最多三天，他的各集团军将在开阔地带会师，然后开始向莱茵河实施大规模追击作战。

法军先对德军阵地进行了长时间炮击，最后警告了已充分知晓法军进攻意图的德军，4月16日，法军在香槟发起了进攻。到入夜时分，法军只推进了600码，而非尼韦勒计划中的6英里。法军攻击部队在各处均陷入德军的机枪火力网之中。塞内加尔部队出现了溃散，他们因急于逃离战场而抢占了医疗列车。当晚，尼韦勒减少了攻击力度，仅限于贵妇小径的两侧地区。5天之后，唯一的战绩是芒然的集团军攻占了西侧的凸角，但这使得德军的阵地防线更加笔直。尼韦勒现在放弃了突破德军防线的努力，在牺牲12万人之后证明他自己的计划是错误的。现在他又重拾局部攻击的老套路，但是他失去了法军的信任，更甚于国家对他的不信任。虽然迟来，他的命运注定如此。①

为了平息不满，停止进攻，4月28日，法国政府任命贝当为法军总参谋长。由于担心给国际留下恶劣印象，法国政府没有想完全弃用尼韦勒。当尼韦勒违反自己的承诺拒绝辞职，许多内阁成员开始退让。但普安卡雷坚持立场，在法国总理的支持之下，5月11日，他将尼韦勒免职，由贝当继任。可是撤换尼韦勒为时已晚，并

---

① 此战史称尼韦勒攻势，主要包括圣康坦—阿拉斯战役、贵妇小径战役和第三次香槟战役。——译者注

第十五章 1917年——黯淡岁月

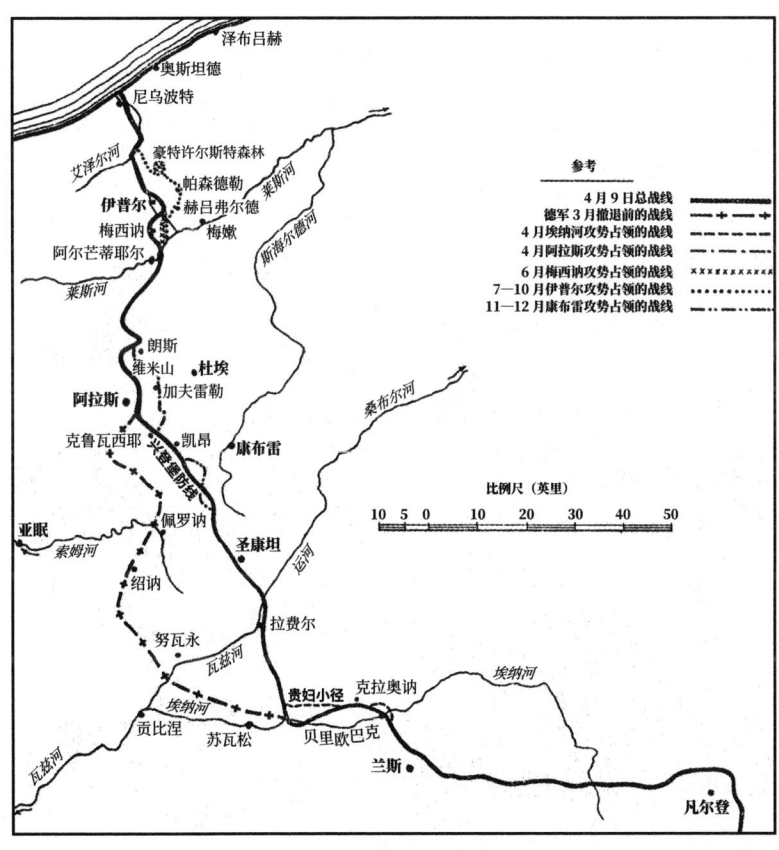

地图9　法国进攻战，1917年

未能防止兵变的发生,而且一直蔓延到了16个军,这场兵变主要是由于作战部队的醒悟,他们请求奉命返回前线,并喊出了心声:"宁守战壕,不要进攻。"

不久之后,贝当恢复了秩序。贝当对军事常识所秉持的信心,至少与其证明自己将准备解决各类不满那样,乃是一种强心剂。然而,恢复法军的进攻信心乃是一项更为艰难的工作。法兰西之剑已经如此疲钝,在贝当的领导之下,即使重闪光芒,也无法再变锋利。具有讽刺意味的是,实际上尼韦勒之所为打开了福煦重返权力殿堂之路。

潘勒韦新任战争部长后首先采取的一个行动是,派福煦率团出使意大利,潘勒韦对于福煦所具精神的钦佩仅次于他对贝当判断力的尊敬。福煦的任务是与意大利军总司令卡多尔纳商谈,若意大利军面临危险的攻击,这也是当时担心可能发生的事情,那么英法援军如何介入。4月8日,福煦在维琴察(Vicenza)见到了卡多尔纳,共同研究了问题。此次讨论明显具有预言意义,这次经历也让福煦甚为受用。然而,尼韦勒似乎不赞同由政府主动做出的此种紧急安排,因此他要求召回福煦。

4月15日,福煦回到了桑利斯。他从未发现无事可为更加令人煎熬。他在尼韦勒发起攻势的前一晚回国,这是他第一次没有参加进攻作战。他只是远离前线的旁观者。福煦带着刻薄的幽默将自己的角色比作"寻求社会地位的热罗姆·帕图罗(Jerome Paturot)"。还有一次,他赴宴之前开玩笑说:"我应该热情点,点上所有菜单。"但他内心却是心灰意冷,他失去了实权,没有勋章和荣誉的慰藉。此次赋闲之际,他的刚毅并没有打倒他。魏刚曾

第十五章 1917年——黯淡岁月

说:"欲窥某人灵魂之伟大,必见其在悲伤时刻的表现。福煦听到周围他人的痛惜,甚至是愤慨,他总是知足地表示'让一切都过去吧',说着这话的同时还配上我们相当熟悉的手势,以示挥走他不愿意看到或知道的一切事物。"

作为一个旁观者,福煦对于战局的判断肯定比一个指挥官更为准确。他以相当快的速度总结出了尼韦勒攻势的结果。4月17日,就在尼韦勒发起进攻的次日,威尔逊来访福煦,威尔逊此前一直随卡斯泰尔诺出使俄国,现在回来担任旧职,仍司责联络。"我们进行了一次长谈。福煦清楚地指出,主要由芒然的第6集团军挫败,尼韦勒已经失败了。福煦说,他知道第6集团军奉命进攻的德军阵地是不可能成功的,根据我昨天所见,我也同意他的看法。他认为这一切的结果是,尼韦勒将被免职,贝当将继任其职,而贝当将采用等待战术,以待已于4月6日对德宣战的美军抵达战场,即一年之后。我询问,协约国军会实际采用何种核心机构,他全力支持成立核心机构,愿出任法国代表。"

5月6日,福煦驱车前往贡比涅(Compiègne),他们又相谈了一次:"福煦4时30分就来了,跟我待了一个半小时。他要前往汝拉山(Jura)消磨时光。他没有担任法军总司令,令人遗憾。他不仅是法国最优秀的军人,教养颇佳,健康良好。我问福煦,如果俄国媾和,法国是否会诉诸武力,他说,这是肯定的,前提是法国政府给予明确的指引。"即将发生的法军兵变反映出了福煦的断言。

更值得注意的是,福煦并没有因为赋闲而有抱怨之言,那是他刚刚经历了一次新的挫折。贝当出任总参谋长之后,中央集团军群总司令一职空缺,但是福煦曾经在索姆河时的下属法约罗升任了此职。然而，潘勒韦并没有忘记福煦。5月10日晚上10时，潘勒韦召见了福煦，他告诉福煦，贝当替任尼韦勒之职，并请福煦在巴黎出任总参谋长一职。令人奇怪的巧合是，当晚尼韦勒急电召请威尔逊赶赴巴黎，他表示已经拒绝辞职，请求威尔逊帮助挫败贝当出任法军总司令的企图。尼韦勒像其前任一样，似乎迷信于威尔逊的权谋之术。但是这一次，威尔逊选择了中间路线。此乃幸事，因为如果威尔逊干预此事，可能导致讽刺性的后果，从而阻碍福煦重返权力圈。

福煦并没有急于接受这个职位。潘勒韦曾说过："福煦对于自己被免去了北方集团军群一职，仍然深感遗憾，耿耿于怀，因此，如果他可以选择的话，可以先出任集团军群司令，由法约罗来出任总参谋长。"潘勒韦和贝当表示"尽最大努力支持福煦的选择"，但仍希望福煦出任总参谋长，由于他在协约国军中的声望，认为他在总参谋长之职上比直接指挥部队更利于法国的事业。福煦于是妥协了，5月15日得到了正式任命。

因此福煦成了法国政府的专家顾问。凭借着亲和性以及个人品格，他的影响力在范围和方式上都稳步提升，但微妙地侵食了法军总司令的影响力，因为后者的位置以及行事方式与战场都存在遥远的距离。然而，福煦同意贝当关于当前战局的看法，而且全心全意支持贝当的应对措施，权力的天平发生显著的倾斜仍尚待时日。谈及战争时，"漫长、艰苦、必胜"成为福煦常挂嘴上的语汇。只有他重点强调的最后那个词，才让原来的福煦幸存下来，且使得新生的福煦与众不同。

当时，意志消沉和失败主义的乌云笼罩在法国上空，若隐若现

第十五章 1917年——黯淡岁月

着危险而不祥的兵变之兆。放眼世界，则危机四伏。英国周边的英吉利海峡和爱尔兰海峡被德国潜艇封锁，英国国内也是暗无天日，现在更是到了最危急的时刻，由于饥饿蔓延，不用几个月，将面临崩溃的危险。在俄国，由于涌现出了耀眼的红色力量，前景危险而光明。与其他国家不一样，俄国的危险正在增大而非降低。10月，布尔什维克推翻了温和的革命政府，这将是最后的致命一击，使西方协约国失去了主要的盟友。因此，当西方国家丧失了俄国的援助之后，东线的敌军得以调兵西线。

美国的参战是黑暗地平线上的一道亮光。美军到达的最初影响是加紧了对德国的海上封锁，也有助于缓解德军潜艇对英国的封锁。这导致了德国经济的最终崩溃，同时使得协约国负担沉重的经济形势得到了保障，他们可以从正在大规模生产的美国工厂购买到军火。但是，相对于美国的体量，美军的数量极少，初登战场之时，犹如一位拿着小刀的巨人。尽管这支小规模军队是好客主人所仰仗的主心骨，但对法国战局的影响仍然相当之小。

潘勒韦、贝当和福煦讨论的最初结果之一是决定请求美国在一年之内派兵100万。美军总司令潘兴（Pershing）于6月15日抵达巴黎，潘勒韦前去迎接，提出了这个要求和建议。潘兴应付自如，给华盛顿的美国战争部发了一封电文，使仍在思虑有限责任战争的美国战争部陷入了犹豫之中。

贝当将美国的最终增援作为思考未来作战的基础，他建议在1918年7月之前推迟任何大规模攻势，认为任何不成熟的努力都是毫无意义而且十分危险的。他将稳步实施防御作战，等待实现其远大计划的时机成熟，现在实施的局部攻击只是以较小的代价进行特定的突袭。他认为,若采取其他任何政策,都将不利于重新磨锐己剑的艰难任务。

先前秉承进攻精神的福煦也赞同贝当的意见。他已经摆脱了某些幻想。"经历4月16日战役的震动之后,幻想法军在几个月就可以发起同等规模的攻势,已经没有任何可能性了。"

法军新的军事联盟开始着手四个方面的军需发展计划,包括飞机、重炮、坦克和毒气弹。尽管面对法国总参谋部的反对,贝当以清晰的视野坚持订购了3000辆轻型坦克,这是至关重要之举。这些坦克在1918年7月的大反攻中证明了它们是重要的武器。同时威尔逊请求丘吉尔"不要操心坦克最佳范式的机械详图,那样毫无价值"。

英国领导人并不喜欢这个推迟进攻及准备1918年作战的计划。英国人并不认为这是一个宏伟的愿景,而是目光短浅而且犹豫不决的典型例子。威尔逊称之为"贝当的占着茅坑不拉屎派"。黑格和罗伯逊甚至更加反对这种等待策略。4月9日,英军在阿拉斯发起攻击,开局尚存获胜之希望,但很快势衰力竭,但黑格仍坚持无用的攻击,一直持续到5月初。尔后,黑格发现法军不能恢复攻势,遂决定实施梦寐已久的计划,将进攻重心转移至佛兰德。

在佛兰德的进攻失败之后,英军所力陈的理由乃是应法军之请,为解除法军面临之压力而发起了此次进攻。然而,实际上,法军并没有受到压力,德军在俄国崩溃而可以抽调预备兵力之前,其既无资源也无意图采取攻势。因此,英军的借口并不具有正当性。早在5月11日,贝当表示,他"反对黑格的进攻计划",5月20日,他告诉威尔逊"依其之见,黑格对在奥斯坦德的进攻必定失败,他

第十五章 1917年——黯淡岁月

想在奥斯坦德和泽布吕赫终结战事是徒劳的努力"。

英军的进攻动力来自两个方面。一方面肯定是黑格和罗伯逊相信进攻存在胜利的可能性，他们显然乐意接过其盟友急于卸下的包袱。另一方面是德军潜艇对英封锁的压力。德军的海上力量部署太过于紧密，致使英国领导人坐立不安，由于此种令人厌烦的压力，英国于是做出了本能的反应，即想做任何事情的本能，而非等待。因此，英国人相信，陆上的反攻可能减缓海上的压力。于是，世界出现了一个奇观，正如中立人士所言："世界最大海上强国的主战场在陆地，而最大陆军强国的主战场却在海上。"

劳合·乔治因力主实施更为猛烈的战争而执掌权力，自然迫不及待想证明自己所言非虚。然而他又声称，自己首先必须信服进攻乃是明智之举，罗伯逊和威尔逊"两人拟订方案供首相参考，主张进攻"。经过更为冷静的思考以及与福煦交谈之后，劳合·乔治随后企图阻止自己曾经支持过的战略。然而，黑格和罗伯逊以斗牛犬式的固执坚持己见。

6月2日，威尔逊见到了福煦，后者以强烈的语气谴责了英军的进攻计划。"他想要知道是谁让黑格'像鸭子般行军通过洪水泛滥区进攻奥斯坦德和泽布吕赫'。他认为整个计划都是徒劳无用、异想天开而且相当危险的……"福煦还告诉威尔逊"贝当并不特别想让"他担任协约国军各司令部之间的首席联络官。威尔逊于是提出了一个建议，即他可以出任英国驻巴黎大使馆的军事顾问，但福煦反对这么做，威尔逊为此痛心。"他不想我这么做，但他是我真正的朋友。"威尔逊自己也失去了信心，出现了动摇，而且很快就强烈怀疑英军的进攻战略。威尔逊访问了法国各地，而且会晤了克列孟梭,他说:"我喜欢贝当,就是因为他不会进攻。"这让威尔逊深感震惊,公平而言,这确认了威尔逊的疑虑。他也从福煦那里得知,法军能为黑格提供的帮助不是进攻,而是接防更多的防线,"英军和法军都已经精疲力竭"。

威尔逊孤独地返回英伦,暂时赋闲,他告诉黑格,他"绝对确信,我们应该尽力发起进攻"。除了威尔逊意欲迎合执着于进攻的黑格以外,很难理解此等"确信"的其他动机。

6月7日,英军发起了干净利落的初步进攻,其战备与攻击都同等迅速,占领了梅西讷山敌军阵地形成的小突出部。英军准备在伊普尔主攻之前,已经过去了将近两个月,敌军已经得到了充分的警告,存在足够的时间准备反制措施。7月31日,英军最终发起了主攻。① 持续的炮击毁损了排水系统,正如专家所料,地面变成了沼泽。连日的大雨让进攻者完全陷入了狼狈的境地。经过令人恐怖的3个月之后,英军的进攻失败在了帕森德勒(Passchendaele)的沼泽之中。在此期间,无谓的损失甚至超过了索姆河攻势。若说英军的进攻使敌军疲惫,英军部队也是相当精疲力竭,导致了次年春季的崩溃。

英方对于此次进攻最恰当的评论来自一个人,他很大程度上应对鼓励黑格坚持进攻负责任。为了摆脱英军总司令部枯燥无味的赋闲生活,当数月之久的战役结束之际,他首次到访战场,眼泪纵横,大声感叹:"上帝啊,难道我们真要送孩子们去打这样一场仗?"法方最恰当的评论则来自在徒劳攻势方面经验丰富的福煦本

---

① 即第三次伊普尔战役。——译者注

第十五章 1917年——黯淡岁月

人:"德国鬼子不好对付,泥泞很让人头疼,德国鬼子和泥泞遇到一起,啊哈!"

只有当黑格的进攻失败之后,他才批准在更为有利的新区域尝试新的战术,也就是长期以来主张的坦克集群战术。11月20日,英军坦克突袭了康布雷(Cambrai),以惊人的轻松和迅速在德军防线上打开一个口子。但是,英军没有预备部队攻入缺口,因为他们正陷在帕森德勒的污水坑里。

8月6日,即黑格展开攻势的一个星期之后,福煦来到伦敦,与里博(Ribot)和潘勒韦一同参加一个会议。福煦采取的立场是,主要的关注点应该是准备1918年的战役,尤为重要的是,"敦促组建一支美国远征军,并将其运至法国"。他主张"全面防守第二线正面阵地",而且支持重启长期被基奇纳葬身海底的远征亚历山大勒塔①(Alexandretta)计划,切断驻巴勒斯坦和美索不达米亚(Mesopotamia)土耳其军的铁路生命线。福煦有意削减萨洛尼卡的部队,而由希腊各师准备协助接防,但罗伯逊反对福煦所希望的撤军,认为这是牺牲巴尔干盟友的愚蠢之举。福煦现在摈弃了自己的军事经院哲学,对罗伯逊所感到愤怒,他就像黑格及其参谋长基格尔(Kiggell)一样喋喋不休且迂腐地反复唠叨着这样的格言:"在决定性位置部署优势力量。"当企图以此证明在佛兰德鲁莽集结兵力的正当性时,这听起来更为不切实际。

然而,当劳合·乔治依据卡多尔纳早前之建议,敦促派出英法援军开赴意大利,对奥地利实施一次有力的联合攻击,福煦则怀疑

---
① 伊斯肯德伦的旧称。——译者注

其价值，认为当时出兵已经为时已晚。由于罗伯逊的坚决反对，黑格否决了撤兵计划。而且最终派出了援军，但并不是为了打赢奥地利，而是为了挽救危局。我们可能会怀疑是否可以取胜，但毫无疑问，这是一场进攻，因而予以增援，若能及时实施攻击，将会阻止敌军的攻势，扭转灾难性的后果。

在伦敦时，福煦自然去见了他的旧友亨利·威尔逊，威尔逊在谈话中多次显露出了一个暗示，他"被人穿了小鞋"而无法获得任职。福煦将会议的结果告知了他，但似乎没有提到自己的主要建议，即组建一个"常设性协约国军事机构"以实现行动的统一。潘勒韦得到了指示，在8月6日与劳合·乔治和米尔纳（Milner）勋爵进行了长时间的讨论，力主"提名福煦为协约国军总参谋长"。劳合·乔治表示同意，但也说，关于同意提名福煦之事，他和米尔纳勋爵"在英国政府、议会以及陆军方面几乎是孤军奋战"。"有必要耐心等待，让他有时间准备好提出这个建议。"福煦毫不掩饰地嫌恶会议的低效，部分原因在于会议推迟了他的计划。但是，事情的发展却让他大松了一口气。

奥地利感到无法抵御意大利的再次进攻，遂向鲁登道夫求援，鲁登道夫于是派出兵力微薄的6个师组成的总预备队，准备给予意大利军突然一击。德军选择了卡波雷托（Caporetto）附近的一处薄弱的防线，10月24日，在浓雾的掩护之下，德军经过突袭攻破了此处防线。德军兵锋相当深入，割断了意军的动脉，其攻击也极其迅速，意军第2集团军的正面防线崩溃。意军的中央被德军突破，卡多尔纳只能从威尼斯突出部仓促撤退至皮亚韦河（Piave）一线，才保存了实力，但意军25万人被敌所俘。从地图上看，阿尔卑斯

第十五章 1917年——黯淡岁月

山和亚得里亚海之间威尼斯突出部犹如指向奥地利的一个紧握拳头的巨大轮廓，皮亚韦河一线则是手腕，而从特伦蒂诺（Trentino）过度向前延伸的前臂面临着危险，致使据守这个突出部的可能性更为复杂。敌军对轻装突击即获如此震撼的胜利，也深感惊讶，但缺乏预备队全力实施新的攻击，此乃协约国军所幸之事。而处境艰难的意军的援军正在从法国赶来的路上。

相较于英国同仁，福煦应对危机更为速度，表现更为优秀。10月26日，福煦他们得知了意大利惨败的严重程度。与福煦商量之后，潘勒韦致电卡多尔纳表示愿意提供帮助，以回应卡多尔纳的请求。贝当毫不犹豫地准备了4个师。与此相反，罗伯逊起初提出了异议。罗伯逊致电巴黎称，他认为在甚至不能确定意大利军是否存在的时候，派遣一支部队越过阿尔卑斯山乃是轻率之举，他不会承担此项责任。但是，罗伯逊又收到了潘勒韦和福煦的新电报，他们表示不管英军去不去，法军几个师都会前往增援，这迫使罗伯逊改变了主意。尔后，罗伯逊像往常那样哼了一声，最终同意了这个无法推翻的增援方案，于是派出了英军两个师。

此时福煦展现出了更有远见的卓识，他力主道："卡多尔纳所需的一切是军需、部队和抵抗防线，以阻敌军，这是无可争辩的事……而且行动胜于雄辩。不惜一切代价阻止意大利的灾难性失败进一步扩大，此乃协约国之利益。因此，协约国必须毫不延迟地在精神和物质方面支持意大利军。"

10月28日，福煦从巴黎出发，于10月30日在特雷维索（Treviso）与卡多尔纳会晤。福煦得知，意大利军已经撤到塔利亚门托河（Tagliamento）以南，可能继续撤向皮亚韦河一线。甚至守

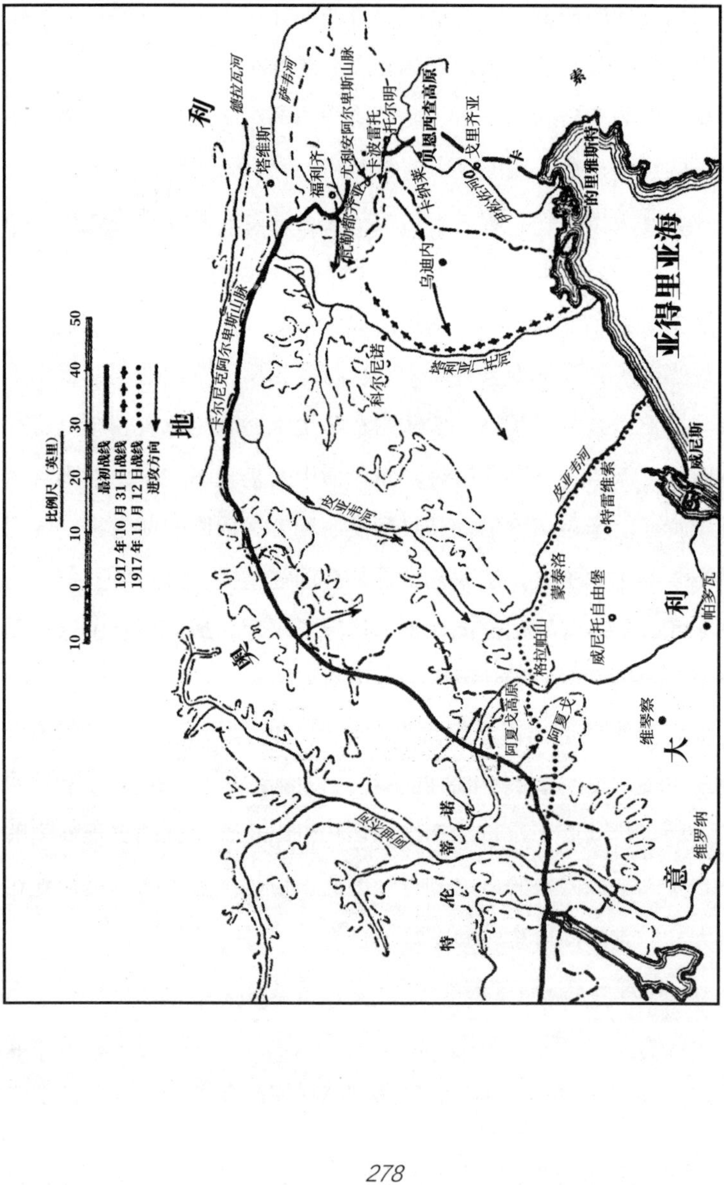

地图10 卡波雷托

第十五章 1917年——黯淡岁月

住这条防线的可能性也很快变得极其渺茫。在此混乱的局面之下，特别是福煦听说奥地利有迹象从特伦蒂诺袭击意大利军后方，福煦不愿意将法国援军推入"混乱之中"。为了警戒防备此项危险，福煦命令法国援军在布雷西亚（Brescia）和维罗纳（Verona）下火车，而非进一步向前推进。

与此同时，正如在1914年的伊普尔那样，福煦采用了他的典型作法，以图通过言辞和姿态强化意大利的抵抗力。福煦的方式对意大利人并不像对英国人和比利时那样有用，他旋风式的行事风格挫伤了意大利人的自尊心。根据公开的福煦对卡多尔纳的劝告语中，也许缺乏一些技巧："保卫意大利，不是依靠河流防线，而是贵军士兵的胸膛。"福煦主张，即使所部不得不撤退至西西里岛，也会战斗到最后，当意大利国王听到此语，与先前比利时国王的反应一样，可能会感受到伤害，所以福煦得到了简短利落的回复："我们不可能撤退到西西里岛，我们将在皮亚韦河阻止敌军。"尔后，福煦再次散布他的另一项意见："意大利防线是一道墙，但不是石墙，而是泥墙，而且天就要开始下雨了！"福煦的受欢迎程度在敏感的意大利人之中并没有得到提升。他所说寓言的含义并不总是那么明确。

福煦短暂拜访了意大利第3集团军司令奥斯塔公爵[①]，然后抵达了罗马，又在那里游说了3天。紧随福煦来到意大利的罗伯逊已经到了罗马。罗伯逊是一次更伟大的意大利朝圣之旅的先行者，他从英国出发来到意大利，帮助福煦实现了这次朝圣之旅的目的。

---

① 即埃曼努埃莱·菲利贝托（Emanuele Filiberto）。——译者注

组建一个协约国军战争指挥机构的计划已经酝酿已久,在卡波雷托的两个星期里,此项议题成了棘手之事。意大利军的灾难性失败是进一步推动公众舆论的良机。在罗伯逊离开伦敦前赴意大利的一天之后,潘勒韦赶往伦敦,与劳合·乔治达成最终协定。最高战争委员会由各国首相或总理及一位部长组成,另委任一名常任军事代表提供咨询和负责计划拟定。一个待解决的细节问题是确定最高战争委员会的所在地。英国反对选择设在巴黎,最后妥协的结果是选定了凡尔赛。在选任军事顾问的问题上,再次产生了分歧。潘勒韦想让福煦出任常设军事代表,且不耽误他担任总参谋长。但是,这个方案并不合劳合·乔治的心意,他的目的是创设一个战略性机构,可以否决自己总参谋长罗伯逊的意见,劳合·乔治已经非常不信任罗伯逊的狭窄视野了。在英国赋闲的威尔逊则具优势,他成了劳合·乔治的提名人。他以极大的弹性放弃了决战西线的极端信念,而代之更宏大的理念,以调整适应英国首相的想法。

法国和英国政治家现在动身去见意大利同仁了,于是在拉帕洛(Rapallo)再次讨论了这一难题。从罗马赶来的福煦敦促潘勒韦为自己能一肩挑两职再努力一次。然而劳合·乔治坚持己见,认为军事代表必须保持独立判断力。他巧妙的言说扭转了局面:"从个人而言,如果我不认为福煦将军既是法国政府的顾问,又是英国政府的顾问,那我会感到失望。"因此,11月7日,各方签署了《拉帕洛协定》,最高战争委员会成立。

此次会议的另一项结果是剥夺了卡多尔纳的指挥权。福煦在这个问题下施了重压,并提名奥斯塔公爵,但意大利选择了迪亚兹(Diaz)。他精通士兵的人性,对意大利的贡献就如贝当对法国

第十五章 1917年——黯淡岁月

的贡献,以同理心和实际判断力相结合,以激发信心,重振士气。但是,他的第一次经历令人不安。福煦、魏刚和威尔逊到达帕多瓦(Padua)的意大利军总司令部,发现新的总司令尚未到任。意大利军总司令在11月9日早到达岗位,没有带来个人幕僚或行李,经过一整夜的赶路之后,在他有时间做些什么之前,又得召开会议,三方交叉审议他的计划和部署。在如此困难的情况下,他的心情难以平静。因此,当福煦以惯常的热情与迪亚兹谈话时,迪亚兹开始显露出了不满。但是,威尔逊总是能在混乱状态中竭力而为,成功息事宁人。

迪亚兹向协约国诸将领保证,他将不惜一切代价坚守皮亚韦河防线。但是,说起来容易,做起来难。其右翼的蒙泰洛(Montello)和格拉帕山(Monte Grappa)地区都是特别危险的要点。威尔逊认为意大利军将不得不撤退,但福煦给了迪亚兹一张便条,这是他在第一次伊普尔战役时的典型风格。11月11日,协约国军内部发生了激烈的争论。迪亚兹宣称,确保以上防区的最佳策略是法军各个师向前推进,并大声读出了意大利总理的来电:"由于协约国军距离危险的前线如此之远,意大利的公众舆论已经出现了不利的局面。"然而,这次福煦没有想用他的"泥土"去构筑"泥墙"。他拒绝法军沿着挤满车辆和难民的公路前进。他希望在实现另一次突破之后,以其所部实施反攻。

次日,各方再兴讨论。威尔逊在其日记里写道:"福煦和魏刚开始为我们的4个师确定了下火车的时间,他们要求全部4个师在11月19日下车,这样做他们才会完全满意。但是,我拒绝参与修建这种'空中楼阁',我们调兵是来帮助迪亚兹的,他相当明白事理。有趣的是，几个小时之后，卡万给我发来一封电报称，他的第二个师到11月22日和23日才能准备完成。我将此电文抄送了福煦。"

11月17日，威尔逊返回英国，但福煦还是留在意大利。次日，福煦收到意大利总司令部拿过来的一打文件，内容是如果有必要撤到波河（Po）和明乔河（Mincio）应采取的措施。福煦似乎得出结论，此种自发的预防性措施意味着确定的撤退意图。他向迪亚兹提出了强烈的抗议，又交给了他一张便条，其开头写道："唯一的想法是应该鼓舞每一位战士不要再放弃祖国的一码土地。"接下来的几天里，他继续向见到的每一位意大利将领和政府部长游说，直到11月23日，他收到了召他返回巴黎的电报。一个星期之后，在英法部队接防一部分阵地防线之前，战事就结束了。英法部队和平离开了意大利。因此，意大利以一己之力独撑危局，守住了皮亚韦河防线，阻止了德奥联军的进攻，如果说要有帮助的话，那也是敌军遇到了困难。福煦肯定对意大利军的指挥层也进行了一如既往的道德游说。但其效果是否好于伊普尔对英军的鼓舞，尚存疑问，但是意大利人对此表现出了更大的怒气。而且在伊普尔的时候，福煦尽其所能派兵"弥合"英军的防线，而对于意大利防线，福煦没有派出一兵一卒。

福煦回到法国之后，他发现面临着新的形势。潘勒韦政府因法国政坛常见的一项琐事而倒台。《拉帕洛协定》未能实现法军指挥层对于其他协约国军队的领导，因此法国人没有产生足够的热情，从而无法消除影响法国议会在辩论投票时表现出来的轻微不满。结果，长期猛烈抨击政府的克列孟梭接管了政府的权力。

第十五章　1917年——黯淡岁月

克列孟梭对于最高战争委员会几乎没有什么热情,这是他所憎恨的另一个委员会而已,可能危及法国对于战争的领导地位。起初,他似乎想改变最高战争委员会的组成,以让贝当和福煦都能以法国官员的身份参加。这意味着黑格和罗伯逊也以类似的身份代表英军方参加,劳合·乔治不喜欢这个想法,更不用说,威尔逊也会反对这个方案,他刚找到了一个安全的锚地,如此而为,他又将陷入漂泊不定的状态。

克列孟梭最终选择了一个巧妙的方案。他任命魏刚出任法国代表,而福煦仍留任法军总参谋长。英国自然认为法国此举乃是将凡尔赛军事委员会变成法军总参谋部的传声筒,最终将由克列孟梭控制。英国选任威尔逊作为其代表,不仅仅是出于让他独立行事的想法,而且使其作为罗伯逊的竞争对手,如果最高战争委员会被克列孟梭控制,英国的影响将被削弱。在最高战争委员会成立之初的几个月里,各成员在背后角力的时间多于团结前进的时间。

顺便说个题外话,有时这种相互不信任有其幽默的一面。有一件事证明了福煦的幽默感。法国曾建议,他们的速记员足以记录下所有代表的讨论。威尔逊立即将身子探过桌子,握住美国代表布利斯将军(General Bliss)的手说道:"我们的速记员做不到,但我们坚持用自己的速记员。"然后转向福煦问道:"你听懂我所说的吗?"福煦没有或者假装没有理解。因此,威尔逊带着顽童式的坦率说道:"好吧,我说的是我们不同意由法国速记员来记录所有代表的讨论,我们暂时不信任你们小法国人。"福煦笑出声来了,享受对自己所开的玩笑。协约国之间总是在博弈,充满了智慧的较量,如果太认真看待他们的争吵,可能会是一个历史性的错误。

然而，当协约国在会议桌上唇枪舌剑之际，敌军正在极其认真地准备一次兵力调动。自11月初以来，德军从东线到西线的运兵列车逐渐增多，在俄国投降后，兵力输送速度更加迅速。在1917年战役开始时，西线协约国军对德国的兵力比例大约3∶2。到了1918年1月底，德军兵力已经占了优势。德军的师数量已增加到了177个，还有30个师将抵战场，而协约国军的师数量下降到164个，但不包括现在已抵达法国的4个美国师。

德军威胁的严重性未得到全面评估，而且到了1917年底，英国的军事热情突然降低。在军事顾问的热情鼓动下，英军经历了如此漫长的进攻战，而且最近才刚结束攻势，英国内阁应缓慢调整自己，适应变化，这也在情理之中。英国内阁还记得，尽管英军具有兵力优势，但其进攻却经常失败，他们需要消除此间的疑虑。这样所造成的不利后果是，英国担心再次浪费生命，而不再派遣援军。

相反，贝当迅速而可靠地评估了形势。他再次强调了自己在11月提出的意见，即协约国军应在1918年夏季之前采取等待战略，到那时美军的兵力和法国的军需要求将得到满足。

当务之急是，在1918年夏季之前，贝当如何守住防线。为此，他坚持认为英军应将其正面防线延伸至贵妇小径东端的贝里欧巴克（Berry-au-Bac）。根据英法部队的兵力比例，这是一个不合理的要求。关于进攻凡尔登还是攻击英军防线方面，德军高层的意见发生了分歧，但似乎我们对此知之甚少。

英方则反对贝当的意见，而且得到了克列孟梭的强烈支持，英方认为，他们必须守住最重要和最危险的区域，保护渠道渡口，密切接近海岸，若防线被敌突破，也会消除回摆的空间。由于黑格固

第十五章 1917年——黯淡岁月

执地反对将英军防线延伸至比瓦兹河更远的地方,克列孟梭和劳合·乔治也同意黑格的意见,于是,根据威尔逊的提议,各方将此争议呈交凡尔赛的委员会[1]。威尔逊在其日记里兴奋地吐露说:"这是一个划时代的决定,真正使凡尔赛的最高战争委员会成了最高(军事)咨询机构,也成了一个最高执行机构。我跟"老虎"[2]说,我对他相当赞赏,也喜欢他,他说他也喜欢我!"克列孟梭称凡尔赛的委员会乃是真正的"威尔逊先生",着实又恭维了威尔逊一番。然而,威尔逊很快发现,他只是一个傀儡,更为准确地说,他是"老虎"的傀儡。

凡尔赛的最高战争委员会适当地安排了一个折中方案,黑格所部将接防瓦兹河和贝里欧巴克之间大约一半的防线。黑格和罗伯逊强烈反对。一个星期之后,威尔逊突然惊讶地听到,黑格已经直接去找了贝当,并达成了解决方案,黑格只将其防线延伸至瓦兹河正南的巴里西(Barisis)。这是贝当做出的一项显著让步,回溯既往,我们会对贝当的互助精神表达敬意。这意味着黑格延伸的防线总长度只有约14英里。鉴于这个事实,后来将英国的失败归结于防线的延伸,就变得荒谬了。而且称政客们逼迫黑格违背己愿且超出资源所及而延伸防线。

防线的问题解决了,另一个问题又成了争论点,也就是面临德军即将发起进攻时的联合行动问题。英国再次成了拦路虎。回到11月份时,贝当就提出:"统一指挥是胜利的条件之一。"应任命

---

[1] 即最高战争委员会。——译者注
[2] 老虎是克列孟梭的外号。——译者注

一位最高司令官统御计划和控制预备队。贝当表现出他已经以最充分的准备接受最高司令官的指挥。5月，他支持福煦出任总参谋长，尽管这将必定会限制自己的权力。10月底，他特地去了一趟伦敦，向劳合·乔治保证，他会批准一个最高协约国军机构，并让福煦前往任职。11月底，他赞同了美国代表豪斯上校（Colonel House）和布利斯将军提出的建议，即赋予凡尔赛的军事委员会执行权，并任命一位执行首脑。此事的背后，虽然笼罩着个人野心的影子，但贝当的自我牺牲精神一度引人侧目。这个影子就是国家的野心，而非自己的个人野心，这反映了贝当非常清楚，只有法国人才有可能出任执行首脑。英国具有反对的动机和正当理由，这也是确定的。此乃"正面我赢，反面你输"的典型例子。

亨利·威尔逊积极推动实施自己提出的核心预备队方案，如果某人认为他会牺牲自己国家的利益，就不觉得这是他个人的无私奉献。当罗伯逊来到凡尔赛，就所拟方案提出了意见，表示他和福煦应控制预备队，威尔逊深感苦恼。翌日2月2日，协约国各部长正式组建了执行委员会，由其控制一支协约国的总预备队。其成员是最初的各国军事代表，但克列孟梭用福煦替代了魏刚，并由福煦主持该委员会的工作。威尔逊当晚在其日记里写道："罗伯逊反对到底，但惨败而归。我疑惑他是否会辞职？"

英国内阁内部爆发危机的几天之后，威尔逊终于如愿。威尔逊表示愿意出任帝国总参谋长，罗伯逊则作为自己的下属派驻凡尔赛，或者自己仍留在凡尔赛，但职位应独立于罗伯逊。这确实是双重让步！最终的决定是，威尔逊成为帝国总参谋长，而罗伯逊则留在国内坐冷板凳，另派罗林森前赴凡尔赛，不久之后，罗林森也效

第十五章 1917年——黯淡岁月

仿前任的主张,与帝国总参谋长唱起了对台戏!

执行委员会必须解决两个主要问题,即1918年的作战计划和总预备队的组建。第一个问题是抽象的,尚未落地。而第二个问题是具体的,却已烟消云散。

福煦呈递的解决方案,我们应该可以预料。在承认德军可能发起攻势的前提之下,他提出:"我们应该以这样一种态度应对德军的可能攻势,完全不能消极对待,而应该在协约国军坚定决心的鼓舞之下,抓住每一次战机,让敌人按我方的意志行动。只有在可能的时候发起进攻,才能实现这个目标。"如果敌军进攻,协约国军应当"不仅阻止敌军的进攻,同时就地反攻",而且协约国军还应该在前线的其他地方发起攻势。若敌军未进攻,协约国军应针对有限的目标主动实施攻击,以"消耗敌军,并保持我军之战斗精神"。在上述两种情况下,协约国军应准备在一出现有利战机之时,"针对决定性目标发起一次联合攻势"。

1918年1月21日,魏刚向凡尔赛的最高战争委员会呈交了福煦的计划,其他成员倾向接受威尔逊的相反主张,即1918年任何一方均无法在法国获得优势地位,因此协约国军应集中力量歼灭土耳其军。魏刚最终说服他们采纳了福煦的意见。福煦也亲自向黑格和贝当说明了自己以进攻阻止敌军攻势的想法。在1月24日召开的一次会议上,福煦引用了1916年的例子:"我们能够阻止德军在凡尔登的进攻,不是我军的抵抗,而是我军在索姆河的进攻。在可以预见敌情且事先准备充分的情况下,以进攻阻止进攻是可行的。"他还说,在计划此种作战时,"整条战线必须视为一个整体,不是法军是一条战线,而英军又是另一条战线。作战计划必须设想英法两军在同一战场之上团结起来准备进攻作战"。

贝当回答："现在的形势与1916年的形势已然不同。"德军已经拥有了足够的兵力,可以"同时或连续在三处地方发起进攻,而且每处要点的攻击都会比凡尔登更加猛烈"。"如果德军进攻一处,我们可否发起反攻?"如果反攻,贝当认为,敌军的下一次进攻可能会发现协约国军已经没有预备队应对他们了。

然后福煦说,准备这样的反攻并不意味着在固定时间发起进攻。但是,大规模作战比局部反攻要更好。对此,贝当称,他原则上同意,但他没有多余的预备来实施反攻。黑格插话说:"把萨洛尼卡的部队还给我们,那就可以开始进攻了。"

英法两军指挥官都认为,他们只能进行局部反攻,任何大规模的进攻作战必须依赖于美军预备部队的到来。当时出席会议的潘兴抓住机会强调说,美军必须拥有自己的防线,"作为一支独立的部队,不能只作为预备队调来调去"。潘兴表示美军部队的到达取决于海运船只的数量,他还抱怨说,法国未能提供铁路设施和军用装备。

福煦表示惊讶,他说:"没有人将这些问题告诉我啊。"因此,贝当插话说:"你不能等着这些事情引起你的注意,而是应该四处看看,找找问题。"然而,正如我们所见以及潘兴所知,此等具体琐事并没有进入福煦的视线范围。若分析福煦早前几年的所为,潘兴在其回忆录中披露说:"在我跟福煦谈及我们面临的问题时,他似乎从未表现出兴趣,我怀疑当时他是否曾有思考、了解或关心我们的组织,或者我们的补给和供应问题。"这并不足为奇了。

如果关于美军增援的争论并没有其他目的,这确实浇灭了贝

第十五章 1917年——黯淡岁月

当和黑格抽调预备队实施福煦计划的希望。于是,福煦带着失望之情,释放出了自己的情绪:"在这种情况下,我们只能准备权宜之计应对敌军的攻势,我们没有准备全面而猛烈的反攻。"

福煦不甘于自己的计划被否决,于是在2月2日举行的最高战争委员会会议上再次提出了他的计划。这也导致他更为激烈的主张,即有必要组建一支总预备队,并置于执行首脑的控制之下。这次他为实现目的扫清了道路,正如我们所述,福煦奉命主持执行委员会工作。然而,福煦意欲使用总预备队实施进攻,由于他的这个意图已经为人所知,遂成为黑格和贝当反对组建总预备队的一个因素。

与此同时,威尔逊正在凡尔赛进行作战推演,反复向协约国的政治家和将领们展现他的战绩。他喜欢让其一部分参谋把军帽帽檐转到背后,扮演敌军,以帮助他们站在敌军的角度进行思考。这不是威尔逊第一次迷信外国头饰的魔力。在作战推演中,他自己深感满意,而且表面上也得到了访客的赞赏,推演结果表明,德军将于6月在拉巴塞和康布雷之间的战线发起进攻,但必定会被击退。3月21日,德军实施了真正的攻击,但只有德军的右翼触及推演的区域,而且也仅仅此区域的南部。令人奇怪的是,该区域北部属于整条英军防线的一部分,而在这一年,德军从未攻击过此地。值得提及的是,黑格的情报机构更为准确地预计到了3月对圣康坦(St. Quentin)的进攻,但是低估了德军攻击的兵力及战线宽度。而此种低估可以在一定程度上解释为何罗林森发现黑格如此"充满信心"。

在凡尔赛的最高战争委员会执行委员会确定总预备队的兵力为

30个师，其中法军13个或14个师、英军9个或10个师以及意大利军7个师。预备兵力大约为协约国军总兵力的七分之一，各国派出的预备队原则上仍驻防在本国军队的防区。2月6日，福煦呈请各国总司令派出各自的预备队，困难于是开始出现了。迪亚兹同意派出6个师，只比其配额数量少了一个师。贝当的反对更为强烈，当他提议将自己的承担配额减少至8个师的时候，福煦令人惊讶地接受了。黑格是一个更难对付的麻烦，而在他的坚持反对之下，组建总预备队之梦破碎了。

黑格立即告知众人，他宁愿辞职也不会放弃57个师的任何一个，而其中众多师兵力自秋季攻势以来一直达不到满编。但是，在将近一个月时间里，黑格并没有直接答复福煦。福煦要求黑格书面回复，3月2日，黑格明确予以拒绝，表示他的兵力已经部署应对敌军的进攻，据此他的所有师都承担了任务，无法向总预备队抽调一兵一卒。黑格反而全面批判了执行委员会的预测和计划。当黑格以此强烈的批评反击福煦时，他依仗的是背后强大的支持力量，他不仅知道贝当反对福煦，而且得到了驻凡尔赛罗林森的支持，另外，"老虎"更是富有同情心地倾听了黑格的诉说。克列孟梭一直站在黑格这一边，因黑格准备辞职也不愿派出一个师而感到印象深刻，他也理解黑格不喜欢执行委员会指手画脚。克列孟梭更倾向于采纳黑格的意见，因为这与其越来越信任的贝当的想法类似。

面对黑格的拒绝，福煦决定上诉至3月14日在伦敦召开的最高战争委员会会议，此时刚好是德军发起进攻的7天之前。福煦抵达伦敦之后，他也试图劝说威尔逊命令黑格贡献其配额数量。

最高战争委员会开会时，福煦提出了他的请求，黑格解释了拒绝的理由。劳合·乔治不愿意施压黑格，于是拟订了一项决议，若在法国的协约国军无师可调入总预备队，那么在意大利的协约国军各师可以考虑作为总预备队的核心部队。这保住了执行委员会的颜面，但也使其权威性成为一个笑话。然而，克列孟梭迅速接受了这项决议，没有给福煦回应的机会。当福煦试图抗议时，克列孟梭简短地说道："安静。我才是法国代表。"福煦所能够做的一切，只能是推动克列孟梭："会议需要解决的问题显然是组织一个执行委员会，但似乎第一件事就是剥夺执行委员会的一切执行权力。"

福煦离开了会场，回到丽兹酒店自己的阿喀琉斯帐篷①，他并没有生气，而是起草了激情洋溢的长篇抗议信。但是，经过与威尔逊商量之后，他修改缩减了篇幅。在会议第二天快要结束的时候，他提高嗓门，要求正式抗议面对德军的进攻毫无准备的协约国军，而且执行委员会毫无权力，这些应当记录在案。然后，福煦感到心酸，带着不祥之感启程回到了巴黎。在战争期间，除了尼韦勒的短暂插曲，他还没有经历如此没有权力的状态。

---

① 阿喀琉斯是希腊神话中的英雄人物，他随阿伽门农东征特洛伊，因战利品被阿伽门农所夺而发生争吵，他感到自己的荣誉受到损害，便退居到自己的帐篷，长期不参加战斗。——译者注

第十六章　暴风雨来临

3月20日夜幕降临，地面上持续一天的团团薄雾变得浓厚起来，扩散成了浓雾，笼罩在皮卡第的丘陵地带。在太阳西沉之前，犹如一个朦胧的红球，战线弥漫着恐怖而又神秘的肃静之气。身着褪色卡其布军装的官兵，站在一条前线之上，拿着钢制汤盘举过头顶，这条前线现在有意被降格为观察哨所链，但几乎什么也看不到和听不到。这一年里，无人之地的范围来来回回变化，现在维利式照明弹之下，什么也没有。但在另一条战线后方的公路上，无数纵队的官兵正在行军，他们身着土灰色军服，戴着暗黑色且沉重的煤斗式钢盔，看上去犹如来自中世纪的盔甲幽灵。

在午夜前不同时间，一条令人捉摸不透的警告命令"准备攻击"，传达到了坚守在高夫第5集团军受威胁阵地前线的部队，这条防线向北延伸经过宾（Byng）第3集团军据守的阿拉斯。在如此宁静的前线，此项命令看起来不可置信，令人无法平静，此乃反常的不祥之兆。现在黑暗时刻成为紧张的等待时刻。

那些当晚坚守在观察线及其后方几百码处的第一线抵抗线的众多官兵是不幸的。后方层层构筑了圆形堡垒，形成了营预备队和旅

第十六章 暴风雨来临

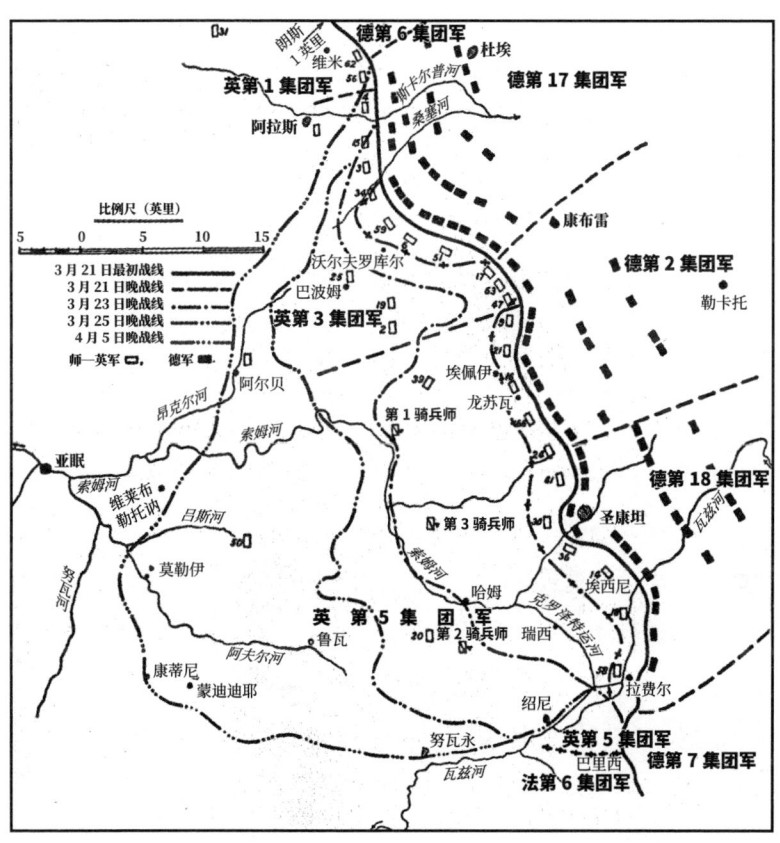

地图 11 德军攻势，1918 年 3 月

预备队提供支援的战斗基地,而据守这些堡垒的官兵看起来会幸运一些,但实际上也没有。

3月21日的寒冷早晨,即4时30分左右,他们收到了紧急命令:"所有人进入战斗位置。"他们从地下室蜂拥而出,破门冲入雾色之中,意想不到的弹雨突然落到地面,炸得四分五裂。然而,更危险的是,数不尽的毒气弹无声无息地从笼罩的黑暗中落了下来。德军4000多门炮一齐轰击,暴风雨降临在了英军防线之上,其规模之大、震撼之强、毁坏之广,超过了以往任何战争。①

德军炮兵集中攻击了英军炮兵阵地和后方区域,持续两个小时。德军在得到迫击炮的增援之后,重新开始炮击,企图将英军战壕轰得粉碎。大地一直在颤抖,地上的泥土飞向空中,夹杂着人的残骸。炸起的泥土落入下沉的战壕,其底部急剧抬高,最后弹坑比战壕提供了更好的掩护。官兵因炮击导致脑震荡而麻木无力,然而神经从未如此痛苦,活下来的人蹲伏着,视而不见,听而不闻。几乎所有的电话线都被炸断,无线电设备被摧毁,而且大雾迷茫,即使在苍白的日光之下,也不可能看清视觉信号。因此,德军占领和摧毁了前线的许多阵地,而后方的人却一无所知。堡垒四周都是幽灵般的人,他们从空隙之间巧妙渗透进来了,并往前更加深入地进击,新涌上来且身着土灰色军服的人潮负责扫荡阵地孤岛。

突如其来的大雾有利于德军新战术的实施,到了中午,英军的前线区域几乎到处都疲于应对。迄今为止,大雾导致防御炮和机枪一直没有射击视野,但是正午雾已消散。到了入夜时分绝大多数阵

---

① 德军的这次攻势史称"1918年德国春季攻势"。——译者注

第十六章 暴风雨来临

地沿线的战区还是完整的。但是，德军兵潮已突破了高夫防线的三处要点，第二天早晨，大雾再次笼罩战场，这次缺口被撕裂得更深更宽。

3月22日晚，高夫命令全面撤退至索姆河上游防线。一旦坚固的外层防线被敌突破，战局也就失去控制了。在静态战争时期构建起来且相当复杂的交通系统使得变数更大。在混乱之中，佩罗讷和哈姆（Ham）的桥头堡失守了，高夫的两翼都暴露了。在左翼，高夫的集团军与宾的集团军之间出现了一个缺口。如果右翼结合部还较为狭窄的裂缝继续扩大，则更加危险，这里高夫只能依靠法军了。德军的洪流蚕食了高夫的防线，推进越来越深入，英军的危险也越来越大，德军的缓慢进攻一直持续到3月28日，不仅攻至亚眠边缘，而且占领了该地南部。英军前线的"洪流"宽达50英里以上，而且纵深将近40英里。

德军胜利的一个主要因素是重新采用了突袭战术，这是在战争中打开栅门的万能钥匙。虽然鲁登道夫认真执行了步兵突袭战术，但尤为重要的是，炮兵大肆使用了毒气弹和烟幕弹，还要感谢遇到了好天气。在1914年至1918年间几乎所有成功的进攻战，老天都会在进攻发起之时借出斗牛士斗篷。在大雾的斗篷之下，进攻方得以突破并冲过对方防线。实现这个目的之后，德军娴熟地在抵抗最为薄弱的战线投入预备队，而致对手无法及时修补防线裂口。

英国军方发言人尔后为溃败提出的诸多理由，并不能经受理性的验证。我们已经注意到，英军战线的延长是一个荒谬的借口，而且德军进攻兵力的优势也是另一个托词。德军以35个师进攻英军21个师。这个兵力比例并没有太过悬殊，远远低于先前协约国军对德军的进攻。

由于黑格的部署，致使高夫所部防线的敌我兵力比例更加悬殊。在刚刚接防的南部40英里防线之上，高夫所部只有14个师。其11个师驻守的防线受到德军22个师的攻击。高夫只有3个师的预备队，但其对手胡蒂尔（Hutier）和马维茨（Marwitz）还有21个师可以作为补充部队投入攻击。相反，宾所部师之数量与高夫相等，但防线宽度只是高夫的一半。一开始，宾所部防线只有一部仅仅受到德军10个师的进攻（另外，德军还有9个师的预备队）。①

由于黑格在北部保留了8个师的总预备队，高夫和宾对敌的兵力差距进一步扩大。黑格以双倍不均匀比例部署兵力，显然这是因为他预料到了高夫防线的风险。因黑格采用了此种用兵方针而指责他，则是荒唐的，预期风险本质上乃是高超的将才表现。黑格是否应当为其误判担责，这是一个更为开放的问题。他将兵力重心置于阿拉斯附近及北部的理由，乃是基于阿拉斯阵地的重要地形，实际上运河各个港口均位于北部防线，相反，高夫防线后方的空间更为广阔，必要时可以撤退。而且，黑格还有一条妙计，也就是说，如果高夫防线被德军突破，他可以向南发起反攻。如果高夫退守的索姆河上游紧急防线没有过早放弃，他精心部署的预备队就是为了实施反攻所用。

黑格部署方案招致的主要批评在于英法两军结合处的兵力太过于薄弱。在有可能被敌突破的情况下，黑格有意冒险减少与友军的

---

① 高夫所部为英军第5集团军，宾所部为英军第3集团军。胡蒂尔所部为德军第18集团军，马维茨所部为德军第2集团军。——译者注

第十六章 暴风雨来临

接触。黑格显然没有考虑英军会发生全面而严重的溃败。根据以往的经验，他与高夫有信心以己之力防止被敌严重突破，这个理由则相当充分。协约国军两年以来反复进攻德军防线，但却对敌知之甚少，德军可能在几天之内将英军防线撕开一个大口子吗？黑格的误判存在众多理由。然而，英军指挥官随后指责其友军的溃败，却是站不住脚的。如果法军在战争期间将其盟友视作仆人，那么英军则将其盟友当作了替罪羊。

对于英军与法军结合处的风险，黑格的一项保证措施是与贝当做了安排，在动用协约国军预备队之前，先相互支援。根据此项协定，贝当将亨伯特集团军①的6个师部署在结合部以南作为预备队。3月21日晚，贝当主动命令其中3个师（第5军）准备进击。当晚，贝当签发了一份新的命令，该部向努瓦永（Noyon）前进。黑格致电贝当，感谢他的及时支援，但又表示他现在不希望法军介入。他仍有信心以己部之力阻止德军的进攻。

但在次日早晨，黑格改变了主意，到了黄昏，法军各师的第一批部队已经抵达了战场，法军第5军余部则紧密跟进。第二天，也就是3月23日，另外3个师也到达了。对于此等规模的战略性部队，帮助显然相当及时。鉴于这个事实，随后英国指责贝当慢于履行承诺，足见英国的心胸狭窄与不可理喻。所不幸的是，法军增援各师前进太过于迅速而匆忙，以致缺乏炮兵支援，甚至步枪弹药也不足。

法军的增援遇到了另一个困难。由于德军迅速向前深入压迫

---

① 即法军第3集团军。——译者注

英军第5集团军的防线，法国援军不得不沿英军防线缺口的边缘沿线构筑侧翼防线，以掩护法军主力之后方。法军企图以其他各师积极接防南部的英军各师，但是法军行军的距离越远，到达势必也越晚。法军在有时间坚守住阵地之前，他们撤退时受到了德军的大扫荡。法军各军长在了解形势之前就主张节制英法两军，但对此毫无帮助。

但是，这些缺憾没有影响赞赏贝当增援的迅速性和全面性。由于贝当深信德军进攻英军防线之后，将攻击香槟，而且估计德军仍有55个预备师可以发起此种攻击，① 这更值得称赞。尽管如此，在3月23日的一次会议上，贝当告知黑格，他正在派出另外6个师及4个骑兵师增援亨伯特集团军。由此而组成预备集团军群（G. A. R.）。法约罗负责北至索姆河的"一切法军和英军部队"。次日，贝当安排从其他防线抽调出了6个师。3月26日，法军17个师和4个骑兵师正在增援途中。因此，贝当所为已经超出了早前承诺的范围。

由于战场形势瞬息万变，英军也不断向落日的方向撤退，法军增援的效果不可避免地受到了影响。贝当对英军毫无节制的撤退速度感到尴尬，开始感到他将增援部队投入旋涡激流所面临的危险，这可能导致援军被西扫入海。他看到英军正在北进弥合其第5集团军和第3集团军之间空隙。从黑格的最初部署来看，比起英法两军的结合部，他显然更关注于防守运河河港。3月24日晚，贝当命

---

① 3月23日早晨，法国情报部门得出一个奇怪的预计，德军81个预备师中，只有26个师参加英军前线的进攻战。——原注

第十六章 暴风雨来临

令所属各集团军群司令官,明确了自己的意图:"重中之中的任务是牢固地维持法军作为一个整体;特别不允许预备集团军群与其余各部的联系被切断。确保实现上述目的之后,若有可能保持与英军部队的联系。"当下一批援军 [德伯内(Debeney)集团军]① 到达后,要么延长亨伯特所部之左翼,"若英军右翼还能继续坚守,则连接英军右翼",要么支援亨伯特集团军。更为重要的是,法军骑兵部队"掩护预备集团军群左翼(主要任务),同时力求保持与英军右翼的接触(次要任务)"。

当晚 11 时,贝当在迪里(Dury)见到了黑格。贝当是一个现实主义者,太过于坦率而不会隐藏自己的疑虑或者警惕。他们相互寒暄之后,贝当提醒黑格说:"如果在我向你的方向延伸战线的时候,你还随波而撤,我们两军的结合部将最终被敌突破;贵军将在开阔地带陷入窘境,而我应当回军保卫巴黎了。"

黑格对贝当所言深感震骇,而且被贝当暗含的斥责所激怒,他似乎认为贝当此番言词乃是其直接意图的表现。如果说贝当的抱怨具有正当理由,那么黑格的怀疑也有根据。法国援军的意图是显而易见的,当黑格保卫缺口北部时,法军的主要本能是保护缺口南部。黑格认识到维持与法军接触的重要性,但他似乎想当然地认为法军应承担填补缺口的责任。黑格将自己的防线北撤至自认为安全的地方。黑格发现了贝当对于法军的责任有着清晰的认识,于是深感不安,试图改变贝当的意图。他致电伦敦方面,请求米尔纳和威尔逊前来法国。如果黑格反对任命一名最高统帅,是因为这一职位

---

① 即法军第 1 集团军。——译者注

毫无疑问会是法国人来担任，从而担心自己的预备队被拿走，当黑格自己需要法军预备时，情况却又完全不同了。黑格的立场发生了变化，这也是自然之事。

黑格所请之事在意料之中。米尔纳已经在法国了，而威尔也准备动身赴法。就在黑格发出电文的 24 小时之前，劳合·乔治已经要求米尔纳立即前往法国，以获知真实形势。当时在凡尔赛任参谋的埃默里（Amery）在布格涅见到了米尔纳。在蒙特勒伊（Montreuil）稍事停留，他们在那里见到了黑格的参谋长，然后连夜驱车，在 3 月 25 日凌晨到达了凡尔赛，由于司机在黑夜中迷了路而有所耽搁。

在与罗林森会谈之后，米尔纳见到了克列孟梭，后者同意米尔纳关于需要统一控制权以处理紧急情况的意见。但是，当克列孟梭表示希望由贝当负责时，米尔纳却未同意。米尔纳从见到过的军官那里听说，贝当不愿意援助的抱怨，而且他知道威尔逊倾向由福煦负责。

福煦已经采取了主动行动。3 月 24 日下午，他请求与克列孟梭见面，还呈交了一份报告，对于应采取的军事措施提出了自己的意见，还敦促有必要"成立一个机构指导战争，这个机构可以下达命令，以及监督命令的执行情况。否则当英法联军参加一次战役时，准备不足和指挥不当的风险仍然存在，可能会产生最为严重的后果"。

根据福煦所言，克列孟梭见到他的第一句话是："你不能背弃我！我正在与黑格和贝当协商，我还能做什么？""不是这样的，总理先生，我不会背弃你，但我们每个人都必须立即承担起自己的

第十六章 暴风雨来临

责任。这是我呈交报告给您的原因。"

根据福煦给勒库利的文件,克列孟梭还说:"我已经与黑格一起吃了午饭,还要与贝当共进晚餐。"因此,福煦抓住这句话说:"战斗不是在午餐桌上指挥的。"这几乎不是明智的回答,据此,我们可以更好的理解次日克列孟梭为何在与米尔纳会谈时支持贝当而非福煦成为潜在的最高统帅。

在拜访克列孟梭之前,福煦向法国军需部长卢舍尔(Loucheur)说明了他对形势的意见:"形势严峻,相当之严峻,但绝不能失败。你懂的,我不想谈及撤退的可能。不可能撤退。到了我们必须让英法两军充分认识到这一点的时候了。黑格和贝当已经进行了英勇的抵抗。形势就像一扇双开门,两位将领分别站在半扇门后面,不知道谁应首先关上门。我非常理解他们的犹豫不决,先关门的那个人,其左翼或右翼会转动……设身处地,我们该怎么办?你知道我的方法。我会在这里放块薄饼,在那里放块薄饼,在另一边再放块薄饼……德军很难取得进展。第四块薄饼将完全阻止德军。"高谈阔论这个词多么适合福煦!

福煦向克列孟梭陈情失败之后,他打电话给了在伦敦的威尔逊,催促他前来法国。他们都认为"必须由某人掌控局势,否则将被击败"。翌日晨,福煦打算去阿布维尔(Abbeville)与威尔逊和黑格会面。

3月25日上午11时,福煦接到了克列孟梭的电话,后者刚刚招待了米尔纳。"在贡比涅有一个作战会议。"那里是贝当的总司令部。福煦问道:"阿布维尔的事怎么办?""派魏刚去那里。"在巴黎北站,有一列火车正在等福煦,他见到了铁路交通总监雅瓦里

（Javary），后者说："除非你保住了亚眠，否则我们都失败了。""好的，我们会努力的。"大约半个小时后，火车抵达了贡比涅，这里刚受到了轰炸，会议在郊外的一个村子里召开。克列孟梭带来了总统和卢舍尔，但米尔纳单独代表英国政府，这是因为来了一通电话称，黑格和威尔逊无法按时抵达。因此，此次会议并无太多成果，但也有收获，因为这次传言让米尔纳留下了一种深刻的印象。

贝当冷静而清晰地陈述了战局形势，并没有试图向听众传达错误的信心。他认为高夫的集团军必须还清负债。他自己以预备队全力关闭缺口，但他认为可以投入的师不会超过15个。而再次面临的问题是，这些师能否及时到达。

福煦并没有跳进贝当的坑里。他不像贝当一样，反而不担心会议关于从何处抽调预备队以及输送所需时间的估计。福煦以充满激情的语调断言："德军大规模攻势的危险在于突破英法两军之间的防线，从而进军亚眠，这种危险极其可怕。必须在其他防线冒一下风险……必须抽调更多的师，速度要更快。"

在士气低落的时刻，这种慷慨激昂的雄辩口才重新点燃了听众们的希望。米尔纳自然认为应给予福煦比贝当更多的权力。由于黑格缺席，没有做出任何决策，于是安排第二天早上在迪里再次开会决策，尔后会议地点改为杜朗。

福煦返回巴黎，从阿布维尔回来的魏刚过来找他，福煦还没回到萨克斯大街的寓所。黑格给魏刚一张便条，写了他的希望和意图。他请求立即在"索姆河两岸及亚眠以西集结至少20个法军师，应对进攻英军的德军的侧翼"。这让福煦清晰地意识到黑格将撤至亚眠后方。读了可以概括黑格意图的一句话之后，福煦产生了更多

第十六章 暴风雨来临

焦虑:"一边作战一边缓慢撤退,并保卫运河港口。"这意味着,两害相权取其轻,黑格宁愿失去与法军的接触也不愿失去运河港口。

晚上11时左右,威尔逊与米尔纳商谈之后,亲自来访福煦。当日早前,威尔逊已经试探了黑格,即黑格是否愿意接受福煦成为协调人,他认为已经赢得黑格支持这个方案。但威尔逊在与米尔纳会谈时,他的想法发生了变化,即认为克列孟梭应被赋予最高控制之权,而福煦则作为克列孟梭的技术顾问。威尔逊打算在这一问题上探听一下福煦的口风。福煦一听到威尔逊提的这个建议,他就打断说:"这不行。克列孟梭完全不知道如何领导军队和指挥作战。那么,应该谁来负责战事?而战事需要决策,谁来决策?克列孟梭会说:'我同意黑格和贝当的意见。'但这不是同意的事。他必须担负指挥之责,谁来承担责任?……不,这肯定不行。"

然后,福煦提出了自己的建议,让威尔逊传达给米尔纳。"在伊普尔战役时,霞飞将军委派我推动英法两军形成更好的联盟关系。现在,我处于类似的位置,需要协约国政府赋予我更大权力。"威尔逊与米尔纳商谈时,由威尔逊"建议两国政府应委任福煦协调英法两军总司令之间的军事作战行动"。

威尔逊过了午夜才回到凡尔赛,米尔纳已经上床睡觉了。直到第二天上午8时,威尔逊才有机会与米尔纳谈话,他们两个人一道乘车踏上了前往杜朗的漫长旅程。威尔逊向米尔纳力陈,赋予福煦实际上的最高指挥权,这才是明智之举。米尔纳问,关于由克列孟梭名义指挥而让福煦出任其顾问的方案,福煦是怎么想的?威尔逊回答说,福煦不同意这个方案。威尔逊向米尔纳保证说:"福煦自己并不想有任何指挥权。"但是,福煦仅仅希望恢复他在"第一次伊普尔战役"时的旧职位，并增加一些权力。威尔逊以其强大的说服力向米尔纳力主这个方案，米尔纳于是决定代表英国政府致力于此。接下来的旅程中，米尔纳在想他们是否可以及时到会，这使其深感烦扰，尽管汽车的速度已经非常之快，在经过战区边缘地带时，途中还是遇到了很多交通堵塞。

  法国代表动身更早一些。卢舍尔、克列孟梭和普安卡雷在上午11时左右就相继抵达，他们的汽车从街道飞驰而过，经过古老的钟楼，左转停在了市政厅前面。他们发现黑格已经在里面了，黑格正在和所部各集团军司令官在交谈，一边消磨时间，一边在寒冷天气里取暖，他们在外面的广场上走来走去，拖着沉重的步伐麻木前进的英国部队列队而过。他们的士气与其四肢一样冰冷。一位法国将领指着黑格对克列孟梭耳语说："就是这个人将在14天内在战场上认输，如果我们不重蹈其覆辙，那就是相当幸运之事了。"

  福煦在半个小时后到达了。他在旅途中的感受可以总结在其叙述之中："我们将要创造历史，而不是屈从于历史。"正如在巴黎圣母院的拿破仑，他将为自己加冕。当他下车时，"给人的印象是，这个男人准备全身心投入战斗，承担起战略指挥的沉重责任，这是因为他认为自己身怀伟大领袖的灵魂"。

  贝当接踵而至，满脸忧容。他抱怨英国人不会将形势适时知会于他，他们也似乎没有充分考虑到，自己可能被德军切断与法军的联系。他的行事风格首先展现形势的黯淡一面，此种方式会令人沮丧，但却是诚实可信的，因而政府成员不会产生错误的认知。他们自然会产生一阵渴望之情。

  克列孟梭转身与福煦交谈，并问他建议采取何种步骤。"哦，"

第十六章 暴风雨来临

福煦大声说道,"我的计划并不复杂。我想要战斗。我将会不停地战斗。我将在亚眠前方战斗。我将在亚眠战斗。我将在亚眠后方战斗。我将一直战斗,凭借着打击之力,震动德国佬,结束战争,德国佬并不比我们聪明,也不比我们强大。无论如何,现在会像1914年的马恩河一样,我们掘壕坚守,若需要,我们就地战斗至死,撤退半步都是叛国之举。"

克列孟梭听到这些激动人心的话语,顿时容光焕发。然后转向卢舍尔,喃喃而语:"这是一个勇敢的人。"他想起了圣贡德沼泽的史诗故事,但他不知道,也从未知晓,那只是一个传说而已。

12点的钟声敲响了。5分钟之后,米尔纳的汽车驶入了广场,停了下来。米尔纳和威尔逊下了车,克列孟梭走上前去,几乎第一句话就问道:"黑格元帅打算撤退吗?他的右翼部队要撤到亚眠以西吗?"米尔纳对此表示震惊,强烈抗议此种论断,并且宣称,据其所知,这肯定是一个误会。黑格现在过来了,他走下台阶迎接米尔纳。旁观者注意到,黑格和威尔逊的脸色截然相反,黑格的脸上显露出焦虑和疲惫之色,而威尔逊却洋溢着欢快的笑容,这也表明了米尔纳充满了坚定的决心。米尔纳请求克列孟梭让他先和黑格及其三位集团军司令官普卢默、宾和霍恩(Horne)[①]谈谈。值得注意的是,高夫没有来。米尔纳听了黑格他们关于战局地意见之后,只与黑格单独说了几句话。他松了一口气,出人意料地发现黑格赞同由福煦介入并出任最高统帅的想法。正如我们所知,坚冰已破,威

[①] 普卢默是第2集团军司令官,宾是第3集团军司令官,霍恩是第1集团军司令官。——译者注

尔逊在前一天已经铺好了路。

米尔纳与黑格他们的初步讨论只持续了15分钟,尔后召开了英法联合会议。在等待开会期间,福煦趁空闲时间重访了一所小校舍,1914年10月初,他曾在这里设立司令部。

克列孟梭开场询问了亚眠的战事。黑格回答说,他被误解了,他从未打算撤出亚眠,他正在以所有可用之师增援右翼。黑格还说,他可以也将会守住索姆河以北,但索姆河以南则无能为力。另外,他已将英军第5集团军余部均调归贝当将军指挥。这时,贝当插话说:"英军第5集团军没有多少部队了,从严格意义上而言,我们可以说这个集团军已经不复存在了。"黑格接着继续说,他可能被迫修正阿拉斯正面的防线,但他希望避免走到这最后一步。在黑格陈述了自己的部署方案后,他问法军的准备怎么做。

尔后,贝当陈述了自己关于战局的意见,首先泼了一盆冷水,突然又提出了一个更光明的前景,宣布他现在可以投入24个师,而非前一天估计的15个师。然而,贝当马上又让听众们笑容消失了,他说:"在这样的形势下,我们不应该心怀幻想,而是应当面对现实,因此毫不讳言,这些部队抵达战场需要时间,他们正在以一天两个师的速度到达。"

会议室陷入了冰冷的沉默之中,威尔逊刺耳的抗议声打破了宁静。福煦什么也没有说,但是坐在福煦对面的米尔纳,脸上出现不满和烦躁之情。贝当给米尔纳"留下了冷静和谨慎的印象,就像一位正在祈祷安全的男人"。克列孟梭示意米尔纳,交换了眼色,然后退到会议室的一个角落,尽可能远离代表们所坐的大桌子。克列孟梭以其典型的狡猾,先开口说,而让米尔纳首先提出建议:"我

第十六章 暴风雨来临

们必须解决这个问题……你有什么建议？"然而，米尔纳根本不需要鞭策。他直言不讳地询问克列孟梭是否同意赋予福煦协调英法两军行动的权力。克列孟梭表示，他要先征求贝当的意见，贝当则宣称，只要是基于共同利益所做的决定，他都准备接受。与此同时，米尔纳再次与黑格交谈。

克列孟梭写下了如下便笺：

> 英法两国政府委任福煦将军统筹亚眠附近英法两军的作战行动。为此，两军总司令官达成了一项谅解，他们应向福煦将军提供一切必要的情报。

黑格看到此笺之后，立即表示反对，认为表述太过于狭窄，而称福煦应该指挥"从阿尔卑斯到北海"的全部协约国军。黑格支持扩大福煦权力的行为，经常被视为极其宽宏大量之举，这是相当荒谬之事。黑格是一位务实的苏格兰人，不会矫揉造作。他接受一位上级指挥官的主要动机在于获得源源不断的法军预备队，以应对迫在眉睫的危险以及德军对佛兰德的潜在攻势。在一般情况下，黑格什么也不想付出，却要得到一切。福煦的权力越大，可以抽调出来的预备队自然也越多。因此，黑格建议以"全部战线"来替代"亚眠附近"之语。福煦也立即对最初文本措辞的狭窄性提出了异议，要求应使用"西线"之语。这一表述比黑格的"全部战线"更为准确，于是得到了采纳，而且根据黑格的建议，将"英法两军"改为"协约国军"。黑格也许想到了美国和比利时的预备队。

这份便笺的终稿随后被公开宣布，并由米尔纳和克列孟梭签署。犹如施了魔法，氛围一下子就变了，所有人的脸上都洋溢着笑容。正如所料，英国人感到血脉里流淌了新鲜的血液。那就是更多的法军预备队，而法国人认为实现了一个梦想，即成立梦寐以求且由法国人主导的最高统帅部。在他们离开市政厅之后，克列孟梭高兴地对自己的军事秘书长莫尔达克将军（General Mordacq）说："这几乎相当于对德国人的一场胜利。"莫尔达克回忆当时他说："肯定是一场胜利，但这是对英国人的胜利。"

旁观者也可以看到黑格的解脱感和满意感。在黑格与米尔纳的谈话中，他表达了自己的感受："我可以搞定一个人，但搞不定一个委员会。"福煦"容光焕发"。他的时代到来了。思想务实的贝当想要与福煦讨论某些问题。他们两个人倾身于地图上，低声交谈。突然福煦的声音提高了："不可能那么做！……不可能……我们应阻止他们……下达命令……我们不能再后撤了。"贝当急忙回到战场。英军将领已经离开，黑格和福煦热情握手告别。现在已经下午2点钟了。福煦与魏刚及法国各个部长步行走到艾蒙四子酒店一起吃迟到的午餐。酒店外面，部署了大量英军坦克实施警戒，以防任何不愉快的闯入事件。

入座之后，克列孟梭转向福煦，以半称赞半挖苦的语调说："好吧，你终于如愿了，得到了最高统帅的职位。"

福煦说："这是你送给我的精美礼物，你给了我一场失败的战役，而且命令我去打赢此仗。"

"无论如何，你得到了你想要的东西。"

卢舍尔插话说："总理先生，你不应该这么说。福煦将军认为这是为国家而献身，而非一己之悦。"

第十六章 暴风雨来临

历史学家并不认为卢舍尔所暗示的两种情绪多么不可调和。如果说福煕是因为热爱祖国而满怀豪情,一窥其性格足以表明为国奉献是福煕最大的愉悦。

午餐过后,克列孟梭与法国总统动身返回巴黎。米尔纳和威尔逊已经在酒店用过了午餐,他们前赴蒙特勒伊,在那里与黑格一起喝茶,他们发现黑格"对此种安排相当高兴",感觉"比昨天下午一夜之间年轻了10岁"。威尔逊则更感欢欣。克列孟梭还轻拍过他的头,叫他"好小伙"。

福煕吃过午饭后离开杜朗,驱车径往迪里的高夫司令部。他去的很及时。在杜朗签署协定后不久,威尔逊已经提出免去高夫指挥之职的问题,建议让黑格任命罗林森接任。黑格也同意了。这件事让福煕相信高夫应对溃败承担责任,若不是高夫为自己的鲁莽接待寻找借口,或许还有解释的余地,这次接待就像闪电来临之前的一阵狂风。

"你在这里做什么?"

"我正在等将军。"

"你不能这样等我而什么事都不干,否则你的军长们也会有样学样,每个人都会溃逃。前进,守住全部防线,你的部下也需如此。我会整顿军务,将下达一些命令。"

回顾这件事,福煕新官上任,初执军权的表现似乎并不十分满意,含沙射影指责一个人胆小懦弱不太恰当,而这个人作为集团军司令官无论存在怎样的局限性,他是天生的猛人和一等的骑兵指挥官。

高夫则请求换防已经疲惫的一部分部队,福煕拒绝说:"不能

"战场上的福煦"

第十六章　暴风雨来临

在战役过程中换防部队。"在迪里，福煦也见了法约罗的参谋长，下达了类似的命令，"目标是不惜一切代价保卫亚眠"。然而，福煦乘车去见了法军现任第1集团军司令官德伯内，命令他换防现在英军右翼马克西（Maxse）的第18军[①]。两夜之后，法军进行了换防。

福煦在当晚返回了巴黎，他说："我看了该看的，做了该做的，我可以阻止他们撤退。"然而，比起福煦向部属们展现出来的意志，他的内心更感疑虑，福煦当夜稍晚回到家中时，将自己的任职之事告诉了妻子，他说："不要恭喜我。我一点都没有感到骄傲。祈祷上帝这来的还不算太晚。"

在福煦上床就寝之前，他给贝当写了一份便笺："我准备付诸实施的想法如下：（1）法国土地一寸也不能丢了；（2）必须就地阻止敌军，为此我们必须组织一条坚固的防线，并从整条战线抽调兵力而在后方组织有力部队用于机动；（3）然后才有可能考虑换防现在作战的部队；（4）必须不惜一切代价组织坚守阵地，就地抵抗。"

福煦写下这封信之前，贝当已经进一步采取了务实的措施。当天下午贝当回到司令部后，根据情报部门的报告，他得知迄今在香槟前线后方作为预备队的德军4个师正在西进。因此，他下令从其中央和右翼抽调出9个师，增援法约罗集团军群。这些援军以及奉命次日开拔的少数部队，全部在4月2日抵达增援地点。因此，在瓦兹河以北50多英里的新防线之上或后面，共集结了38个师和6个骑兵师，法军沿此防线展开，与其盟友保持接触。这导致只有约60个师据守从瓦兹河至阿拉斯长达300英里的最初防线。在承担

[①] 隶属于英军第5集团军。——译者注

此方面风险的同时，贝当依赖于其战壕防线的守军力量，而且有证据表明大量德军预备队集结在英军前线。即使如此，这也是一种大胆的冒险之举，与英军指挥官愿意承担的风险相比，尤是如此。对于这种勇猛行为，福煦与贝当功不可没。福煦勇于担当，而贝当在福煦上任履职之前已经显示出了谨慎的蛮勇，然后又能忠实执行福煦的意图。

3月27日，福煦再次奔赴前线。他首先视察了亨伯特驻克莱蒙（Clermont）的司令部，在那里还见到了法约罗。然后福煦再到了迪里，他又一次粗暴地警告了高夫，抱怨高夫的右翼未与法国左翼保持接触。福煦继续前往博凯纳，对于宾的态度，他深感高兴，一消愁容。黄昏，福煦南返迪里，高夫已按他的意图行事，心甚满意。虽然福煦准备听到坏消息，但迎来的坏消息并不是他想要的那种。他得知德军已经将法军击退到了蒙迪迪耶（Montdidier），切断了亚眠至巴黎两条铁路中的一条。获知这个令人震惊的消息之后，福煦没有在迪里逗留，而是急忙前往克莱蒙，在那里过夜。

如果福煦可以设身处地想德军司令部之所想，虽然他将仍感忧虑，但是重点却会完全不同。德军进攻的重心是另一侧翼，也就是他刚离开的宾所部战线，而不是他刚到的地方。尽管胡蒂尔的集团军已经抵达蒙迪迪耶，但令人讽刺的是，由于内部的干预，德军主动暂时停止前进。胡蒂尔也确实在德军展开攻势时就密切掌控着战局。

鲁登道夫的真正计划是，为了击溃索姆河以北的英军，并没有大力进攻索姆河以南的英法两军结合部。胡蒂尔的任务是在德军进

第十六章 暴风雨来临

攻法国援军时警戒侧翼,而贝洛①(Below)和马维茨的集团军则向西北运河港口前进,迫近英军防线。德军在索姆河以南的进攻速度比以北更为迅速,这令鲁登道夫深感失望。几天以来,鲁登道夫固执地试图调整此种不平衡,支持贝洛的进攻,仍将阿拉斯作为其主要目标,同时抑制胡蒂尔的攻势。尽管鲁登道夫口头上承认应进攻抵抗最薄弱防线的新想法,但他的命令表明,鲁登道夫并没有摆脱克劳塞维茨的死亡之手。他执意进攻英军抵抗最为坚强的防线,以望突破之,实际上德军采用了直接攻击的战术。鲁登道夫的这种强迫症导致他忽视了将其预备队投入索姆河以南,实际上那里的进展更为容易,而且协约国军的防线更为脆弱,但他意识到这一点时,已经太晚了。

在福煦刚上任最高统帅的那天,鲁登道夫命令德军于3月28日以得到增援的贝洛右翼部队进攻阿拉斯。与此同时,他承认马维茨现在应将亚眠作为另一个主要目标,当时马维茨正在索姆河古战场弹痕累累的荒野鏖战。胡蒂尔的进攻更为容易,但没有得到进一步命令之前,不得越过亚眠之侧翼。胡蒂尔所部一路冲刺,攻到了蒙迪迪耶,实际上无视了鲁登道夫的命令。但是,由于缺乏预备队,从而实质上导致他无法实现继续推进的愿望。

3月28日,德军如期进攻阿拉斯,但没有了雾色掩护,也没有突然袭击,面对宾所部准备充分的抵抗,德军进攻惨败。最终,鲁登道夫放弃了最初的计划,遂将重心移至索姆河以南。马维茨隶下共9个师,而胡蒂尔只有4个师。马维茨得到预备队之后,立即

---

① 即德军第1集团军。——译者注

投入作战，而胡蒂尔不得不等待，奉命等待两天之后恢复进攻。

3月28日，对于宾的集团军而言，这是被动且关键性的一天，而对于福煦而言，这是平静的一天，但在口头上炮火连天。这天早上，福煦接见了贝当和法约罗，再次严令他们坚守阵地，保持与英军的接触。此外，福煦得知高夫想将自己的司令部后撤到比迪里更远的地方，福煦向高夫提出强烈的谴责，宣称此举将令人愤慨。

当天下午，克列孟梭在莫尔达克的陪同之下，来到了克莱蒙，发现福煦"处于最佳状态，脑子也在全速运转，从他的言谈举止，可以看出最后排除不确定性后的兴奋之情，急切渴望行动"。

潘兴到达之后，他们才结束了谈话。根据莫尔达克所述，潘兴向福煦致意说："法国危在旦夕，形势严峻，本人及所属一切部队愿归阁下调遣。"

对于潘兴而言，这是鼓舞人心的姿态，而实际其所为不会超过已与贝当达成的安排。美军将在战事较平静的防区接防法军两个师。根据潘兴的最终报告，现在法国的美军已达30万人，共有8个师，其中3个师现已在前线。一个月之后，美国另一个师将换防蒙迪迪耶附近的法军两个师。

这一幕戏剧性的场面被正式刊登在了《公报》之上："昨天在前线举行会议的过程中，潘兴将军来访福煦将军，'我来告诉你，美国民众对于我军部队能够参加现在的战斗，感到巨大的荣耀。我以自己和美国人之名请求参战。现在只有战斗！我们的步兵、炮兵、航空兵都归将军指挥。按照将军之意图进行部署。其他部队也很快到达，要多少就有多少。美国民众为参加史上最伟大、最壮烈的战争而感到自豪'。"

第十六章 暴风雨来临

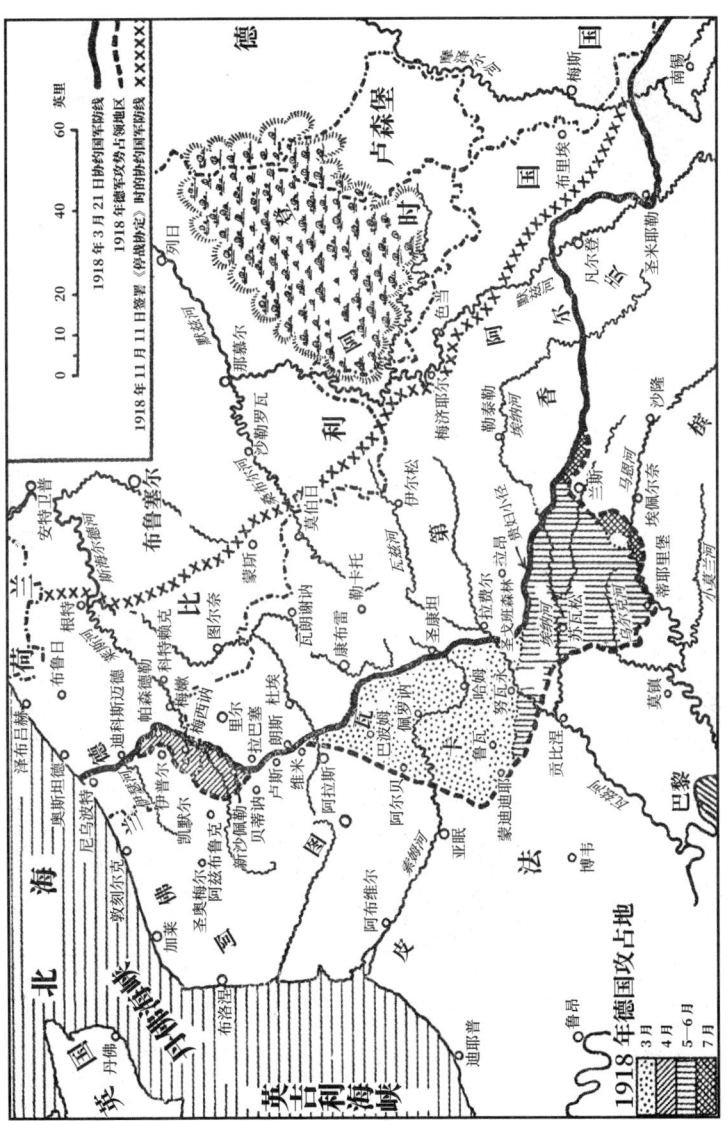

地图 12 德军攻势

我们几乎不需要莫尔达克提示上段记述是经过润色的。即使可以想象潘兴如何说出此等夸张之言,但事实是,在6个月之后,潘兴仍依赖于法军的炮兵支援。听起来更自然而且更为可能的情绪是布利斯几天后对福煦说的话:"我们来这里是找死的;如果你要我们的命,那你还在等什么呢?"

3月28日这一天尚未结束,然而却没有具体的行动。福煦听取了德伯内前景黯淡的报告,于是通知黑格:"由于蒙迪迪耶的进攻,法军无法救援索姆河以南的英军。"但是,这是他曾经的承诺。

次日,福煦前往阿布维尔与黑格再次开会,他在会上强调英法两军各组建一支有力的预备部队,反攻敌军突出部的两翼。这次讨论的氛围是热情友好的,但由于福煦上任之后,并没有以显著的速度加快换防索姆河以南的英军,黑格表现出了一些不满。当晚,福煦在博韦(Beauvais)市政厅建立了自己的司令部,这个负责战略控制的新机构只需要两个房间,规模与福煦的身材一样短小精干。

在此情况下,还是存在执行上的缺陷。根据福煦的职务,其凌驾于英法两军总司令之上,但根据自己的意愿,福煦又专注于具体的战役。他与英法两军下级指挥官直接对接时,缺乏一个司令机关协调自己与其他指挥官的行动,现在他的下级指挥官数量已经相当多了。在瓦兹河和索姆河之间的狭窄区域,英军有3名军长,法军有11名军长,其所属部队纵横交错。再高一级还有三位集团军司令官,英军一位和法军两位。在他们之上则是一位法军集团军群司令官,往上就是英法两军的总司令。福煦就好像令人眩目巅峰之上的皇冠。愤世嫉俗者可能会说,原来认为协约国军最初的抵抗陷入险境是由于缺乏部队,现在看来是指挥官过多。然而,福煦没有一个参谋机构,职责不明确,而且性格急躁,这都妨碍了有效解决此种指挥官冗余问题。他只不过是官方任命的好管闲事的总司令而已,上述问题对他而言还是不容易解决的。

不久之后,福煦自己意识到了外部的束缚。他认为强化权威可以弥补此项弱势。3月30日,克列孟梭在温斯顿·丘吉尔的陪同下来访。福煦报告形势正在改善,丘吉尔说:"在报告会上,福煦极其自信和狂热。"甚至"老虎"也对福煦甚是倾心。"看到在我们前面的盟友在这个困难的时刻能积聚如此之能量与信心,克列孟梭先生也充满了自豪,他张开双臂与福煦久久相拥。"

莫尔达克抓住机会向丘吉尔力陈应增加福煦的权力。福煦让克列孟梭所信服,也增加了这种机会。第二天,福煦又提出了这个问题,引用了他与英军将领打交道时所遇困难的事例。黑格认为"协调人"并不等同于总司令,而当福煦想调整英军的部署方式时,总是遇到麻烦。告别福煦之后,克列孟梭对莫尔达克说:"福煦是正确的……我们必须解决这个问题。"这一天是4月1日。

克列孟梭不仅亲自找黑格谈话,他还立即安排随时召开协约国会议。为此,他恳求美国代表和劳合·乔治出席会议。

当前线后方正在进行上述重要的会谈之际,前线战火再次加剧,但也几乎很快消散了。3月30日,根据鲁登道夫的新计划,马维茨重新发起进攻,面对协约国军不断增强的抵抗,德军攻势微弱,进展不大。英军部队据守着细长的锯齿状防线,保护着直接通往亚眠的道路,此防线的守军因撤退的长期压力而疲惫不堪且虚弱无力,由于受到敌军攻击、在不熟悉的地方摸索行动以及遭到连续空袭,不仅动摇了守军的士气,而且因补给中断而陷入饥饿。在更南的战场,胡蒂尔的新一轮进攻似乎更为猛烈,3月31日,德军迫近阿夫尔河(Avre)渡口,向亚眠—巴黎铁路迈出了不祥的一步,使其进入协约国军的炮火之下。然而,在此区域,现在法军大规模聚集,也许太过于密集,爆发出了战斗力,黄昏之前,德军的攻势停止了。

4月3日,协约国会议在博韦召开时,战事相对比较平静。在此之前,丘吉尔前往布格涅见了劳合·乔治和威尔逊,并告诉他们,克列孟梭意欲强化福煦的权力。劳合·乔治表示支持,但威尔逊提醒他说,谨防让福煦成为总司令。与此同时,克列孟梭琢磨出了可能实现自己目标的一个策略。4月2日,克列孟梭收到了福煦的一封信,结尾说道:"我不是抱怨任何人,但我只能进行说服而不能下达命令。对于我来说,最高命令权是克敌制胜不可或缺的因素。"莫尔达克已经告诉克列孟梭:"英格兰国王"是真正的绊脚石,因为委任福煦总司令之职"会冒犯英国人",建议通过找到一种表述方式,让福煦没有总司令之名而得总司令之权,这样即可解决这一难题。"好吧,"克列孟梭回答说,"那就去寻找方案,并且找到方案。"

4月3日,克列孟梭抵达博韦之后,在午餐之前用了两个小时与福煦讨论适当的建议。莫尔达克建议用"战略指导"之语,福煦也予以同意。午餐之后,克列孟梭与劳合·乔治和威尔逊进行了一次密谈,然后再开会。会议刚开始,克列孟梭说请福煦解释一下存在的困难。福煦于是说:"杜朗会议所赋予我的权力仅限于协约国军之间行动的协调……现在敌军不再进攻,已经停止行动,敌我相互对峙,已经没有什么可以协调的了。所以,应赋予准备作战的权

第十六章 暴风雨来临

力,并指导备战。我们要回到原来的防线,除非发起新的攻势,否则无法做到这一点。"

劳合·乔治指出,英国国内有人反对将英军置于法军将领的明确指挥之下。然而,他也表示公众希望福煦可以掌握真正的权力。对于福煦,他则说:"英国民众对你福煦有信心。在我的祖国,到处都欢迎对你的提名。"

克列孟梭于是提出了方案:"英法两国政府委任福煦将军在战略上指导西线的军事行动。英法两军的总司令全权负责各自的战术指导。"

克列孟梭积极让潘兴和布利斯出席此次会议,现在被证明是正确的。他们都表示应将美国军队也纳入这种安排之中。美方有机会确认其"应被纳入一个整体,就像英法两军一样",潘兴确实为此感到兴奋。贝当实事求是地插话:"暂时还没有美国军队。"潘兴先行声明:"但是,很快就会有了。"正如克列孟梭所预料的那样,潘兴准备接受克列孟梭的提议则会削弱英方的反对程度,如果潘兴倾向独立自主,那么意味着英军也会增强自主性。

威尔逊插话反对说:"没有人知道战略部署从哪里开始和结束。"福煦对此回答说:"有人完全知道这是在法国开始和结束。"如果这种假设与范围的界定一样不可确定,尤其是在战壕战争条件之下,但反驳的理由也足够充分了。然而,威尔逊希望得到一个更有力的回复。他认为任何新方案应基于杜朗协定,并将克列孟梭的方案与杜朗协定相结合,以此方式修订杜朗协定。

此次方案的终稿如下:

英国政府、法国政府和美国政府任命福煦将军协调西线的英军、法军和美军的行动。为此,赋予其确保有效实现该项目的一切权力。英国政府、法国政府和美国政府为此委于福煦将军军事作战战略指导权。英军、法军和美军各总司令全权负责所属各军战术指挥权。若遵行福煦将军之命令,则其所部将陷于危险之中,每位总司令可将自己的意见上陈各自的政府。

最后一句乃威尔逊所加,这是对福煦权力的重要限制,但对于一国安全而言,甚为明智。这也让福煦感到不满。他特别强调希望将意大利战线也纳入其节制范围之内,但克列孟梭认为分步推进更为明智。然而,数天之后,克列孟梭向英国政府提出了这个建议,以便获得英国的帮助而压制意大利的反对意见。但是,威尔逊提醒英国内阁予以反对,并告诉他们说,卡波雷托战役之后,福煦并没有讨好意大利人。因此,福煦的愿望再次被他的老朋友"亨利"给搅黄了。直到5月2日,意大利政府才给予福煦限制性的协调权利,前提条件是其他协约国军部队进驻意大利,福煦才有指挥权。在协约国军最终秋季攻势实施之前,比利时军也拒绝接受福煦的指令。

在博韦会议上,各方均同意经威尔逊修改的方案,会议在友好的氛围中结束。当他们离开会议时,劳合·乔治打趣地对福煦说道:"现在我打赌谁会赢,鲁登道夫还是福煦?"

"你支持我你就会赢。鲁登道夫曾经攻破了我们的防线,这次他再也不能得逞了。我们的当务之急是阻止鲁登道夫,我们必定可以做到。不久之后,当轮到我们攻破他的防线,那就是另外一件事

第十六章 暴风雨来临

了。到时我们看看可以做什么。"

如果说最后还是赌赢了，然而断言鲁登道夫无能，这却是错误的。会议刚结束一天之后，出现了一个不利的征兆。

4月1日，福煦曾报告克列孟梭："敌军的主动攻势现在似乎已被阻止，而且寸步难进。"德军以15个师对索姆河与蒙迪迪耶之间的协约国军防线发起了新一轮的攻势。然而，德军只有4个师是新到战场的部队，尽管攻入了协约国军防线一部，但未予突破。此战对法军防区造成的最恶劣后果是，德军的炮火射程距离亚眠—巴黎铁路更近了。

至此，战斗结束，德军的第一波攻击最终停止。协约国军能获此项战果，福煦发挥了典型的作用。众多见过福煦的人都被他坚不可摧的精神所感染，而对少数人来说，则是催吐剂。尤其是在战线后方，福煦的灌输为那些可能支持撤退的人注入了新的信心，对于这些人而言，这是无害的，甚至是有益的，但也相对危险。更为显著的是此种灌输对政治和公众舆论的影响。

在实际战斗中，很难确切指出福煦所发挥的作用，他既没有加快援军的抵达，也没有切实参与阻止敌军。实际上是鲁登道夫决断停止德军前进的步伐，自己放弃了目标。

现在我们知道，福煦的命令都是大胆而宽泛的指导方针，全面而无实质内容。这些命令是训词而非具体的指令。执行者发现福煦很难详述其各项指导要点。这种模糊性也有自己的好处。正如在1914年的伊普尔，也许他的命令使各指挥官坚守了稍微长的时间，否则他们可能撤退。然而，他们可能也有理由反驳说，福煦必须感谢鲁登道夫，使得这种命令模糊性的辩解具有可能性。至少清楚的事情是，若不是鲁登道夫有意制止胡蒂尔的进攻，否则协约国军的防线将进一步后撤，而退至结合部的危险位置。在当时那种情况下，若德军局部突破一处，协约国军则需要明确采取何种指导策略，否则将导致全面溃败。

然而，福煦一直以信念为引领。"善良的上帝"是他回避尴尬问题的护身符。在危机时刻，对于"怀疑一切之人"的回答是："物质上，我不认为我们可能取得胜利，但从精神上，我确信我们可以胜利。"这不仅是他的立场，而且是他的战役指导方针。

他认为战斗是像被恶魔围攻的中世纪教士那样的身体力行。有一位曾在博韦的福煦的两间屋子的司令部见过他的人记录了印象中的潜在意义："最微不足道的德军上校也都会尽可能多地表现。福煦也是如此，他身着灰蓝色的军服，他的小短腿迈着骑兵式的步伐，在战争的熏染之下，大额头皱纹密布，皮肤也变成了古铜色，有时起了皱纹的眼睑之下刻意露出锐利的目光，他的浅灰色浓密胡子被烟草熏透，几分钟之内，他可以说出很多不同的话语，从最粗鄙的言辞到最具讽刺意味的幽默之语，不一而足。他举止干净利落，令人印象深刻。他带我看了地图，上面有不同的颜色标记，地图顶端附近写着战事情况。他作了解释说明。然后说：'这里！这是以前的情况。我们必须做些什么？不惜一切代价阻止德军。'他伸出了胳膊，然后又慢慢缩了回去。我似乎都可以看到他露出来的衣服口袋。'守住这里。这就是现在的情况！'他的双手猛然放下，这个手势似乎要气吞宇宙。'随后最终会到这里！'他又伸出双臂，举起拳头砸向了冒进的敌军。"

如果说在现代战争条件之下，可以让福煦在远离前线的后方指挥作战，但他的精神却通过身体媒介驰骋于战场。他亲自上阵杀敌，用拳头打击敌人，但也只能是隔空而战。他似乎毫无察觉自己的动作和性格。当他看到一张被抓拍到的老照片，他以典型动作挥舞手臂，差点打到了他旁边的人，然而他回应说："这不是我！我不会做那样的手势。"

第十七章 磨炼信念

这是鲁登道夫第一次而且是规模最大的进攻作战,相比于付出的代价,显然未能取得决定性战果,但产生了深远的影响。尽管这次有8万名英军被关进了德军战俘营,但是德军为此付出了高昂的代价。德军的损失首次超过了对手。德军在进攻中运用的战术已经不能使其有所收获。

然而,鲁登道夫及其主要对手都没有关注上述现象。

4月3日,协约国达成博韦协定之后不久,福煦签发了其第一道命令。开篇所称:

敌军现已被阻于阿拉斯至瓦兹河一线。敌军可以在此线恢复攻势:(1)易于进攻索姆河以北,特别是阿拉斯地区,敌军占据了该地区内的大量铁路线;(2)难以进攻索姆河以南,敌军占领的铁路线较少,部队秩序混乱,而且一部在我军炮火射程之内。

作为一项预测,上述评估被证明是不正确的。德军从未再次企

第十七章 磨炼信念

图进攻索姆河以北，但就在次日，他们在索姆河以南又一次实施了大规模进攻。正如福煦战前对德军最初计划的预测一样，他是基于战略因素的判断而阐明估计之趋势，但忽视从战术角度确定预测方案是否可行的问题。相反，德军经过艰难的苦战探知了阿拉斯防线的守军兵力。

然后，福煦表明了其意图："在阿尔贝（Albert）—阿拉斯一线暂时保持防御态势。"一支法军预备队将驻留在博韦以北，可以抗击任何"进攻索姆河以北的强大敌军"。然而，依据福煦的本性，他正在考虑实施一次反攻。一旦敌军进攻停止，福煦的第一个想法就是进攻。因此，他命令道：

> （1）一有可能，法军将在蒙迪迪耶地区实施双重攻势，目标是驱逐圣瑞斯特（St. Just）—亚眠铁路沿线之敌，而且我军直角形状的防线也有利于从阿夫尔河向东驱逐敌军，也可迫敌向北退向鲁瓦（Roye）；（2）英军则沿索姆河两岸向东进攻吕斯河（Luce）和昂克尔河之间的地带，目标是结束亚眠之战斗。

一周之后，福煦的这个"空中楼阁"计划在突如其来的剧变中崩塌了。鲁登道夫仍以预备队实施了若干次快速而有力的攻击，阻止了福煦的攻势，并在一个全新的战场发起了又一次进攻。4月9日，德军突破了协约国军在佛兰德的防线。次日，黑格报告福煦，他肯定不能再依赖罗林森的集团军进攻索姆河了。

贝当虽然没有过于明说，但也不失时机地为自己找到了不遵福煦之令的理由。他的理由是，若没有罗林森的集团军，法约罗没有足够的兵力确保获胜。由于现在法军已在瓦兹河以北集结了40多个师，贝当的这个理由可能不够充分。令人诧异的是，福煦竟然相信了。贝当的真正原因似乎是他支持法约罗的意见，即"自3月21日以来，战争出现了新的形式……而我们的士兵并没有受到充分的训练"。法约罗确实报告了克列孟梭："训练我军士兵适应这些新战术，也等待美军增援我军，这才是明智之举。"法约罗关于等待美军的意见特别契合贝当的心意。贝当消极抑制，逃避福煦的进攻压力，等到夏季，百万美军的到来将扭转战局。我们不得不钦佩贝当冷静的执着，在深思熟虑之前，不会采取不成熟的行动，他的1917年装瓶计划就是水到渠成的事。

在博韦会议和佛兰德新攻势之间的几天里，福煦并非没有作为。4月5日，他收到法军的战斗详报后说："不错，先生们，我们的事态没有继续恶化下去。我军自3月27日以来已经挡住了德国佬，我们必须这么叫他们。看看地图，海浪正在拍打在海滩上，渐渐失去势头。我们已经阻止了敌人。现在我们必须努力做得更好。我不认为还有什么可以说的了，去执行你们的任务，你们用笔作战，我们则拿起武器战斗。"

4月6日，黑格给福煦写了一封信，他称德军很快将在阿拉斯和贝蒂讷（Béthune）发起攻势。黑格准确预判了敌军的意图，但错估了敌军进攻的区域。黑格预计德军的进攻区域并不是实际进攻区域。预计攻击区域在贝蒂讷的北端，而实际进攻区域则在南端。为了应对威胁，黑格请求法军"毫无迟延"地换防索姆河以南的英军4个师，或者调派法军4个师到阿拉斯后方作为预备队。

第十七章 磨炼信念

4月7日,福煕在阿布维尔见到了黑格,得知现在黑格预判敌军的攻势将向南远至阿尔贝。这与福煕的判断一致,他命令贝当派4个师到亚眠以西,"准备迅速增援阿拉斯地区或亚眠地区"。

当天下午,福煕将司令部从博韦迁至小村萨尔屈(Sarcus),博韦太过于拥挤了,很容易成为敌军飞机的攻击目标。萨尔屈位于北行前往勒特雷波尔(Le Tréport)海滨度假胜地的公路地带。在萨尔屈,他的办公室设在一间小屋里,从底层给自己挑了一间房,一间留给魏刚,他将这里的驻地称为小人国的现代"城堡",建在一座古老城堡的旧址上面。他宁静而孤独地待到了6月初。

4月9日,他驱车北访在蒙特勒伊的黑格,于正午刚过时分抵达目的地。福煕发现威尔逊已经在和黑格密谈了,黑格已经得知德军正在进攻贝蒂讷的北端。尽管黑格并没有意识到危险的程度,但不断敦促派兵增援,最好是由法军接防伊普尔6个师的防线。据威尔逊所言:"福煕不同意换防伊普尔或亚眠对面的我军,他就是不同意。"福煕告诉黑格,他暂时必须依靠自己的力量。福煕仍然认为,德军此次进攻只是阿拉斯和索姆河之间攻势的序战而已。

然后,福煕与威尔逊谈了另一件事,这件事在前几天一直萦绕在他的心头。"福煕想为自己要个头衔。"4月6日,福煕曾跟克列孟梭提到,博韦协定"还是不够的"。"实际上,在他的官方笺头上印上什么样的头衔,这是一件相当尴尬之事。"福煕还认为,"他所缺的总司令之衔"可以让英国人信服其要求即命令。克列孟梭答应与协约国政府磋商此事,但福煕等不及了,两天后予以克列孟梭强烈之暗示。正如我们所见,福煕也不失时机地让威尔逊感到他需要此等头衔。克列孟梭不负所托。4月14日早晨,就在佛兰德英军正处于灾难边缘之际,莫尔达克发现克列孟梭"笑容满面","他刚收到劳合·乔治先生的电文,后者来电称,英国政府对于由福煦将军出任驻法协约国军总司令之事没有异议"。莫尔达克"即将冲出去"将这个好消息告诉福煦时,克列孟梭拦住了他,表示"为了避免美方猜疑",他必须首先获得布利斯的同意。克列孟梭很快与布利斯达成了一致意见,当天黄昏,埃菲尔铁塔的广播就播报了福煦的新职务。莫尔达克宣称:"德军炮火已经击碎了英国人的尊严,迫使他们妥协了。"也许更准确地说,英国人太忙于应对德军的威胁,而无暇顾及琐事。

4月9日清晨,德军9个师又一次在浓雾的掩护之下进攻贝蒂讷和阿尔芒蒂耶尔之间11英里的防线。协约国军只有3个师的守军,两个英军师和一个葡萄牙师。在中央的葡萄牙师很快被击溃,到了中午,德军已经撕开了一个口子深入3英里。

英军第1集团军司令官霍恩的一些下属警告说,防区将受到德军的进攻,但霍恩并不相信。他还得到提醒,葡萄牙军[①]的士气相当低下。霍恩于是决定派兵换防葡萄牙军。然而霍恩在4月5日令人惊讶且轻率地撤出了一个师的大部,而让另一个师防守整个军的防线,等待4月9日晚预定援军抵达。结果导致被德军提前攻陷了此处阵地。葡萄牙军匆忙撤离,还征用了英军参谋人员远在后方的车辆。葡萄牙军一部慌乱撤退,误入协约国军的机枪火力范围,造

[①] "一战"期间,葡萄牙组建了远征军,作为协约国军一部分,参加西线作战,所部辖第1师、第2师、军直属部队及其他配属部队,兵力约为5.5万人。
——译者注

第十七章 磨炼信念

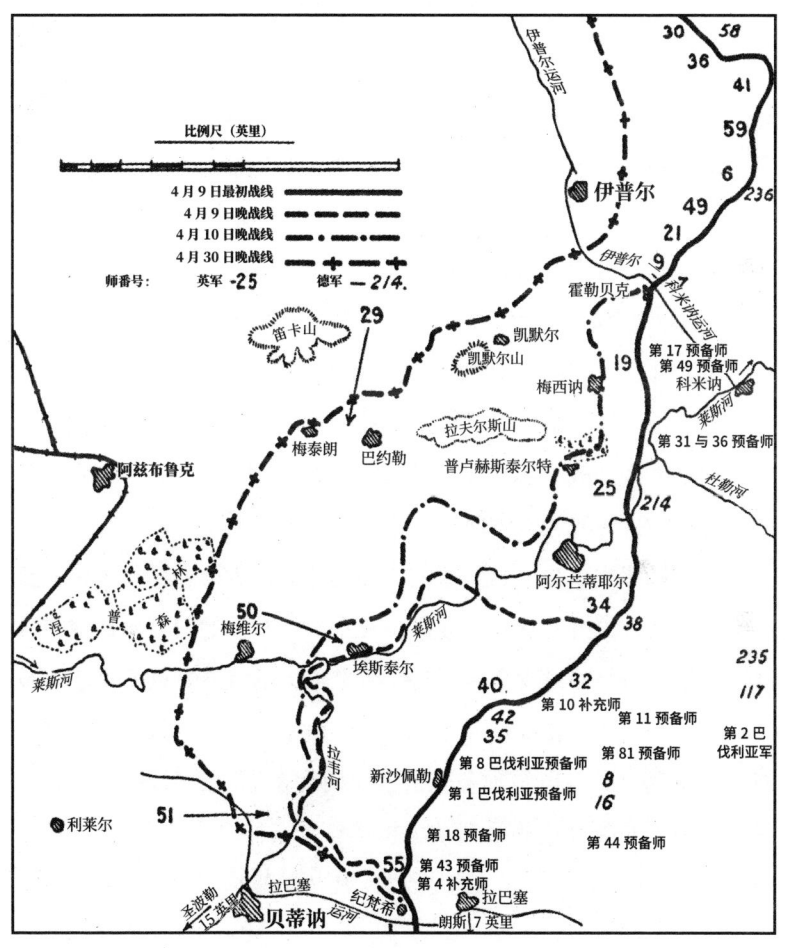

地图 13　莱斯河攻势，1918 年 4 月

成了不幸的结果。

葡萄牙军的溃败导致缺口北部的英军防线也崩溃了,但幸运的是,英军仍坚守着南部防线。次日,德军的进攻向北延伸到了伊普尔—科米讷运河,阿尔芒蒂耶尔也被德军攻占。当晚,缺口的宽度达到了30英里。4月12日,缺口纵深达到了10英里。这里10英里的缺口纵深比南方40英里的纵深更加危险。在佛兰德的英军,其交通线及港口都封闭在一块狭窄的"咽喉"地区,经受不起一丝压力,太容易被扼杀于此。德军已经危险地迫近了铁路枢纽阿兹布鲁克(Hazebrouck)。他们再一次用手扼住了协约国军的颈静脉。

4月12日,黑格向部队签发了迄今为止历史性的命令:"每一处阵地必须坚守到最后一个人……我们背水一战,相信正义属于我们,每个人必须战斗到最后。"这似乎是警告英军部队,希望已逝,荣耀犹存,去跟敌人面对面战斗。

英军所幸之事是,最绝望的人不是他们战力薄弱的官兵,而是敌人。鲁登道夫又一次亲自拯救了英军。他在开始时就对此次进攻缺乏热情,只是断续性予以支持。鲁登道夫的战略顾问韦策尔少校(Major Wetzell),最初力主进攻阿拉斯—圣康坦,而且命名为"迈克尔"行动,一旦英军预备队被击而向南撤退,然后即在14天之后,对阿兹布鲁克实施第二波大规模打击,称之为"圣乔治"(St. George)行动。鲁登道夫长期推动实施"迈克尔"(Michael)行动,进展较大,以致转而实施"圣乔治"行动时,预备队和弹药已经暂时不足,而且时机也太迟了。德军只能以预定兵力的三分之一发起进攻,并重新命名为"若尔热特"(Georgette)行动,这是极其讽刺性的幽默。此次行动获得了巨大的胜利,让鲁登道夫震惊不已,

第十七章 磨炼信念

致使其只是投入少量预备队,在数量和质量上都不能获得真正的胜利。4月13日,德军的最初冲劲开始减弱,当天黑格从索姆河抽调来的英军和澳大利亚军的预备队及时抵达,守住了通往阿兹布鲁克的道路。英军第2集团军司令官普卢默现在接防了除了战区南部以外所有防线阵地。

但是,英军并不知道鲁登道夫的想法。他们只是感受到了鲁登道夫的打击,而无法探知他的疑虑。黑格对于统一指挥的结果也越来越不满意。如果法军预备队不增援,为他们付出代价又有何回报?

福煦并非闲而无为,而是专心部署法军预备队用以实施其进攻计划,这种专注甚至使其陷入危险的境地。4月12日,他下令派一个骑兵军到圣奥梅尔,而且阐明了他想如何作战的意图。缺口两侧应予确保,"在南部,积极攻占贝蒂讷—圣奥梅尔一线,面向东北;在北部,积极攻占凯默尔山—卡塞勒一线,面向南方"。这两条防线用直尺画在地图上则如下图所示,表示两场进攻:

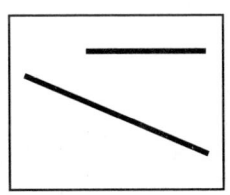

"必须不惜一切代价坚守以上两条防线",通过占领"面向东面的连续抵抗要点",可以"迟滞并阻止"敌军的进攻。英军参谋人员则认为,这种解决其问题的方案太过于几何抽象了,而以算术加法的方式增加援军将更有帮助。

4月14日，黑格和福煦在阿布维尔召开了一次争论激烈的会议。由于形势严峻，米尔纳也赶过来参会。黑格强调了部队已经疲惫不堪，而且英军减员严重。他敦促福煦派兵接防英军的部分防线，以减轻当前之压力。

福煦直截了当地拒绝说："在战役进行阶段，不可能换防；在需要作战时，接防部队和被换防的部队都将无法参战。而且此时协约国军的预备队规模极其不足。"黑格退一步请求，至少让兵力规模较小的迈斯特（Maistre）第10集团军从杜朗北进至贝蒂讷，由4个师组成的第5集团军应进一步北进。福煦还是拒绝了。因此，他仍然相信，德军对佛兰德的进攻只是掩护更南方攻击行动的一次佯攻。

福煦除了调一个师仅仅向杜朗以北移动了10英里，他唯一的让步是，要求比利时军将其防线向伊普尔稍微南移。

在4月14日的会谈中，福煦经常发出"好！"的感叹声，令黑格精神紧张，直到黑格最后总结说："这一点都不好！"由于他完全不满意结果，于是在次日正式宣称"总司令的安排不足以应对军事形势"。这危及博韦协定，协约国军新最高统帅部面临的挑战不可忽视。

4月16日，福煦终于意识到佛兰德的危机比想象中的更危险，"法军预备队必须立即赶往佛兰德"。他告诉贝当，"准备"再调派一个师直接奔赴佛兰德，同时命令迈斯特的一个师准备通过机械化运输调往北部前线。令福煦恼怒不已的是，普卢默已经连夜从伊普尔突出部的鼻尖处撤退。然而，此次撤退的代价是丧失了几平方英里的泥泞之地，这是1917年协约国军用昂贵的价格买来的，但此

第十七章 磨炼信念

次撤退不仅缩短了防线，从而使普卢默获得了新的预备队，而且挫败了敌军攻占突出部的企图，德军当时正在筹备此次进攻。在战争史上，一次精心策划的撤退再次兵不血刃地摘取了意想不到的果实，这些战果比诸多代价高昂的反攻要丰富得多。

次日早晨，福煦见到了威尔逊，后者同意普卢默和黑格的意见，建议佛兰德的协约国军应逐次后撤到从艾尔河经圣奥梅尔到海岸线的泛滥区。这可以保护加莱，但意味着放弃了敦刻尔克以及比利时的其他领土。福煦强烈反对这个方案："我拒绝同意采取此等措施，我不像道格拉斯先生那样担心敦刻尔克。"

当天，德军企图攻占凯默尔山，但遭击退。次日4月18日，德军企图攻破英军防线纪梵希附近大突出部的南扶壁，也告失败。此后，战线陷入了长达一个星期的沉寂。

趁德军停止进攻之际，福煦通过铁路和公路又增援了3个师，总兵力达到了5个师。由于他预计德军将"可能在索姆河和蒙迪迪耶"发起新的攻势，所以不能再抽调更多部队了。而且，他又下令法军在索姆河以南实施攻击。他命令派往佛兰德的部队发起一系列短距离进攻，以援助英军，这更多是象征性的举动。但此部法军像1915年的伊普尔战役那样，并没有执行命令。在黑格的不断施压下，福煦改变了态度，允许这部法军援军接防凯默尔地区，直接缓解英军压力。

4月24日，德军在索姆河以南重新发起了进攻。福煦的预测成了现实。然而德军的此次攻势确实事半功倍。其6个师一部进攻维莱布勒托讷—吕斯河之间只有3英里的防线。在晨雾的掩护之下，德军突破并越过维莱布勒托讷，一直进军到高原边缘，可以看到模糊的地平线上耸立着亚眠教堂的高塔。因此，德军此种规模较小的蚕食战术正在威胁协约国军。福煦得知消息后，下令反攻。罗林森已经抽调了澳大利亚两个旅实施反攻，他们在夜色的掩护下收复了维莱布勒托讷。

翌日4月25日，德军在佛兰德恢复了攻势，但只是针对有限的防线。德军从法军手里收复了具有历史意义的凯默尔山，轻松程度令人惊讶，致使北面的英军被迫后撤。只需几个小时，德军就能把握最后机会突破协约国军防线。然而，鲁登道夫怀着忧虑阻止了德军的推进。德军此次进攻的黄昏时分，黑格手里的唯一英军预备队是正在重整的两个师以及刚从意大利抵达战场的一个师。

福煦听到德军再次攻击的消息后，第一反应是黑格可能利用这次机会撤军至伊普尔以西。他立即致信黑格，"不得"撤退，还说如果黑格"不想执行上述命令"，他就准备亲自北行。这证明了福煦确信自己亲临前线将扭转战局的信念。另一方面，他也命令向北增派一个师及一部分重炮。

第二天早晨，即4月27日，福煦得知普卢默在伊普尔突出部悄悄进一步后撤，其抵抗主防线退到了运河一线，他深感恼怒。尽管普卢默的撤退之举在最危险的角落拉直且强化了自己的防线，然而主动弃地而撤，或者说放弃泥泞之地，仍为福煦所不齿。

当天早上，在阿布维尔召开了一次会议，威尔逊向福煦抛出了问题："如果我们再次被击退，你想保卫哪个基地？你是想把保卫巴黎作为重中之重，因而放弃英军基地运河港口的防御？或者是你会为了保护运河港口，而甘冒巴黎失守之风险？"福煦回答说："我无意放弃或不防守通往巴黎的公路或者通往港口的公路。对于

第十七章 磨炼信念

法军而言，保卫巴黎责无旁贷，运河港口则对英军和比利时军的安全至关重要。""这很好，但如果让你选择其中之一呢？""我不会放弃任何一个。""但如果你必须放弃一个呢？""我将坚守和保卫两个地方，不会放弃任何一个地方。什么都不可以放弃。"

在回顾这段往事时，他不无得意地宣称："我不会放弃任何一地。"但是，鲁登道夫再次赋予了战事的不确定性，也许比先前的亚眠之战更大。当时，这导致了更多的烦恼，并没有让人安心。

会议结束之后，福煦驱车北行，亲自去看看英军是否夸大了所处的困境。这次他似乎发现英国人所言千真万确。"现在我震惊地发现，协约国军部队损耗巨大，他们一直受到连续的攻击以及数量惊人的毒气弹轰炸。"因此，他命令向佛兰德再增派3个师，总兵力达到9个师。

4月28日，尽管形势相当令人担忧，但是德军没有进攻。当天上午8时，总司令部得报法军失去了凯默尔山后面的一系列高地。似乎这个灾难令人难以置信，但是法国参战的军长确认了此项报告。黑格赶忙找来车，直接奔赴前线。他出发之后，就收到了第三份电文，解释说一位过度紧张的法军炮兵观察员弄错了。

4月29日，德军真正来攻，英法两军合力击退了德军，并予敌重创。这是德军的最后一次进攻，此战失败之后，他们放弃了在佛兰德的攻势。鲁登道夫第二次深入协约国军防线，但未能切断其主动脉，这主要是由于鲁登道夫的犹豫不决所致。

战役结果证明了福煦的正确性。而且，这次他对形势的预测罕见是准确的。4月14日，他就宣称："北方的战事结束了。"而当时在许多观察员看来，英军的战斗似乎并没有"结束"。他用了一个常用的比喻来论证自己的观点,当一块石头投入池中会泛起一阵涟漪,连续的水波越来越小,直到水池恢复平静。如果说4月14日战事远远尚未结束,则这个比喻是正确的。如果我们不知道他的想法和行动是受到对德军意图的错误预计而做出的,那么可能将其视为一次出色的预测。

而且,即使福煦的预测被证明是正确的,那也是英军承受了极大的压力而予以证明的,正如在1914年和1915年的伊普尔那样。当进行历史学分析时,英军抱怨法军不愿帮助他们阻止德军的第一次进攻,如果说这种抱怨是完全不公平的,那么英军则有正当理由抱怨法军在德军的第二次进攻时按兵不救。这是对建立统一指挥体系的矛盾性反思。如果法军预备队北上增援佛兰德存在诸多不便,但最后还是增兵北上了,那么福煦不愿接防索姆河附近的英军防线以使其腾出预备队,理由就更不充分了。

公平地说,我们应当承认,福煦迟迟不增援英军不是因为他内心不愿意,而是他错判了形势。他深信德军在佛兰德的攻势只是一次牵制性作战,而他又沉迷于在时机成熟时实施反攻。这样可以理解他随后谨慎部署其预备队的举动,然而,除了福煦战争理论的教条,也无法合理解释他为何反对可以缓解压力的任何撤退行动。由于福煦的反对,他往往增加了英军受到的压力和遭受的损耗,导致要求他增拨预备队的需求更大。

福煦关于形势的基本看法存在更大的矛盾之处。福煦长期低估佛兰德面临的危险程度,这是由于他断定敌军的正常行动是将进攻南部。尽管他所持的战略理论支持这种论断,但他自己的讲稿中又警告不要对敌军的行动先入为主。他的错判实际上就是先入为主。

第十七章 磨炼信念

一段时间过后，福煦与所部的英军军官吃晚饭时，他详细解释说，德军应继续实施对亚眠和阿布维尔的攻势，他们就可以利用从南到北的交通线，分割对手的部队。"哦豁！哦豁！德军重新发起了进攻，但却是在北部，他们期望在那里轻松获胜。"福煦倾向认为敌军将不同的目标分配给了两位利益不同的集团军群司令官："我们有着统一的指挥机构，而德军则有两套指挥系统，即德意志皇储和巴伐利亚王储鲁普雷希特。"福煦总结说："我对于鲁登道夫能否胜任本职感到困惑，我不认为他可以胜任。"

如果福煦存在正当的理由怀疑鲁登道夫确保将战术成果转化为战略成果的能力，但是实际上鲁登道夫认识到战术可行性必须优先于战略理想性，而福煦并没有合理认可这一点。福煦误解了鲁登道夫的第一原则，这是自己误判佛兰德英军所受威胁的根源。

然而，福煦的误判并不是他迟延派出法国援军的全部原因。贝当也极力阻止福煦，一直反对抽调法军预备队北援英军。贝当在德军第二次攻势时态度则与第一次攻势时完全相反。令人奇怪的是，他却因其中一次的增援而受到英国人不公正的责难，而另一次没有增援却没有受到批评。之所以存在此种矛盾的解释，是因为英国人现在让福煦承担了责任。关于贝当为何采取这样的态度，那是因为除了对自己的法军，他现在似乎感到不用承担责任了。在任命一位协约国军总司令之前，贝当冒险帮助友军，而现在，他与之前的黑格一样，认为自己部队的安全性是首要考虑之事。虽然有讽刺意味，但也是情理之中的事。

插 曲

在距离鲁登道夫下一次进攻前还有 4 个星期的时间。当佛兰德的硝烟散去，福煦的首要念头是反攻至亚眠—蒙迪迪耶一线。法约罗奉命制订作战计划。

然而，福煦的当务之急是增强进攻的兵力。他感到剩余的预备队在作战中损耗严重，于是他的目标是组建新的预备队。然而，英军也遭重创，组建预备队甚是困难。尽管 14 万新兵已从英国紧急赶赴战场，还从其他战场调回了若干个师，但是恢复攻击力量仍需 3 个月之久。福煦不愿意承认这个困难，或者不允许如此，他决心改变局面。福煦的努力引发了英法之间的新摩擦，5 月间，两军关系相当紧张，由于法军对佛兰德救援迟缓，而法国媒体与公众却又尖锐批评英军的失败，英军甚感愤怒，这更是雪上加霜。

为了应对德军的第一次攻势，黑格拆散了 5 个师，以填补其他防线上的空隙。在经历德军的第二次攻势之后，黑格又拆散了 4 个师。5 月 11 日，福煦强烈反对黑格的此项决定。他建议，为了避免如此，英军每个营的兵力应从 930 人减少到 800 人。他不断吁请增加人的同时，又倾向保留最终师之数量，而非将减员的部队补充满员。从战略行动角度而言，这肯定是一项明智的政策，但从战术行动的角度而言，提高炮兵和机枪兵力的比例比增加步兵数量更为重要。福煦强调"集中炮兵火力，相对减少步兵数量"，表明他越来越理解现代战争了。

然而，福煦的建议并没有得到英军的支持。黑格拒绝减少每营兵力。但是，他保持了受损师的基干，或者说是框架，承诺如果

第十七章　磨炼信念

新兵到达就予以补充。为此，身体条件较差的人，即只适合在本国服役的人，在紧急情况下也将派往前线。虽然不太情愿，黑格还是同意尝试轮防制度，以遂福煦之愿。由法军继续驻守佛兰德，而英军作战疲惫的5个师被调防原法军防线，他们的任务是防守贵妇小径东端可能相对平静的地区。然而，此举被证明是一个不适当的误判，英军将第三次投入战斗的熔炉之中。

尤为重要的是，黑格支持福煦坚持反对威尔逊的意见，威尔逊正在打算到8月的时候将在法英军数量减少到25个师，但这也是一个错误的判断。最为热忱的"法国人"通过自己不懈的努力建立了法国的主导权，现在他却感到甚是惊慌，这一点也相当重要。5月12日，威尔逊在日记里写道："法国人想要拿走我们的身体和灵魂。他们正在打算集中所有燕麦，由一个法国人来决定每个国家应该有多少匹马，分配多少口粮等。今天早上收到了杜·凯恩（Du Cane）的来信，他说福煦和魏刚的意思是我们营的预计编制数太过于庞大，应当削减云云。无数迹象表明，他们越来越干预我们的事务。"剥夺一个英格兰人自由使用马匹的权利，自然是对英格兰人自尊的严重打击，更不必说爱尔兰人了。

与此同时，福煦更关注之事乃是想利用美国人的资源组建一支新的预备队。几个月以来，英法两军一直明争暗斗，意图以美国步兵补充自己兵力薄弱的部队，但潘兴决定组建一支全部是美国人的军队，这是高于一切的要求。如果说到现在这个问题尚未解决，很大程度上是由于美军到达缓慢。3月发生危机时，美军承诺加快部队的输送。3月，最高战争委员会通过了一项决议，并经布利斯批准，在战争紧急之时，应先向法国派出"美国步兵和机枪部队"，而不必等整个师集结完毕,这些部队暂时编入协约国军各个师。美国总统威尔逊承诺每个月可以输送 12 万人,减少了向英国的粮食运输,且由英国船只负责运输。通过这些措施,美国援军的输送速度从 3 月的 6 万人增加到了 6 月的 28 万人。

然而,潘兴向协约国军解释的时候,则与原有协定完全不同,他企图回避美国政府意欲挽救危局的慷慨愿望。潘兴表明了立场,他的备用方案是,以英国船只输送的 6 个步兵师与英军部队混编,同时主张,满足 12 万人所需以外的物资,则应由其支配使用,即补给炮兵、工兵以及后方勤务部队,以此可以编成完整师。美国总统威尔逊尽管理解协约国军的诉求,但不愿意干涉潘兴的自行决定权。

福煦先是劝说潘兴收回反对意见,但告失败,于是他尝试了各种努力。福煦在与潘兴的私下讨论时表示:"如果我们不采取措施应对当前协约国军面临的灾难,美国陆军抵达法国时将会发现英军已被赶入大海了,法军被赶过了卢瓦尔河(Loire),而美军只能在协约国军士兵的坟墓上徒劳地组织失败的战斗。"在此次劝说失败后,福煦于是安排最高战争委员会于 5 月 1 日至 2 日在阿布维尔召开一次会议。根据克列孟梭和劳合·乔治的意见,福煦首先认为潘兴"以其大度慷慨以及广阔视野,公平行事"。5 月对英国的让步也会在 6 月适用于法军。但是,潘兴"注意到了福煦为法国提出的特别诉求",于是利用此次机会提出,这是老瓶新装以分散美军部队的方案。

接下来,福煦试图提高嗓门:"我是在法协约国军总司令,我的任命不仅被英国和法国政府批准,而且经美国总统同意。因此,

第十七章 磨炼信念

坚持自己的意见乃是我的职责。"然而,潘兴并没有被福煦的威吓所吓倒。"我们所有人都知道,并没有赋予福煦就此等事项下达命令的权力。"

面对此种僵局,克列孟梭建议休会,由福煦、潘兴和米尔讷重新讨论这个问题。福煦在这次私下会议的一开始就宣称,如果不执行他的计划,战争将会失败。潘兴回复说,即使未受训练的美军部队可以在法军和英军的指挥下参加作战,这也要到8月才能准备就绪,这时协约国军自己也有受过训练的新兵可以补充。福煦问道:"你愿意承担我们退过卢瓦尔河的风险?"潘兴回答说:"是的,我愿意承担此种风险。而且美军必须直面这场战争的时刻可能即将到来,但以此方式消耗我们的资源,这是不明智的。"协约国军的士气现在"低下",而美军的士气"相当之高",潘兴不想美军受到协约国军的影响。

三位总理或总统没有了耐心,于是不再等待,而在此时直接走进了会议室。米尔讷起身相迎,对劳合·乔治耳语,却故意让大家都听到:"你不能让步一寸。"但是,他们试图继续解决问题,直到潘兴将拳头砸在桌子上,激动地宣布:"先生们,我已经认真考虑过这个计划了,不会受到胁迫。"

于是,会议休会到第二天,经过更多的争论之后,劳合·乔治承诺"东拼西凑"更多的船只,准备提出一个最利于潘兴而最不利于克列孟梭的折中方案。美军步兵和机枪部队具有优先性,可以由英国船只输送。经过英国不断努力,可以在5月输送13万人,6月输送15万人,这让潘兴可以自由支配美国航运运力按其想法运输炮兵等。而且,只能承认在5月和6月期间应优先输送步兵和机枪部队，同时潘兴保留权利，可以按自己的意愿部署6月抵达的美军，而且当他断定紧急事态已经过去，即可以将5月派至英军前线的6个师调回。从潘兴的立场而言，他实现了全面有利的局面，以实施组建一支全部是美国人组成的军队。即使他仍想证明自己是一名伟大的指挥官，但他已经证明了自己是一位精明的商人。尽管与潘兴告别时，福煦说："我的将军，我们还是同意了。"但是，福煦对于折中方案相当不满，14天之后，他敦促克列孟梭修正这个方案。在公开讨论时，面对潘兴想"尽快组建一支伟大的美国陆军"的雄心，福煦展现出了越来越克制的容忍，这与克列孟梭的极度不耐心形成了鲜明的对比。福煦和克列孟梭各自表现出来的不同态度，很快变得更为突出。

这次会议之后的几个星期里，法军总司令部和英军总司令部主要关心敌军的意图问题。黑格预计自己的防线将再次遭到德军的攻击。5月13日，黑格的情报部门得出结论："德军企图在阿拉斯和阿尔贝之间的宽广战线发起一次进攻，同时攻击卡洛讷（Calonne）—朗斯防线。"14天之后，这被证明是一次糟糕透顶的错误猜测。前半部分肯定是猜错了，但是后半部分的预测与鲁登道夫的希望相吻合，但这却并不是他的最终决定。

让我们想象一下，英国情报部门的一位间谍设法在鲁登道夫的会议室藏了一个录音机，不料在他讨论计划的中途却突然关机了。而录音内容的精确足以达到英军进行推测的程度，然而录音内容极其不完整。实际上鲁登道夫认为，德军的决定性一击必须针对已经动摇的英军防线，并且选定英军在佛兰德的防线为战场，他寄希望于此获得最终的胜利。但他也知道，德军的4月打击已经将大

第十七章　磨炼信念

量英军和法军预备部一部吸引到了这个地区。鲁登道夫认为，当时佛兰德防御力量相当强。若他的下一次攻击要击溃之，必须首先将法军预备队吸引到别处，以减弱此地的防御力量。因此，鲁登道夫不情愿地在贵妇小径实施了一次初步攻击，此为牵制性作战。他希望以不太多的德军预备队牵制大量的法军预备队。由于此地距离巴黎最近，鲁登道夫预计法军更有可能全力迅速应对德军的此股牵制部队。

黑格自然认为自己的防线将成为德军下一次攻击的目标，令人惊讶的是，这次贝当也支持他的意见。贝当根据自己情报部门所得情报判断，他不担心敌军会进攻香槟。当5月19日和22日德军俘虏宣称德军正在准备进攻瓦兹河和兰斯之间地区，贝当也没有改变想法。这一地区是由迪歇纳的第6集团军，包括来自佛兰德的英军4个师刚接防的延伸防线，他们在这里战事相对宁静的环境下进行休整。三天之后，几个憔悴不堪的人爬进了英军前线战壕。他们是从德军战俘营里跑出来的法军士兵，他们说德军前线后方的活动甚是诡异。德军大量新的部队抵达前线，并在距离前线很近的地方构筑了炮兵阵地。德军紧急疏散了战俘营，这些法军士兵得以有机会逃脱。英国各军司令官收到了迪歇纳司令部的电文："在我们看来，没有迹象表明敌军准备在明天发起进攻。"于是大家都皆大欢喜。克列孟梭也得到了保证："无论如何，我们唯一放心的地方就是贵妇小径。"

在收到这些情报之前，还有一个警告。这是5月15日来自美军司令部的消息，其基于敏锐的演绎推理。然而，这个情报来自对战事没有直接责任的美军，或者说来自一支"业余部队"，于是，此条情报没有得到重视。美军只经过 40 天准备而得出的情报与历经 4 年战争的情报机构的判断不一致，那怎么可能是正确的呢？

然而，美军的情报机构坚持己见。当他们得到了更多的线索之后，反复予以重申，法国情报总监宽泰（Cointet）终于相信了这则情报。现在的情形与 1916 年的凡尔登一样具有灾难色彩，作战部门低估了形势，当自己的情报部门意识到这个问题的时候，为时已晚。作战部门正在根据福煦的命令忙着制订进攻计划。而且，迪歇纳的安慰性保证更让他们觉得高枕无忧。

军界金字塔顶端的福煦又是怎么想的呢？他似乎支持黑格和贝当的意见，即德军的下一次攻击将再次以英军防线为目标。福煦之所以接受此种意见，也受到了自己战争理论的影响，即敌军应该集结力量，而非分散。由于他的司令部规模甚小，必须特别依赖于贝当的情报机构，这也妨碍了判断。

而且，福煦的注意力集中在了自己的进攻计划上。当有机会将自己的意志强加于敌人身上时，按照福煦的理念与性格，他也不会推测敌军的意图。"只有进攻才可以让我们胜利结束战争，我军掌握主动权之后，可以维护士气优势。"然而福煦也在追求物质方面的战果。他在 5 月 20 日签发的第 3 号命令指出："我们必须在瓦兹河和北海之间寻求重要战果，这相当重要，以致德军迫使我们采取攻势。在瓦兹河和索姆河之间，巴黎—亚眠铁路与亚眠地区业已中断，恢复北部的铁路系统，利用其最大的交通运力，可以同时改进法国的供给能力，以及联接法军和英军，我们将因此获得经济和战略优势。"

因此，他"尽快准备就绪"的主要攻势，是以法军和英军联合进攻蒙迪迪耶两侧，敌军在这里的防线形成了一个不大的突出部。福煦也要求黑格在佛兰德实施进攻，目标是驱逐贝蒂讷煤矿和伊普尔突出部之间的敌军。

福煦主要强调经济目标，极具重要意义。这证明他拓宽了视野，与其战前理论完全相反。福煦所寻求的经济和战略目标肯定也是具有价值的。他所选定地区的易变状态有利于协约国军的胜利。然而，其进攻不一定能突破敌军纵深防御的区域。

一个不利条件是，对于敌军而言，其显然预料到了协约国军的计划进攻地区。另一个直接的障碍是，敌军在意想不到的防线发起了进攻，从而阻止了福煦的预定攻势。

第十八章　最严峻的考验

贵妇小径笼罩在了夜色之中,过去 4 年里,鲜血浸润了埃纳河以北的山脊,成了法国最为著名,或者说最臭名昭著的山地屏障。自 1914 年以来,在战壕里首次出现了低声耳语的英国人,至少在山脊东半部以及向满目疮痍的兰斯延伸之处都是如此。在佛兰德遭受过德军攻击的 4 个师正在这里休整。

英军的第一印象都认为到此地休整是意想不到的好事。单调而千篇一律的佛兰德战场遍地泥泞,大雾弥漫,而香槟翠绿的乡野充满着春天的气息,相差何其之大。在山谷里坐落着宁静的村庄,四周都是绿色的玉米地和茂密的葡萄园,尚未被战事波及。沿着战壕防线,新长出的草和茂密的新叶子掩盖了早前战斗的痕迹。稍远处偶尔传来"轰"的炮声,以及附近更稀疏的爆炸声,虽让英军官兵们不断感受到了震感的冲击,但也预示着这条战线心照不宣的和平。

这似乎好得令人难以置信,这是他们的第一感觉。这真的是好得令人难以置信,这是他们接下来的感觉。令人奇怪的,在不知不觉中,敌军的炮击一天天增加。过来休整的英军也越来越感到不

第十八章 最严峻的考验

适,因为防御安排由法军第6集团军负责,其司令官为迪歇纳将军,他现在是福煦的战时第一参谋长。迪歇纳无视最近的战争经验以及新发展的战术,仍然坚持在前线阵地集结大规模步兵的老一套做法。他不放弃一码土地,将一切都投入了埃纳河以北的战区。英国各师师长看到阵地,震惊于此种防守战术。他们抗议将其大规模部队,甚至火炮都部署在埃纳河的天然屏障之前。他们认为各师可能会在德军战线和埃纳河之间陷入困境而被歼灭,果真如此的话,他们没有预备队阻止敌军随后的猛攻。从英军官兵早前亲身经历的德军进攻来看,他们太清楚这意味着什么了。

由于迪歇纳都能无视自己总司令贝当关于实施纵深而富于弹性防御体系的命令,他也不可能注意到英军官兵的抗议。他用简短而不容置疑的话说:"我知道了。"断然拒绝了英军的建议。因此,与相邻的法军各师一样,英军一部也相当忧虑,但他们不得不遵循此种愚蠢的防御方案。然而,他们半信半疑地安慰自己,德军可能不会进攻。

在5月26日下午,后方来的电话传递了一个截然不同的消息。通信兵在他们粉红色的便条上记下内容,然后匆忙跑出去寻找各旅的参谋军官。"敌军将在明天5月27日凌晨1时在宽广战线上发起进攻,机密等级AAA。"这一句简短的话改变了现状,就像是死刑判决。和平的前景犹如电影画面一样飞逝而过。

当天凌晨,一支德军侦察队突然闯入法军防线,法军俘虏了两名德军。经过审讯,可以委婉地称之为"特别的审讯",这两名德军俘虏交代次日早晨德军将发起大规模进攻。这一警告最终消除了疑虑。

夜幕降临，陷入了反常的宁静之中。时间过得如此之慢！午夜过后的时间是最为漫长的。整条前线突然都是"飕飕——呼"的声音，毒气弹嵌入土中，发出柔和的吸气音。这是风暴中的鸽子，而非和平鸽。毒气弹纷至沓来，空气之中似乎都充满了毒气。很快地上也遍地毒气。10分钟之后感觉地动山摇，犹如地震一般，无数的爆炸火光驱散了黑暗。德军将近4000门大炮同时开火，淹没了协约国军少得可怜的一阵炮声，同时密集的迫击炮向步兵的战壕射出了高爆弹。根据久历战阵的亲历者所言，他们这些倒霉的部队遭受了两个半小时前所未有的密集轰炸。对于幸存者来说，他们待在震动摇晃且烟雾弥漫的地下掩体里，这几个小时在绝望之中的磨难是更艰苦的考验，因为他们还要佩戴几近令人窒息的防毒面具。这些防毒面具的呼吸口有覆盖物，而且工作的防毒滤罐阻止了毒气，但也隔绝了空气。

与此同时，无人之地的另一侧发生了什么情况？现在看不到也听不到任何蛛丝马迹。然而，为何早前所知如此之少呢？这是因为德军采取了高度的机密措施和伪装。德军每一门炮的轮胎上都包裹上了木刨花；每一个车轴上也都有皮面包裹；每一匹马的马蹄上都用破布包住；每一条链子、环圈、挡板或梯子都用稻草包装。

在铁路线上，任何车辆不得粘贴标签，任何部队不得在白天走出车站。在公路上，车辆没有显著的标记，除了小股部队，其他任何部队不得行军。若敌军的观察飞机发现德军小股部队在开阔公路上时，立即改变行军方向，假装从前线撤离。德军审讯了村子里的所有人，搜查了每一所房子，甚至都检查了军队的办公室里的桌子和橱柜上的锁。

第十八章 最严峻的考验

5月25日，所有火炮都输送至前线，并部署在隐秘之地。次日晚上，他们将火炮推进到开火阵地。为给这些火炮提供弹药，前往运送了将近200万发炮弹，并储存在掩蔽之处。

5月16日，德军的攻击步兵开始抵达前线，匍匐前进到树林里，白天则隐藏于此。他们甚至不允许点火。5月26日夜幕降临之后，就在德军开始炮击之前，德军步兵推进至攻击发起线。

在德军的攻击发起线前面还横亘着另一道屏障。这里有一条小河艾莱特河（Ailette）从无人之地蜿蜒而过，德军渡过这条小河，才能进攻高高的山脊。每一个师属攻击区就需要24个步兵旅。所有这些部队都应推进到河岸并掩蔽在那里。

德军的胜利犹如诡异之力相助，颇有阿里斯托芬（Aristophanes）不朽喜剧的味道。河底遍布着青蛙。青蛙夜间的叫声振聋发聩，掩盖了德军的初步行动。当声音更大的炮击开始之后，德军才在这个关键的晚上开始架桥。

老天也为德军步兵提供了掩护，在一部分前线，晨雾至少让烟幕弹导致的雾气更为浓厚。正如先前被突破的英军防线那样，雾色全面笼罩着英军防线的机枪阵地。机枪是应对进攻的核心武器，若无机枪，那就遑论在西线实现真正的突破了。

凌晨3时35分，德军攻击步兵匍匐爬到自己的防弹墙边缘。5分钟之后，德军弹幕往前推移，步兵对协约国军的护墙发起了冲锋。在主攻中，德军15个新师及密切支援的7个师进攻协约国军5个师。

协约国军的一线部队很快被德军击溃。后方司令部收到的第一个消息是令人惊讶的报告："我们的防线上升起了敌军的气球。"迪歇纳在埃纳河以北集结了部队，他确信，一旦德军炮火制造一堆炮灰之后，德军步兵会发现协约国几乎没有预备队可以在后方区域阻拦其前进。

德军的攻击相当迅速，在中央突破法军防线，上午 10 时已进抵后方 5 英里处的埃纳河，攻占了瓦伊（Vailly）至欧宜（Œuilly）10 英里正面沿线的渡口。德军能有此等战果，再次得益于迪歇纳之助，他派了法军 1 个师增援埃纳河前线，遂被德军的洪流所吞没。德军在法军安装好炸药包之前就占领了没有防守的桥梁。德军的灰衣潮水涌过中央的明渠，到了黄昏，其已攻抵韦勒河（Vesle）。三天之后，德军抵达了马恩河，这是德军 1914 年大撤退的地方。4 年之后，以为永远逝去的危险卷土重来，使得马恩河成为打击士气的象征。法军所幸之事，其撤至马恩河，则"到此为止，不能再退"。

但是，鲁登道夫下令德军停止进攻，主动遏制了德军的洪流。鲁登道夫的意图仅仅是牵制性作战，目标只限于攻占韦勒河以南的高地。德军在 5 月 28 日上午进抵此线就停止前进了。德军取得了令人惊讶的胜利，鲁登道夫直到黄昏才从此种震惊中恢复过来，决定投入更多的预备队沿两个方向实施追击，即从南方进击马恩河，从西南方攻略巴黎。

因此，协约国军在兰斯附近的东翼守军得以重组，法军预备队也到达此地增援英军残部。另一方面，德军被阻于南方的马恩河屏障。从 5 月 31 日开始，德军集中兵力进攻新形成的大突出部西南角，极力沿乌尔克河（Ourcq）和马恩河之间的走廊向巴黎突进。

至今为止，法军预备队抵达战场即参加作战，力图能够阻止敌军，并将其击退。但在 6 月 1 日，贝当下令其他的预备队在后方构

第十八章 最严峻的考验

建环形防御圈。此部法军掘壕据守,因此在德军洪流攻抵之前,得以构筑成一个巨大的半圆形大坝,将阻止和遏制德军现已软化的攻势。这种考虑是正确的。在6月的最初几天,德国大军直接冲击这个大坝,给人留下的印象是,法军顿挫了其兵锋,大幅消耗了其力量。

德军进抵了通往巴黎公路的最远处蒂耶里堡(Château-Thierry),但被美军第2师所阻,美军此战之胜在客观和士气上都巩固了危如累卵的协约国军防线。巴黎的危机不复存在,法军防线全面崩溃的危险也消除了。

在黑格的指挥之下,普卢默下令坚守佛兰德,于此之际,封住香槟更宽缺口的功劳应归于贝当。但是,难以确切说明福煦发挥了何种决定性影响。一场战役只发生在法军防区,而另一战役也只发生在英军防区,更高一层的指挥乃是多余的。

而且,有人发现贝当先下令从英法两军结合部后方调动预备队,后报告福煦。在德军突破协约国军防线的24个小时内,贝当调派了16个师奔赴战场,包括其部署在亚眠后方支援英军的第5集团军全部4个师。福煦只是在事实发生之后予以批准。5月29日,贝当从蒙迪迪耶防区抽调了预备队,同时请求福煦派出驻防阿拉斯后方的第10集团军,全军调防佛兰德。这是准备用于增援英军前线和协约国军结合部的全部法军预备队,现在已经都被调走了。"为了弥补预备队之薄弱",福煦告诉黑格,让他承担增援结合部及自己的防线的责任。他也提醒黑格,他可能不得不调用黑格刚刚重新组建的英军总预备队。

5月31日,贝当"紧急请求",在佛兰德法军以及正在英军防

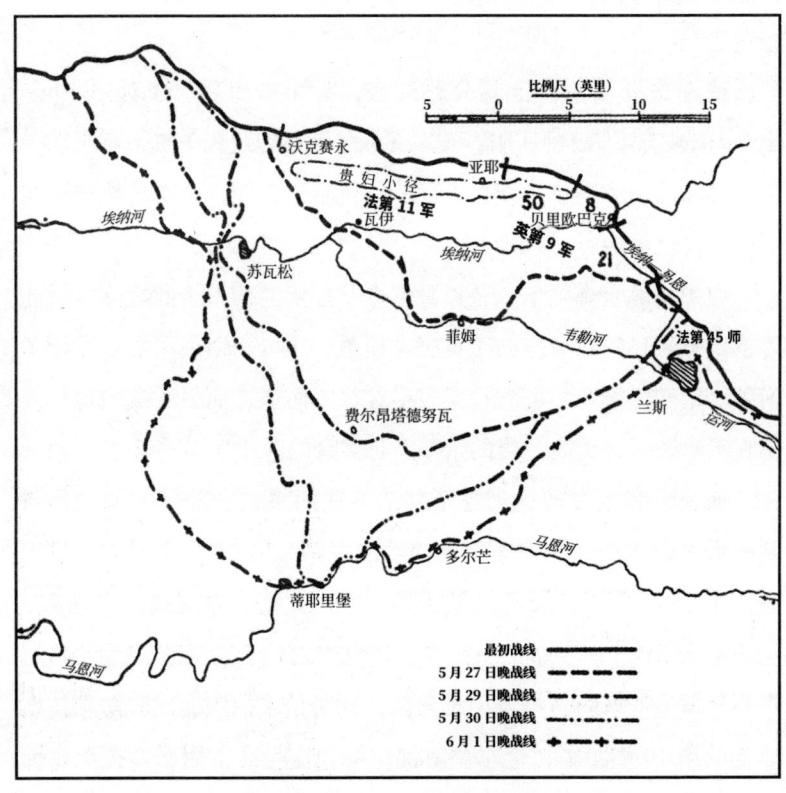

地图14 德军突破马恩河

第十八章 最严峻的考验

区训练的美军各师,至少划拨一部能够归其指挥。福煦在与黑格会谈的中途收到了贝当的电文,他立即驱车去找贝当。魏刚返回会议室告诉英国人,形势"相当严峻","部队非常疲惫"。

然而,福煦现在开始认为贝当的要求有些过分,在与贝当面谈时,福煦声称贝当现在已有的预备队足以恢复形势。福煦还决定将其司令部移驻到距离战场最近的地方,以便他可以更密切审视战局。次日,他将司令部迁往穆希莱沙泰(Mouchy-le-Châtel),几天之后,又移赴默伦(Melun)以北的邦班(Bombon),"这是一个平和、安静和可以令人沉思的幽僻之地"。这里被法军称之为"邦班修道院",此别称具有两种含义,不仅是宁静之地,而且是信念之地。

6月2日,福煦给了贝当一份手令,指导其应对战局。但其内容极其宽泛。只是告诉贝当"不惜一切代价阻止敌军进攻巴黎"以及"发挥最强之精神,在德军进攻巴黎的方向上运用包括寸土必争在内的战术"。下达此等命令不需要伟大的军事头脑,但福煦可以赋予其电流,或者使其成为鼓舞人心的力量之声,在前线指挥官听来,此乃极其受用之语。而且在后方,福煦镇静的自信抚慰了人心。当在凡尔赛被人问及局势时,他回答说:"很好,海浪正在退去。"为了说明他的观点,还准备了简单的图表,标记出每天的浪涌如何减弱,这是一种正确的做法。

福煦采取了务实的一步,这产生了复杂的后果。为了回应贝当的再三请求,他让潘兴将在英军防区的美军5个师调至法军防区,接防没有战事的防线。他同时要求黑格调英军3个预备师至亚眠后方的索姆河下游,若有必要,则准备参战。

次日，贝当强烈要求上述英军3个预备师立即参战，并调派更多的师增援。这与3月的事完全相反。福煦催促派出美军各师，但另一方面也告诉贝当，进一步从英军防区抽调部队将面临风险。然而，福煦致信警告黑格，若德军向巴黎追击，或扩大其战线，"所有协约国军必须予以帮助，这很可能决定战争的结局"。因此，福煦要求黑格，应准备派出所有总预备队和局部预备队，还应考虑减少其防线的守军力量。福煦提出了如此强烈的理由，这是基于他新一阵的焦虑。贝当曾提醒福煦，德军新的攻击迫在眉睫，将向北延伸。由于过大估计了德军的兵力，新的威胁似乎比实际上要危险得多。

福煦的要求在英军总司令部炸开了锅，泛起的涟漪波及英国内阁。然而，黑格所部从三四月的巨大作战压力之中勉强恢复过来，他已经看到，用不了多少天，英军支离破碎防线上的所有法军和美军预备队都将被抽调一空。黑格并不反对如此而为，只是对于事先未征求自己的意见而感到委屈。黑格会比较预备队南调的迅速性与北援的缓慢性，这也是合情合理之事。由于有迹象表明德军正准备对佛兰德实施新的攻击，这让黑格更焦虑不安。因此，黑格向福煦提出了正式的抗议，并行使自己的权利，上诉到了英国政府。

伦敦弥漫着同情黑格诉求的氛围。对于英国盟友及协约国军总司令的完全突然之举，英国政府极感担忧，而且调往埃纳河"休整"英军各师所受的牺牲，英国政府也深感震惊。威尔逊看到福煦正在抽空亚眠结合部及其以北全部防线的部队，为此满怀忧心，与此同时坚决反对任何缩短防线的行为。如果英军不得不南撤，那样会发生什么样的事情？"福煦削弱了中央防线的兵力，而不排干沤

第十八章 最严峻的考验

涌的海水，以及不缩短自己防线，他势必让这一决定难以执行。"

6月5日，威尔逊收到了黑格的诉求，他提醒英国战争内阁说，在他看来，福煦正在拿英军的灾难在冒险。威尔逊暂时不再崇敬福煦的天赋之才了。"说福煦不会过来'踢一脚'，然后再从贵妇小径跑到蒂耶里堡，这都是无稽之谈。"

英国政府委派米尔纳和威尔逊前赴法国。如果说他们离开了一个风暴旋涡，却发现又进入了正在巴黎肆虐的另一场更为凶猛的暴风雨之中，政治闪电的骇人光芒照亮了黑暗的夜空。英国遇挫时，巴黎弥漫着相当傲慢的镇定氛围。国会、媒体和公众寻找替罪羊以求在喧嚣之中获得情感的慰藉，这是他们传统的安全阀。迪歇纳的事情相当符合这一点。然而，福煦和贝当面临更大的冲击。克列孟梭逃避不了，如果不牺牲他们两人，则将面临下台的威胁。

但是，克列孟梭对于此种混乱局面却如鱼得水。他以蔑视的姿态直面质疑，毫不退缩地支持他所选择的两名爱将，他说："我们必须信任福煦和贝当，他们两位伟大的军界领袖乃是珠联璧合。"然而，克列孟梭也坚持认为，给予此种支持的代价是，有必要"砍掉朽木"，于是将大量"年老而应被替代"的执行指挥官解职。"福煦与我肯定都知道，对于诸多将领而言，'老同志'的称呼代表他具有极其强大的魅力，也许这样更好。"

当克列孟梭提出了免职名单时，福煦并没有异议，但他请求克列孟梭先在不活跃前线将领名单剔除自己的"老同志"，并"承诺在时机需要时严格应用相同的标准"。

在前线与后方的双重压力之下，克列孟梭和福煦必须应对英国代表团的侧面压力。6月7日下午，英法双方在克利翁酒店会谈。

黑格陈述了抗议的理由，福煦巧妙地辩解说，这完全没有根据，因为他只是要求黑格制订移防英军各师的计划，而不是实际移防。根据威尔逊所言："福煦然后说，他确信黑格只是抗议未来福煦是否会'轻率'行事，如果如此，他同意黑格元帅的说法。""福煦反复申明，若德国佬在从索姆河到马恩河的广泛战线实施攻击，他将调用黑格的所有预备队，因为这表明德国佬投入了全部兵力。黑格也同意，但询问福煦为何他会认为可能有这样的攻击，因为所有情报都表明德军将猛攻拉巴塞以南及阿兹布鲁克和凯默尔之间，现在德军的战备都已经相当超前了，他们将在 48 小时内发起进攻。"如果黑格对于敌军意图的推测是正确的，福煦此时已经预计到了德军的直接行动方向。

米尔纳现在介入调停两种对立的意见。"他问福煦的意图是不是撤防更多的美军师，福煦回答不是。黑格抱怨说，福煦未事先通知而调走了美军和法军各师。我从未见过老福煦如此泰然自若。他一句话都没有说。克列孟梭说，此等行为不可容忍，不允许再次发生。"

这次会议在友好的氛围中结束了，双方公开坦诚表达了各自情绪，缓解了紧张关系。此次讨论理清了福煦和黑格的相对位置，而且表明黑格享有向自己政府上诉的权利乃成现实之事。福煦随后像黑格一样对待其名义下属及潘兴的态度，可以反映出这段插曲的重要性。福煦职位的限定词是"协约国军"，听起来扩大了职权，而实际上乃是一种限制，他也意识到了这个总司令头衔的局限性。

虽然福煦的透彻理解令他感到沮丧，但他调整自己，以卓越的智慧和技巧适应环境。因此，他的"指示"不是命令，而是愿望，

第十八章 最严峻的考验

通常是一种正式的契约。

6月9日，德军对努瓦永—蒙迪迪耶地区发起新的攻势，企图向西南方向突破，击破分隔索姆河突出部和马恩河突出部的扶壁。然而，德军的此次进攻既太晚又太早。说太晚是无法与扶壁另一侧的德军攻击相配合，准备太过于仓促而丧失了保密性。法军已经察觉到了德军的意图，准备避开其打击。实际上，德军的攻击力量比预期还要小。法军预计敌军的进攻兵力为45个师，还有相当数量的预备师，然而胡蒂尔只有13个师，而且并没有投入全部兵力。为了应对此部德军，亨伯特在第一线阵地部署了7个师，在第二线阵地投入了5个师。

虽然这是危险的时刻，但这只是不必要担心的威胁。为了应对德军进攻，贝当尝试了弹性防御的新战术，发展了早前德军的战术。其主要内容是，轻兵坚守第一线阵地，足以迟滞敌军的进攻，而当敌军攻势顿挫时，则在充分准备的第二线阵地予以抵抗。然而，由于战地指挥官与生俱来的保守倾向，致使此次尝试在执行过程中出现了一定程度的扭曲。不幸的是，他们以福煦的最新指令为辩解理由，即"寸土必守"。

贝当所部的执行不当导致德军在突破第一线阵地之后，得以继续向前推进，于上午11时攻占了长达7英里的第二线阵地。然而，法军战地预备队迟滞了敌军的进展，以致德军在渡过马茨河（Matz）后不久就陷入了停顿。与此同时，法约罗正准备迅速回击，在德军有时间巩固其侧翼阵地时予以反攻。为此，法军增援了5个师，划归充满激情的芒然指挥。6月11日早，法约罗发起了进攻，虽然其兵锋未能深入敌军侧翼，但却浇灭了德军摇曳着的进攻热情。相较于对实际战局产生的影响，士气的激励则更为显著。德军的第一次反弹被法军视为一个更大的预兆，与绝大多数预兆不同，这次的预兆变成了现实。

对于福煦而言，这是一次鼓舞。法约罗曾倾向遏制芒然在11日实施进攻的愿望，而支持更为认真地筹备战事，福煦一锤定音："放手让他去干！"当芒然想继续攻击顽强抵抗的德军时，福煦明智地制止了。他在反攻略见成效时即停止进攻，这不仅是为了保存预备队，而且欲将其投入新的攻势计划之中。

这些攻势计划变得比以往更为可行，但也越来越受到限制。其目的为一箭双雕，缓解福煦横向交通线压力及挫败敌军的进攻计划。在敌军下一次进攻之前，法军的攻击不会有所成果，这中间有一个月的间隔。法军的进攻计划表明了福煦务实地相信自己自由行动的理论，如果也证明了他不再考虑将鲁登道夫诱至巨大突出部予以侧击的可能性，这会是另一个消散在历史中的民间传说。

虽然战事漫长停歇，但是福煦的后院可不平静。福煦在缓解了与黑格的紧张关系之后，又卷入与贝当的纷争之中。德军在6月9日的进攻立即导致贝当急需英军预备队，他要求部署在亚眠后方的3个师予以增援，但福煦拒绝了。这次危机的提前过去，证明了福煦不同意贝当之请乃是正确之举。

尔后的6月16日，福煦签发了手令，提出了面对德军新一轮打击时应采取的防御战术。这个手令一如既往地内容宽泛，但有一点除外，即一旦预见到德军攻击，第一线和第二线阵地应部署"足够之兵力"。在贝当看来，福煦的这一建议意味着现有部队的部署太过于均匀且相当分散而薄弱。贝当新的战术是以一条薄弱的防线

第十八章 最严峻的考验

作为缓冲区，消耗德军的打击力量，并以坚守的主阵地逐渐实施反击。因此，他拒绝执行福煦的手令，并向克列孟梭陈情。这并非贝当找克列孟梭陈情的唯一理由。福煦还预计德军下一次将进攻佛兰德，遂命令贝当增援在那里的法军炮兵部队以及制定方案，以期在短时间通知之后即可派出法军各师。

正如先前的黑格，贝当似乎想当然地认为准备即是执行。他抗议说，法军自3月以来持续作战，而"英军已经休整了两个星期，而且得到了兵力补充。在长达24英里的前线，密布着步兵与炮兵，我的军队从未实现此等盛况……英军可以自食其力了，给法军时间抵抗敌军对巴黎的新进攻，德军必定会再兴攻击的。"

贝当的申诉让克列孟梭处于尴尬的境地，因为贝当保护了法国的直接利益。然而，克列孟梭极其厌恶在指挥问题上妥协，于是大胆决定冒险降低不利影响，甚至不惜让法军前线面对危险。因此，他不仅支持福煦，而且采取了必要的行动阻止新的争端，即决定在博韦赋予总司令的申诉权不再适用于法军。

福煦利用这种无约束权力的先发优势，否决了贝当刚刚签发的命令，即万一防守薄弱的洛林地区受德军威胁，法军则实施预防性撤退。福煦另一项更为激进的措施是，以一名更富"进攻"精神的军官替换了贝当的参谋长。由于此次换将未事先知会贝当，致使他相当愤怒，这次事件导致双方激烈的信件交锋。

与此同时，福煦整理英法两军部队，力求消除摩擦源。以此为目的，他建议黑格把还在佛兰德的法军部队，同时驻防亚眠后方的英军诸师与在埃纳河陷入困境的不幸英军各师余部均归还英军建制。

然而，福煦的上述重组方案未得以实施，由于他的期望发生了变化，再次需要英军的预备队，原计划受挫。

在与黑格争论之后的6月中旬，福煦同意英军的意见，即德军的下一次攻击将重新指向佛兰德。但到了月底，福煦又有了不同的结论。在其7月1日的第4号命令中，他指出敌军距离阿布维尔和巴黎仅有40英里，德军向阿布维尔前进25英里即可切断法军与英军之间的交通线，而向巴黎稍行半步，就可能对其士气产生极大的影响。因此，这两个最重要的方向必须予以重兵保卫，但协约国军也必须准备击败德军在佛兰德或香槟的牵制性作战。

我们看到福煦仍然倾向假设他的对手会采取战略上似乎理想的方案，从而不顾战术上的困难。在福煦看来，阿布维尔和巴黎是最具危险的方向，他暗示鲁登道夫将选择进攻其中一个地方。福煦所遵循的推理方法，正是在其还是教授的时候，曾经严厉斥责过老毛奇的方法。福煦的假设简直不着边际，因为鲁登道夫实施1918年攻势作战的基础是"战术考量必须优先于纯粹的战略目标，除非战术上具有胜利的可能，否则追求战略目标毫无意义"。实际上，鲁登道夫计划的基本理念与福煦对鲁登道夫的猜想完全相反。正如我们所见，这个假设将会导致福煦再一次掉入陷阱。然而，坎坷的历程让福煦谨慎地坚持这个看法，留心获得有关敌军意图的明确证据。

幸运的是，敌军因延误而只能匆忙在新的地区实施进攻，并且随后未能隐藏其战备情况，而致福煦此次可以获得的证据越来越明确。贝当的情报部门收集了大量引人瞩目的证据，表明德军新的攻势在香槟地区，由于法军及其将领认为敌军应该进攻香槟，从而吸

第十八章 最严峻的考验

引巴黎和阿布维尔方向的法军预备队，致使这些证据的证明力可能更为强烈。7月5日，贝当和福煦进行了一次面谈，福煦被说服而相信香槟乃是德军选定的进攻区域，于是他命令贝当增援该地区。6天之后的7月11日，福煦同意贝当从亚眠附近的左翼抽调预备队，并请求英军南调4个师，以换防预备队，支援英法两军结合部。黑格当时在英国，但劳伦斯①（Lawrence）立即同意满足福煦之请。7月13日，福煦对英军的要求增加到8个师，并要求最初南调的4个师应毫无保留地归他指挥。此部英军将派遣至香槟。劳伦斯再次同意了，黑格次日回到法国之后也批准了这个决定。

但是，福煦的请求并不是没有遇到反对。这次提出异议的是劳合·乔治，他自然还记得黑格先前的申诉，而且他和黑格也不知道英军是否已经从先前的作战中恢复过来。劳合·乔治主动致电黑格，告诉他说，如果他认为英军部队正处于危险之中，或者说福煦的请求具有背后的政治动机，黑格可以根据博韦协定提出申诉。

劳合·乔治准备这次支持黑格，而随后黑格盲从福煦之要求，致使劳合·乔治遭受到了羞辱，这有些事与愿违。这次，黑格似乎在电文中找到了鼓舞之情。他虽然不认为有必要考虑申诉，一旦德军发起进攻并失败之后，他就致信福煦请求调回英军4个师。黑格还通过口信委婉提出："若英军想要取胜，肯定要有兵力。"黑格是否坚持调回英军4个师，我们不得而知，但就在福煦拒绝黑格所请

---

① 赫伯特·劳伦斯（Herbert Lawrence，1861—1943），历任英国第2自由民师参谋长、第42地方师第127（曼彻斯特）旅旅长、步兵第52师师长、第66师师长、黑格的首席情报官和参谋长之职。——译者注

之时，黑格得知开局顺利，福煦已经胜利反攻。英军各师也参加了反攻作战。黑格自己防线的威胁首次得到缓解，尔后消除了德军方面的压力。

相当重要的是，这也让福煦大松了一口气。他所持信念的考验乃是痛苦，取悦自己国人及盟友而遇到的困难更是加剧了自己的压力，但至少证明了他的公正无私。

在身感压力之际，宗教乃是福煦真正可以慰藉之所在，而邦班则是他的天堂。在这里繁忙而显耀的司令部，参谋规模已经削减到了尽可能小的水平，这里就像修道院那样饮食简单朴素，生活规律。这个"小社会"上午7点起床，中午吃午餐，傍晚7时用晚饭，晚上10点或11点睡觉。用餐的时间一直是准时的，不准时用餐则是一种罪孽。即使菜单普通无比，粗茶淡饭，但也都是准时而用。福煦喜欢他的食物，但这却远非美味佳肴，他也更不是贪食者："我需要多少就吃多少，从不浪费。"随餐还会喝一两杯红酒："这就够了，无论什么，我都喜欢适度而为。"但也有例外的情况，那就是抽烟："这是我的一个恶习。"如果他吃饭很快，那可能是他"着急去抽烟斗"，这是英国人送给他的礼物，让他舍弃了旧爱，一种粗糙而味道难闻的雪茄品牌。以前人们常说，他在抽第一根雪茄时默而不发，第二根则焕发生机，第三根则将灵光闪现。他嘴里吐出来的烟雾是语言的标点符号。

但是，福煦找到了一种更高形式的安慰方法，即各种不同的熏香。他经常6时起床，走到村里的教堂，参加晨祷，星期天则参加大弥撒。他被看到"按照弥撒祷者的惯例，当叮当的钟声宣告开始美妙的祷告，福煦口念：'圣哉！圣哉！圣哉！全能大主宰。'然

第十八章 最严峻的考验

后谦逊地下跪,一直保持到神圣献祭的仪式结束"。以此焕发精神,斗志昂扬迎接等待着他的重任。

有一次,莫尔达克来到邦班,带来了克列孟梭的一个紧急消息,而他发现福煦正在教堂里。莫尔达克等待很长时间后,福煦出现了,他解释说:"你看到了,我如果有自由支配的时间,我就会在这个地方,但这种时间也不是经常有的。但是,我不是一个好的基督徒,常常不是祈祷,而是让自己冥思,自然是静思世俗事务,也就是我准备的作战,但是我确信,上帝不会为此而生我的气。因为当我离开他的殿堂时,我总是感到更为强大,而且更为重要的是,心中感到的不确定性更少了。我经常作出战争中最重大的决策。"

在德军大屠杀危机的那个星期天早晨,克列孟梭离开巴黎,匆忙来见福煦。到达后,他得知福煦正在参加弥撒。终身思想家克列孟梭立即说:"不要打扰他。他这么做,表现非常好。我等他。"在克列孟梭看来,宗教对于福煦,就好像在林肯眼里,威士忌对于格兰特将军。前人的意见无疑是正确的。福煦自己说:"我曾经的箴言是知识和信念。我一直秉持这条箴言,但是现在而是信念和知识。是的,信念第一。"他接着说:"因为信念才是更为重要的。"

第十九章　扭转战局

在福煦的战争军旅生涯中，一个最令人好奇的象征性之物是他迷恋的一座路易十六的摆钟，1914年时他的司令部在卡塞勒市政厅，他就把摆钟安装在房间白色的大理石柱之上。1918年，这座摆钟送到了他这里，于是遂了他的心愿。没有比这个摆钟更像当年的战役了，首先，长长的摆针带着节奏摆向了德国一边，然后又摆回了协约国军一边。还如摆钟一般的是，在8个月的战役中，前4个月就挫败了德军攻势。在福煦得以发起自己的既定反攻之前，每个小时的准点钟声都是决定命运的时刻。福煦不仅仅在法国被人抢先一步。

5月7日，他劝诫迪亚兹不能只满足于守势，而是应当尽快实施进攻。6月12日，福煦又提出了进攻的要求。三天之后，奥军发起了1918年第一次也是最后一次攻势，康拉德从特伦蒂诺南击意大利军之侧翼，而博罗维奇（Boroevic）则同时进攻意大利军正面。①

---

① 康拉德集团军群下辖第10集团军和第11集团军；博罗维奇集团军群下辖第5集团军和第6集团军。——译者注

第十九章 扭转战局

康拉德的攻势很快被阻止,而博罗维奇的奥军虽占领了蒙泰洛的半部,强渡了皮亚韦河,但最终也只能被迫渡河而撤。在此次徒劳无功的进攻战中,奥地利军损失了 10 万之众,致使奥军军力溃散。

奥地利的破产成为其伟大盟友失败的不祥之兆,其败亡将会来得更早一些。在 3 月至 6 月间,德军已经损失了将近 70 万人。德军密集和持续的攻势,致使其濒临破产。在战争中,这是德军第一次不堪损耗的重负,德国年轻人在可以牺牲的年龄抵达战场,其半年的兵员损失数量就达到了一年的征兵额,而且远超于此。摩洛神①仍感饥饿,难以满足。德军若欲一雪前耻,只能派牧师上阵了。

当鲁登道夫看着旁边可以派出的邪恶部队,简直少得可怜。薄弱的德军队伍紧凑地慢慢蠕动,鲁登道夫将失去力量。相反,福煦的人物形象将不断膨胀,直到民众将其神化为主宰战争的巨人。除了精神力量,福煦几乎也掌控着物质力量。数月以来,他就是大人国的格列弗,勇敢面对着挑战,吟唱着"进攻"之歌。数月以来,他就像不朽的帕廷顿夫人②,拿起扫把击退海洋的大潮。下一次,福煦将向前挥舞扫把,海水就将退去。每一次连续的挥动,都可以将海水击退更远。于是,物质力量的浪潮遂掉头而去。海潮开始退去。人类热衷于追求奇迹,他们认为潮水的退去乃是大师的伟大成就。他们忘了现在已经有 27 个双倍规模的师抵达法国。他们也很容易忽视了德军预备队兵力的削弱,由于饥饿海峡的存在,致使德

---

① 摩洛神是古代迦南人膜拜的神,最特殊的方式是由父母把自己的子女作为祭品献上,放到火里焚烧,以获得神明保佑。——译者注
② 帕廷顿夫人的故事是英国德文郡的一个传说,她拿着扫把,穿着拖鞋,勇敢地击退海水的侵袭。——译者注

军兵力及德国民众的数量都在减少，失望之余，士气低落，德军发现他们在徒劳地付出最后一点能量。

协约国民众充满了胜利的迷醉之情，并没有关注导致胜利的各种因素。他们渴望看到并赞美一位奇迹创造者将春天的冰水变成夏日的红酒。于是历史留下了有失偏颇的分析。因此，传奇开始了漫长的演绎之旅。

但是，我们强调，当酒菜上桌之后，某些酒席承办者并不认同餐后产生的错觉，这才是实际的情况。在研究德军6月9日的进攻之后，贝当舍弃了他天生的谨慎态度而宣称："如果我们能够坚持到6月底，我们的局面将极其好。7月，我们就可以恢复攻势，尔后，胜利将属于我们。"这个预言准确地实现了，但此种判断不是基于灵机一动，而是冷静地思考了各种因素而得到的。

即使福煦并没有准确预测，但他似乎"感觉"到了贝当通过深思熟虑而做出的及时改变。7月1日，威尔逊来访，福煦明确表示，德军不知道接下来应该怎么办，令威尔逊惊讶的是，福煦说，所有揪心的忧愁都将在10天之内消失殆尽。威尔逊却无此信心，而且认为陷于泥沼的协约国军在"11月之前不会非常安全"，也不会让人安心。福煦进一步表示，奥匈帝国将很快在革命中瓦解。为了加快进程，福煦不仅敦促迪亚兹在意大利战线实施进攻，而且推动制订了萨洛尼卡的攻势计划，派弗朗谢·德斯佩雷前往指挥作战，以鼓舞士气。

福煦关于鲁登道夫陷入混乱的猜测乃是一种敏锐的嗅觉。鲁登道夫虽然仍遵循着自己的指导思想，认为其最终的攻击目标还是英军，计划进攻佛兰德，这与福煦的看法不同，但鲁登道夫无奈得出

第十九章 扭转战局

这样的结论:"佛兰德的敌军仍然强大,以致德军无法进攻那里。"因此,他决定在另一个方向实施牵制攻势,若战机有利,则时刻准备着扩大攻势。德军计划以49个师进攻兰斯两侧,拟定攻击日期为7月10日,尔后由于准备未完成,遂推迟到7月15日。主要打击力量是进攻沙隆的左翼部队,而右翼部队将渡过马恩河,继而转攻埃佩尔奈(Epernay),与左翼部队会合并攻击目标。鲁登道夫的计划是,无论如何将在5天之后对佛兰德实施决定性攻击。7月16日,德军进攻兰斯之际,实际上德军炮兵和飞机经火车运输至佛兰德,鲁登道夫将亲自前往那里监督和创造其最后的胜利。但是,胜利的序幕并没有拉开。令人讽刺的是,法军的攻势割断了拉开帷幕的绳索,但法军的本意并非如此。

福煦根据其局部进攻计划的一部分,已于6月14日命令贝当:"准备进攻,目标是占领制瞰西侧苏瓦松的高地。"福煦的想法是,如果他可以将德军所用的主干交通线纳入法军的炮火之下,"任何进攻蒂耶里堡的德军都将成为炮灰。"芒然指挥的第10集团军扮演止血带的角色。6月28日,芒然率部发起了初步攻击,以获得有利的起始线以及掩饰其更大的意图,尔后将其预备队撤往后方。

在7月的第一个星期,贝当希望德军进攻,然后再实施反攻。他的计划包括三个阶段:第一阶段,通过缓冲式抵抗阻止德军之攻势;第二阶段,立即沿兰斯两侧实施反攻,形成口袋;第三阶段,当德军预备队被迫进入这些口袋之后,芒然的集团军则真正反攻敌军后方。如果芒然所部沿马恩河主突出部的基线向东推进足够远的距离,则可能形成一个可以包围德军的大麻袋。

战事的发展以及福煦的想法共同改变了贝当的上述计划。

福煦不愿等待敌军行动，而是倾向预防胜于治疗，希望自己部队的进攻可以挫败敌军的企图。福煦现在决定，无论敌军进攻与否，他都将所部之攻势扩大到将敌军驱逐出马恩河突出部的联合行动。于是在7月9日，福煦命令贝当，贝特洛的第5集团军应进攻东翼，同时芒然的第10集团军进攻西翼。福煦也希望位于芒然所部与马恩河之间的德古特（Degoutte）第6集团军，应向南延长芒然所部的进攻线而至蒂耶里堡，继而一同东进。

法军攻势计划的扩大自然推迟了其进攻的时间。但这有助于欺骗德军，他们得到的情报将是协约国军会实施阻止性进攻，如果协约国军未在7月14日按期发起进攻，他们会认为自己的意图未被发觉。法军的迟滞进攻有利于贝当。7月13日，贝当可以向福煦保证，德军很快将发起进攻，他的想法也得到了福煦的同意，法军的进攻应当是一次反攻，即在敌军进攻之后实施反攻。

这并不是贝当取得的唯一一次成功的说服。经过一个星期的争论，贝当才说服在兰斯以东的第14集团军司令官古罗采取纵深防御策略，还要使其接受了令人不愉快的想法，也就是自愿放弃其前线阵地。当成功欺骗德军之后，全世界响起了雷动般的掌声，将其赞誉为"古罗战术"！

7月14日，法军的一次黄昏攻击，俘虏了德军战俘，他们供认德军将在午夜10分钟之后实施炮击。法军在最后一刻发现了德军的准确攻击时间，德军的攻势毫无疑问失去了突袭性。因此，在兰斯以东，德军步兵从其战壕开始进攻之前，他们已经踏入了陷阱，被法军的反击炮火炸得四分五裂。尔后，法军外围阵地防线的机枪又进一步削弱了德军兵力。于是，德军的攻势遂告减弱，攻击阵形也进行了收缩，以致其到达法军的真正抵抗防线时，却无法突破。

然而在兰斯以西，由于意图守住马恩河，法军并没有完全运用纵深防御策略。因此，法军全力坚守第一线阵地，其守军被歼灭，德军的攻击浪潮深入了5月形成的大突出部东南角。德军不仅渡过了马恩河，而且进军到了兰斯，从而导致法军防线扶壁面临遭德军削弱的威胁。尽管德军在次日停止了进攻，但其威胁攻势已经产生了深远的影响。

为了避免风险，贝当立即决定执行计划的第二阶段，在马恩河以南形成的新口袋两侧实施反攻。但是，贝当的原计划执行该任务的预备队已经投入防御作战，于是贝当只能从德古特和芒然所部抽调部队。因此，贝当电话命令推迟芒然所部的反攻，而原计划该部在7月18日准备反攻。

福煦正在亲访黑格的途中，当到达法约罗的司令部时，他听到了贝当的讯息。福煦急于进攻，对于任何延迟都深感震骇，而且是为了安全付诸实施"浪潮"理论。他立即致电贝当："芒然所部之准备不得有任何延迟，更不能停止。"他还说，不仅芒然和德古特所部必须在7月18日攻击，而且马恩河以南的米特里第9集团军也应攻击。在福煦评价他这位更为精明的下属时，概括了自己的感受："他不知道速度的优势。他喜欢分阶段执行任务，但我不喜欢这样，我更喜欢大规模攻击。"

因此，在7月18日凌晨4时35分，芒然和德古特的集团军向东扫荡进攻。由于上述部队在维莱科特雷（Villers-Cotterets），因此初步炮击时并未注意到其进攻。他们参战时成了"康布雷之匙"，

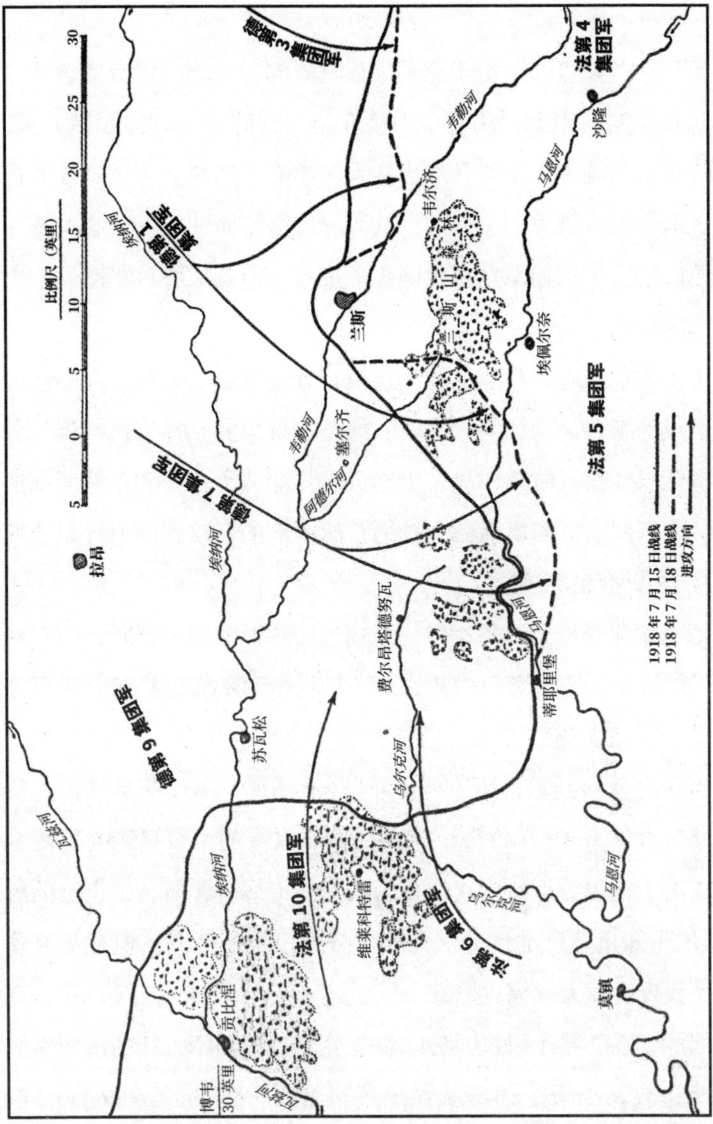

地图 15 第二次马恩河战役

第十九章 扭转战局

其突然派出了大量坦克，压碎了铁丝网，引导步兵浪潮进攻。法军拥有的这把钥匙及其成功的运用，证明了贝当在1917年的宏伟计划是正确的。即使如此，德古特的坦克数量不可能有芒然所部那么多，芒然所部的坦克数量达到了375辆，因此在德古特所部攻占德军外围阵地之后，其步兵不得不停止一个半小时，炮击而软化德军的主要抵抗线。而且，主要兵力也给了芒然，其第一线有10个师，后援部队则有8个师，德古特最初只有一个师增援其先遣的6个师。此种兵力的不平衡也是合理的，芒然的进攻路线是穿过敌军后方，将会遇到德军更强大的抵抗。

芒然初战告捷，其实施了长距离跳跃前进，在黄昏之前俘虏了1万名德军。虽然充满热情，但芒然很快发现难以完成福煦的命令，即"现在的战斗目标应当是歼灭埃纳河和韦勒河以南的敌军。必须以最大力量进行追击，不得耽搁任何时间，充分利用突袭而产生的优势"。芒然试图以一个骑兵军进攻，但告失败，且成了一次闹剧，再次证明了这一古老兵种已经失去了作用。翌日，德军预备队到达，顽强抵抗，阻止了法军的进攻，就像一扇滑动门，存在关闭凸角出口的危险。福煦下达了一道接着一道的命令，意图加大对滑动门的用兵力量，要求"必须集中最大程度的努力"。但是，一旦突袭的效果过去，上述命令无法像之前那样可以有效战胜机枪的火力。福煦被迫见证了"衰退浪潮"理论的反例。

法军左翼（芒然和德古特所部）在反攻的同时，右翼却仍处于防御态势，这意味着贝当只能放弃其计划的第二阶段。贝当原来的想法是，右翼应牵制敌军预备队，在左翼执行占领整个突出部这个更大目标之前，收缩马恩河以南的口袋。当右翼可以在7月20日加入攻势时,即可形成联合压力,但左翼却失去了进攻的势头。因此,德军顽强作战,以获得呼吸的空间,并得到了所需的时间,尽管被俘3万人,但还是将其大部撤出了法军布下的口袋。

德军安全后撤到韦勒河沿线笔直且相当短的防线,8月2日,鲁登道夫认为可以下令准备佛兰德和蒙迪迪耶以东的新攻势。在一个星期内,鲁登道夫的进攻梦最终破灭,但从历史上而言,认识到并不是7月18日的法军猛烈反攻导致了其梦的破碎,这一点甚是重要。与第一次马恩河战役的"福煦反攻"有所不同,福煦在第二次马恩河战役反攻战的名望有了坚实的基础。如果第一次进攻徒劳无功,而第二次进攻则遇到了德军的坚强抵抗,因此未能获得决定性战果。如果说福煦鲁莽推翻了贝当审慎考量的想法导致丧失了战果,这一点还是存在争议的。另一方面,古语有云,战机稍纵即逝。福煦不希望"火车刚开走两三分钟之后才到达车站"。我们现在知道,但当时福煦并不清楚,也就是说推迟进攻而丧失战机的风险极其少。然而也没有明确的证据表明,推迟是否有利于第二次马恩河战役的战机,而第一次马恩河战役却是相反,行动推迟曾导致失去了战机。

而且,在久尝酸楚的失败滋味之后,初历胜利的甜头,这对协约国军是不可估量的士气激励,另者其对德军造成的战败影响也远超以往。因此,一直关注于士气因素的福煦对此甚感满意。在7月20日的一封信里,他总结了对主要战果的看法:"德军需要迅速获得决定性成果,但他们失败了。这就是我们的伟大成就……"

他的私人感情也得到了宣泄:"我们阻止了德军。我们攻击了德军的侧翼。我们打击和攻击了他们。我们消灭了敌人。报了我们的死仇,包括我的儿子……我的女婿之仇。"福煦现在可以解除自己施加的缄默禁令,这表明了他自己信心的重要意义。

福煦已经获得了主动权,他就可以通过纯粹的攻击活力保持此种主动权。对于福煦而言,战争并不是一场棋局,即使在最高的位置上,作战是一个身体力行的过程。他的内心充满了原始的战斗本能。他的策略相当简单,而不是传奇故事所描绘的复杂艺术杰作。在他自己生动的描绘中准确地说明了这一点:"战争就是如此,就像倾斜的平面。进攻则是上面滚动的球。如果你不将其停下来,这个球就是越滚越快,不断获得冲力。如果人为将其停下来,就会失去动力,必须得重新开始。"

但是,福煦也不期望过早的胜利。他在给克列孟梭的信中预言:"这次冲突的决定之年将是1919年。这一年的春季,美国的努力将达到顶峰。如果希望缩短战争,我们必须在一开始动的时候就给予最大可能的动力。因此,我们必须将可以集结的一切资源给予各集团军。我们越强,我们取胜的时间越短,我们就有越多的发言权。"这种结论性评述表明了福煦越来越提升的政治水平,并预示着他试图决定和平的条件。

第二十章　滚动的球——落潮

马恩河的胜利显著激励了福煦的精神，虽然此次大捷的结果并不是导致发起下一次"进攻"的原因，但也是由于先前埋下的伏笔。从历史上看，这一事实极具重要意义，因为下一战的胜利决定性反映出了第二次马恩河大捷的影响。

由于7月18日的既定反攻乃是福煦长期考虑的有限攻势计划的一部分，也属于新的进攻。7月12日，福煦致信黑格，建议恢复实施先发制人的进攻："在英军防线实施第一波攻击，应以费斯蒂贝尔—勒贝克（Rebecq）为起始线，目标是占领布律埃（Bruay）煤矿，阻止敌军使用埃斯泰尔（Estaires）的交通枢纽……"

5天之后，在马恩河反攻的傍晚，黑格回复称，他认为"在这样平坦的沼泽区域发起进攻毫无优势"。黑格建议，相反应该进攻和驱逐亚眠和亚眠—巴黎铁路之敌。"完成这一目标的最佳之道是实施英法联合行动，法军进攻莫勒伊（Moreuil）以南，英军则负责攻击吕斯河以北。"

更为重要的是，黑格还说："为了实现这个目标，我正在秘密制订进攻吕斯河以北并东进的计划。"正如福煦直到在马恩河发起

第二十章 滚动的球——落潮

进攻的前夜才将计划告知黑格，黑格在战备取得进展之前也向福煦隐瞒了索姆河新的进攻计划。这种互相保密的行为令人感到相当奇怪。黑格的计划也是集思广益的成果，但双方坦诚披露的时间太晚了。

7月4日，莫纳什（Monash）的澳大利亚军以坦克在哈默尔实施了一次出色的小突袭战。此战之胜不仅让澳军相信了坦克的价值，而且让罗林森也深信不疑，他最初还是持怀疑态度的。使罗林森具有同等强烈感受的是，他看到敌军的士气正在下降。因此，他构思了一次更大的突袭计划。7月18日，他向黑格提出了建议，发现黑格已经向福煦提出了类似的建议。由于此项方案契合了福煦自己渴望已久的愿望，于是很快予以批准。

此事之后，英方抱怨称，如果黑格不被福煦所迫而违背自己的意愿让法军共同参战，战果将更为巨大。两军合作肯定是问题复杂化的一个原因，罗林森曾主张，这不利于他所寻求的完全突袭效果。但是却是黑格违了罗林森的愿望，而非福煦。实际上，福煦增加了此战的规模而扩大了成功前景。如果说狭窄的正面进攻会存在不利条件，福煦以更广泛的攻击协同作战，可以拯救不少性命。

7月20日，福煦第一次向黑格暗示扩大作战规模："紧紧咬住敌军，四处攻击，则可以获得优势地位，这至关重要。"他认为敌军"似乎减少到了两个集团军"，其一个集团军负责固守防线，另一个集团军实施进攻。"在此种局面之下，德军露出了其弱点，我们可予以利用，在德军劣势部队防守的阵地沿线立即实施若干次攻击。"魏刚认为将这些指示具体落地的时候到了，他利用每天与福煦在邦班公园散步的机会向后者强调这一点。福煦后来回忆说：

"他不断催促我将想法写到纸上。但我总是回答说:'不,不,如果你想的话,你可以这么做。'7月24日的备忘录就是魏刚完成的文稿,但完全而准确地反映了我的意见。"

然而,此份备忘录在其逻辑和具体内容方面都与福煦先前所言有所不同,其开篇说:"德军的第五次进攻,一开始就被我军阻止了,其已告失败。法军第10集团军和第6集团军发起了攻势,大败德军。尤为重要的是,必须在战场上乘胜利用德军的失败……但是结果必将远远超越战役本身。"对于协约国军而言,这将成为未来新作战的基础。该备忘录之后讨论了战役的情况,强调指出,兵力的天平已经倾斜到了协约国军一侧,其在坦克和飞机数量上已经获得了优势,而且美军后备队"每月25万人都源源不断抵达法国国土"。"此外,所有迹象表明'物质力量'因素正在有利于我方,而且由于敌军未能实现决定性战果,这可以增加我军的士气优势……"接下来需要值得注意,其与福煦先前的想法完全不同。

"因此,协约国军……已经到了道路的转折点。协约国军完全取得了作战的主动权:兵力数量以及战争原则将使我军保持这一主动权。由于协约国军兵力处于劣势,之前不得不采取全面防御态势,但现在到了必须放弃上述战略的时候,从而转向进攻。"换而言之,大山已来参见穆罕默德。[①] 在4年里,福煦秉持的进攻理论,在当时情况下,并无用武之地,而现在敌军的进攻却丰富了此种理论。当前的条件终于契合了福煦的理论,以此简单之语即可概括未

---

① 据说出自《古兰经》,为先知穆罕默德所语,原文是"如果大山不来参见,那我就去见他"。——译者注

来几个月的战事。

但福煦并没有选择向前远望。经过残酷的历练,他更多地成为一名机会主义者,而不是理论主义者。福煦越来越倾向于机会主义,如果他是学术意味不太浓厚的进攻理论支持者,那则与一位先行者异常相似,即参与美国内战的尤利塞斯·S.格兰特(Ulysses S. Grant)。在情势巨变的时刻,福煦对于进攻理论的认知是适度的,而之前他曾对此理论更为雄心勃勃。

"这次进攻应包括立即实施的一系列行动,虽不寻求决战,但其目标的实现则有利于:(1)实施进一步作战;(2)挽救人命。协约国军即可保持作战主动权。我们应快速实施这些行动,以形成持续打击。基于此条件,则有必要限制行动的规模……"

该备忘录提出了详细的进攻行动计划:

1. 作战目标是打通铁路沿线,此乃协约国军为尔后作战的必要之举。

(1)驱逐马恩河地区巴黎—阿夫里库尔(Avricourt,位于洛林边境)铁路线之敌。这是当前进攻行动可以获得的最低战果。

(2)英法两军协同作战,驱逐巴黎—亚眠铁路线之敌。

(3)驱逐科梅尔西(Commercy)周边巴黎—阿夫里库尔铁路线之敌,扫荡圣米耶勒(St. Mihiel)突出部。美军一旦具备所需资源,应立即着手准备和实施此项作战。

2. 作战的目标是彻底清除和驱逐敦刻尔克和加莱附近之敌……

如前所述,在短暂的间歇之后,连续实施上述作战行动,妨扰敌军投入预备队,阻止其有足够的时间补充部队。协约国军的进攻必须尽一切可能确保成功。最后且最为重要的是,必须获得突袭效果。最近的作战表明,突袭性是胜利不可或缺的一个条件。

值得注意的是,最后一句表明其认可了一个重要的事实。经过4年战争,福煦已经认识到了一个以往4000年来铭刻于战争史的事实。如果福煦的战史研究越为广泛,则他势必越早发现。然而,亡羊补牢,也为时不晚。

在萌芽之中的此种战术更具独创性,后来发展为交替打击敌军各处,当最初之攻势减弱时,则都停止进攻,为下一波攻击铺平道路,每处进攻的时间和空间均极其靠近,以便相互策应。于是,鲁登道夫抽调预备队前往受威胁地区的能力得到了限制,其他预备队也疲于奔命。如果此种战术在历史上有迹可循,经福煦发扬光大,取得显著的成功,这是他对于战争艺术的积极贡献。此种战术乃是历经反复试错的产物,在福煦运用该战术时,试错的过程也避免不了。

该备忘录还展望了未来:

上述所列的不同作战,在时间或空间方面的结果为何,我们不得而知。然而,在作战季之前,我军已经远远达成了目标,现在则有理由假设在夏末或秋季发起一次重大攻势。

第二十章 滚动的球——落潮

该备忘录总结说，须警戒和准备阻止敌军撤退至"预先构筑的较短防线"。

7月24日，在邦班开会时，魏刚向各位总司令宣读了备忘录的内容。根据有关福煦的逸闻所言，魏刚提出的建议令他们甚感震惊。"他们都以为我是一个疯子。"据说黑格回应："英军经历3月和4月的战事之后完全失序，远远还未完成重整。"而贝当则表示："法军在经过4年战争以及最严峻的考验之后，目前已经筋疲力尽，热血流尽。"潘兴述陈："美军极其渴望参战，但尚未编组完成。"于是，福煦对他们说："拿走计划，认真研究48个小时，然后将你们的想法告诉我。"

至少可以看出，根据黑格先前提出的建议以及正在按福煦命令准备作战的事实，其与黑格此时的态度难以吻合。黑格和潘兴等到最后才表示同意。贝当可能感到更失望。他在两天之后发出的书面同意意见中表达了对圣米耶勒攻势的看法："这是与清除阿尔芒蒂耶尔口袋之敌的协同之战，应当成为夏末及秋季的主要攻势。这可能耗尽法军在1918年的资源，但如此而为，将获得有益且确定的战果。"由于其中一项作战在英军防区内，而另一项作战在美军防区内，英美两军将会如何大规模消耗法军资源，如果能够明确，他希望在未来将法军的贡献减至零。

有这种想法的人，并不只是贝当一个。法约罗既是福煦的旧友，也是下属，福煦曾言，法约罗在后来的每次作战后，都会习惯性地对福煦说："哦，现在我希望我们应该有喘息的空间。"福煦所言不虚。但福煦的回答击破了法约罗的希望："你犯了一个大错误。我们不能停下来休息，相反应当以双倍之努力更强势推进。""但是，我们官兵已经累得倒下了。他们已经连续作战几个月了，不能再继续了。""德军也是累得倒下了。你无法想象他们的状态是什么。"因此，福煦命令发起新的进攻。然而，福煦的精神激励并不能总是发挥作用。在过去4年里，众多法军作战部队和指挥官不断扑向德军的机枪防御阵地，于是变得越来越疲惫和谨慎。法军第1集团军紧邻英军右翼，其司令官德伯内为英语增加了一个新词汇。即"deb"，意指你及时行动之际刚好友邻首先冲出去，软化了前面的敌军抵抗。

在潮流逆转之际，许多法国人寄希望于自己手中的船桨。他们也希望由英军或甚者美军承担进攻的重任。

福煦面临一个最艰巨的任务和责任是与此等认识做斗争，尽管他是一名法国人，但克服这种认识，将是他最大的胜利。一旦局势逆转，甚至连克列孟梭也开始产生了上述认识。若其活力未减，则将自己的精力引向另一个新渠道，即推动美军前进。由于福煦以同等力度敦促各国军队，这与克列孟梭的愿望越来越背道而驰。福煦是一名军人，而克列孟梭则是一位政治家。福煦主要想的是结束战争，而克列孟梭考虑的是战后和平问题。法国的剩余资源花费越多，特别是战争前两年损耗巨大，那么可在和平会议上施加影响的力量就越少。处理和平问题也需要与应对战争那样拥有一支强大的军队。在政治家眼里，福煦似乎忘记了祖国的需要。几乎就在潮流逆转之后，福煦和克列孟梭之间出现了第一道裂痕。克列孟梭听说福煦正在准备于8月8日实施进攻，而且福煦事先也没有与克列孟梭商量，于是克列孟梭讥讽说："那么你想再次攻击？拿什么进攻？你还剩多少部队？"福煦报告说："你不需要担心，我有需要的一切。我甚至可以说，战事会进展顺利。"

当劳合·乔治问及福煦的战略意图时，福煦同样避而不谈。他拟定一份含糊其辞的文件，只是说敌军战线似乎正在"拉长"，"若战事顺利，我们将继续对敌行动。"当劳合·乔治暗示福煦说，如果他拒绝通报信息，可能导致发生诸多困难。福煦报告说："根本不会。如果我的计划成功了，也就不再提此事了。如果我的计划失败了，劳合·乔治先生即使知道或者批准，也不能免除我行事不当之责。"

7月28日，福煦给黑格下达了一份简短的指令，要求黑格加快在亚眠的攻势，阻止德军从马恩河之败中恢复过来。福煦还告诉黑格，德伯内的集团军将归其节制。8月4日，福煦要求潘兴准备于"月底之前"在圣米耶勒发起进攻。

8月5日，福煦大幅扩大了亚眠作战的规模，在德伯内的集团军攻占蒙迪迪耶之后，亨伯特的集团军将继续向南攻击。集团军群总司令法约罗提出了此项建议，德伯内起了推波助澜的作用，他向法约罗承诺，每个侧翼都会有一支活跃的友军。亨伯特则略感不快，据福煦所述："我驳斥了亨伯特，对他说：'继续进攻。'""但我没有资源。""依然得继续进攻！"

8月6日，福煦给迪亚兹发出了一封督促信。其主要价值是此信反映了福煦并没有提前获胜之希望。谈到美国援军的输送时，他说："但是，这种输送速度，我们不能期望在1918年结束战争。"当前迫切的需要是以"双倍的力量及反复的打击"，改变兵力的平衡。

当天下午，克列孟梭突然到访邦班，正在与魏刚处理军务的福煦停下了手中的工作。坐下之后，克列孟梭伸进口袋掏出一张折叠的纸，对福煦说："这是我给你带来的一份特别有趣的文件，我要亲自读给你听。"此文乃是写给法兰西共和国总统的。第一句话就足以表明其主旨："根据1916年12月24日之令，首次复兴了法兰西元帅之荣光。我以政府之名呈交阁下签署，我可以确信，以全体法国人民为名，福煦将军晋升之令，乃是对其最高的国家奖赏。"

福煦听着克列孟梭读着上述之语，眼眶变得湿润起来，当克列孟梭读完之后，他站了起来，张开双臂，热烈拥抱了克列孟梭。他实现了梦想！

然而，元帅之勋还有另一面的事情，这份文件的最后一句揭示出了现实的一面："福煦将军所负法兰西元帅的尊荣，不仅是对他过去战绩的奖励，而且在将来，被赋予更大权力的伟大军人需要领导协约国军取得最后的胜利。"黑格是英国陆军元帅，潘兴是美国陆军四星上将，他们名义上的军阶均高于"陆军少将"福煦，即使以此军阶可以指挥一个集团军或若干集团军，但这是法军陆军最高的军阶了。正如我们从莫尔达克处所知，克列孟梭怀疑福煦的军阶过低妨碍了其命令的可接受程度。"这是总理为何请求法国政府晋升福煦将军为法兰西元帅的原因。"克列孟梭相当天真地认为，擢升军阶可能让福煦获得制衡英美两军的额外砝码。然而，克列孟梭的这个想法很快碰到了钉子，首先是黑格，尔后又遭遇了潘兴更为激烈的反制。

然而，福煦并没有克列孟梭这样的错觉，只将元帅之名视为增加权力的荣誉，而且是实施更大行动的动力。比起先前获得的荣誉，法兰西元帅之荣名则完全不同，且更具快乐的意义。而霞飞显

第二十章 滚动的球——落潮

协约国会议

然也有自己的看法,他说:"这不是坟墓上的花冠,如果是,我应该不会想要……我们必须比以往更努力前行。"

与此同时,在亚眠前线,最后的战备正在紧锣密鼓地进行。协约国军巧妙地结合了隐蔽和欺骗战术。所有行动都在夜间实施,飞机则日夜巡逻此区域,以防暴露。而且越来越多的火炮悄悄进入隐蔽阵地,他们的日常炮击量也没有任何显著增加。罗林森的集团军秘密增加了一倍兵力,达到了13个师。在14英里的攻击线上,敌军只有6个兵力薄弱的师①。索姆河以南的主攻则由澳大利亚军和加拿大军负责,第一批部队业已抵达,这两支精锐部队的出现,敌军预示到了风暴即将来临。加拿大军一部出现在佛兰德,并故意让敌军发现,而其大部正在潜入索姆河战线。

日出前的一个小时,协约国军400辆坦克在浓雾的掩护之下进入前线,对于迷茫的敌军看来,这就像是从史前时代而来的大型蜥蜴幽灵。此时,2000门火炮一齐开火,炸开了德军浅浅的战壕,仿佛地震的袭击。澳大利亚军和加拿大军以不可抵拒的汹涌巨浪冲锋,装甲车争相前冲,引起德军陷入混乱,甚至正在享用早餐的司令部参谋人员也遭到了射击。只有在配属坦克较少的索姆河以北战线,协约国军的进攻受到了局部阻击。在索姆河以南,当天的最终目标是推进6英里至8英里,除了最右翼靠近法军一部,其他战线均实现了目标。由于缺乏坦克,德伯内代之以炮击,他在英军发起攻击45分钟后才实施进攻,而且投入的兵力只有其左翼军。4个小时之后,德伯内再投入了一个军。次日早晨,德伯内之右翼在蒙

---

① 隶属于马维茨的德国第2集团军。——译者注

第二十章 滚动的球——落潮

迪迪耶两侧进军,并占领了该地。8月10日,亨伯特的集团军发起进攻,推进了约4英里。

此时,罗林森的进攻已经失去了势头,部分原因是其在1916年崎岖不平的战场地形上作战,部分原因是缺乏预备队,但最为重要的是,已经失去了突袭效果。正如所有正面进攻一样,守军后撤越远,其滚雪球式积聚的预备队越能增强抵抗力。也正如德军常常所为,这可能通过侧击而软化正面的抵抗力,但英军突破口过于狭窄,限制了此种战术的运用。尽管德伯内的进攻足以掩护罗林森的侧翼,但其速度和力度均无法击破罗林森敌手之侧翼。

即使协约国军没有快速以及深入早前德军的占领阵地,然而,一系列迅速的有限攻势足以加快德军退潮之势,并增加其兵力的损耗。然而,胜利的兴奋之情却扰乱了福煦的判断,而放松了以前也从未牢牢坚持的有限攻势战术,实施精心准备的突然袭击,然后在抵抗顽强的地方停下来。相反,福煦的嘴里太自然地说出"进攻!"或"干吧!"。令人奇怪的是,他自己以鹦鹉为例说了最为著名的一个寓言:"看看如何开始的,在梯子的底部,爬到顶点:紧紧抓住第一个环,确定抓牢下一个环之后,再放手。因此,最后可以抓住最后一个环,从而获得粮食。我就是这只鹦鹉。"而在贝当口中,这是一个相当完美的隐喻。而在福煦看来,贝当所为言行不一。贝当的喊声像鹦鹉,但爪子却不太像鹦鹉。而更准确的隐喻是,贝当是不屈不挠的英雄,攀爬着油滑的杆子。

8月10日,当协约国军的攻势在接近鲁瓦—绍讷一线而实际陷入停顿之际,福煦向黑格下达了一个命令,"推进至哈姆",恢复早前的纵深。但福煦对黑格还有一个期望,即"英军第3集团军应尽快准备对巴波姆和佩罗讷一线作战，以动摇敌军防线，立即利用任何突破乘胜攻击"。由于第一阶段徒劳无功，福煦的进攻战术将进入大有裨益的第二阶段。

黑格到访前线，亲自探察战局。这导致黑格减缓了对于福煦攻击浪潮的响应程度，他于8月11日暂停了进攻。当天黄昏，福煦再次与黑格会面，黑格只是承诺重新侦察德军阵地，除此之外，福煦并没有得到其他满意的答案。

8月12日，福煦签发了一份新命令："从当前战役取得可以收获的最大战果，乘胜而最大程度利用8月8日、9日和10日的深入渗透战果……这至关重要。"福煦承认，进攻应集中于"战区的重要地点"，而非"沿整条战线统一推进"。根据这一想法，福煦命令实施联合攻击，由德伯内及罗林森的右翼"占领鲁瓦周边的公路网"，而罗林森的中央部队进行另一次攻击。命令的一条内容再次回归到现实，并创造了机会："通过两翼延伸攻击，可以最大程度扩大上述战果。"两翼即索姆河以北宾的第3集团军以及瓦兹河以东芒然的集团军。"法军第3集团军孤军获得的战果表明，可以通过成功的侧翼延伸攻势取得令人期待的成果。"

下午，福煦在亚眠附近的弗利克斯库尔（Flixecourt）见到了黑格和贝当，他们应召来此聆听英王的训谕。黑格表示其同意福煦的命令，确定于8月16日恢复攻势。

但在8月14日，福煦前往贝当总司令部的途中，他突然接到了黑格的空降信件，称敌军炮火火力增大了，但坚守住了鲁瓦—绍讷一线阵地，因此，黑格已决定推迟进攻，"可能与第3集团军的正面行动相协同……"

第二十章 滚动的球——落潮

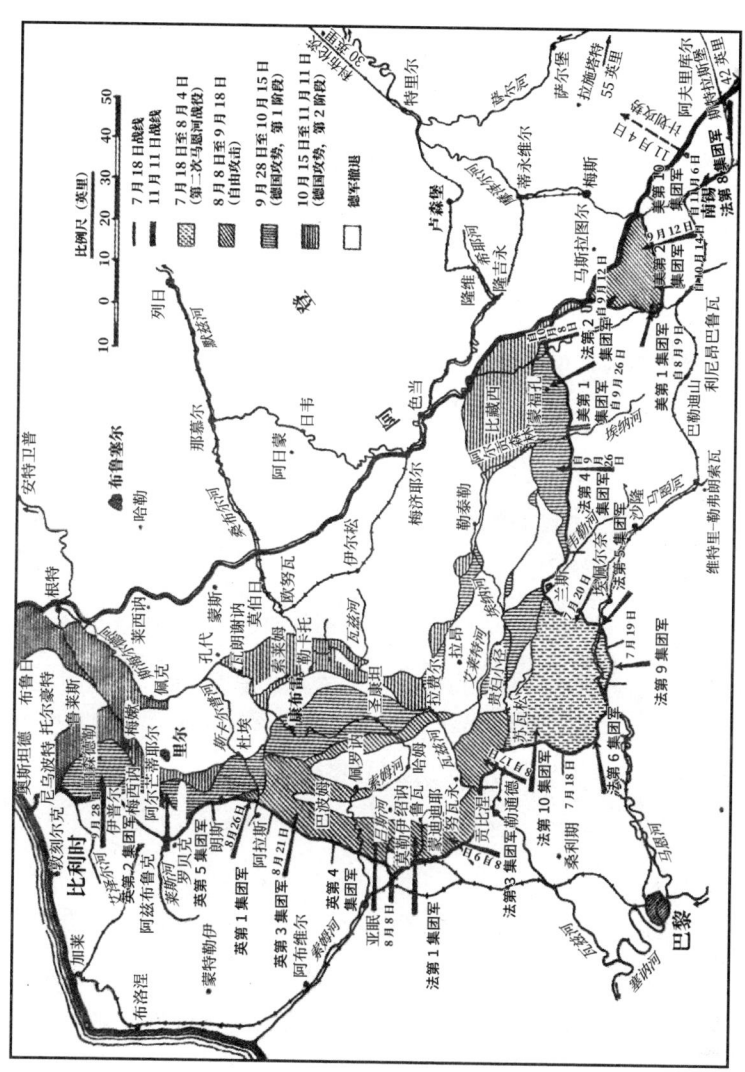

地图 16 协约国军攻势,1918 年

福煦立即回复称，他认为罗林森和德伯内的进攻"日期没有必要受制"于宾所部的攻击。福煦返回邦班之后，他又发出了一封措辞严厉的抗议信，声称黑格所为致使德伯内的集团军陷入困境，并"造成了最为严重的后果"。

翌日，福煦驱车前往萨尔屈的老驻地，他在那里见到了黑格。他们发生了激烈的争论，黑格坚持己见，辩称间接战术更具把握，宾所部的进攻将作为一个杠杆，削弱索姆河以南的德军抵抗力。黑格达到了目的，而福煦则予以让步。但是，福煦妥协是正确的，不仅仅是黑格所言的说服力，还有在其与黑格会面之前收到德伯内的疑虑之信，给福煦泼了一盆冷水。

通过此等妥协，节约出来的兵力将用于福煦新的战略攻势，现在他准备以前所未有的打击，加快敌军的溃败。8月17日，经过初步行动之后，20日，芒然所部发起了新的攻势。次日，宾所部也参加了战斗，8月23日，火力全开。罗林森和德伯内现在意图恢复攻势，但是德伯内所部的进展甚微。福煦因此意识到德军在中央的抵抗只能通过侧翼攻击才能松动。为了在侧翼扩大攻击，8月26日，霍恩的第1集团军迂回至兴登堡防线的北端。9月2日，加拿大军突破了德罗库尔（Drocourt）—凯昂（Quéant）道岔。尽管德军集结在了诺尔运河（Canal du Nord）这个强大屏障的后方，德军在此线的阻击导致鲁登道夫同意全线撤至原来的鲁登道夫防线，向南远至苏瓦松。致使鲁登道夫撤军的另一原因是芒然在另一最侧翼的压力。与此同时，鲁登道夫从其4月攻势获得的突出部防线撤军，从而缩短和加强了现有防线。

因此，8月8日协约国军的驱敌攻势战果远远超出了福煦所希

第二十章 滚动的球——落潮

望的适度目标。德军几乎完全放弃了前两次大规模攻势从英军那里夺取的阵地，而且被英军俘虏了 7 万人，加上法军的德军俘虏，协约国军 3 个星期的"连续军事行动"所俘将近 10 万人。德军攻势所占的全部土地，现在实际上只剩下了贵妇小径和凡尔赛之间的延伸地。现在德军的主抵抗线是其 3 月 21 日的进攻起始线，但是协约国军构筑了坚固外围阵地，与德军保持了适当距离。

更为重要的是鲁登道夫遭受的士气影响，然而，福煦却并不知晓。此种士气影响始于 8 月 8 日的协约国军攻势，其结果显著降低了德军的士气。鲁登道夫回忆说："8 月 8 日是此战的黑暗一日……毫无疑问削弱了我军的作战兵力……战争注定将结束了。"[①] 他当时的行为完全与回忆相吻合。他向德国皇帝和总理报告说，应在战局恶化之前启动和平谈判，而战局必定会恶化。德国皇帝赞同此意："我认为必须取得平衡。我们已经耗尽了资源。必须结束战争。"德国现在的战略目标是制造僵局，以利于获得宽松的条款。德国帝国议会在斯帕（Spa）召开，决议如下："我们不能再寄望于通过军事作战摧毁敌人的战争意志""我们的战略目标是通过战略防御逐渐麻痹敌人的战争意志。"

但由于鲁登道夫的精神无法从协约国军 8 月 8 日突袭的震撼之中恢复过来，这妨碍了德军此等有限目标的实现。鲁登道夫不能制订任何清晰的战略计划以实现新的目标。鲁登道夫的优柔寡断以及鲁普雷希特的坚定决心都危及目标的实现。德军集团军群司令官鲁

---

① 国民党将领戴坚在七七事变之际翻译出版了鲁登道夫的回忆录，定名为《大战回忆录》。——译者注

普雷希特否决了战地集团军司令官想立即撤过索姆河上游的愿望，而是急派一切潜在的援军增补被协约国军突破的缺口。但是，他的预备队几乎耗尽，因此无法应对协约国军的下一次针对兴登堡防线的攻击。而协约军将很快开始进攻。

8月8日意想不到的巨大战果极大地改变了福煦的视野。8月11日，威尔逊来到萨尔屈与福煦会面，他记录道："福煦还没有换上元帅的军装，但会在明天觐见英王时换装。他很快将有59~61个师（福煦坚持英军仍留在法国的师数）。我告诉他，我们不能保持此等兵力，可能降至40~43个师。他说，这样的话他将辞职，英国将战争延长了两年，他们有人却不愿投入战场……我说他完全忽视了我们在其他战场、我们海军、商船、工业等方面的努力……我告诉他，如果他想要得到更多的师，只能像我们那样将法国的征兵年龄下降至18.5岁，然后将美军师从12营每营1000人缩编到9营每营900人。他说，他对美军没有指挥权。我就说：'你对英军也没有指挥权。'我们在和气和愉快的氛围中继续谈话，会面很成功，我们还像以往一样是好朋友。"

更具历史意义的是威尔逊日记以下的记录："杜·凯恩[①]来到专用列车用午餐，他将福煦本年和来年的计划告知了我。福煦想在今年驱逐亚眠、阿兹布鲁克、香槟及圣米耶勒水平铁路线上的敌军。下一年福煦的计划是占领德军的列日—伊尔松（Hirson）—梅济耶尔—梅斯的水平铁路线；完成此目标后，福煦认为可以在南北两个战场对付德军了。"另一方面，"在共进晚餐时，黑格说，我们应尽

---

① 杜·凯恩时任与福煦元帅联络的英国代表。——原注

第二十章 滚动的球——落潮

全力强势进攻德军,然后努力在本秋季实现和平"。

假设福煦后来才意识到战争可能会在年底结束,所以他才会在月底之前构思更广泛的进攻战役。新的计划影响了最初驱敌攻势的持续实施,这一目标仍然尚未实现,即美军占领圣米耶勒突出部的作战行动。福煦的视野首次扩展,并收缩此次作战规模,这是战争进程中的必然结果。

黑格在8月8日辉煌的开局之胜,让福煦更急于加快圣米耶勒的作战行动,此地以犬牙交错的方式深入法军防线16英里。在4年期间,德军此处阵地让法国在身体和精神上都深感恼怒。这处阵地切断了巴黎至南锡的铁路线,阻止了法军在洛林的任何攻势,1916年这也严重妨碍了法军在凡尔登的防御态势。一旦拔除这颗钉子之后,将为进攻战略注入新的活力。

8月9日,福煦恳求潘兴和贝当加快战备,美军各师应集结分散的部队,在初始行动的区域组建一个集团军,并补充美军兵员缺口,且应由法军提供绝大部分火炮。两天之后,美军第1集团军的参谋抵达战地,制订了作战计划,比7月24日在邦班所拟的计划更具雄心。此乃一个富有远见的计划,在占领突出部之后,可以延伸突破突出部之基线,即米歇尔防线(Michel Stellung),这仍然是德军一个不完整的内部屏障,可以抵抗协约国军突袭击破防线。实际上,此处阵地脆弱地保护着瑞士和英吉利海峡之间最敏感的防区。协约国军需要施加一种威胁,向此处阵地短距离渗透,这将危及德军在法国的全部防线。德军的这处阵地在距离其最近的地方切断了水平铁路线,若德军缩短防线,即可将此处阵地的两翼变成一条连续的防线。而且,协约国军在此地实施攻势威胁将极具经济意义，可以获得布里埃（Briey）铁矿区、萨尔盆地（Saar Basin），这里是德国军需制造的倚重之地。

以兵力翻倍的 15 个美军师以及 4 个法军师，实现美军计划所定的远见目标是具有可能性的。8 月 17 日，福煦批准了这个计划，不仅再增加了 6 个师，而且要求延伸正面战线，目标是"实施最猛烈的打击，确保实现最大战果"。在福煦的命令中，他划出一条线，经马斯拉图尔（Mars-la-Tour）接近梅茨，以此作为目标。

然而，8 月 30 日，这个方案笼罩上了阴影。福煦来到了利尼昂巴鲁瓦（Lingy-en-Barrois），带来了完全不同的计划。计划的改变最初源自黑格的干预。8 月 8 日的战果，让黑格清晰地认识到德军士气和兵力的下降。黑格不顾英国政府的忠告，现在他愿意相信自己对于进攻兴登堡防线的判断和情势，此防线乃是全部德军防线最为坚固的人造阵地。然而，黑格急于降低失败的风险和增加胜利的希望，因此他在 8 月 27 日给福煦的信中促请他将美军的分散主攻计划变更为联合攻击行动。他所考虑的是，这样可以更迅速及更强势应对其正面的德军，松动德军阵地，可使他的任务更为容易完成，这样他也可以减轻美军的压力。

福煦更容易听信黑格的主张，因为这与他扩大的视野和倾向相吻合。他现在认为战争可能在 1918 年结束，而非 1919 年。福煦内心狂热的确信让他改变了在不同地点实施有限进攻的新战术，而是采用同时发起的全面攻势，"所有人都参加战斗！"借此，他似乎不仅希望延伸战线并击破德军的抵抗，而且要以其两个钳子切断和包围德军，由英军负责一侧，美军则负责另一侧。当征求贝当的意见时，他相当赞同变更计划，这会将德军吸引到两侧，而让法军在

第二十章 滚动的球——落潮

中央的进攻路线更为顺畅。

因此,当福煦见到潘兴时,他建议圣米耶勒计划应修订为只是切除突出部。此次作战将成为亚眠主攻的序战,并将从西北主攻梅济耶尔,而非从西北主攻梅斯。福煦进一步建议说,潘兴的美军在阿尔贡以西更容易的战区作战时,一名法军指挥官下的一支美法联军将进攻阿尔贡森林与默兹河之间更艰难的地区。他还建议派出德古特将军,以安潘兴之心,并在战术决策方面对潘兴予以指导。

潘兴对于计划的改变深感震惊,而其他几项建议则更是对潘兴的冒犯。会谈甚为激烈,氛围也充满激奋情绪。福煦暗示,他将诉请至威尔逊总统,此种威胁先前也用过,对潘兴几乎没有什么影响。福煦还暗指潘兴逃避作战责任,而潘兴则称,他全力准备以"一支纯美国陆军"投入战斗。福煦讽刺说,即使进攻圣米耶勒,潘兴也无法组建一支全部由美国人组成的军队,而在火炮、坦克和飞机方面不得不仰赖友军。潘兴回敬说,在春季危机时,美军应协约国军之请,只输送了步兵和机枪。福煦尔后试图摆出其权力,宣称:"我必须坚持这种安排。"而潘兴直截了当反驳说:"福煦元帅,你坚持什么都请便,但我绝对拒绝同意你的计划。我们军队将在你可能决定的任何地方作战,但只能以一支独立的美军作战,否则我们不参加战斗。"

福煦明智地放弃了争论,拿起了他的地图和笔,向门口走去。他苍白而疲惫的脸庞表露了紧张的情绪。在门口,他停了下来,交给了潘兴一份包含其建议的备忘录,以其不屈的乐观主义表示,他认为潘兴最终会与他达成一致意见。然而,回忆录只确定潘兴认为福煦将会放弃。次日,潘兴给了福煦一份书面回复意见:"我不能同意任何分散我军部队的任何计划……简而言之,我们官兵经历过一次之后,再也不愿并入其他部队……在此前时刻,比起协约国军期望进一步推迟组成一支美军,由协约国军暂时向美军提供所需的服务和辅助部队,这将更为适当。"

潘兴承认了联合进攻的潜在价值,但深入思考了美军参战的困难。"由于我军抵达法国,我们的计划……乃是基于圣米耶勒—贝尔福前线的美军编制。我们的兵站、医院、训练区和其他设施均位于上述相关区域,计划的变更并不容易。"

潘兴并没有试图掩饰他对于限制圣米耶勒攻势计划的厌恶,而且表示,如果不转战默兹河—阿尔贡,他应该可以全力投入圣米耶勒的进攻,若有必要,还可以尔后在"贝尔福和吕内维尔"实施新的攻势。潘兴的直觉认为,当年秋季之战并不一定能胜,遂提议上述进攻可以配合实现美军"翌年一二月""从圣米耶勒进攻瑞士"的最终目标。潘兴还说:"但是,决定作战战略是你的职责,我会遵从你的决定。"

"然而,最后必须完成一件事,因为将把美军部队分散部署于协约国军之中,此种分散部署可能有极大的风险削弱美军高昂的士气……若你决定将以美军部队进攻梅济耶尔方向,我遵从决定,即使这将使他们的补给体系和伤病员的照料更为复杂化,但我坚持应以一个整体使用美军……"

潘兴的这封信被送到了邦班,导致那里炸开了锅。福煦意识到,这是一个新的独立宣言,只有妥协,才能在接下来的持续全面攻势中获得美军的合作。然而,潘兴实际让美国付出了更高的代价。

9月2日,各方召开了一次新的会议,潘兴放弃了自己的计划

第二十章 滚动的球——落潮

而遵从福煦的计划,福煦妥协同意了潘兴关于美军统一作战的意见。福煦知道,若无美军,其右翼钳子的力量将会削弱而成为薄弱点,这迫使他做出了妥协。但是,福煦让潘兴自行决定,是在阿尔贡以西作战,还是在阿尔贡以东作战,前者的地形更为有利,而后者在从基地补给方面更为便利。潘兴做出了宿命性的决定:"我们在阿尔贡以东作战。"因此,尽管潘兴不情愿地放弃了自己的计划,选择两个方案中更加艰难的一个,他也为此承担了最终的责任。

另一个决定也更为艰难。福煦想的是,若有可能,计划在9月20日实施全面攻击。为了不致拖延,福煦建议应放弃圣米耶勒攻势。但是,潘兴并不愿意放弃,他认为,当美军进攻默兹河—阿尔贡楔形地带时,他必须占领圣米耶勒,以保障后方安全。福煦再次予以妥协。但这意味着潘兴没有时间把兵力从一个战场抽调至另一个战场,只能投入新兵师执行第二项任务,而此任务的规模更大,也更为艰巨。

另外,各项攻击任务相互妨碍,以致结果不利。协约国军联合攻击圣米耶勒突出部两侧,而非实施原来从两侧切入的作战计划。但是,作战兵力削减了一半以上,左翼钳子减少到只有一个师。福煦确实表示应该减少兵力。此种片面性有利于德军在被切断孤立之前撤出突出部。

几个星期以来,德军一直在考虑并准备以撤退避免受到攻击。当美军于9月12日凌晨5时发起攻击时,德军实际上在前一夜开始了撤退。协约国军投入了3000门火炮,绝大部分是法军的,其炮击进行了4个小时,但很大程度上浪费在了空空如也的德军战壕上。这一事实导致出现了讥讽性的话语:"美军接防了德军阵地。"

如果这么说揭示出了一部分事实，但这并不是全部真相。尽管德军司令部与法国的绝大多数咖啡馆一样都相当清楚协约国军即将发起攻击，阿尔萨斯的佯攻未能欺骗德军，但他们优柔寡断，迟迟不做出决定。于是，德军在撤退时被协约国军追击，而且缺乏大部分火炮的支援。由于协约国军紧跟其后，德军的系统性后撤变成了溃败。

午后不久，美军利格特（Liggett）所率之右翼军[①]已经提前实现了第二天的预定目标！一位旅长在没有护卫的情况下前去侦察敌情。没有一发子弹，也没有看到一名德国人。据说他给长官带回来一个讯息："让我们前进，我将进抵梅斯，你将晋升为陆军元帅。"然而，美军不得不放弃进军梅斯和晋升陆军元帅的念头。潘兴认为所部被福煦修订过的计划弄得精疲力竭，于是拒绝实施进一步行动，但若再向前一步，可能突破德军的基准防线。有限的目标也导致潘兴限制其有限区域内的进攻部队的自由作战空间。结果造成突出部内的约4000名德军在协约国军左右两个钳子合拢之前撤走。

当天，作为"钳子"的两个军进抵利格特所部的防线，正面乃是德军的米歇尔防线。他们停了下来。可以看到身着土灰色军装而且像蚂蚁式的人群在疯狂地挖掘战壕和修筑工事，但双方防线迄今尚未确定。敌军指挥官富克斯（Fuchs）感觉一阵神经痉挛，被协约国军突破的风险"相当之大而且持续存在"。当听到"敌军没有追击"，似乎消息太好了，而不敢相信是真的。直到9月14日，他

---

① 美国第1集团军第1军，下辖第82师、第90师、第5师、第2师及军属预备队第78师。——译者注

第二十章 滚动的球——落潮

才集结起足够的部队，填补了基线上的巨大缺口。美军很少人赞同止步不前的理由，他们急切地看着德军在自己眼皮子底下建起了防御工事。当初试锋芒的舒适感消失之后，虽然在基线前面停止进攻时，美军以低于8000人伤亡的代价俘虏了1.5万名以上的德军，但他们还是越来越感到不安。

如果福煦不改变主意，那么结果将会如何？如果进攻圣米耶勒的美军如潘兴所愿全力攻击，是否可以进击如此之快以及取得当前的决定性战果而致德军防线溃败？潘兴肯定认为"立即持续追击，将远远超越"米歇尔防线，"可能进至梅斯。"指挥右翼钳子部队[①]的是迪克曼（Dickman），他的意见更为显著："我们拥有绝对性的优势兵力而未能在北面从圣米耶勒进攻，我一直认为这是福煦元帅及其幕僚应负责的战略性错误。有限目标战术是错误的，这就是典型的例子。"

有人可能会说，令人诧异的是，圣米耶勒是福煦完全施行有限战术的一次机会，这正是他所宣扬的战术。这也是一次阻止球滚动的机会，但他又想避免阻止大军前进，因而内心一直抑制着这种想法。福煦往往在最后才承认敌军的抵抗变强，进一步推进业已徒劳，努力也是白费工夫，但在这一次，他在敌军的抵抗变得顽强之前，就停止了进攻。他奉行的旧有理论是战术应服从于战略，而这次，他转变了立场。然而令人讽刺的是，他因此而丧失了在最重要战略点实现战术突破的机会！

[①] 美国第1集团军第4军，下辖第89师、第42师、第1师及军属预备队第3师。——译者注

在评估各种结果的可能性时，还应该考虑其他意见的影响。利格特是精明而冷静的理性之人，他认为"只有假定我们军队是一台运转顺畅且全面协同的机器，这才能胜利，但我们军队却非如此。"德军集团军群司令官加尔维茨（Gallwitz）也质疑，如果没有大规模攻势，米歇尔防线会不会被协约国军突破。

然而，对于协约国军的实际进攻情况，上述意见方显意义，但对于更广泛的最初计划，则另当别论，原计划在两个重要方面体现出协约国军的有利因素。一是兵力优势，德军的大部预备队集中在遥远的西面，以阻止黑格的进攻。二是地形因素。战争中的几乎每一次突破企图均基于单面推进的理念。1915年9月25日的阿图瓦和香槟同时攻势则是一个例外，但协约国军两次进攻相距太远，而无法在可能导致德军溃败的防区形成直接压力。根据福煦的新计划，在阿尔贡和康布雷进行联合进攻，也具有双重攻势的特征，但相隔更远。与此相反，圣米耶勒突出部具有实施两面突进的理想条件。如果两边的强势攻击切入突出部两侧，德国守军将陷入瓦解状态，而且会被"包围"。在德军溃败的中心，协约国军可以投入一支新的部队，直插受保护的两侧中间。就此现状而言，以规模不大的实际进攻即可实现这个目的，但两翼停止了前进，也没有新的部队投入中央。由于德军米歇尔防线的残缺不全，因此德军在9月12日和13日有时间充分加强守军力量之前，协约国军本可以在一条宽泛的战线上实现突破。

一直存在的一个问题是，美军撕开德军防线的缺口之后，可以向前追击多远。让美军停止进攻的主要因素不是德军的防御工事及守军，而是补给。由于美军取得了决定性战果，他们本可以至少进

第二十章 滚动的球——落潮

抵横向铁路的延伸线隆吉永（Longuyon）—蒂永维尔一带，即越过米歇尔防线 20 多英里，而且可以进一步袭扰从隆吉永经卢森堡的交通线。但是，在有限攻势所遭遇的公路障碍以及交通运输的困难，无法获得乐观的结果。因此，美军在攻抵重要铁路干线之前就可能停止前进，而且可能无法快速进抵铁路干线以突袭击溃德军。

然而从历史角度而言，比起在默兹河—阿尔贡的进攻，如果协约国军攻占圣米耶勒突出部之后继续进攻，战果将更大，而且损失更少。谁应比加尔维茨更清楚这一点呢？加尔维茨断言："与协约国军在默兹河—阿尔贡沿线取得的胜利相比，若能成功进攻米歇尔防线，则更显重要。"而且，"美军进攻隆吉永而实施的打击，我们无法抵挡。"如果福煦没有改变计划，战争将在 11 月 11 日提前结束。极具讽刺意味的是，进攻方向的变更不仅没有实现目标，而且也未能有助于黑格。

第二十一章　每个人都在战斗

"每个人（比利时军、英军、法军和美军）都尽其所快、尽其所强、尽其所长进攻。"这是杜·凯恩带给英军总司令部的简短讯息，传达了福煦的意图。

黑格收到此种确定性讯息，更感高兴。因为他在9月1日收到了威尔逊的一封电报："只是提醒一下，我军进攻兴登堡防线遭受的严重损失与驱逐德军至该线的损失有所差异。我不是指责你遭受的损失，而是我知道，如果我们进攻兴登堡损失惨重但未成功，战争内阁将忧虑于此。"黑格知道威尔逊早前曾有撤换自己职务的建议，遂认为威尔逊的这份电报是一个警告，若进攻失败，必为此承担责任。这并不能让黑格回心转意，他继续准备猛攻兴登堡防线。他激烈批评说："现在伦敦懦弱的人何其之多，他们都忘了战争的第一原则。"但是，黑格在展现自己信心的同时，他也忘了战争的第一原则并不总是正确的，英国政府不会忘记这一点。米尔纳在访法10天之后，便急于离开，9月23日的威尔逊日记里记录了米尔纳的印象："他认为黑格盲目乐观，担心黑格可能会遭遇另一次帕森德勒之败。他提醒黑格，如果他的部队在那里碰壁了，那就没有其他部队补充了……兵力是一个难题,道格拉斯·黑格和福煦……不能理解这个问题。"

这种批评似乎并不公平。黑格的征兵就像是从人力银行所借之款,显然他现在完全意识到了破产的危险。1919年需要偿还人力的债务了,他认为进一步投入人力才能避免债务,而吝啬将给予德军恢复的机会,从而将战争拖延至1919年,如此他可能就没有资源应对需求了。

黑格的考虑不仅基于敌军后撤的防线以及兵力的减少,而且基于敌军士气的下降。福煦所思也是如此。在制订新的攻势计划之前,福煦特别询问情报部门:"德军的士气情况如何?"他得到了令其满意的答案。

福煦和黑格均希望在"若干天内进抵瓦朗谢讷(Valenciennes)",但是他们仍低估了一项物质因素,即德军虽薄弱但仍然存在机枪阻击力量。然而所幸的是,协约国军遇到的这一不利因素被福煦低估的另一项物质因素抵销了,那就是海军封锁。如果说德军因福煦的进攻而士气受挫,那么在协约国的封锁下,德军的士气进一步被削弱了,现在德军更是遭受到了可致其瘫痪的压力。随着攻势的减弱,疲惫的部队很容易倒下,协约国军面对德军持续的机枪制压,希望也变得渺茫起来,只能从德军后方削弱其抵抗力,才能再兴进攻。德国国内寄到前线的信件,充斥着饥饿和悲伤的故事,令德军士兵空空如也的胃囊又添重担。美国南方联邦崩溃的历史事件及其决定性原因在此大规模重现。但存在一个不同,这是李(Lee)与鲁登道夫的差异所造成的。尽管内部已经腐烂,但德军仍将抵抗,除非鲁登道夫亲自解散德军,否则他们还将团结一致。鲁登道夫的良好精神引发了致命的火花，点爆了破裂但仍完整的德国武装下面的地雷。火花的闪现与福煦的大规模进攻同时发生，但攻击并不是闪现火花的直接原因。

在福煦与潘兴达成一致意见后的第二天，即9月3日，福煦签了全面进攻的命令，明确了大致方针。"在左翼法军各集团军的支援下，英军各集团军"将"继续进攻康布雷—圣康坦一线"。"法军各集团军中央"将"继续作战，把敌军击退过埃纳河和艾莱特河"。美军在执行圣米耶勒作战后，将"以尽可能强大和猛烈的力量"进攻"梅济耶尔一线，在默兹河的协约国军掩护其东面，（法军）第4集团军进攻支援其右翼"。

福煦意图在佛兰德也实施一次进攻，以进一步扩大攻击的规模。福煦在9月2日给阿尔贝特国王写了一封信之后，为获得国王的同意，他随即于9日驱车北行面觐。尔后在与黑格及比利时军参谋长的会议上，协约国军计划进攻的第一步是左侧克勒肯（Clerken）山脊到帕森德勒山脊沿线，并经赫吕弗尔德而至伊普尔—科米讷运河的弧线。到达这条防线后，则分路进攻，一路北进至布鲁日，解放比利时海岸地区，主路则东进。由比利时军的12个师及普卢默集团军的6个师负责实施上述两路进攻，尔后法军将增援3个师。阿尔贝特国王指挥联合作战，一位法军将领任其参谋长，福煦推荐德古特担任此职，而之前德古特"协助"潘兴的提议遭到了美军的坚定拒绝。

与此同时的9月18日，罗林森集团军和宾集团军重新进攻，清除了德军的前进阵地，再次俘虏了1.2万名德军，使得英军右翼进抵到可以攻击兴登堡防线的距离之内。福煦为了展现他在牵制德

第二十一章 每个人都在战斗

军方面的个人贡献,接下来的几天,他在前线最东翼的洛林和孚日山脉进行大力巡回宣传。福煦也趁此机会在那里安排尔后进攻的初步措施。

福煦回到邦班之后,最终确定了全面攻势的时间表,计划于9月26日开始默兹河—阿尔贡攻势,次日则将由英军第1集团军和第3集团军进攻兴登堡防线,第4集团军则准备在两天之后实施主攻;9月28日,开始实施佛兰德攻势,法军中央部队也将攻击埃纳河,实际上,法军延迟了两天展开攻势。

德军部队部署不平衡,严重影响了上述几路进攻的前景。在总攻当天傍晚,佛兰德攻势参战的协约国军18个师面对着德军12个师。更多的德军集结在兴登堡防线沿线,面对着宾的集团军和罗林森的集团军。在这一地区,德军共有57个师抵抗英军40个师和美军两个师。相反,德军只有20个师面对潘兴的集团军和古罗的集团军,这两个集团军的兵力包括法军31个师和美军15个加强师,总兵力相当于协约国军60个常规师。值得注意的是,德军各师的兵力已异常减少,规模甚小,因此英军在兴登堡防线的进攻也对德军具有绝对优势兵力,但师数量却少于德军。在潘兴和古罗的防区,协约国军与德军的师数比例是三比一,这意味着步兵比例至少为六比一。

因此,与福煦的左翼钳子相比,其右翼钳子的兵力比例更有利于胜利。由于此种差距,福煦明智地决定以其右翼钳子先于左翼钳子行动。但是,如果两次攻击间隔更长,则更为明智,因为在进攻兴登堡防线之前,默兹河—阿尔贡的攻势难以及时牵制住德军预备队。实际上也没有。

协约国军左翼钳子正面存在大规模敌军预备队，致使英军进攻陷入更大的困境，与此同时，这却成为福煦战略设计的有利因素。由此德军在默兹河—阿尔贡前线的兵力减弱，增加了协约国军在此方向进攻的成功可能性，这里本来面临极大危险。英军需要从康布雷—圣康坦前线进抵横向铁路线，与此相比，美军到横向铁路线的距离要短得多。而且，铁路终端默兹河更显重要，因为这里距离德国更近。

福煦在9月25日的一份文件里表达了自己的意见："9月26日的作战性质及重要意义要求毫不延迟地利用一切有利战机，利用突破敌军防线之机，继续尽可能地深入推进……美军的进攻尤应如此……以此军之兵力，一切都不足为惧，无须等待进一步的命令，指挥官应发挥主动性，必须尽可能向前推进……因此，此战不可能确定固定的目标……不用等待新命令的传达。带有限制条件的命令往往妨碍充分利用战机……"福煦赋予了本次进攻特别意义，其另一个指征乃是他在开战日亲临接近前线的后方，即圣迪济耶（St. Dizier）以北的沙托德特鲁瓦方丹（Chateau de Trois-Fontaines）。

与康布雷攻势相比，无论在目标还是在兵力比例上，默兹河—阿尔贡攻势取得决定性战果的前景更为光明。福煦显然也有此种看法。但是，前景却成了妄想。

协约国军的一个不足乃是缺乏经验。其他不利因素都不是不可避免。协约国军准备仓促，造成新编军面临过高的压力。美军的真正准备时间只有一个星期，而历经数年战阵的英法两军已提前几个月开始战备。甚至德军都没有如此急忙进攻。根据潘兴的计划，美军攻击部队在第一天有望攻抵并突破德军克里姆希尔特防线

（Kriemhilde Line）的后方障碍，这是兴登堡防线的连续防线。这意味着需要推进8英里以上。如果说这么远的攻击距离符合福煦总命令的精神，潘兴的具体命令却不太遵从福煦的命令精神，而且弹性更少。潘兴明确命令其中路军推进至克里姆希尔特防线，而"不必等"其侧翼友军。但是，潘兴下达命令的语言却不太明确，导致美军的进攻将"取决于"其中路军。

潘兴可能认为，其中路军的进攻比两翼军更为容易。这是他最近实施所有侧翼进攻所获得的经验。但是，这一次的攻击及其进展均发生了逆转。若能实现真正的突破，方能符合预期进程，但实际却未实现。

协约国军本可以在较早的时机发现以默兹河—阿尔贡计划替代圣米耶勒计划的不足。准备匆忙是第一个不利因素。第二个不利因素则是强行投入新兵师，训练最不充分的新兵师部署在中央，而且其作战区域的地形更是不利条件，他们因经验不足而无法应对，以致伤亡更高。越过圣米耶勒之后的沃埃夫尔（Woëvre）平原，地形发生了极大的变化，进入了默兹河—阿尔贡高低不平的森林地带，如果要与时间赛跑，这是一条甚是恶劣的跑道。第三个不利因素是攻击部队与其主要障碍克里姆希尔特防线之间的距离。敌人的狡猾也增加了困难。

9月26日凌晨，在2700门火炮3个小时的密集轰炸之后，美军9个师沿20英里的战线发起了攻击。美军还有6个师作为军和集团军的预备队。敌军只有5个减员师据守防线，而且这些师的步枪火力平均只有美国一个师的四分之一，于是德军遇到了毁灭性的打击。然而，德军狡猾的战术却助其阻止了协约国军的洪流，将危险挡在了安全距离之外。德军屡屡运用纵深防御战术，将实际抵抗线构筑在了后方约几英里处。在美军的攻势减弱之后，他们猝不及防地进入了德军精心布置的火力带中，部分原因是美军自己下令停止攻击。尽管美军的中路军在蒙福孔（Montfaucon）提前驻足，但两翼军已经向前推进了，进抵目标后方才停了下来。在迟滞6个小时之后，美军很难恢复攻势，面对德军精心构筑的机枪阵地，进展甚是微小。尽管中路军次日的进度最终也与两翼军齐平，但全面攻势实际上业已失去了力量。

当天，福煦意图以文告激励将士："德军投了入大量机枪，毫无疑问可以迟滞或掩护敌军撤退。但是，这并不足以构筑一个坚固的防御体系。无论如何，其适当机动的小规模部队运用此种战术，效果较好。鉴于此种情势，我们必须持续攻击以求突破。为此，由步兵和炮兵组成的攻击集群若能攻击而占领目标，将突破敌军防线……而这个问题的解决，再次依赖于指挥官的行动以及部队的忍耐力，无论何时，我们若号召部队发挥忍耐力，其绝对不会临阵退缩。"

但是，这种号召并没有成功恢复协约国军的攻势，第三天，德军增加的6个师开始抵达前线加强抵抗力量。但是，许多攻击只是展现了徒劳的勇敢，企图在不采用突袭或全面火力支援的情况下，以人海战术攻克一条"闪着火舌的机枪"防御阵地，这再次证明了此举的愚蠢。协约国军俘虏了9000名德军，但相对于自己的惨重损失，这也是微不足道的了，协约国军经过整顿之后，于10月4日重新发起了全面进攻。虽然在左翼取得了某些进展，但并没有攻抵克里姆希尔特防线。法军第4集团军的攻势更为持久，但也更显

第二十一章 每个人都在战斗

逐次性，仍还落在美军后头。

与此同时的9月29日，福煦赶到了佛兰德督战。佛兰德方面的进攻已于9月28日开始，9月29日占领了预定的弧形高地，推进了约8英里，俘虏了将近1万德军。当时协约国军的攻击部队已成功进军至一片泥沼，辎重车辆却深陷其中，进攻不得不暂停两个星期，直到后方公路修通为止。

但是，协约国军在更南方的战线取得了更大的战果，他们业已突破了兴登堡防线。9月27日，晨雾迷茫，协约国军对整条战线进行了猛烈的夜间炮击之后，宾的集团军和霍恩的集团军攻击了诺尔运河。由于在狭窄的区域进攻，攻击部队呈扇形散开，因此犹如插入了一条杠杆，撬动了突破口的两侧。9月28日傍晚，他们进抵了康布雷的近郊。虽然通过这次进攻，此部协约国军与罗林森集团军的待命线齐平，但已越过了兴登堡防线的北边缘，成为这条战线上的一个支撑点。与此同时的罗林森正面，1600门炮以3码一门的距离攻击、轰炸敌军防线56个小时，而且在前8个小时释放了毒气。因此，德国守军被迫躲进最深的庇护所。

9月29日，罗林森所部将进攻宽达9英里的敌军防线，一个英军师（第46师）和两个美军师（第27师和第30师）为先锋，而另外两个英军师则掩护侧翼。美军两个师的前景似乎更为有利，而右翼的英军第46师横亘着圣康坦运河的深沟，但美军在运河正面沿线却有一条隧道可以通行。然而，一次不幸的事故使得前景变得暗淡。9月27日，美军第27师实施了一次初步进攻，准备拔除3个敌军前哨据点，据报获得了成功。但随后又对此产生了疑虑，不确定前哨据点是否被美军占领，抑或还在德军手中。导致的不利后果是,9月29日,炮兵向步兵进攻起始线前方半英里处齐射炮击。在此致命的距离之内还存在着仍由德军据守的前哨据点,他们等待着用机枪扫射美军步兵。

当美军发起攻击时,美军第27师即在德军的射程之内。该师攻势的崩溃影响了中路的美军第30师。但是,美军第30军还是进抵并突破了兴登堡防线的前侧。该师凭着无畏的勇气继续前进,并没有等待澳大利亚军通过,从地下掩体和运河隧道里出来的德军在该师后方发起了攻击。因此,澳大利亚军的主要努力在于击溃这股新出现的敌军,而非利用最初突破的战机扩大战果。

但是,英军第46师的胜利挽回了局势。在晨雾的掩护之下,该师官兵占领了运河,在德军缓过神来之前渡过了运河。尔后另一个师交替前进,越过兴登堡防线的后侧边缘攻击。如此深入的进攻则形成了一个新的杠杆点,有助于澳大利亚军的新攻势拓宽突破口,更北之地的对德压力也反过来增强了此杠杆点的力量。

10月5日,英军已经通过德军防御体系,进入了开阔地带,俘虏了3.6万名德军。英军成功的两个主要因素在于晨雾的掩护以及运用了杠杆战术,英军进攻部队在距离德军主阵地较近的位置实施攻击,这也起到了帮助作用,此与默兹河—阿尔贡的攻势有所不同。在英军攻击德军阵地时,晨雾也有利于发挥突袭效果。

然而,英军的胜利也有令人讽刺的一面。在德军未从默兹河—阿尔贡方面抽调部队的情况之下,英军得以突破了兴登堡防线。因此,这证明了黑格的信心,但并没有证明其警惕心的正确性,证明了黑格所部在其进路的压力没有通过间接方式得到缓解时,也可以突破敌军防线。

第二十一章 每个人都在战斗

但是，后续结果却令人失望。英军突破兴登堡防线并没有显著加速攻势，突袭的洪流并没有超越开阔地带。英军距离横向铁路线西端的欧努瓦（Aulnoye）枢纽还有 30 英里。如果继续前进，通过这段漫长路程的速度将甚为缓慢。在英军突破兴登堡防线之后，其进攻导致在兰斯附近以南的德军开始全面撤退，撤出了其在法国防线大突出部的鼻端。然而，英军攻势的速度不足，或威胁不大，无法引起德军防线的全面或局部崩溃。

一个原因就是英军收复的地区甚为广阔，而且都遭毁坏，他们现在需要这样的区域进行补给。另一个原因是，英军投入了大部分部队用于突破兴登堡防线。默兹河—阿尔贡攻势的战略失败致使福煦无法反攻，而此种反攻可能会使德军抽调走面对福煦左翼的预备队，协约国军在出现此等战机之际可缓解前进压力。

福煦在这里因改变美军进攻方面而再次付出了代价。可以肯定的是，默兹河—阿尔贡的攻势无助于英军的突破或随后的追击，而且几乎可以肯定的是圣米耶勒方向的持续进攻将更具帮助作用。若美军突破了米歇尔防线，德军在梅斯以及横向铁路线受到的威胁迫在眉睫，而且危险影响深远，鲁登道夫不可能坐视不管。他将被迫从兴登堡防线抽调走德军的一些师。因此，英军突破兴登堡防线的代价更低，而且追击也会更为迅速。而且德军各集团军准备撤退的时间也将不足，可能演变成了无序的溃败。

然而，福煦实际采取的计划却致使战机一晃而逝。到了 10 月第一个星期末期，协约国军此战的前景暗淡了下去。

意想不到的是，局势出现了转机。福煦并不知道他的攻势的实际致命效果逊于预期。其潜在寓意乃是决定性增强一次远距离间接打击给人的道义印象。福煦转移德军的注意力而因此获益，但偏离了正统理论的限制范围，这也是令福煦好友威尔逊所厌恶之事。

福煦在法国展开全面攻势的10天前，巴尔干半岛发生了一起事件，用鲁登道夫的话来说："这注定了四国同盟的命运。"鲁登道夫希望坚守住法国的防线，若有必要，则逐次撤退到新防线，在德军战略性侧翼得到保护的情况下，德国政府可以谈成一个有利的和平协议。但在9月15日，萨洛尼卡的协约国军进攻了保加利亚防线。弗朗谢·德斯佩雷集结了由米奇奇（Michich）率领的法国与塞尔维亚联合攻击部队，部署于索科尔（Sokol）—多布罗皮利亚（Dobropolye）区域，而那里的保加利亚军深信山地的阻碍之力，从而削减了所驻的武装力量。驻防多伊兰（Doiran）地区的英军牵制住了大量敌军预备队，米奇奇突破了保加利亚军的防线，向于斯屈布（Uskub）进军。兵分两部的保加利亚军业已厌倦了战争，遂求停战。协约国与保加利亚在9月29日签署了停战协议，这不仅掘断了四国同盟第一条根脉，而且打通了进攻奥地利后方的道路。

当天早晨，罗林森所部进攻兴登堡防线。而早前的消息令人不安，但默兹河—阿尔贡方面传来的消息暂时令人稍安。下午，在斯帕的鲁登道夫在布里坦尼克酒店（Hotel Britannique）研究了面临的问题，他竟然选择了这么一个名字不吉利的酒店作为他的司令部！而他们的讨论似乎只让问题更加棘手，随着担忧越来越严重，他也是怒火中烧，恸哭于自己面临的困境，痛斥那些导致他的努力付之东流的人，猜疑的幕僚、德国帝国议会的失败主义者、太过于仁慈的德国皇帝以及受潜艇困扰的德国海军。鲁登道夫于是陷于暴怒之中，突然口吐白沫，一阵抽搐而倒地。当天傍晚，这位身体和精神

第二十一章　每个人都在战斗

都发生动摇的男人突然决定求和,他说保加利亚防线的溃败扰乱了他的部署,"用于西线的部队不得不派遣到那里。""鉴于协约国军正在西线实施的攻击,根本性改变了战局",但是"目前被击败的部队,还必须依靠他们"。鲁登道夫已经失去了勇气,这只是早晚几天的问题,但这足已,而且难以恢复。

无论福煦的判断出现了何种错误,可以肯定是,他从未犯过此等类似错误。即使协约国军在他手里损失惨重,但在其有生之年,协约国军仍保完整。

在此危急关头,巴登亲王马克西米利安(Prince Max of Baden)出任德意志宰相,他以温和而著称,其名誉可成为谈判和平协议的保证。为了有效讨价还价以及无须公开承认战败,亲王请求且需要"在我向敌人求和之前获得10天、8天,甚至4天的"喘息空间。但是兴登堡只是反复重申"军事形势的严重性不允许有任何拖延",并坚称"应立即向敌人求和",而同时鲁登道夫哀怨地高唱着赞歌:"我想要拯救我的军队。"

因此,10月3日,德军立即停战的请求呈交到了威尔逊总统手上。这是德国向世界承认战败,也是向德国民众承认战败。光明突然而至,让在黑暗中度过漫长岁月的人顿时目眩。所有异见者以及失败主义者获得了无穷的动力。

在几天里,当德军统帅部发现兴登堡防线被突破之后,协约国军未能突破人肉筑成的防线,于是越来越兴奋,甚至可以说充满了乐观主义。德军统帅部收到了协约国军压力正在弱化的报告,愈受鼓舞。鲁登道夫仍欲寻求停战协定,不仅可以休整所部,以备进一步抵抗,而且要确保德军安全撤退到边境上一条更短的防线上。10

月17日，鲁登道夫甚至认为应马不停蹄撤退而无须休整。但他的第一印象以及沮丧之情现在扩散到了整个德国，犹如石子扔入水池而泛起的涟漪。福煦的古老寓言有了新的含义。

10月3日德国的求和让福煦感到精神振奋。尽管福煦从未失去信念，10月份乃是考验与压力并存之期，也就是前线的考验以及后方的压力。为了力争恢复对德军事压力，他受到了联盟的抵制与压力。而在对德压力方面，福煦更感欣慰。

10月1日，福煦视察佛兰德返回邦班，与贝当讨论如何再次督促加强默兹河—阿尔贡方面的攻势。福煦认为潘兴为补救而投入更多的师"只能徒增困难，导致完全堵塞后方，妨碍交通线"。福煦安排贝当向默兹河东岸延伸进攻，并将美军一部撤出"默兹河和阿尔贡之间狭窄走廊"，而部署于默兹河以东以及阿尔贡以西。为了节省时间，也是为了扩大法军的控制权，美军并归法军集团军群指挥。而且，当潘兴的指挥权东移到默兹河两岸之际，一名新的法军集团军司令官将负责指挥阿尔贡森林两侧的美法联军。这是一种恰当的安排，从纯战略角度而言，这也是正确之举。

然而当魏刚将此方案呈交给潘兴时，却遭到潘兴的断然拒绝，其认为这又是企图削弱美军独立性的政治操控。他愿意延伸进攻默兹河以东，但要亲自指挥。福煦再次妥协了，只是做出了规定："美军应恢复进攻，一旦开始后，不得停止……"

福煦毫无掩饰他对默兹河—阿尔贡攻势及其结果的失望："面对四处受到攻击的敌军，而且只能以疲惫不堪、各色杂等及匆忙集结的部队在特定地点进行抵抗，我军也已经占领了敌军的防御阵地，但是实际结果相比可以期待的战果，却不尽如人意。"他抱怨说，指挥官似乎未能"全力亲自督战，亲临战线督促命令的执行"。

福煦更容易鞭策法军，他要求贝当向各集团军司令官传达他的命令要旨："激励、领导、谨慎、监督！"古罗奉命"在勒泰勒方向上直接进军埃纳河"；贝特洛所部在兰斯以北向埃纳河推进，协助芒然所部向拉昂运动。德军已经开始在这条战线上撤退，法军中路的进攻并没有加快德军的后撤，仅仅由贝特洛所部于9月30日在兰斯西北小规模"轻击"了德军。此战俘虏了2000名德军。尔后，法军中路没有与敌军发生大规模交战，直到10月15日，法军发现敌军在经勒泰勒至拉费尔（La Fère）构筑了平直防线。也许对于战略意义太过于敏锐，法军指挥官准确地认识到，若欲取得决定性战果，取决于两翼攻击部队的快速突进，而对于敌军中央的压力则予以控制，不致使敌过度撤退。此种节奏的控制肯定减轻了法军自身的压力，他们经过4年的战争，已经筋疲力尽，然而这也缓解了敌军必须承受的压力，即抵抗法军从两翼的进攻。而福煦则喜欢对德施加更为平衡的压力，至少他是一位不知疲倦的法国人。

福煦与英国人的关系现在带给他的压力也最为轻微。这是自然之事，英军最近的成就正合福煦的心意，当英军的进攻失去势头时，福煦认为英军前后表现的对比足以使其摒弃抱怨。他主要担心英军的兵力维持。在突破兴登堡防线的次日，威尔逊与福煦见了面。"他看起来状态相当不错，当然，一切皆让他非常高兴。他再次坚称我们应保持61个师的规模，少建造一些船只，少制造一些飞机，少生产一些坦克等，又是老调重弹。"在10月7日的一次凡尔赛会议上，福煦反对任何削减师数的提议。威尔逊的日记讥讽地记录道："当然，什么也没有解决。劳合·乔治请福煦拍照，一切都变顺利了。"尽管存在希望于 1918 年获胜,福煦仍在思考 1919 年的战役。他认为英国政府"倾向夸大航空和坦克的重要性"。

令人感兴趣的是,7 月 18 日和 8 月 8 日的伟大胜利很大程度上依赖于坦克,而 9 月失利的部分原因在于坦克不足,潘兴的报告就指出了这一点,与钢铁力量相比,福煦还执念于人的信念,更令人感到诧异。这一次,协约国军对莱茵兰(Rhineland)的德军临时驻留地和军需中心连续空袭,福煦能够胜利的部分原因在于由此导致的敌军弹药补给减少,而且加速了德军前线与国内士气的下降。直到战后,福煦才重新评价了空袭的潜力。

相反,保加利亚的溃败扩大了福煦的战略视野,让他更全面认识到了间接手段的价值。他渴望沿多瑙河而上,进攻奥地利的后方,与罗马尼亚军会师,从而扩大击败保加利亚的胜利战果。他敦促威尔逊增援萨洛尼卡的英军并命令其指挥官米尔讷参加多瑙河方向的进攻。但是,威尔逊和劳合·乔治则认为,首要之事乃是击溃土耳其,打通达达尼尔海峡。

艾伦比在巴勒斯坦策划了大规模攻击,并在 9 月 19 日付诸实施,不仅打败和围歼了土耳其军,还提高了英国方案的成功可能性。福煦高兴地宣称这"很精彩"。但是,他"完全反对"从萨洛尼卡抽调任何部队进军君士坦丁堡而扩大战果。他支持"孤立"土耳其的想法,占领保加利亚的战略要点,保护多瑙河进攻部队的后方。当别人向他提出控制黑海和多瑙河出海口的重要性时,福煦几乎没有让步,但是忍住反对的冲动,他只是私底下评论说"远征君士坦丁堡完全有可能以失败告终",米尔讷很可能遭受"沉重的打击"。结果,米尔讷奉命进攻君士坦丁堡,而弗朗谢·德斯佩雷沿

第二十一章 每个人都在战斗

多瑙河进攻。

福煦与克列孟梭在这个问题上的分歧乃是一种征兆。随后针对美军在法国的攻势问题,两人产生了更大的不一致意见。克列孟梭曾亲访福煦,语气强烈地说道:"这些美国人将会让我们失去在冬季到来之前获胜的机会。他们自己都纠缠不清。"克列孟梭抱怨福煦不知道"如何实现自己的意志",而且表现越来越不耐烦:"你必须给法国一个交代。"

10月1日,深受刺激的福煦反驳克列孟梭:"你知道的,从宪政体制上讲,我不归你指挥。"克列孟梭尖锐地回复说:"我是为你着想,如果我对你有何建议,也不会拐弯抹角。"黑格曾经也提出过独立自主的请求,但被福煦亲自否决,而福煦提出独立自主请求的结果也没有比这更幸运。这让克列孟梭感到福煦"自命不凡","被薰香迷乱了双眼",福煦是一位不守纪律的军人,准备牺牲职责而追求个人利益。更为糟糕的是,克列孟梭形成了固有的看法,他认为福煦就是第二个布朗热①,危及文官权力。克列孟梭更恰当的评价可能是福煦67岁的生日刚刚到了。

默兹河—阿尔贡战线的停滞不前日益显著,而克列孟梭的不满也随之增加。最后,在10月11日,他放弃了自己所谓的"劝导性方式"!他前往爱丽舍宫,呈交总统一份拟送福煦的信文草稿,"为了做出有关美军按兵不动之事的决定"。普安卡雷读了信文之后,

---

① 乔治·布朗热(Georges Boulanger,1837—1891),法军将领,克列孟梭的同学,曾任法国战争部长,利用民众的支持而进入政坛,危及了法兰西第三共和国,最后自杀身亡。——译者注

郑重建议克列孟梭不要发出此信:"如果发出此信,福煦元帅的随从会得知内容,毫无疑问也会传到潘兴的耳中。这可能会导致严重的摩擦。无论如何,我认为某些用语应该再柔和一些。"

克列孟梭于是修改了信文的措辞,然后次日返呈普安卡雷。但总统认为"这对于美军和福煦还是太过于严苛",而且这可能"激怒福煦元帅辞任"。克列孟梭举例说:"这是总统应当行使的国家指挥权。"普安卡雷说:"如果这么对我说,我应当辞职。"他还说:"克列孟梭先生难道要亲自关心已成为美军总司令的福煦元帅应该如何履职吗?难道担任此职的福煦不应该对美国政府负责吗?"普安卡雷建议耐心以待:"如果几个星期之后事情仍未改观,我们可以诉诸极端措施,但是,对于神经过敏的外国人而言,这些措施可能惊天动地,依我之见,只有在形势真正绝望之际,方可采用。"

10月14日,克列孟梭视察前线回来,国务次长告知他普雷安卡的回复时,克列孟梭极其愤怒,拒绝阅读总统的复信,进而认为普雷安卡已经与福煦形成反对他的联盟。但他至少推迟了向福煦发出信文。福煦曾捎口信给克列孟梭称,他"刚见到了潘兴,并要求有个结果"。克列孟梭的心情似乎稍有平复。

然而,一个星期之后,克列孟梭认为他已经为承诺的结果等待了足够长的时间。这时还有两个新原因让他震怒不已。第一个原因是,贝当曾撰写了一份拟呈克列孟梭的美军报告,其断言:"如果潘兴将军仍在当前行动线上按兵不动,将导致灾难性后果。"但是,福煦不准贝当提交这份报告。第二个原因是,黑格请求增派美军两个师增援其进攻。但是,黑格发现福煦与潘兴的交涉迟疑不决,而且每天借故拖延,于是诉请至克列孟梭,后者遂派莫尔达克找福煦

第二十一章 每个人都在战斗

督办此事。福煦只是回复称:"他正在研究这个问题,但认为存在某些困难。"因此,在10月21日,克列孟梭向福煦发出了信文。

关于当前美军的危机问题,我一天天推迟写信给你……你已经近距离见证了潘兴将军的一步步索求。遗憾的是,他立于不败之地,击败了你以及你的直接下属们。再次回顾全过程也只能令人感到无用的悔意……重要的是,现在正在进行大规模的作战,在此战中,你将跻身于名将前列……依据宪法规定,我是法国陆军的总司令……如果我允许法军在无限期的战斗中消耗殆尽,而我在权力范围之内不竭尽全力确保紧急增援的协约国军实现其确定的军事作用,我将有罪于法国。

最后3个月里,英法两军每日作战,没有片刻停歇,而且此时我们也不可能立即组织新的力量予以补充,于是部队正在损耗殆尽。英法两军以狂热的激情击退了敌军,赢得了世界的尊重;但是值得我们敬佩的美国友军渴望参加战斗,他们也是一致公认的伟大军人,自第一天进攻以后,便陷入了停滞不前的状态……让如此精锐的部队没有用武之地,无人可以容忍。

不精通军事的人都能明白,你的右翼按兵不动可能并非你的计划……我知道你为克服潘兴将军的抵制而付出了全力;实际上,你在说服潘兴的过程中已经滴水不漏,所以我更不能不问自己……是否到了改变战术的时候……如果潘兴将军以最终辞职来遵从你的意愿,如果他接受自己那边优秀将领的建议，我应会相当高兴，然而他现在做的唯一之事，可能是拒绝他们的建议。但是，如果这次统一两种截然不同意见的努力，未能实现你所期望的有利结果，我必须对你说，依我之见，毫无疑问将导致进一步拖延。鉴于此，应该到了告诉威尔逊总统实情的时候了，告诉他美军相关情况的全部实情……

福煦放弃就此问题进行直接讨论。他后来说："基于众多士气和具体的原因，他们不能执行下达的命令，那么这种命令有什么好处呢？对于不同的人，尤其是不同国家的人，我们必须根据他们是怎样的人来对待他们，而不是根据我们的喜好来对待他们。因此，我继续采用耐心说服的方法，而不是采用激烈的压制手段。""克列孟梭先生的来信不容忽视，但丝毫不会影响我的处理方式。我肯定会置之不理的。"

福煦认为诉请威尔逊总统召回潘兴可能不会成功，如果未能成功，潘兴"将知道发生的事情，更难以驾驭。即使潘兴被召回，他的继任者也需要漫长的时间理清头绪"。

因此，福煦给了克列孟梭一封简单而条理清晰的复信，开头就列出了一个表格，说明在美军"适合作战"的30个师中，8个师在与法军并肩作战，2个师与英军共同作战，而20个师在"潘兴的指挥之下，成为独立作战的美军。我希望维持这种结构……我也会考虑根据形势调整两个方面，在战备情况许可的情况下，在配属英法两军的10个师的基础上再增加数量，同时减少潘兴指挥下的20个师。我希望通过策略运作来增强最高统帅部的弱势地位，而非采

第二十一章 每个人都在战斗

用强制命令的方式"。福煦在总结中指出,"所有临时组建的军队都会遇到这种危机",而且详述了美军的努力"程度"。"从9月26日到10月20日,美军在战斗中伤亡54158人,并以此代价在狭窄战线上取得甚微之战果,但他们是在特别险峻的地形上作战,而且面临德军激烈的抵抗。"

福煦对于其拟采方案的解释具有典型性且极具重要意义。然而,由于潘兴有充分理由怀疑这正是对他运用的"策略",福煦这种始终如一的坦诚是否可能取得更多的成果,尚存疑问。潘兴对所有建议的动机一直心存疑虑,这导致他们之间总是存在嫌隙。

10月7日,协约国军的攻势延伸到了默兹河以东,但推进较短距离之后,进攻的法军遇到了德军的抵抗线,致使法军完全停滞了下来。同一天,潘兴左翼部队的进攻形成了一个新的楔子,迫使敌军弃守阿尔贡森林北界防线。这一战果以及其他小胜鼓舞了潘兴,于是他在10月14日发起了一轮新的总攻。尽管美军在克里姆希尔特高地获得了一处立足点,但未能突破敌军的防线。潘兴现在意识到进攻已经陷入了僵局,于是下令长时间停止进攻,同时整编军队,补充给养,以及改善交通状况。潘兴还将默兹河以西的美军第1集团军转调给利格特,并将默兹河以东闲置的部队组成第2集团军,由布拉德(Bullard)指挥。在潘兴看来,此种调整的一个优势在于可以让他实际担任集团军群总司令之职,他立即要求应直接授受福煦的命令,而非贝当。福煦予以让步,实际上贝当已经建议这可能会缓解矛盾。

10月21日,福煦下达了重新进攻的命令,古罗的第4集团军追击撤退的德军,现在第一次超越了潘兴所部,向潘兴正面的敌军侧翼嵌入了一条杠杆，这有助于协约国军的重新进攻。福煦要求务必在 11 月 1 日完成进攻准备："总体目标……是进抵比藏西（Buzancy）地区（美军第 1 集团军），法军第 4 集团军进抵勒谢讷（Le Chesne），以从东面收复埃纳河一线。"根据最初的计划，预定于 9 月 27 日晚攻抵比藏西地区，这个目标已经相当适度了。

福煦确定的这一有限目标，加之他于 10 月 18 日将司令部从邦班移驻桑利斯，似乎表明福煦现在寄希望于其西部钳子部队的进攻。实际上，早在 10 天之前，对于他的三大攻势，福煦写道："最有扩大战果优势的是索莱姆（Solesmes）—瓦西尼（Wassigny）方面（即莫伯日方向），这得益于英军之胜。"他们命令英军应迁回东北方向，为了助力英军，福煦敦促德古特恢复在佛兰德的攻势，并再增援美军两个师和法军两个师。

10 月 14 日，协约国军开始进攻，敌军迅速后撤，撤出了比利时海岸，其右翼回摆到了保护根特（Ghent）的防线。德军左翼也被迫弃守列日，英军于 10 月 17 日占领了该地。当天，黑格进攻勒卡托，强行通过了塞莱（Selle），突破鲁登道夫最初构筑的第三道及最后一道撤退阵地。在此阵地以东，阿登南边缘有一条德军防线，保护着梅济耶尔和色当，福煦的右翼钳子部队仍距离其相当之长。

然而，基于左翼钳子部队新攻势的希望很快也消失殆尽，尽管又俘虏了 2.1 万名德军，其攻势逐渐慢了下来，而无决定性战果。如果德军的后卫机枪部队阻止了协约国军的前进，那么德军破坏公路和铁路，致使补给和弹药不可能运抵前线部队，这才是协约国军可能遇到的最大障碍。在福煦 10 月 19 日的命令中，信念多于希望："佛兰德的集团军群进军的总方向乃是布鲁塞尔……英军各集团军

第二十一章 每个人都在战斗

的任务是继续迫使敌军后撤到阿登几乎无法通行的地区，让阿登屏障切断德军的主要横向防线。"这条命令中的描述夸大了阿登的不可能通行性，实际上存在众多公路和若干铁路穿越阿登地区。如果协约国军封锁侧翼交通路线，那么将使德军的撤退更为艰难，但必须迅速予以封锁，在战争中一切都取决于时间因素。随着德军每日后撤的速度的加快，横向铁路线的重要性越来越低。当没有任何突出部可以夹击时，福煦的夹击钳子就失去了目标。

实际上，福煦现在的想法转向了替代方案，或者说至少想改变原来的想法。10月9日，贝当的情报部门报告指出，德军187个师中的150个师部署在默兹河与大海之间的区域。敌军"改变兵力部署比例的速度相当之慢（经铁路一天只能输送一个师）。如果法军在洛林地区实施进攻，德军将陷入非常艰难的境地"。

直到10月20日，福煦才对贝当的上述建议做出明确的反应，他命令贝当："当前作战的意图是迫使敌军退向默兹河……在该河击溃敌军的抵抗，扭转战局，应准备进攻摩泽尔河东西两侧，总方向为二：一是向隆维（Longwy）—卢森堡方向进军；二是向萨尔河方向进军。这些攻击行动能否迅速获得胜利取决于其攻击速度……敌军将很快失去从梅济耶尔至色当的横向主铁路线，这增加了成功的机会。因此，也可以充分利用因我们战线缩短而腾出来的法军部队……"

翌日，贝当提交了作战方案。在福煦看来，这个方案存在"不足，致使迅速执行有所困难"，特别是在默兹河和摩泽尔河之间的作战。因此，福煦决定推迟进攻卢森堡，并要求贝当准备另一方向的进攻，即从南锡地区越过德国边境进攻萨尔布吕肯

（Sarrebruck）。因此，在战争接近尾声之际，在面临更为有利的条件下，福煦的计划是重复战争开始时的作战方案，战争爆发时实施太早，而此时却实施太晚。

10月21日，福煦离开桑利斯前往佛兰德，于是直到10月25日，贝当才得以与福煦讨论作战计划。贝当报告称，11月15日左右即可完成进攻准备，并解释了他期望从何处抽调所需部队。除了当时驻守防区的热拉尔（Gérard）集团军，将抽调芒然集团军从法军中央移防热拉尔集团军和美军第2集团军之间。10月27日，福煦向集团军群总司令卡斯泰尔诺下达了命令。福煦决定将可用的绝大部分兵力配属给芒然，这样可能有资源既可掩护其面向默兹河的侧翼，又可以在充满前景的战线上乘胜扩大战果。贝当还请求增调美军10个或12个师，但福煦担心遭到潘兴的反对，于是缩减了增调美军的规模。他告诉贝当："尽快启动洛林攻势具有显著的优势，作战时机的选择比参战部队的规模更为重要。"

然而，福煦却牺牲了迅速性。如果部分原因在于福煦延迟了其最初方向上的追击，但这并非唯一的原因。各相关司令部都制订了自己冗长又详细的作战计划，然后进行讨论，再起草新的作战计划。这些方面的延误是由于战壕战导致的习惯，也由于法军在没有得到美军帮助保证的情况下不愿往前推进。直到11月6日，美军在默兹河以西重新发起的攻势才实现了其目标，福煦于是向潘兴提出了要求，增调美军6个师。即使潘兴有所不愿，几天之后，福煦还是欣然致信潘兴："我将下令尽早使此部归还美军指挥，这是需要迅速推进的重中之重。这是我再次强调的原因。"潘兴于是同意了福煦的要求，但前提条件是美军各师应归布拉德指挥。11月11

第二十一章 每个人都在战斗

日早晨,美军援军开拔。

在战争的最后时刻,法军22个师和美军6个师,以及大量支援火炮和600辆坦克正在集结,但没有发起进攻的机会。敌军的投降导致取消了这次攻击,另外,协约国军允许敌军有时间完成默兹河以西的大撤退,并准备撤出默兹河地区,这也是导致取消这次攻击的部分原因。如果在10月底准备好此次进攻,还是具有可行性的,而且对敌军造成的损害,也势必会高于当时实际重新发起的进攻。然而此时,全面夹击梅济耶尔几乎也无意义了。

但是在11月1日,美军利格特所部在默兹河—阿尔贡方面发起新的进攻,向德军新构筑的临时防线上嵌入了一个深深的楔子,以此为杠杆,联合古罗所部的攻击,动摇了整条战线的敌军抵抗。德军在阻击徒劳无功之后,撤至默兹河,在后卫部队的掩护之下,以左翼为轴心转动。10月31日,协约国军在佛兰德方面恢复了进攻,在迫使德军撤到根特之后,协约国军在斯海尔德河一线停下了脚步。于是,福煦断定,攻克德军这个障碍的最佳途径是从南迂回。据此,黑格于11月4日重新发起进攻,迫近萨布尔和瓦兹运河。[①] 次日,德军再次沿孔代(Condé)和勒泰勒之间的整条战线实

[①] 福煦左右翼钳子部队实现重大战果的最佳评估方法即是俘获数。9月26日至11月11日,美军在默兹河—阿尔贡(右翼钳子)的进攻俘房了2.6万名德军和847门火炮;英军在莫伯日(左翼钳子)的进攻俘房了8.85万名德军和1540门火炮。这还不包括佛德兰攻势的俘获数。协约国军在7月18日至11月11日攻势战役的整个期间,俘获如下:

英军	188700名俘房	2840门火炮
法军	139000名俘房	1880门火炮
美军	48800 名俘房	1424门火炮
比利时军	14500 名俘房	474 门火炮

施深远的撤退，他们放弃了欧努瓦枢纽和莫伯日。但是他们撤退的速度超出了追击的速度。然而，经过废墟地区的交通线正在修复，协约国军必须停止追击，因此，德军获得了重整抵抗的时间。11月11日，英法两军的推进抵达了色当—梅济耶尔—蒙斯，这正是1914年战争爆发的一条战线，但在战略上，协约国军停止了进攻。

德军现在更脆弱的防线在于凡尔登以北。11月7日，美军进抵色当附近的默兹河，切断了横向铁路线，实现了梦寐以求的目标。4年以来，这条铁路线乃是德军的生命线，但遭切断之后，德军的生命线也就断了。然而，德军面临的真正威胁不在于这个方向或者说铁路线的切断，真正的威胁是利格特已经东进，攻击隆吉永。他联合布拉德所部，正在准备进攻德军在默兹河和希耶河（Chiers）之间的坚固阵地，但德军已经撤退。如果此地失守，德军不可能坚守安特卫普—默兹河防线，他们将撤退至下一条防线，即莱茵河防线。因此，德军统帅部对此威胁特别敏感。

然而，战地四处出现了新的危险，而且更为险恶。德国已经失去了剩下的盟友。米尔讷进军君士坦丁堡，毫无防守之力的土耳其于10月30日宣布投降。同一天，奥地利乞和。三天之前，意大利也发起了承诺已久的进攻，强渡皮亚韦河之后，奥地利军遭到分割，从而溃败。这些灾难性事件迅速影响到了德军。

10月23日，威尔逊总统已经回应了德国的求和，实际上要求德国无条件投降。鲁登道夫希望在边境地区实施一次成功的防御战，以期挫败协约国军的决心。但是，形势超出了他的控制，国家的意志力破碎了，他的建议也无可信性了。10月26日，他被迫辞职。

第二十一章 每个人都在战斗

当时,德国宰相患了流行性感冒之后,服用了超剂量的安眠剂,昏迷了36个小时。11月3日,他重回岗位时,土耳其和奥匈帝国均已投降。如果说西线形势还是相当缓和,而现在奥匈帝国的领土和铁路已经成为对德国后院作战的基地。次日,革命爆发,迅速蔓延至全国,由于德国皇帝不愿退位而火上浇油。德国舰队的指挥官意图派所部绝望攻击英国海军,于是引发了兵变。但在战争的最后岁月里,充满了各种各样可怕的忧虑,在洛林和奥匈帝国边境笼罩的乌云下,突出了德国的红色眩光。11月6日,德国代表团离开柏林,以求签署停战协定。

这个新闻成了福煦激励部属的新因素,协约国军于是在前线施加持续压力,以增加对德国政府意志的影响。贝当做出了反应,提前一天在洛林发起了攻势,即11月14日。这不可能证明此乃"波浪理论"的例外,即不可能解决不能解决的难题,而在实现突破之后保持最初的势头。

福煦并不赞同贝当所为。据其回忆录所言,他仅仅期望"迅速占领12英里左右。如若超过此距离,我们毫无疑问会遭到挫折,就像我们其他军队在各地遇到的迟滞那样……这也将为德军提供新的动力,增强他们的力量,鼓舞他们的士气,但改变不了实质问题"。

可以肯定的是,当被问及(10月29日)若德军拒绝停战条款,多久可以将德军打过莱茵河,他回答说:"也许3个月,也许4个月,或者5个月,谁知道呢?"战后他关于洛林攻势的评论是:"一直夸大了此战的重要意义,其被认为是无法抵挡的打击,将击倒德国人。但是,这是无稽之谈。洛林攻势本身的重要性不如当时准备中的比利时进攻战。"洛林攻势的价值在于开辟"一条新的战线，而不可能遇到强大的敌军部队"，同时扩大攻击的正面宽度。久历战争之后，福煦的胜利观发生了变化，认可了"在一个点上发起压倒性的打击"！

福煦于11月3日向最高战争委员会呈交了一个作战计划，这更具战略意义，其内容是，鉴于奥匈帝国已经投降，协约国军3个集团军准备以向心态势推进到慕尼黑，在5个星期之内，这些部队应在奥德边境集结。此外，准备在较早时候，对德军"后方"形成新的威胁。特朗沙尔（Trenchard）独立空军部队将扩大航程，准备以前所未有的空战规模轰炸柏林。

德国是否决定投降的影响因素是其国内形势以及外部形势的显著发展前景，而不是其不确定推测单一打击会带来的假设性效果。由于德国国内的饥荒与革命，南部边境面临的威胁以及西部受到的持续性压力，除了接受福煦提出的苛刻和谈条件外，德国代表别无选择。在1918年11月11日11时，战线上弥漫着令人怪异的平静，战争结束了。

第二十二章　坚强意志的胜利

10月5日，法国得知德国向威尔逊总统乞和的消息。福煦兴奋不已，他对美国外交官弗雷泽（Frazier）说："我们正在通往胜利的斜坡之上，有时胜利将飞驰而至。"同一天，他着手起草他认为重要的形势总结报告，这也是一项符合时宜的任务。10月8日，福煦将形势总结报告呈交克列孟梭。第一点是，要求德军在15天内撤出其占领的所有领土。这一点符合威尔逊总统初步答复德国求和所提出来的基本条件。福煦的第二点则考虑更为长远。假若谈判失败，为了确保获得发起新攻势的有利"出发基地"，协约国军应占领莱茵河上游的3个桥头堡，即斯特拉斯堡、拉施塔特（Rastadt）和新布里萨克（Neu-Brisach）。第三点，协约国军应占领莱茵河以西的德国领土，以此作为赔偿的保证。一切铁路器材及军事建筑应保持完整，德军在一个月内无法清运的战争物资也必须留下。

次日下午，福煦在一次协约国政府代表会议上阐述了他的意见，随后奉命细化条件。10月12日，德意志宰相抓住威尔逊总统的初步答复而宣称他准备"遵循威尔逊总统提出的撤军方案，缔结停战协定"。威尔逊总统的坚定答复挫败了德国的此种小伎俩,他提出停战协定的条件"必须等待"协约国军"军事顾问"的"判断和建议"方可确定,"美国政府不接受任何不能确保安全的方案,而且必须获得绝对满意的安全保障和保证,维持当前协约国军在战场上的优势……"威尔逊总统委任豪斯上校作为其代表立即前赴欧洲。

10月16日,福煦致信克列孟梭,他指出,其前两项条件乃是基于"军事需要",而第三项条件是为了保证"获得协约国所受损失的赔偿"。然后福煦意味深长地问道:"在德国支付赔偿之后,如何处置这些占领领土?我们继续占领吗?我们会并吞这一部领土吗?或者组建成一个独立的国家以作缓冲区?"这里我们可以发现福煦未来主导思想的根源所在,即创立一个中立的莱茵兰国,作为德法之间的缓冲区。

"这些问题的重要之处在于,如果德国提出了求和请求,军事指挥官将担负起签署与讨论停战协定的责任,所以应当知道相关问题……可以肯定的是,停战协定应全面保证我们在和平谈判过程中获得我们期望施加于敌人的条款……敌人在签署停战协定时只能同意放弃其领土,这仍然是不可更改的条件。"福煦上述话语足以推翻以往只是思维简单的军人形象,过去人们认为福煦只适合战场,而没有能力处理国家事务。上述话语再次揭示了福煦距离战场最远时,他是最名副其实的现实主义者,当他处理人际关系时——其中一个方面可以称为政治,福煦表现出了马基雅维利式的推理与现实主义。

福煦的信文结论是,他必须要知道协约国政府的未来意图,这

第二十二章 坚强意志的胜利

是他构建和扩展停战协定条件的基础。为此,他请求"与法国外交部的某些主要成员保持紧密而持续的接触"。福煦的这个建议表明他认识到了真理,战略取决于政策,而政策会密切调整战略。

然而,克列孟梭却对此心存疑虑,他似乎认为福煦正在企图获得影响政策的立足点。一个星期之后,克列孟梭才给福煦回信,开篇就特别声明福煦只是法国政府的军事顾问,即使在此专业性职责范围之内,法国政府也有权拒绝或修正他的建议。外交与政治讨论影响了和平谈判的进程,而且莱茵兰的处置也超出了福煦的范围。克列孟梭认为,只有关乎军事影响的问题时,才会将讨论情况通报福煦。克列孟梭除了自己的斥责,还附上了法国外交部部长毕盛(Pichon)的一封信,他断然拒绝福煦有关与某些高级外交官员接触的请求,并表示:"只有外交部部长本人才可以向你通报信息。"毕盛还说:"每个人都有自己的职责。为了避免权力运行的混乱,必须清晰界定每个人的职责范围,这才是明智之举。"

福煦后来评论上述信文说:"我不需要关于这种学究式的宪法和权力限制的讲课内容,特别不需要奥塞码头①的迂腐说教。我只是从自己的理性水平和常识提出这些问题。战争合乎逻辑的结果是和平。战争即将结束,我想知道法国政府在莱茵河这个重大问题上的政策,我也可以在同一方向上采取措施。只是这样而已。毕盛先生和克列孟梭先生对我所提的意见反应如此激烈,犹如军队将领们在界线一边工作,而政治家和外交官在另一边工作,这错误至极,或者有人甚至会说,这荒谬至极。战争不存在两个不同的目标,而

---

① 指法国外交部,其位于奥塞码头附近。——译者注

是统一的目标，那就是和平……战争与和平这两个方面的联系清晰而不可分割。"

克列孟梭的斥责并没有使福煦停止追求他的莱茵兰目标。"你必须趁热打铁。如果法国打算从普鲁士分离莱茵兰，那就得赶紧据此拟定和平条约，时不我待。"值得注意的是，福煦草拟的和平条款现在增加了，包括了占领莱茵河下游的主要渡口。如果说这将成为进军柏林的起始线，这也将切断柏林与莱茵兰之间的主要交通线。

福煦的下一场辩论将遇到英国人。福煦对第二场争论的态度可以追溯到第一场与克列孟梭争论的影响。福煦得知黑格认为他的停战协定条件太过于严苛，可能会遭到德国的拒绝。福煦还得知黑格在10月18日离开蒙特勒伊返回伦敦，他有理由怀疑，黑格将向英国政府陈述己见以及表达抗议。于是，福煦立即致信提醒克列孟梭，促请其坚定立场。但是，鉴于克列孟梭在其他方面对待福煦的态度，福煦寻找普安卡雷形成新的联盟，强化他关于莱茵河必须是停战协定谈判必要条件的主张。"如果停战协定条约不包括莱茵河，我将夜不能寐。你想杀了我吗？"不过，他的心很快就放了下来。

10月24日，福煦和贝当与克列孟梭进行了一次长谈，克列孟梭批准了福煦的条件，但增加了贝当和莫尔达克提出的一些建议条款。次日，福煦与几位总司令讨论了他的条款草案。

黑格认为条款太过严格，力主缓和。"协约国军虽得凯旋，但实力已减，部队需要重整。德军在军事意义上并未瓦解。在最后几个星期，德军已经撤退，但以卓越的秩序英勇作战。因此，如果我们真正想与德国缔结和平条约，"而且他认为协约国相当期望，"就

第二十二章 坚强意志的胜利

有必要同意德国可以接受的条件。这就是说，德军撤出在法国和比利时所侵占的领土，以及阿尔萨斯-洛林地区，从法国和比利时滚回战争开始的地方。如果对德提出更多的要求，则有延长战争的风险，而这场战争已经代价高昂，而且如果激怒德国的民族情绪，结果不可预料。德军撤出所有侵占领土以及阿尔萨斯-洛林地区，足以宣告我们的胜利。"

福煦插话说："不能说德军尚未被击败……协约国军也绝不是新军，但胜利之军都不会完整无缺的……没有任何东西可以像胜利那样使军队添翼高飞。"

然后贝当说了自己的看法，宣称两项事情至关重要。第一是"德军不准将一门火炮或一辆坦克带回德国，只能携带随身武器"。他特别建议规定一个简短的时间，敌军就无法清运其战争物资。第二是协约国军必须占领莱茵河以东区域。但是，贝当还说："尽管这些条件不可或缺，但很难期望德国人会接受。"潘兴建议的条件也与贝当一致。

福煦并没有反驳黑格的意见。相反，在次日呈交克列孟梭的一份草案中，福煦无视了黑格的意见。福煦再次报告克列孟梭说，黑格所提的条件甚为不足，这将允许敌军于有利的情况下在德国境内发起新的防御战。另一方面，他认为贝当提出的条件则超过了剥夺德国军力的必要限度。福煦自己提出的条件则是德军分阶段、连续性"立即撤出侵占领土"，最晚在 14 天内完成。在此过程中，敌军必须放弃最少 5000 门炮和 3 万挺机枪，据福煦估计，此数分别约占德军总装备的三分之一和二分之一。其次，敌军必须撤出莱茵河以西的所有德国领土，协约国军应占领"莱茵河的主要渡口 [美因茨（Mayence）、科布伦茨（Coblenz）、科隆（Cologne）和斯特拉斯堡]，这些桥头堡位于右岸 30 公里半径之内"。而且，整个东岸沿线，宽达 40 英里的地带应设为中立区。敌军必须移交 5000 辆机车和 1.5 万节火车车厢。在上述条件实现之前，协约国仍将维持对德封锁。

福煦在备忘录的总结中提出了海军的条件，他认为这"必要而充分"。敌军应移交 150 艘潜艇，将海面舰队撤至波罗的海诸港，协约国军占领库克斯港（Cuxhaven）和黑尔戈兰岛（Island of Heligoland）。敌军应标识出所有雷场的位置，但"除了德国领海内的雷场外"。

福煦向克列孟梭保证，克列孟梭当天晚上又向豪斯保证，德国被彻底击败，会接受协约国提出的任何条款。当时，这是一个大胆的预测，鉴于当时敌军的情况，此种预测缺乏根据。奥匈帝国和土耳其尚未放弃他们的盟友，尤为重要的是，德国国内也没有爆发革命。黑格提出的条件更符合现在我们已知的德军领袖心态。黑格是现实主义者，而福煦则是信念主义者。还在襁褓之中孕育的事件将证明福煦信念的正确。德国国内形势不可动摇的事实将迫使德国代表卑躬屈膝。然而，即使在德国投降之时，福煦对于这些事实的认识还是模糊的。但是，他的权力让他相信自己愿意相信之事，以此信念取代了协约国总司令部仍隐藏于后的事实判断。福煦的信念将取得至高无上的胜利。这是一种无意识的虚张声势，不用费力和付出代价就可以收获全面的胜利。确实，比起继续进攻，这个结果更为确定。

如果政治现实主义指引了福煦的前进道路，他更大的荣光乃是

第二十二章 坚强意志的胜利

人性。当他满足国家的需要时，他的宗教信仰也没有缺席。鉴于他提出的停战协定条款可以使他的祖国满载胜利的果实，但是他为此放弃了在战场决胜而可能获得的桂冠。确实，持续作战和不断牺牲也不一定能获胜。然而，福煦相信可以成功。可以肯定的是，福煦的妄想越多，受到的掣肘也越多。

潘兴就发出了激烈的反对之声，他在10月30日致信豪斯而抗议其同意任何停战协定条款。潘兴的态度在情理之中，他建立一支独立美军的梦想业已实现，但其辩护仍不充分。但是，在豪斯和威尔逊看来，福煦的保证高于潘兴的反对之声。福煦自己也指出，潘兴同意他提出和平条件足以使德国陷入无助的状态，现在潘兴的反对与此意见并不一致。

为了弄清问题，豪斯问道："福煦元帅，请您告诉我们，单纯从军事角度出发，而不考虑其他因素，您是否认为德国会签署还是会拒绝您所列的停战协定条款？"

对此问题，福煦给出了载入史册的答案："战争只是追求结果的一种手段。如果德国现在根据我们提出的条件签署停战协定，这就是我们所要的结果。如果得以实现，没有人有权利再次发起血流成河的战争。"

然而，根据福煦提出的条件，其所寻求的结果远远超出了军事需要和威尔逊提出的条件。一旦德军撤出战场，法国就可以按照自己的条款与德国谈判和平事宜，而不用考虑威尔逊总统提出的条款。威尔逊同意福煦提出停战协定条件导致了一个讽刺性的后果，也就是威尔逊所提十四点和平原则中的和平条件归于无效。

同样讽刺的是，反对由福煦决定和平条款的一个政治声音却来自法国总理。克列孟梭在10月29日与劳合·乔治以及豪斯的一次非正式初步会议上宣称:"如果由福煦决定和平条款,那么政府的意见将受压制。我建议,我们要与福煦元帅和所有其他人商议,他们的建议也是必要的。然后,我们将结论呈递威尔逊总统。"但是,比起克列孟梭,其他人更相信福煦。劳合·乔治认为,经华盛顿呈交和平条款将导致协约国不可能有所妥协,从而迫使敌国一揽子接受或拒绝。豪斯认为,如果威尔逊总统支持这些条款,那么只需告诉德国人举白旗向福煦乞和。各方于是接受了这个方案。

11月1日,各方召开了另一次非正式会议,有策略地确定了最高战争委员会的正式会议应当决定的事项。福煦参加了这次会议,埃里克·格迪斯(Eric Geddes)爵士代表协约国海军委员会参会。作为软化英国反对意见的一个甜头,福煦同意放弃占领斯特拉斯堡桥头堡的要求。福煦曾在第一版建议书中主张占领这个桥头堡,他准备放弃此地以利于尔后占领其他桥头堡的主张,表明他的军事目标胃口已经滋长,而且是过度滋长。劳合·乔治似乎意识到了这个事实,于是他说:"德国西部的所有大城市都在我们手里了。在这次会议中我们必须认识到自己正在提出一个相当严苛的要求。我想问福煦元帅,若不占领大城市,从军事角度而言,是否不可能确保桥头堡。"

福煦回复说:"美因茨(Mainz)是绝对必不可少。法兰克福可以不予占领,但我认为其必须在占领区的两英里范围之下,处于协约国军的炮火射程之内。我也必须坚持,科隆极具重要意义,其乃诸多铁路的枢纽,还是普法尔茨(Palatinate)陆上交通线的交汇点,因此我认为科隆是必须占领的桥头堡。"

第二十二章 坚强意志的胜利

福煦进一步声称他"绝对不同意"黑格的建议，因为"敌军所处的防御位置比我们现在要好得多……如果德军中断和平谈判，协约国军将处于毁灭的境地"。然而，福煦再次没有局限于军事领域："如果签署停战协定之后实现了和平，即使根据黑格元帅的建议我们应该得到想要的土地，但是问题是怎样保证我们获得需要的赔偿。"

劳合·乔治插话说，黑格的疑虑不是在于占领桥头堡可得的优势，而是担心敌人不愿意投降。"黑格认为德军绝不是瓦解了。你无论在什么地方攻击德军，他们都会顽强反击，而且会造成我们的重大伤亡。他们正在逐渐后撤……但是没有迹象表明他们是一支无序的部队。他们以相当良好的秩序撤退，展现出了最大的军事素质……道格拉斯·黑格爵士认为，德军从当前400公里的防线撤到245公里的防线，协约国军无法阻止他们。在这条较短的防线上，德军还有70个师，可以坚守住。"因此，劳合·乔治认为："真正的焦点在于我们是否处于能强制执行福煦元帅所提条款的地位。"

对于这个中肯的问题，福煦回答说，如果被问到德军现在是否处于不得不接受的境地，他的回答将是"不"，但是"没有桥头堡，我们永远掌控不了德国，而至关重要的第一步则是控制莱茵河"。因此，承担被拒绝的风险好于减少要求。福煦承认："德军毫无疑问在莱茵河一侧占据了新的阵地，这个我们无法阻止。"但是，他又说他可以在冬季继续迫使德军后撤，"奥匈帝国、保加利亚和土耳其的崩溃会对战局产生重大影响"。

与一个星期之前或更早相比，我们可以发现现在福煦的态度发生了一个重大变化。他正在意识到，正如黑格曾经历的那样，他的攻势前景正在黯淡下去，敌军脱离了接触。但是，他对于必要行动的论断以及西线以外取得新进展的希望，共同增强了他的信念。

福煦愿意在与他无关的事项上让步，然而他力主，敌军已经默许了他的军事条件，不允许苛刻的海军条款危及于此。因此，他反对协约国军收缴德军的 10 艘战列舰、6 艘战斗巡洋舰和 150 艘潜艇。他冷笑着问英方："关于德国的海面舰队，你们担心什么呢？在整个战争期间，德国海军只有少数部队从其港口出征冒险。德国海军的投降只是一种象征意义，除了取悦公众，毫无其他作用。为何让停战谈判变得如此艰难，我重申，和平条款的唯一目标是让德国失去战斗力……我不理解为何我们要收缴德国的战斗巡洋舰……为了达到这些条件而让陆军去继续战斗，这是不合适的。"

格迪斯报告说："福煦元帅在潜艇方面的错误言论已经伤害了我们。但是，对于英国大舰队而言，现在预定收缴的德军舰船在贸易航线上，对协约国造成了巨大的危害。他们将袭扰美军部队的输送。福煦元帅不知道公海舰队对我们造成的麻烦有多大，因为英国大舰队一直在阻止他们。如果德国海军不投降，在和谈期间英国大舰队面临的紧张关系就像双方敌对陆军在战壕里那样。"

劳合·乔治提出了折中方案，解决了分歧，这个方案既有效又能减少德国的差辱感，也就是海军提出的条款，即扣留敌军海军舰船，而不是让其实际投降。如果英国海军部不满意这个方案，福煦也不会满意，但他下定决心，若需要在和平条约的谈判中进行"让步"，他会在海军条款上表现慷慨。

但是，还没有到松一口气的时候。劳合·乔治精心算计的借口成了福煦脱身的一个机会。协约国已经收到了奥匈帝国的求和之

第二十二章　坚强意志的胜利

请。劳合·乔治坚持认为协约国诸位将领应立即准备条款，在答复德国之前，先回复奥匈帝国。他巧妙地回答说："一旦奥匈帝国出局，德国将会投降。"于是，他再次推迟了在海军条款方面做出最终决定，等待奥地利的回复，而且辩称"如果奥匈帝国同意我们的停战协定条款，我们可以对德提出更为苛刻的条件"。

11月4日，奥匈帝国接受了协约国的和平条款，克列孟梭恰如其分地总结说："我们只给德国皇帝留了裤子，其他什么都没有了。"翌日，威尔逊总统通知德国政府，已授权福煦接见德国代表，并由其负责沟通停战协定的条件。他的公文也说到，协约国同意以十四条作为和平的基础，但有两项保留：海洋自由以及平民遭受的损害赔偿。第一项保留是对英方意见的让步，第二项保留是对法方意见的妥协。劳合·乔治反对将赔偿作为和平的条件而非停战的条件。克列孟梭的辩解充满智慧而又使人消气，他说："我只是希望将此作为一项原则向德国提出。"而法国财政部长表示，可以插入看起来无害的限制条件，"仍不影响协约国未来的任何索赔主张"，以此强化此项保留的潜在效果。

11月7日才过了半个小时，福煦收到了德国最高统帅部的电文，他们发来了谈判使团的名单，并请求福煦确定会议地点。电文还说："出于人道考虑，如果德国代表团的抵达可以暂时停止敌对状态，德国政府将感激不尽。"福煦在回复时并没有提到这个要求，只是告知德国使团前往德伯内战线的前哨阵地。除了此地距离最近，这条路线也相对安全。

下午5时，福煦在英国海军代表、英国海军上将威姆斯（Admiral Wemyss）的陪同下，乘特别专列离开桑利斯，前赴贡比涅森林的勒通德（Rethondes）。福煦的专列驶进了一条支线，而原来修筑这条铁道是用于输送超重型铁道炮。那里还有另一条铁道。福煦怀着愉快的心情在专列的餐车里招待了英国海军代表团，而外面漆黑的森林里，一圈哨所警戒着通往空地的道路。饭后，另一条铁道仍然是空荡荡的。福煦来到卧铺车厢睡觉。直到次日早晨7时，另一辆列车慢慢驶入，德国代表团因德军前线后方的公路阻塞而迟延到达。魏刚登上德国列车，宣告福煦将在上午9时以后接见他们。

"这是我生命中最美好的一天……当我看到德国人站在我面前，他们就在桌子的另一边，我对自己说：'这就是德意志帝国！'我可以向你们保证，我是一个高傲的人。但我还是想：'我们应当以礼待人，但我们必须让他们知道我们是谁。'"福煦的声音压过了曼陀菲尔的齐鸣号角，这些号角在他的耳朵里回荡了几乎半个世纪。他再次回到了学童时代。

上午9时，德国代表鱼贯而入专用车厢，魏刚和英国海军上将霍普（Admiral Hope）"生硬而又礼貌地"接待了他们。魏刚说，他向福煦通报了他们到来的消息。几分钟之后，福煦和威姆斯来了，互相致礼。福煦坚毅的脸上，没有丝毫流露出为德国代表团的屈辱而感遗憾之情。德国代表团团长埃茨贝格尔（Erzberger）对福煦的印象是："冲动行事的小个子男人，初看之下，习惯于盛气凌人。"埃茨贝格尔以低沉的音调将代表团团员介绍给福煦，福煦毫不客气地说："先生，你有证明文件吗？我们必须核查文件的有效性。"

福煦与威姆斯及魏刚退去片刻，核查了巴登亲王马克西米利安签署给埃茨贝格尔、奥伯恩多夫伯爵（Count Oberndorff）、德国陆军少将冯·温特费尔特（Major-General von Winterfeldt）和德国海军上校范泽洛（Captain Vanselow）的文书，"全权……负责……停战谈判以及签署协议，经德国政府批准之后生效"。代表团还有两名年轻军官，其中一位是盖尔上尉（Captain Geyer），他是最重要的军事团员，曾经提出了渗透战术，并为德军实施春季毁灭性打击而编写训练教材。

福煦确认文书无误之后，坐到了谈判桌，魏刚在右侧，威姆斯在左侧。埃茨贝格尔坐在威姆斯对面，温特费尔特坐在福煦对面。这里有一个奇怪的巧合，温特费尔特的父亲曾参与确定1870年法国投降的条件。

福煦对自己的原则极具信心，提出了进攻性的问题："贵团为何到访呢？想从我这里得到什么呢？"埃茨贝格尔礼貌地回复说，他们来此了解"协约国签署停战协定的建议……"

"我没有任何建议。"

令人困惑不解的是，德国人默默地坐着。然后，奥伯恩多夫伯爵问道："你想我们怎么说？我们没有任何话语权。我们准备说，我们来请求贵方提出停战协定的条件。"

"我没有任何条件给你们。"

埃茨贝格尔于是开始宣读威尔逊总统的公文。福煦制止了他："你们是否想寻求停战协定？若是如此，那就照实正式提出。"

"是的，我们恳请签署停战协定。"

"很好！那么我们向你们宣布签署停战协定的条件。"

于是，魏刚宣读了主要条款，宣读的时候，也同时进行了翻译。与此同时，福煦肃穆而坐，犹如一尊正义之像，偶尔突然轻拂

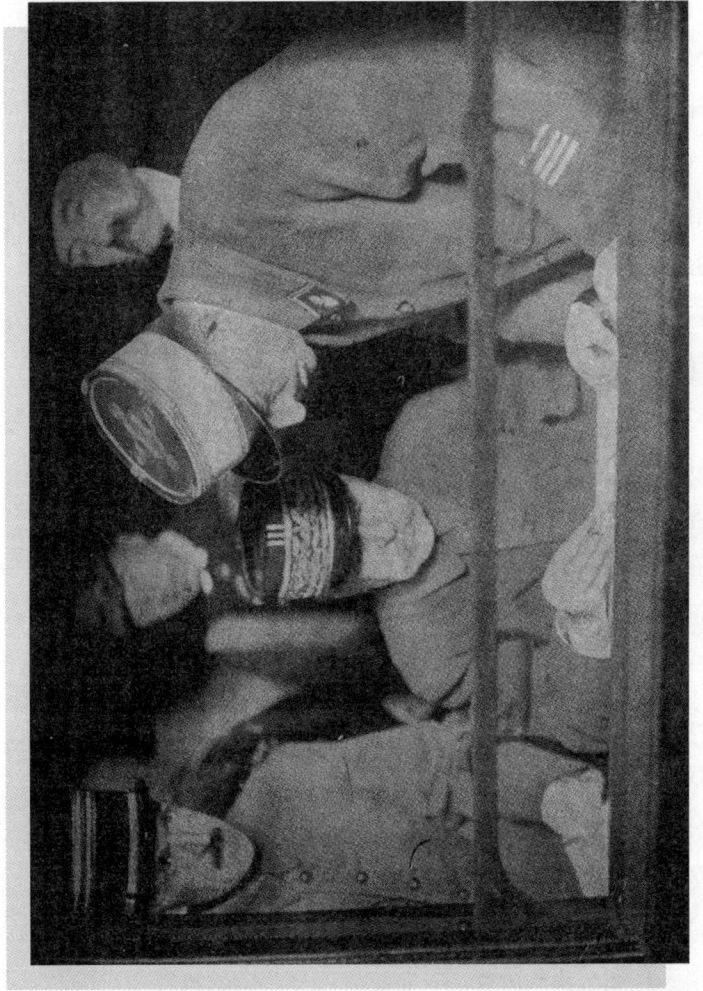

福煦在专列车厢里签署《停战协定》

第二十二章 坚强意志的胜利

自己的胡子。威姆斯则在摆弄自己的眼镜。温特费尔特开始看起来越来越沮丧，而埃茨贝格尔和奥伯恩多夫伯爵可能一直在倾听一场非正式的谈话。

当魏刚宣读完毕后，埃茨贝格尔问道，是否应立即停止军事行动，并称革命已经爆发，士兵正在拒绝服从命令。他担心布尔什维克主义可能影响甚巨，若中欧受此思潮影响，西欧也难以幸免。德国政府需要解决协约国方面的压力，以便可以恢复德国的军队纪律和秩序。

埃茨贝格尔对于德国国内形势的描述让福煦眼前一亮。这些事实确认了他的信念，坚定了他虚张声势的策略。他断然拒绝了埃茨贝格尔的请求。"你们面临的问题都是失败者的通病。我根本不担心。西欧会找到方法消除这个危险。"

温特费尔特拿出一份文件，表示德国政府及德国最高统帅部赋予了他一项特殊使命。他宣读了一份声明："我们从协约国得知的停战协定条件需要细致讨论。鉴于我们意图达成一项协定，虽然会尽快展开讨论，但还是需要特定的时间……在此期间两军将继续交战，不可避免地会导致部队和民众的诸多伤亡，他们会在最后时刻陷入不必要的危险境地，他们的家庭本可以不失去他们。"因此，德国政府和最高统帅部重申关于暂停敌对行动的最初建议。

福煦不屈不挠地回答说："不。我在此代表协约国政府，他们已经提出了条件。在签署停战协定之前不能停止敌对行动。"

"我们回复所需的24个小时是否可以延长？我们需要时间与我国政府沟通。"

"我们可以为沟通提供方便，但是时间限制由我方各政府确定，我们给72小时，不能延长，在星期一上午（11月11日）11时结束。"

为什么确定胜利时刻为这个时间，有一个猜想是，福煦回忆起了俾斯麦与梯也尔之间的讨论，他正在为孩时喜爱的作者所受之屈辱报复德国。

德方当时派冯·赫尔多夫上尉（Captain von Helldorf）带着停战协定的条款前往斯帕报告。与此同时，德国代表团请求利用这个机会解释一下详细要点。他们的请求得到了同意，但是强调这只是纯粹的解释性质，魏刚和霍普海军上将负责此项任务。德国人未反对任何军事或海军的主要条件，但是他们不同意上缴如此众多的机枪，这会让他们没有足够的武器维持秩序；而且允许撤过莱茵河的时间太短，无法有序撤退；继续封锁以及上缴铁路物资是不人道的，这将致使他们无法养活本国民众。

与此同时，福煦打电话给克列孟梭汇报称："一切进展顺利。"福煦随后又呈交了一份书面报告称，德国已经原则接受了停战协定的条款。克列孟梭读完之后，将头埋入双手之间，无声地哭泣，尔后克制住自己，大声喊道："荒唐之极！我再也控制不住自己的神经，我承受不住了，突然浮现了1870年的景象，战败、屈辱、失去阿尔萨斯和洛林，现在一切都过去了。确定这不是一个梦吗？"他次日急忙向福煦求证，福煦此时正回到桑利斯待几个小时。"福煦元帅看到德国这么轻易同意了有关桥头堡、德国海军舰队投降、协约国军占领莱茵兰等苛刻的条件，他自己特别感到震惊。相反，当德国人看到我们要求收缴火炮、机枪和机车，他们脸色都变白了……"福煦的惊讶表明他已然忘记了巴黎公社，而且他并不理解敌人绝望投降的真正原因。

第二十二章 坚强意志的胜利

因此，福煦出于好意将与事实不符的电报发给了若干总司令："敌军在我军的反复进攻之下已经溃不成军，正在沿整条战役溃败……我号召诸位总司令及其军队提振精力，发挥主动性，取得决定性战果。"他自己解释了前景展望："与德国人打交道，必须做好一切准备。"他认为德国代表团关于其国内崩溃的描述只是一种诡计。

福煦返回勒通德后，收到了德国代表团对其条款的详细审议意见，他在与克列孟梭通话之后，准备好了回复。德国请求给予更多的时间让德军从莱茵河左岸撤出，他只是回复，德军可以撤抵右岸时进行整编。德国反对留下众多的机枪，因为他们要用这些武器镇压叛乱，福煦回复说，德军可以使用步枪。德国询问协约国关于莱茵兰的未来意图，福煦回答说，他不知道，这并非其职责。德国抱怨他们不能留下众多的机车，因为他们要机车运输食物，他说他只是拿回德国人从法国和比利时人民那里抢走的那些机车。他做了少量妥协。德国可以有15天而非14天时间撤出侵占领土，可以有31天而非25天完成撤退，上缴的机枪数量从3万挺减少至2.5万挺。

11月10日，那是一个星期天，福煦醒来时，感到这一天即将见证战争的结束。他离开专列参加弥撒。然而福煦正在祈祷之际，站他身后的人越来越感到不安。消息传来，德国皇帝退位，柏林组建了一个新政府，于是这成了一个新的不稳定因素。协约国和德国代表团现在进退两难。新政府会认可巴登亲王马克西米利安所派出使团的权力吗？德国代表团是否有权力履行停战协定的条款？黄昏已至，消息仍无。在勒通德的森林空地里，两列火车的窗户闪烁着微光，里面的黑暗并不亚于外面。晚上6时30分，福煦致文提醒德国代表团时间在次日早晨11时届满。德国代表团收文后无法回复。

但到了晚上8时,福煦他们拦截了一封无线电报:

> 德国政府致在协约国总司令部的全权代表:德国政府同意11月8日收到的停战协定条件。
>
> **帝国宰相—3084**

按照埃茨贝格尔的解释,后面的这个数字代码是为了确定其真实性。

于是福煦问德国人:"是否最终准备签署,而且越快越好,如果他们真正如此期望,不再反复,则可避免无谓的流血。"然而,德国代表团请求先解译和讨论刚来自兴登堡的一封长篇电文。

晚上11时,福煦躺下抓紧休息片刻。这是自马恩河战役以来的第一个晚上,整个战争期间的第二个晚上,福煦没有能充分入眠。这样到了11月11日凌晨2时。德国人还在他们自己的列车里。5分钟之后,他们传来了讯息,说他们准备好了。15分钟之后,德国代表团聚集到了福煦的专用车厢。魏刚宣读了稍微改动过的文本,重新进行了逐条讨论。在一个多小时里,埃茨贝格尔反对继续封锁,视其为继续战争行为。他表示"这不公平",英国海军上将针锋相对说:"不公平!不要忘了你们无差别击沉我们的船只!"痛苦的回忆以及不明了德国的状况,从而对德施加了不合情理的惩罚,当其他记忆消逝时,这却将成为痛苦的记忆。

第二十二章 坚强意志的胜利

凌晨5时5分,双方讨论结束。5分钟之后,德国代表团在停战协定上签署了名字。根据福煦的建议,签署时间定为"凌晨5时",那么上午11时可以准时停止敌对行动。

埃茨贝格尔宣读了一份声明,德国政府将尽全力"履行条款",德国代表团也正式抗议"可能致使德国民众陷入混乱和饥荒"的那些条款。德国代表团最后说:"一个拥有7000万民众的国家遭受了苦难,但不会灭亡。"

福煦的评论相当简短:"相当好!"但这是讽刺还是致敬军人的气节,我们不得而知。尔后,通过无线电和电报传达了一个命令:"法国时间11月11日11时,全线停止敌对行动。"这确实是法国时间。上午7时,福煦前往巴黎,"把停战协定装在了自己的口袋里"。当他乘坐的汽车接近长期饱受威胁的首都,阳光已经驱散了早上的晨雾。他首先去面见克列孟梭,并将停战协定交给了他:"我的任务完成了,你的工作开始了。"然后,福煦又去见了普安卡雷,与他的家人分享了好消息。"今天是集市日,我正在用午餐的时候,他们发现我的车停在外面。然后,他们开始在我的窗户底下游行。于是我离开了。我在巴黎歌剧院被人认了出来。发生了更大的游行……他们似乎想把我从汽车里拖出来……我们在拉法叶路(Rue Lafayette)成功摆脱了他们。"福煦注定会成为象征性人物。

当福煦看到蜂拥的人群庆祝结束历时53个月的战争,他流露出了真情实感,这最具重要意义。"大家在传递愉悦……但还有比这更重要的东西。那就是胜利,我重复,胜利!享有此胜利,我们方能随心所愿。"

第二十三章　占领莱茵河

停战协定签署的次日，福煦向协约国军官兵下达了一份当日命令："数月以来，我军坚决击败了敌军，你们以不知疲倦的精神，自信对敌进攻。你们已经赢得了历史上最伟大的战争，挽救了最神圣的事业，那就是全世界的自由。为之骄傲吧！你们的旗帜闪耀着不朽的荣光。子孙后代将永存感激之情。"

当这份命令呈交给福煦签署时，他对最后一句话稍感犹豫。是否要用"永存"之语？征询魏刚的意见之后，他还是保留了原来的用语。然而这不仅仅是一个风格的问题："将来？这是一份命令。当前才是确定之事！"他对当下的偏好既具有典型性，又具有预见性。

没有阴影笼罩的快乐时光持续了几个星期。不断闪耀的光芒聚焦在了福煦身上。尔后他又将步入，或者说被推入阴影之中。

11月17日，协约国占领军从停战线出发进军。最初，40个师并没有得到德国政府的欢迎。12月1日，协约国军的前锋部队通过了1870年前的德国边境，进军速度缓慢，落后于时间表。在毫无抵抗的情况下，速度还如此缓慢，戳穿了自吹自擂之语，也就是

第二十三章　占领莱茵河

协约国军曾经号称只有签署停战协定才能阻止胜利的协约国军向莱茵河的迅速追击。直到 12 月 13 日，协约国军渡过了莱茵河，4 天之后，他们才完全占领了桥头堡，并开始警戒莱茵河。"从莱茵河岸，"正如福煦所写，"他们看到被打败的德国人臣服在其脚下，德国人几乎不敢抬起头颅，也不敢制造麻烦，更不用说采取阻止协约国军进军的行动了。协约国军驻扎那里，才可以让协约国政府命令同盟国执行适当的任何和平条件。"

在阿尔萨斯-洛林地区，法军部队提前抵达，他们是归乡的人，而非占领者。紧随其后，福煦亲自前往梅斯去实现一个誓言和一个梦想。福煦离开这个城市的时候还是一名年轻的学生，现在归来的时候已经是任何人都无法企及的最伟大领袖。

他曾经回来过一次，但那时只是籍籍无名的返乡客，而且还冒着断送职业生涯的危险。战争爆发的几年前，他想去看看曾经的老学校，以致违反法国军官不得进入吞并省的禁令。福煦知道他可能会被逮捕，会因间谍罪而被投入监狱，而且担心他的到访会被发现，于是冒险绕道卢森堡进入梅斯。福煦直接前往圣克莱门特（St. Clement）。这里似乎已遭废弃，他开始漫步在寂静的修道院里，突然遇到一位仁慈修女。在交谈中，他忘记了警惕，修女盯着他说："你似乎很了解这幢房子。"如果解释，则将陷入尴尬。他中断了谈话，赶上了从梅斯出发的下一趟列车。

这次秘访只能让他的灵魂更加充满渴望。在战争期间，梅斯成为他的目标象征。1915 年 1 月，他致信一位老友："我已经请求霞飞和法国政府让我指挥驻梅斯的集团军群。我的梦想是将旗帜插到那里。胜利之后，我感到可以了却一切心愿。"这个梦想拖延了很久。

但是,最后还是在1918年11月26日实现了梦想。前夜11时,福煦所乘的列车驶入了车站,上方的屋顶还四散着弹片。福煦下了车,在德国皇帝的专用候车室里得到接待。"汽车已经来接我们了,但我不想坐车。我很高兴,对魏刚说:'停下来,给你一支好雪茄,让我们走走。'我带着他在梅斯四处逛了一下,他也没有跟丢。天气不太好。街上覆盖着残雪。附近一个人也没有。我们在广场上看到了德国人的雕像,已经被人从基座中拽了下来,倒在了地上。是的,我永远不会忘记。"他们在昏暗中偷偷看了一眼学校的外观。福煦抽了一口烟斗,指着一个小烟店说,他在这里买了第一包香烟。

天亮之后,熟悉的狭长街道呈现出壮美的景色。福煦的旧部第39师正在集结,准备接受一次伟大的检阅。"看着福煦的部队列队通过梅斯的市政厅广场,我们的一切努力都获得了充分的回报。"57年之后,福煦的军乐声淹没了曼陀菲尔的军乐声。典礼结束后,福煦说:"现在我要感谢万军之王引领我走向胜利。部队可以解散了。"福煦认为,致敬乃是一个自愿之举,而非强制性的阅兵。但是,大教堂已经装饰好了,准备用于此次赞美颂。"这极其特别……一切结束之后,人群在教堂里唱起了《马赛曲》。""在旧日岁月里,我一直告诉我自己,在我死之前,作为还愿祭,将在梅斯大教堂的墙上挂剑封刀。哦!我应该这么做!我已经许下诺言!"随着他的爱国主义与宗教信仰相融,福煦的复仇快感也融入了更崇高的解放精神。他来到收复的法国省份,每次都是深吸一口气。人们曾经注意到福煦无所顾忌地参加国歌咏唱,他解释说:"阿尔萨斯曾经哼

第二十三章　占领莱茵河

都不能哼，在这里高声歌唱国歌，我没有比这更高兴的了！"为了再次享受自由的呼吸，这不仅仅表明是福煦的暂时放纵，而是预示着他未来的预防政策。

11月27日，也就是庆祝梅斯被德国占领半个世纪后回归的次日，福煦给法国政府呈交了一系列首批报告，在一份文件中，我们可以追溯到福煦对梅斯的影响。福煦主张莱茵河必须成为德国未来的西部边境线，战胜国必须永久驻防。福煦的主张以潜在军事动员人力为出发点："这一点是最为重要的。"德国即使失去了阿尔萨斯-洛林、波森（Posen）地区以及石勒苏益格（Schleswig），但仍还有6000万以上的居民，比法国和比利时总人口多出1000万，而且德国的出生率更高，从而还会扩大人口数量的差距。"战后的形势比之前更为险峻，因为俄罗斯的人力不再能够弥补缺口，甚至可能还会与德国联盟。"

但是，还有一个抗衡点，也是唯一一个，那就是莱茵河的天然屏障："谁能掌握莱茵河的桥梁，谁就能掌控形势。从这里可以轻易击退入侵的部队，如果进攻，则可以攻入敌军领土。"利用这条巨大的河渠作为边境，法国可以免受德国的进攻，"德国人口日益增加，军国主义精神不断滋长，这些都有明显的迹象"，所以永远是一个威胁。"其他边境线都不利于我们，只能给予我们虚幻的安全保障，而不是真正的安全。"

福煦毫无疑问希望将莱茵河作为法国的东部边境线。他先前没有充分评估这一点上会遇到的阻力，从而担心这是一个不切实际的理想。他一开始的替代方案是将莱茵兰变成一个独立于德国的非武装缓冲国，由法国实施军事控制。

福煦提出了新的灵丹妙药，那就是主权，他对于主权的迷恋与曾经对待进攻理论的信念如出一辙。他一如既往专一于此。他推崇新的安全理论，像对原来推崇的理论一样热忱。他每一次只关注一个问题，他认为这个目标是理想的军事安全保证。他没有问一下自己，这在政治上是否明智或者可行。如果说一个人刚体会到因协约国军神圣解放而赋予了阿尔萨斯-洛林地区的自由，但却未能考虑剥夺另一地区自由的危险，这似乎令人感到诧异。但是，通过追寻福煦多年的足迹，这也不足为奇。

12月1日，福煦随同克列孟梭访问伦敦，受到了民众的热烈欢迎，他们将福煦视为胜利缔造者。福煦也高度赞扬了英国陆军和黑格。当天傍晚，福煦参加了唐宁街10号的一次会议，据威尔逊所言，他"阐述了自己的方案，为了应对莱茵河6500万至7600万德国人，他想要将法国、比利时、卢森堡和莱茵省合并为一个联邦，人口总数可达5400万，在英国的帮助下，可能有望抗衡德国。劳合·乔治和博纳·劳（Bonar Law）都反对福煦的这个方案，因为这将莱茵省变成了另一个阿尔萨斯和洛林"。

福煦强调物质方面，或者准确地说是兵力因素，这与福煦此时忽视士气因素具有同等重要的意义。

次日，福煦获得批准，延长停战协定的期限，若是必须，则可要求德国提供更多的保证。他还表示，甚至在签署和平条约之后，英军应在占领区驻守10个师，在比利时或法国再驻10个师。12月4日，他返回法国，所遇到的招待让他甚是高兴，但是他的建议所遭受的境遇则让他深感失望。这种失望只是尔后更大失望的预兆而已。

第二十三章　占领莱茵河

克列孟梭已经同意和平条约谈判的基础是以莱茵河为德国边界线，以及继续驻军占领各桥头堡。但是，对于协约国政治家同意其方案的困难程度，他还是有些错误的认识。特别是威尔逊总统带着《国际联盟条约》前来欧洲，将以此作为其保障和平的基础。

和平会议召开一再推迟，令人感到前途暗淡。威尔逊总统直到12月13日星期五才抵达法国，而且劳合·乔治希望获得英国选民的决定性授权，又致再次迟延。直到1919年1月18日，和平会议方得召开。会议召集的延迟致使达成和约的时间也将推迟，由于延迟，产生了新的复杂问题，反过来进一步导致迟滞不前。

协约国的军队也越来越焦躁不安，官兵们都渴望复员。福煦开始担心他们可能会像沙子那样从自己的手指间溜走。亨利·威尔逊在2月3日的日记写道："与福煦及福煦夫人共同进餐。他对总体形势相当忧虑，而且担心和平会议完全不能在任何议题上做出决定。他说他的官兵坚持不下去了，会像比利时军那样复员。福煦极其蔑视诸如国际联盟和强制托管之类的想法。"他同样不太相信限制兵力或军备的建议。他先前曾说过："我们限制德国武装人员的数量，难度不亚于德国限制英国煤炭产量。"由于持有此种立场，他比以往更加确信，莱茵河一线乃是充分而且恰如其分的保障。1919年1月10日，福煦在一份备忘录再次提出了自己的主张，并将其呈交给法国和协约国政府。他本想抓住机会在和平会议上陈述自己的意见，但在早晨，他接到克列孟梭的电话，认为福煦最好不要参加。克列孟梭的理由是福煦是协约国军总司令，不适合作为法国的发言人。而真正的理由可能是福煦是一名军人。

福煦未能发现达成协商一致的决定。"克列孟梭先生不认为我是消弭威尔逊总统和劳合·乔治反对意见的最佳人选。他感到幸运的是，率领协约国军取得胜利的最高统帅是一名法国人……保障法国与协约国未来的安全，以及避免德国的侵略行动……这尤其是一个军事问题。一名指挥官有权利，也有责任表达自己的意见。法国的参会代表可以让这名指挥官证明他的理论，消除反对意见。他可以说：'我有义务同意福煦关于安全的一切意见。除了将莱茵河作为军事边境，福煦不同意任何方案。你提出的任何提议，即解除德国武装、国际条约、暂时占领，这些都不充分。我无法忽视福煦的反对意见，或者与他的思想相违背。在这一点上，福煦显然得到了祖国的支持。'"福煦的上述主张毫无疑问表明了他只是一名单纯的军人。

他不可能有更多的机会表达自己的意见，如果有的话，本可以让协约国政治家留下更深的印象。事实上，他不知厌倦地利用机会宣扬自己的观点。威尔逊总统和劳合·乔治都不赞成军界人物干预政策的讨论。威尔逊总统暂时返回美国，专家委员会需要详细研究各种问题，讨论进一步推迟。在和平会议暂歇期间，需要考虑停战协定的延期问题，但是已经延期了两次，当时流传着令人担忧的谣言，即德国正在重新武装。威尔逊和迪亚兹同意侵占德国更多领土。布利斯反对。福煦并没有表明意见。但在会后，他私下告诉布利斯，他同意美国人的意见，按照其他方案，则可能燃起新的火焰。福煦可能有意让美国支持他自己的莱茵河计划，但是这段插曲至少表明他的头脑比威尔逊更为冷静。更为重要的是，他主张"应与德国立即实现和平，全世界工业的车轮可以重新动起来"。

2月17日，他与德国代表团会谈之后，福煦继续强烈地提出

第二十三章 占领莱茵河

了需要尽快解决的问题。他相信德国人想要和平条约，准备接受"我们提出的任何条款"。他也相信德国人没有任何反对的实力，并宣称拖延是危险之举。如果协约国军可以决定三项主要条件，即德国武装力量的兵力、德国的边界以及支付的赔偿，他保证德国人在次日就会同意。"世界将会从战争进入和平，对于渴望已久的和平，必将普天同庆。"

关于第一项条件，福煦主张德国每年征兵服役兵员数应限制为10万。关于战争赔偿，福煦的建议比法国政治家更为明智，让德国支付固定总额。他也承认这不是他考虑的事情，但建议德国支付1000亿法郎赔偿，这是1870年法国支付赔偿的20倍。依福煦之见，尽快签署和平条约的一个理由是，需要集中解决俄国的问题：他支持帮助一切反布尔什维克力量的方案，甚至可以帮助俄国的邻国，因为福煦并不相信邓尼金（Denikin）和高尔察克（Kolchak）。

福煦的目标所遇不幸之事时，他忍不住宣称任何初步和平条约应基于，不管关于莱茵省的最终决定为何，"无论如何，德意志帝国都会越过莱茵河"。福煦反复重申上述要求，让他失去了美国的支持，这是他谨慎以求之事。威尔逊总统尤其认为福煦迅速达成和平条约的主张只是想"催促我们默许"法国的"莱茵河西岸计划"。这存在令人疑虑的理由，从而危及福煦自己的地位。

不久之后，福煦将其司令部从桑利斯移驻卢森堡，尔后又迁往莱茵河附近的克罗伊茨纳赫（Kreuznach）。福煦此举不仅可以监督可能进军德国的安排，也让他有机会了解莱茵兰分离主义运动的情况，这是芒然及法国占领军参谋精心培育的微弱攻击力量。柏林和慕尼黑的混乱状态蔓延，导致出现了局部和暂时的自治动机，还召开了少量会议。2月22日召开的一次会议通过了一项决议,并呈递给了福煦,他回信称,普法尔茨的民众很快就可以公开发声,还将给予保证,他们可以大胆行事,无须担心被引渡给德国当局。

由当地人自愿组成一个独立共和国的希望,实际上是一个新的妄想。那些支持者仍然活在1793年的想象之中。最令人不快之事乃是企图强行催产。福煦似乎本想采用更强硬的措施。他失望地考量了可能的后果,然后说道:"我认为有必要为这样的政策铺平道路,牢牢坚守领土,要求立即驱逐所有普鲁士官员等。"

3月14日,威尔逊总统回到法国,和平会议面临更大的问题。即使威尔逊总统在国内的地位因参议院的反对而得到了削弱,但他也并不准备向国内外妥协。他反对克列孟梭关于莱茵河边境的主张,但全面支持劳合·乔治的意见。然而,克列孟梭巧妙利用了他们的弱点,有意利用了劳合·乔治的海洋诉求以及威尔逊总统关于《国际联盟盟约》想得到各方接受的显著期望,克列孟梭逐渐弱化了他们的反对力量,获得他们让步的程度远远超过预期。除了德国归还阿尔萨斯-洛林,德国还割让萨尔盆地15年,然后由全民公决来决定其未来,而把萨尔盆地的煤矿割让给法国。赔偿则尚不确定,其目的是为了榨干德国。莱茵河左岸以及右岸50公里的地带划为永久非军事区,并由协约国军持续占领数处,占领美因茨桥头堡15年,占领科布伦茨桥头堡10年,以及占领科隆桥头堡5年。

然而,克列孟梭的成就并不能让福煦满意。在他看来,最满意的妥协也不能弥补所牺牲的原则,这一原则乃是底线。福煦所愿面临的决定性障碍乃是另一个人的原则,也就是威尔逊总统,他的底线是道德底线。

第二十三章 占领莱茵河

福煦似乎在这个阻力问题上自欺欺人,也许他将豪斯上校对其立场的宽容理解误认为是默许支持他的目标。福煦将美国的最终反对归因于"很大程度上是英国人的阴谋与坚决要求"。"我们打败德国人之后,英国肯定又会本能地采用他们的传统政策,也就是压制战胜国成为超级强国,而这次是法国。""英国决不会同意从德国分离莱茵兰,因此在政治上和经济上使其脱离法国的势力范围……欧洲势力的平衡可能面临危险,而平衡乃是几个世纪英国政治家的基本原则。只有坚定我们的决心,才能顶住如此强烈的反对。我们应尽一切可能阻止盎格鲁–美利坚的联合。"

面对相当不公正的苦涩之情,福煦后来抱怨说,法国一无所获,而英国的要求都得到了满足。"这些要求远远超出适当的程度,而且是非常庞大的要求。"由于停战协定与和平条约交相混杂,当德国在斯帕卡自沉舰队时,福煦没有注意到法国感到的伤害和英国的如释重负是一样的。他说:"德国舰队大部被迫移交给了英国。关于此等割让,历史上没有先例。色当都无法与之比拟。"福煦本质上不能理解海军问题和历史,这明显反映在他对德国海军的认知,他称"从未对英国构成严重的威胁"。福煦也极端忽视了海军的作用以及英国商船贸易所受的损失,他说:"英国的目光不只是盯着德国海军,而且要从德国商船队中拿走最好的东西。"他没看到,英国补充被鱼雷击毁的船只就好像是法国从德国收缴机车和煤矿。他的这个说法对于解释德国殖民地的瓜分更为确切,因为忽视了法国的利益。

尽管福煦的比较有错误之处,但还是存在基本的事实。根据海战的性质,只能削弱德军的海军力量,才能确保海上安全,这与削弱陆军力量保障军事安全一样。强制解除一个国家的武装是符合道德原则的，但是强制肢解一个国家却不是。如果福煦想要德国的保证，只需要永久占领德国一部。福煦认为秉持"坚定的决心"，就可以达成目标，于是他并没有在意道德上的反对意见，从而低估了英美公众舆论的反对力量。

福煦认为，美国人会同意他的计划，于是并没有太过在意。由于他可能对英国人存在芥蒂，认为英国人会首先反对。福煦先前与英国人在德国陆军未来问题上发生过争议，不得不放弃了一项原则，这也许影响了福煦的意见。亨利·威尔逊的意见占了上风，他主张德军必须采取长期职业军人体系，而非采用短期募兵体系。劳合·乔治、豪斯和克列孟梭都支持威尔逊的意见，但妥协同意了福煦关于德军10万人的限制，在这个问题上，他们没有支持威尔逊14万人限制的意见。威尔逊说："因此我坚持了自己的原则，但在兵力数量问题上没有得到支持，而福煦的兵力数量建议得到了支持，但在原则问题上却输了阵脚。"

当"另一个"威尔逊从美国返欧，他首先想重新再谈这个问题，并支持福煦的征兵体制原则。福煦得知威尔逊总统的态度后，可能让他在更大问题上对威尔逊总统产生了错觉。但是，他可以从其他若干问题上得到警示。

3月19日，福煦和其他军事顾问应召与政治家们一同开会，讨论乌克兰和波兰在朗贝尔（Lemberg）的冲突。然而，当提出波兰边界问题时，威尔逊总统立即表示反对，认为边界问题与军人无关。几天之后，布尔什维克主义运动席卷匈牙利。福煦立即制订了一个计划，以军事力量应对形势，并敦促立即执行他的计划。克列

第二十三章 占领莱茵河

孟梭和劳合·乔治在倾听时满腹疑虑。威尔逊的不同意立场更为显著,福煦离开之后,"四人委员会"一致决定反对采取军事行动。

3月29日,德国政府反对已在从法国到波兰途中的阿莱所部（Haller）波兰部队被派往但泽（Danzig）。福煦本想严词驳斥德国人的反对意见,但他却奉命前赴斯帕与一名德国全权代表会面解决问题。威尔逊总统总结指出:"我诚恳请求福煦将军的表现更像外交官,而非军人。"亨利·威尔逊在日记里生动地记述了福煦的反应:"这个老男孩的脸上充满了沉思之态,他把手放到了嘴边,以听得见的耳语跟我说:'这不合适啊,亨利!'"

福煦利用接受这个任务的机会提出了更大的问题。他请求就斯帕采取的原则问题提供指导,他还请求四人委员会倾听他的全面意见。福煦的听证会得到了批准,3月31日,他带着一份备忘录参加了听证会,主要详述了莱茵河边界问题,还用了一张地图说明自己的主张。"我证明只有莱茵河才能保护我们免受7000万德国人以及成群斯拉夫人的大举入侵……我试图紧凑而快速地阐述论点,就像部队冲锋一样。我迅速而热烈地进行论证……我表明,放弃了莱茵河,法国简直是在自杀……强迫一个战胜国将保障自己安全的手段还给敌人,这毫无道理。自由的人民为赢得独立付出了150万人的牺牲,以及空前未有的破坏,但却让自由的人民生活在邻国的恐惧之中,只能依靠盟友的资源才能阻止灾难,世界上没有这样的道理。没有原则可以高于国家的生存权或者法国和比利时保障自己安全的权利。"

"我总结而言:'如果放弃莱茵河这道天然屏障,那么我们就默许存在一种难以置信而且荒谬的形势。德国将可以继续追求事业,仿佛他们一直是胜利者,正是德国导致了成千上万的人死亡,正是德国企图消灭我们国家且将其变成灰烬,正是德国图谋依靠蛮力统治世界——手染鲜血、罪恶滔天的德国。'"

"我恳求协约国各政府,你们在最黑暗的时刻,将军队及其事业的未来交到我的手上,我马上认识到,只有将莱茵河作为军事边界,由协约国驻防,才能稳定协约国的未来……正如你们所见,我全力以极高的准确性和逻辑力量来实施我的论证。我相信,听过我演说的人已经有了自己的判断,我实际上说服了他们。"

某人可能认可福煦不缺乏火力,这是名副其实的,但会感觉他高估了自己的准确性和逻辑力量。很多修辞学用语可能增强了感染力,但却难以帮助他坚守原则。1919年3月的氛围不再是1918年3月那样。根据莫尔达克所言,在整个会谈期间,威尔逊总统一直坐着,阴沉着脸。劳合·乔治靠在单人沙发上,似乎在假寐。当福煦讲完之后,克列孟梭说要翻译一遍。他的同僚们都表示没有必要,他们均相当了解福煦的意见。福煦然后前往斯帕。威尔逊返程的时候也去拜访了福煦。"他说德国人同意所有条款。他们被布尔什维克主义所吓倒,但是并没有得到福煦的同情。"当天4月6日,福煦再次致信克列孟梭:"随着协约国政府首脑之前会谈取得的进展,应尽快讨论可以做出的承诺。因此,我必须与法国代表团会面,以了解事态的进展。"福煦的这个要求激怒了克列孟梭,他回复福煦说,管好自己的事情,但又说如果和约临时草案拟定完毕,福煦会有机会向法国内阁解释他的观点。

4月15日,福煦再次致信克列孟梭,请求内阁召见,并称他不同意任何妥协。这一次,他没有收到克列孟梭的任何回复。等待

第二十三章 占领莱茵河

两天之后，福煦又致信普安卡雷，期待得到他的支持，请求总统召集一次内阁会议或法国代表团会议。此种曲线努力没有任何效果，只能徒增克列孟梭对于福煦不断干涉政策的愤怒。结果导致克列孟梭越来越回避与福煦商议，或者不再将谈判的情况通报给福煦。而且更多的事件导致摩擦增加。几天之前，四人委员会已经决定从敖德萨（Odessa）撤军。福煦认为此举背叛了俄罗斯"白军"的信任，于是拒绝传达此令，表示他无法理解。面对克列孟梭的愤怒指责，福煦回答说："我一直如此行事。我自己都不能理解的命令也决不会传达给部属们执行。"越来越愤怒的克列孟梭说："事情不能再这样发展下去了。"福煦反驳说："你也不能想做什么就做什么。"最终，克列孟梭亲自拍发了电令。福煦第二次拒绝执行，并威胁会有更严重的后果。

4月17日，克列孟梭以电文通知福煦，协约国将邀请德国代表团于4月25日前到凡尔赛接收初步的和平条约文本，指示福煦安排德国代表团的行程。福煦拒绝将此命令传达给法军驻斯帕代表努顿特将军（General Nudant），并表示如果克列孟梭想发出电报，可以亲自以法国战争部长的名义发出。福煦在给克列孟梭的一封信中解释了拒绝的原因："本电之目的与对我之承诺相矛盾，承诺就是我可以向法国内阁听证陈情。另外，此电之语言也模糊晦涩。"当然，最后一句话只是马后炮而已，必须补充的一点是，福煦并没有对电文文本有所抱怨。

福煦的态度引发了协约国政治家们的震动。他接受《每日邮报》（*Daily Mail*）的采访已经引发了一次混乱，他担心和约的发展趋势，表达了他的强烈反对意见。威尔逊总统和劳合·乔治立即向克列孟梭强烈抗议，而克列孟梭已经要求福煦给出一个解释。福煦不认为他应该承担责任，当谈到他的一名军官甚至修改了证据，他则回复说，所称军官已经远行了。[1] 福煦的解释无法令人信服，这次事件并没有缓解接下来的形势。当威尔逊总统听到福煦拒绝传达和平会议的命令，他说："我不能将美国军队托付给一位不服从自己政府命令的将领。"

于是，克列孟梭只能安排提名贝当替任福煦的协约国军总司令之职，但他拖延行动。一个显著的理由在于此举对于公众的影响，特别是在法国，福煦关于莱茵河不妥协的立场必定得到了民众的大量支持。根据克列孟梭所掌握的证据，几天之后，"我得到协约国的授权，如果福煦以自己的名誉起誓，不再如此行事，他可以继续留任。他保证执行我要求的事"。

在这些争论事件中，如果克列孟梭展现出了对福煦的极大容忍度，而无论原因为何，这是他自己漫不经心的态度引发的福煦不服从。福煦通常只能通过威尔逊才能知道讨论的进展以及准备提出的建议，甚至在获知占领条件方面，他也只能采用此种渠道。威尔逊在该期间的日记有几条令人注目的记录，例如，"与福煦待了两个小时，他比以前更加愤怒。他告诉我，'老虎'从没有见过他，也没有告诉他任何事情"。两位热忱的爱国者之间的隔阂悲剧如同所有无法跨越的鸿沟，这源自双方均强烈认为自己的意见是正确的。由于福煦心怀军人的职责，这次对其祖国所负责任的意识也甚为强

---

[1] 若干年后，福煦似乎忘了他的否认，他告诉勒库利："我只是接受了《每日邮报》的采访，说了我对正在谈判的和约的想法。"——原注

第二十三章 占领莱茵河

烈。克列孟梭想要为自己的祖国获得更大的利益,这尤其可能导致他向福煦隐瞒信息,甚至是军人关心的问题。除了克列孟梭傲慢的性格,他雪藏福煦的另一原因似乎是他认为与一个没有思考过的人讨论妥协,可能只会有害。

然而到了 4 月 25 日,福煦得到了与法国内阁和法国代表团会面的机会。虽然和约尚未准备呈递给德国代表团,但四人委员会现在已就主要条款达成了一致意见。在劳合·乔治的主张下,盎格鲁-美利坚共同保证在法国遭到进攻时立即予以支援,从而推翻了克列孟梭关于占领莱茵兰三十年的要求。

福煦开场陈述说,他必须在讨论之前知道和约的意图。克列孟梭回复说,福煦所来并非是讨论和约,而只是听取他的意见。普安卡雷插话说,他理解临时草案应该已经传达给了福煦,作为他提出自己意见的基础。然后,克列孟梭说他无权披露草案,但会把主要内容告诉福煦。但是他宣称,在福煦在场的情况下,他不允许讨论和约,否则他将退出会议。福煦于是宣读了他 1 月 10 日的最初备忘录,提出了他认为对于此等和约至关重要的军事条件。"我所强调的莱茵问题的重要意义正是毛奇一直所关注的。我总结了他的原则:'巴黎和柏林之间的问题在于莱茵河。若谁能掌控莱茵河,必定将压制另一方。'"他接下来宣读了 3 月 31 日的备忘录,总结断定说:"只有一种救济途径:占领莱茵河。"

于是,普安卡雷请福煦回答关于盎格鲁-美利坚防御联盟的提议问题。福煦回复说:"英国派军到法国需要一年时间……关于美国军队,则至少需要两年时间。"与"驻防莱茵河的坚定现实"相比,他认为此种潜在联盟处于一种"极其模糊的状态"。普安卡雷的下一个问题是莱茵河左岸的中立化是否可以替代占领莱茵河的措施。"此种保证毫无价值。"福煦还说,"我军当前驻守这道屏障乃是保障我们安全的绝对必要之举。放弃莱茵河将是对法国的犯罪。"法国内阁不会为此承担责任,他也不会。当他们要求福煦确定其关于占领的概念,福煦回答说,桥头堡应坚守"尽可能长的时间,实际上要等到德国的事态稳定以消除对其意图的疑虑"。但是,福煦的定义稍显模糊。他以"情绪化的语言"总结陈词,表示他绝不会赞成这份预期会签署的和约。

尔后,福煦在两位代表的陪同下离开了,即朱尔·康邦(Jules Cambon)和安德烈·塔迪厄,他们都不是部长级别的人物。在他离场之际,他说:"我们都应被指控为叛国罪,我们国家不能理解在胜利之后就可能即将破产。"福煦离开之后,法国内阁一致决定同意和约草案。普安卡雷保持了沉默。

福煦"现在决定在和约会议全体大会召开之前做出最大努力"。5月5日,福煦致信克列孟梭,同时以类似的内容致信威尔逊总统和劳合·乔治,他请求为其提供一份和约副本,以便作为协约国军总司令的他可以知晓其不得不为之行动的军事条款。福煦的请求得到了批准,劳合·乔治强烈予以支持。福煦实际上想将和约作为再次向上陈情的基础。尔后他请求向和平会议的全体会议陈情。他的这一请求也得到了同意。

次日下午,福煦孤注一掷。"我试图引人注目且尖锐而犀利地简短陈述。我没有整理自己的论点,我应该像在战斗中那样用拳头打败他们。"福煦表示,占领莱茵兰15年,"从军事角度而言并无保证;只会对协约国军的占领构成重大压力……莱茵兰问题在于莱

第二十三章 占领莱茵河

茵河……如果在座的各位想保卫自己,只能守住大门,不让敌军进入。但是,如果我们失去了门口的阵地,敌军就会进来。同样,只要我们守住莱茵河屏障,我们绝对可以相当小的代价主掌莱茵河左岸。另一方面,如果我们放弃莱茵河,我们则需要众多部队驻防不能防守而且易受攻击的地区,而敌军可以随时进攻我们……特别应注意的是,我请求占领莱茵河,而非莱茵兰……我只是想要取得莱茵河的桥头堡,这只需要相当少量的部队。"

福煦没有解释如何在一个潜在敌对国土上维持桥头堡驻军的交通线。他认为,以"规模更小的占领军,而非占领更少的领土"的策略,可能会降低和约条件的实现效果,但他的这种说法也缺乏逻辑性。占领区的民众难以感受到这种减轻的效果。

"我不可能对他们施加更显著和更有力的影响,或者不可能试图更努力地影响他们。遗憾的是,我也没有影响任何人。从一开始游戏就已经输了,每个人都有先入为主的想法……我出于责任心而进行了最后一次努力,我想让后代子孙知道,我没有参与缔结这样一个和约。"

福煦大声地英勇抗争且失败后,他认为应该远离次日的正式会议,因为会上将会把和约草案递交给德国代表团,以此作为一种无声的抗议。福煦在经过冷静思考并与魏刚商议之后,他改变了想法:"在我看来,协约国在敌国代表面前团结一致,而我作为协约国军总司令不能缺席。这是改变我想法的原因。此乃军人之顾忌。"

他已经表达了抗议,暂时得到了慰藉。威尔逊记录说,会后"福煦打电话给我……告诉我,他感到了我们的软弱和德国人的强硬,我们给了他们提出异议的荒谬权力。'看着吧,亨利,这是一个大问题。'当然，他是正确的。他的状态很好，现在他关于需要占领莱茵河一线的意见已经记录在昨天的听证文件中了"。

福煦也利用任何机会讽刺各部长。他对法国财政部长克洛茨（Klotz）说："先生，你刚签了的那个和约，你就等着被猴子耍吧。"克洛茨直截了当地回复说："我没有被耍的习惯。""你肯定会被耍的。"

德国人以充分的说理，对和约草案提出了异议，他们指出，和约草案与签署停战协定之前的十四点意见相矛盾且存在巨大差异。劳合·乔治与其他众多人一样，对于德国代表团的说理深深折服，也立即提出了新的反对意见。他说，到了选择"地狱和平"还是"天堂和平"的时候了。在大英帝国代表团绝大多数成员的敦促之下，他也促请修改和约草案，将占领时间减少到只有18个月。但克列孟梭坚持反对任何让步，威胁撤出和平会议，也不会放弃一天的占领期。威尔逊总统牺牲自己十四点所给予的保证，支持克列孟梭的主张，才扳回一局，而致势力均衡。威尔逊承认条约与其理想之间存在差距，但似乎认为一个糟糕的和约比什么都没有要强，而让步则会令人看起来是软弱之举。和平条约至少转化成了《国际联盟盟约》，一旦欧洲"远离战争的氛围……则就更容易达成令人满意的解决方案。"

现在亟待解决的问题是德国是否会接受这些条款。福煦认为德国不会接受，而最先他深信以己之力即可让德国予以接受。当福煦看到和平条约时，曾对克列孟梭说："按现在的情形，我保证让德国人没有丝毫犹豫而接受。若再严格10倍、20倍，或甚至100倍，我也可以让德国人立即接受条款。我保证德国人会签署。他们逃避

第二十三章　占领莱茵河

不了这个结局。"他正在游说对德采用更为苛刻的条款。然而，当福煦检视军事问题之后，似乎失去了一些信心，而且已经发现迫使德国接受还是存在困难的。

福煦最初接到的命令是，准备于5月27日进军德国，但德国对和约的答复引发了新的争议。当这个问题解决之后，他再次被告知准备进军，柏林乃其目标。福煦考虑如此长距离的跃进既不可行，也不安全，他表示反对，遂令政治家们恼怒不已。6月16日，他突然从卢森堡被召前往参加四人委员会的一次会议，到达威尔逊总统的住地之后在那里等待。对于福煦而言，这似乎是他越来越受到轻视对待的一个例子。不多时，他等得不太耐烦，心怀怒气，遂走出了屋外。当政治家们发现福煦不在，深感震惊，认为这是侮辱了他们的尊严，并招来亨利·威尔逊询问是否明白福煦所为的意思。他们告诉威尔逊："如果福煦未能执行他们的意志，他们必须找一个可以的人。"但是，威尔逊支持福煦的意见，由于铁路都掌握在德国人手中，他也认为进军柏林存在困难。克列孟梭征询了贝当的意见，贝当是福煦的必然继任者，他得到了类似的答案。

6月20日，协约国召开了一次非正式战争会议，福煦"开场发言说，两次跃进至威悉河（Weser），然后停止，等待更多援军，并与符腾堡（Württemberg）、巴登和巴伐利亚单独签订停战协定"。他可以在15天内进抵威悉河。由于他反对进军至比威悉河更远的地方，他的这个意见得到了其他协约国将领的支持，政治家们不情愿地接受了福煦的计划。

随后的岁月里，福煦对这个迟疑的时刻似乎没有了记忆，他对勒库利先生说："我们只需要按下一个按钮，命令我军部队，完全控制莱茵河及其支流，协约国军则将全力进军柏林或慕尼黑。无论我们需要什么样的和平条款，都可以在几天之内得到。"

德国不会让更受限制的计划付诸实施。威胁比实际行动可能更为有利。德国决定无条件签署和约，6月28日，各方在凡尔赛宫举行了签字仪式。福煦并没有出席："那天我躲在了克罗伊茨纳赫的司令部。"胜利的喜悦业已消逝，他带着苦涩的遗憾离开了。福煦亲自莅临莱茵河，这象征了他没有得到想要的结果，充满了不甚满意的酸楚之感。

第二十四章　多年的反思

7月14日是法国的国庆日，在世界看来，这天似乎也是福煦的无尚喜乐之时。这天早晨，福煦骑马走在法军和协约国军之前，通过了为胜利队伍而开的凯旋门。通过了凯旋门，一洗1870年的耻辱，重现了法国大军团的荣光，有所不同的是，行进在福煦后面的人已非故人。福煦深深沉浸在怀旧之中，未能感到荣光时刻的激动之情。他苍白的脸色流露出了自己的情感，实际上他暂时感到了一阵昏眩，但迅速克服了这种状态。尤其令人注目的是，他从一群身着蓝灰色军服的人中被挑选出来接受人们的喝彩，他骑在黑色纯种宝马之上，行进在欢呼的人群之中，他感到了朴素的尊严。但是很少人可以猜透福煦的复杂情绪。也许有人认为福煦忧郁的表现不仅源自军人压抑喜悦的本色，而且是由于那些为这次凯旋阅兵付出生命代价的人，包括福煦自己的儿子。然而，欢呼的人群并不知道他当时的沮丧之情，正是这种感受让他无法放松，抵制了他内心的兴奋之情。

五天之后，福煦还骑马在伦敦参加了一次胜利大游行，这很容易让他忘记了不愉快的事情，但他在这次活动上仍然看上去疲惫而憔悴,引起了人们的注意。即使英国的政策是福煦感到失望的主要原因,但他的主要不满的对象是法国政客。英国民众热情欢迎福煦的到来,传达出如此强烈的战友之情,暂时缓解了福煦因和约受到的刺痛。据威尔逊所言:"福煦的访英之旅精彩而又成功,他离开时笑容满面。"福煦按旧例向威尔逊还礼一顶帽子,为此事锦上添花。一名英国近卫步兵从白金汉宫送信给在卡尔顿酒店的福煦房间,他发现穿着元帅服的收信人,戴着一顶宽大的"圆顶毡帽",几乎遮没了自己的耳朵,而威尔逊穿着便服,头上戴着一顶法国军用圆形平顶军帽,这名近卫步兵表面波澜不惊,实则惊讶不已。在胜利大游行的次日,福煦经历了一件更有深意的事情,他独自前往威斯敏斯特大教堂参加大弥撒,他驻足于圣女贞德殿之前,深深屈膝而跪,密集的蜡烛发出的神秘光芒在贞德塑像上方共同映射出法国三色旗和英国米字旗。

10天之后,福煦重返伦敦,接受英国国王授予他的英国陆军元帅指挥杖。他也许获得了更为厚重的奖赏,他的心将因此而燃起。"当英国政府晋升本国陆海军上将之际,劳合·乔治通过杜·凯恩将军传讯给我,他建议也授予我一个军衔,但被克列孟梭拒绝了,并称'这是法国政府的事'。我收到了英国上议院和下议院的感谢与贺词……美国也考虑授予我带薪的将衔。当时我收到这个提议的时候,白里安也在伦敦,我与他商议之后,我们都认为,由于英国人的先例,不可以再接受美国人的将衔。其他则没有别的问题。"

法国政府似乎认为责任才是奖赏,而一位法国陆军元帅最适当的报酬是法郎,虽然贬值了,但也可以满足一切物质需求了。法国

第二十四章 多年的反思

的下议院与参议院已于 11 月 11 日用了宝贵的几分钟时间投票通过了一项表彰令:"法国军队及其领袖,法兰西共和国政府,法国总理和战争部长、公民乔治·克列孟梭,协约国军总司令福煦元帅都有功于国家。"政府将表彰令镌刻到法国学校的墙壁之上也花费了不少公帑。这种朴素的方式,其精神之伟大远胜于英国按传统给予战争领袖的物质奖赏。

福煦对于铭刻的颂词,深怀感激之情。福煦太注重精神层面,也是一个炽热的爱国者,从而忽视了奖赏的意义。但是,当他知道"人只靠面包不能生存"的道理时,也理解了面包的价值。这种本能深植于他的传承、家族与种族。当福煦听到罗马尼亚为表彰贝特洛将军的战争功勋,奖励了一套住宅,他说:"好!很好!这是一个很好的姿态!罗马尼亚人懂得如何感恩……像这样的一件礼物是国家对军功的认可,胜过家族中的所有贵族头衔。某人留给子孙的东西,可以让他们见证先祖之功勋……一幢房子或者其他任何东西,那是国家的奖励之物:我本应喜欢于此的……但是奖励承受不起。民主政府也用不着这些……他们也不想让什么永恒不朽……但一幢房子,甚至可能也是陋室,却都是国家的奖赏之物!……他们在困境之际救助于我们……现在也是!"根据他的说法,任何形式的认可都将令他满意,但这同样听起来不太真实。他的骨子里一个真正的法国人。他的结论也表明了这一点。自己的一亩三分地比其他的馈赠更具意义。此乃不朽的保证,灵魂可以根植于一方故土,并开花结果。

然而,对于福煦而言,他因未能确保莱茵河边境所导致的更大不满甚至盖过了个人遭受的任何不公。随着 1919 年临近结束,态势的发展似乎证明了福煦的预感。美国国会拒绝批准和平条约，以致共同防御协定亦不能成立，这反而受到福煦的欢迎，因为很快验证了他最初不相信任何无形保证乃是正确的。福煦曾致力于在美军驻扎的科布伦茨桥头堡获得一处法军据点，此举乃是为了培育分离主义运动势力而设计的，他还错误地认为当地民众会支持法国，但遭到潘兴的坚定反对，因而他深感失望。潘兴威胁说，如果福煦坚持如此而为，美军将全部撤出莱茵河地区。美军驻科布伦茨司令艾伦将军在其日记里重点记录了次年春福煦视察科布伦茨的情形，尽管福煦在其他方面都和蔼可亲，"当我告诉他，潘兴可能这年会来，他表示不想见潘兴，也没有要求代他向潘兴问好。"

然而，福煦的主要担忧是德国拖延履行《和平条约》。尽管福煦在不断监督，但仍相信德国正在回避执行裁军条款，他认为协约国自己却正在相当迅速地裁军，以致他失去了强制德国履约的力量。1920年初，协约国各政府建立了"协约国凡尔赛军事委员会"，作为处理军事问题的组织，其执行机构是军事管制委员会和驻德各占领军。福煦奉命执掌该委员会。但出任此职实际上削弱了福煦的权力，因为他只是主持一个委员会，而其各下属委员会却隶属于一个新设的更高管制组织，即大使会议。

然而，即使外交渠道的核查存在限制，但相比福煦关注的其他更广泛的问题，他对监督德国裁军的工作，失望之情则更少。1920年1月，福煦向最高战争委员会呈交了一份计划，拟由从芬兰到黑海之间的所有国家组成一个反布尔什维克联合体，但未能令人信服。协约国政治家们在处理欧洲乱局时，对于这一个计划以及其他方面犹豫不决，以致福煦尖锐地评价说："他们摧毁了一切，他们

第二十四章 多年的反思

破坏了一切。"他宣称无法再忍受这些人了。在法国的全面反对浪潮之中，克列孟梭倒台而失势，福煦对于继任政府仍不甚满意。他认为自己的解决方案简单而有效，他不明白为何政治家们不采用他的方案。

1920年4月，福煦将圣莫雷会议称之为无用的政治之举，他表达了自己最喜欢的蔑视之情。他对政治家的个人性格描述既苛刻又鲜明。他的第一个评价说："政治家是发怒的懦夫。"另一个评价则说："政治家是一只孔雀，骄傲而又无用。"他的第三个说法："政治家是一条鳗鱼……就像通心面那样滑溜！"但是，普安卡雷几乎是唯一未受到福煦蔑视的一个政治家。

普安卡雷对于《和平条约》的看法与福煦相同，但他谈到和约时，态度更为谨慎。1920年2月，福煦当选法兰西学术院院士时，普安卡雷几乎毫不避讳地说："你的任务是打仗，不是谈和，但是你有权提出自己关于如何缔结和平以阻止新战争的意见……让我们希望世界决不会因为只听从了你的部分意见而感到后悔。"福煦的院士之席正是当年维拉尔（Villars）元帅所坐之位。这证明了福煦的自我克制，他在宣读维拉尔的颂词时，并没有提到战胜者德南（Denain）于西班牙王室继承战争结束之后被委以和谈的重任。福煦也许认为，在这样的一次会议里，无需强调也会被人理解到这一点，特别是他在普安卡雷之后发言。

福煦一直敬重普安卡雷。甚至对于这位最刻板的政治家，福煦后来抱怨说："普安卡雷根本不知道他在国家中的权力有多大。我一直告诉他说，他想做什么就可以做什么。关键在于他想不想的问题。"福煦带着惋惜的回忆可能令一位研究外交关系的历史学家感到困惑。

对于劳合·乔治，福煦心存复杂之情。1919年10月，劳合·乔治致贺福煦生辰，福煦回复说："我不会忘记，正是您的坚持，才让我有了现在的职位。"这却让克列孟梭甚感愤怒。但是几个月后，福煦又称："他改变主意就像是换件衬衣那么容易。如果说有区别的话，那就是改变主意更为频繁。衬衣可以翻过来再穿。"战争退去越远，福煦更强烈认为劳合·乔治才是法国的主要敌人。两年之后，福煦将说："我深感惊讶，这样一个人完全没有英国人最欣赏的一切素质，英国竟然让他……决定了一个如此伟大国家的命运……如果让他这么走下去，他会将英国径直拖入布尔什维克主义者的怀抱之中，而且不只是英国，还有整个欧洲都将遭此命运。"

1920年7月，布尔什维克主义的外部威胁到了严重关头，布尔什维克军进攻当时深入俄罗斯领土的波兰人。福煦在斯帕参加协约国会议时，正好出现了这个危机。福煦几乎不相信一个新立国家的凝聚力，或其军事抵抗力，但他反对波兰人撤至自己边境的计划，认为此等退却将摧毁波兰军的士气。然而，在布尔什维克军的压迫之下，波兰军很快就后撤了。在40天的时间里，布尔什维克军迫使波兰军撤退了400英里。7月16日的一次协约国会议上，劳合·乔治问福煦是否可以前赴波兰稳定大局。福煦并不急于接受这个不确定的职位，除非他可以自由行事，而且波兰政府应完全保证将满足他的条件。他认为，除非等到确立波兰的领导权，否则大军开赴波兰毫无益处。法国总理米勒兰支持福煦的意见，而且威尔逊认为："决不要拿这种草率的计划，以福煦的无价声誉去冒险。"结果，还是委任福煦前往波兰，但他可以派人代其前往波兰。

第二十四章　多年的反思

几天之后，协约国决定向波兰派遣一个盎格鲁—法兰西使团，福煦对米勒兰说："先派魏刚前往波兰。他可以代行本人应为之一切行为……尔后，如果这还不够，本人将亲自赴波，为时尚可。"但实际上已经来不及了。8月13日，俄军不断向前攻击，打到了华沙城下，陷落似乎已成定局。波兰人非常重视对于魏刚的招待，就是为了阻止福煦来波。波兰领导人不听协约国的建议，树立起了一道偏见的外墙以隔绝之，尽管魏刚逐渐打开了这道外墙，但是对于中心人物，即波兰首脑毕苏斯基（Pilsudski）元帅毫无影响力。

用达阿伯隆勋爵（Lord D'Abernon）的话说，毕苏斯基是一位"忧郁的天才"，极其不相信正规军人与战术，实际上无视协约国使团的存在，他说，其唯一希望得到的帮助是物资，而非顾问。与此同时，他秘密制定了计划。毕苏斯基分散部署部队而非集中，故意暴露其要点，然后率领一支精锐部队离开华沙，以迅雷不及掩耳之势席卷俄军后方。波兰军迅速而出其不意的攻击致使对手突然崩溃，布尔什维克军从华沙无序溃败。

如果说魏刚厌恶自己所受的境遇，而福煦却对战果甚感满意。正如他不厌其烦所言："只看结果。""我说'派他去，你们可以走着瞧！'现在你们看到结果了啊！我们是应急修理员。无论哪里形势恶化，意大利、法国、波兰，我们就去哪里。我们熟悉应对绝望的困境。没有比这个更容易的事了。我们到达，看看需要什么。然后下达命令，坚决执行，坚持下去，凯旋而归。"

在华沙战局逆转的前夕，福煦曾陪同米勒兰前往英国，当时劳合·乔治致力于协调布尔什维克与波兰之间的停战，而且明显支持布尔什维克，福煦为此极其震怒与厌恶。但由于错误的信心，布尔什维克拒绝了劳合·乔治的停战建议，除了劝说波罗的海诸国援助波兰，以及弗兰格尔（Wrangel）的"白军"提供一些帮助之外，福煦未能提出更有效的反制建议。这种无力感最令人煎熬，因为他担心布尔什维克若席卷波兰，则将与德国联合。当波兰的反攻扭转战局时，他才松了一口气。

波兰局势的缓和得以让福煦集中精神，全力应对莱茵兰问题，以及专注于确保德国裁军之事。英美驻占领区的司令似乎都认为福煦的影响力太过于注重军事方面，而非促进战后工业的恢复以及营造和平的氛围。另一方面，福煦则认为盟友们太容易奉承那些糟蹋自己国土的人。尽管福煦与艾伦的关系比前任潘兴更为顺畅，但他在美军撤出不久之后还是说艾伦"是按柏林的命令行事"。

尽管与法国并肩作战的盟友在政策方面让福煦苦恼不已，但他也表现出了杰出的才能，以区分政治与私人关系，而且还能铭记战友之情，这是其他人正在遗忘的事。1921年春，英国矿工罢工呈现蔓延之势，威尔逊被迫从海外占领区和公民自决区撤出英国诸营，福煦慷慨地解决了威尔逊的燃眉之急，说道："亨利正面临困境，他可以撤走任何应急所需的部队。"威尔逊的日记还记载道："福煦还说，只要他能提供的一切帮助，尽管开口。多好的老家伙，多忠诚的同志。"

福煦对于英国的感情好像父母对于迷途的孩子，还带点高人一等的姿态。当年稍晚时候，他与威尔逊的谈话记录中尤其出现了这种态度，威尔逊当时谈及了英国国内外的问题，表示前景特别黯淡。福煦不时说："不幸的英格兰！不幸的英格兰！"然后又忧伤地说："你违背了书面承诺。你在暗杀和犹太人面前退缩了。你的

第二十四章 多年的反思

友情已经不值得我去追求了。我们必须另寻他途了。"这必然是友人之间坦诚的一个极端例子。我们必须记住的是,由于福煦有一个爱尔兰朋友,他对英格兰的看法不可避免地带着颜色。他们也都越来越厌恶来自威尔士的(Welsh)首相,这是一切具有政治头脑的军人都对所有非军人政治家持有的固有成见。

到了1921年底,福煦感到精力不足和失望。当年10月是他的70岁生日。几个星期之后,他应美国退伍军人协会之邀乘船访问美国。尽管他在两个月的旅程期间,四处游访,主人的盛情消弭了身体的劳累,美国之旅成为福煦最坚定的精神洗礼。尤为重要的是,当时美国盛行"把事情做好"的渴望乃是焕发活力的良药,福煦接触到后,产生了共鸣。"看到了美国年轻人,他们身体强壮和精神旺盛……如果他们不懂,就会去学习,然后功成名就。一个人只要愿意,就可以取得成功。"

他对美国的政府理论也印象深刻,"结合了良好政府的两大重要原则——权力与自由。"福煦笃信宪法规定的根本原则是正确的,但并没有太过于注意到关于美国政府的实际运行也不完美的意见。福煦接触了美国国内的情况,认识到美国的巨大多样性,影响了他的视野。自此以后,福煦放弃自己哲学精神的迹象越来越显著。"根深蒂固而且不受理性影响的动机决定了国家的行动,此种动机是由地理和历史因素所形成的,也是无法改变的。英格兰的民族特性源自其岛屿的地理特征,而美国的民族特性则源自其孤立以及几乎不染指欧洲大陆事务的实际情况。"

福煦对于上述基本事实的深刻理解,以及结合其以往的经验,则有助于他避免跳入宣传的陷阱。关于与美国人打交道方面,他说，如果某人试图通过争论改变美国人的想法，"他们将立即像刺猬一样全身竖起刺来……说服美国人的最佳之道是避免努力说服他们。"福煦在访美期间，毫无疑问慎重地对待了这个问题，如果他未能"落实"自己的建议，则只会运用处事技巧，盛情表达谢意，全面呼吁维系战争的同志之情，劝勉共同努力。他谨慎避免强调自己的主要努力，也就是致力于获得莱茵河边界。福煦的处世哲学有助于他的自我克制。期望或决心致力于不可获得之物，乃是毫无意义之举。"我支持《凡尔赛和约》，这是最低的要求。"但是那些领头争取最大成果的法国人仍然心存怨恨。因此，当克列孟梭随福煦之后访问美国时，福煦在接受《纽约论坛报》的采访时说："克列孟梭到美国就像一位年老昏聩之人在抱怨和感伤……克列孟梭已经心慌意乱。他的辩白在法国几乎没有成功，他寄希望于在美国能有所斩获。他正在跟美国人说：'你们确实太过分了。为什么不批准我的和约？'……如果我可以给他一些建议，我就会对他说：'待在家里吧！'"

　　福煦的美国之行拓宽了他的人生观，这反映在他回国后对待老盟友的容忍态度上。这一点更为显著，因为此时盟友间的裂痕越来越大，而福煦的绝大多数国人对英国的愤怒之情达到了顶点。1922年5月之际，鲜有法国人赞同福煦的意见："我对英法关系相当之乐观。人们可能会对海峡两岸做出愚蠢的行为，但两国民众的友谊以及团结有着坚定的基础，这是个人的错误之举无法撼动的。"当某些法国政客尖锐地指责英国人对其演说的态度时，福煦说："这种雄辩有何意义？平台外交是恶劣的外交。国家相互离间……然后什么也没有了……"5月11日，英王乔治会晤了福煦，当时英王

第二十四章 多年的反思

正在访问法国的战争公墓,他来到洛雷特圣母院的法国公墓敬献花圈。黑格陪同英王来访,众所周知,战后黑格对福煦的态度稍显冷漠。据说,当两人相互致意后,英王将他们的手拉过来握紧,并说道:"一直是好友,不是吗?"福煦说:"陛下,我们一直是好友,有着共同的理性和相同的目标。"3个月之后,福煦赴英参加被暗杀的老友亨利·威尔逊爵士的葬礼时,福煦和黑格达成了相互谅解。

一年之后,英法两国出现了更深的裂痕,福煦前往阿布维尔参加一座纪念碑的落成揭幕仪式,在那里见到了继威尔逊出任帝国总参谋长的卡万勋爵。福煦抓住卡万的手,指着纪念碑说:"我们要给牺牲者看到,我们仍然团结一致。"

福煦越来越准备平静地接受英法政策的分歧,可能部分原因在于他对普安卡雷展现的权力感到满意,普安卡雷认为应以最小的让步保护法国的利益。在他看来,现在没有英国的支持也无关紧要,因为德国"将在较长时期内,其物质和士气状况都无法让他们怀有战争报复的念头。这是至关重要的。我们可以得到无限期的安全保障"。

福煦认为,现在的一个问题是敦促德国支付战争赔款。他的态度一直未变,而且不屈不挠。福煦觉得德国就像不会挪窝的豹子。1924年,他的老对手鲁登道夫参加了希特勒在慕尼黑发起的暴动,且正在蠢蠢欲动,根据此事件审判报告的意见,福煦找到了新的支持证据。"这令人诧异,且反映出了德国人相互背叛和伤害的恐怖世界。这让我想到一筐的螃蟹在相互撕咬着一条条腿。"

他怀疑共和国是否可是忍受,即使可以忍受,这是否会"改变德国人的思想"。对于福煦而言,德国人的身体上发酵着"普鲁士人智力和道德优越论的毒药，这成为强者可以不遵从道德的借口"。法国没有获得莱茵河边界线，福煕似乎认为德国的孱弱才是法国的安全保证。因此，法国应该保持德国处于弱势。

但即使他对德国的立场未曾动摇，随着年岁日高，他对于什么是可行之事越来越确信。他最喜欢的问题也有了答案，这是一个深思熟虑而非随意放弃的问题，即"这是什么？"1922年，德国未能履行战争赔偿条款，愤怒的法国政客提议进军柏林，福煕指着地图强调，从莱茵河到柏林的距离远于从巴黎到莱茵河的距离。"你们知道这意味着什么吗？"福煕对于进军柏林的能力深信不疑，但他需要强大的部队确保交通线的安全，这需要在法国征召两三个新阶层。"你们是否考虑到如此动员对我们国家产生的灾难性影响？而且法国已经经历了52个月的战争。"英国、美国以及所有中立国家"已经怀疑我们法国存在沙文主义和帝国主义精神"，他们会怎么看我们？即使法军占领了柏林，"又会有什么样的实质性益处呢？"德国政府将可能以稍微修正的形式效仿1812年的俄国。"我们要重蹈拿破仑的错误与愚蠢吗？"福煕的主张浇灭了法国政客的美梦。

然而到了1922年底，德国声明其无力履行直接义务，促使法国产生了获得"足够保证"的想法。在英国代表投了反对票的情况下，战争赔款委员会宣称德国故意拖欠交付煤和木材，法国普安卡雷政府遂决定适用《凡尔赛和约》规定的制裁措施，并占领鲁尔（Ruhr）地区。尽管福煕在道德上没有反对此举，但他质疑其实际价值以及占领整个地区的必要性。福煕于11月形成了自己的计划，即占领远至埃森（Essen）更为狭窄的地带，这足以获得所需的煤炭。"政府想要一口吞下一切。结果我们必将噎食,而难以消化。"

然而,尽管福煦担忧法国政府的鲁莽之举,有一段时间他的态度比实际情况表现得更为乐观。当面临困难之际,法国政府派魏刚前赴鲁尔,福煦说:"很好!我们又被派去平息事态。"几天之后,他又说:"战斗结束了。"实际上,战斗并没有结束。他怀疑的根据在于如此大规模占领的物质和军事困境。但这些困难很快被克服了。但是真正的困难在于道德方面,德国矿工在其政府支持下进行了消极抵抗。法军兵力不足的问题也暴露了出来。经过八个月的残酷斗争,德国的抵抗最终失败,但耗尽了德国的财力,无论对于法国还是德国,为了表面的胜利付了惨重的代价。法国法郎崩溃之后,德国马克也崩溃了,随着德国的破产,法国也失去了从德国获得赔款的优势。

福煦认为,这是缺乏持续的清晰政策的结果。政治家们无法胜任其被赋予的任务,但他们的能力不足乃是政治体制的产物。在福煦看来,问题的症结在于改革宪政,须确保更为连续的执政机制,使政府尽可能摆脱政治波动的影响。然而,福煦观察法郎崩溃的事件,他秉持的一如既往的信念,仍与战时一样,毫不动摇。"除非我们懦弱或者疯狂,否则法郎的命运决不会落得和马克一样的命运。"他信仰意志的力量以及依赖于踏实的努力,并指出大多数法国人与祖国利害攸关,而且法国过于自信。他的信念是正确的。

但是,福煦将继续坚持认为法国需要构建一个新的宪政基础,确立稳健的政策以适应欧洲新形势。"我们的政府建立在旧有的基础上。这就像是在驿站马车上安装一个引擎。我们不能用这样的方式制造汽车。"

福煦元帅传

福煦正在接受战败旗并将其保存在荣誉军人院

第二十四章　多年的反思

1926年，福煦甚至支持将德国作为法国政客们学习的榜样，他告诉白里安说："德国将很快告诉法国，一个以共和宪政为基础的国家如何发展前进。这个教训出人意料而且似是而非，但我确信法国会得到这个教训的。"福煦越来越敬重德国的共和体制，他相信德国当前的目标是发展经济而非图谋军事，但这并不能削弱他关于德国将再次成为威胁的判断。

福煦对于国际联盟的疑虑也是坚定不移，他不失时机地奚落日内瓦的辩论会。然而，他对于《洛迦诺公约》则更具容忍度。"他们让欧洲享受暂时的安宁，尤为重要的是，因我们的胜利而诞生的诸多新国家得以有时间巩固自己的地位。"

福煦经常会热烈讨论和平问题。"没有人想要令人厌恶的战争，不要再有战争，这太残酷了。"他关于确保和平的理念，乃是基于军事保证，这一点他也矢志不渝。"我站在和平使者这边，但并不是和平主义者……当我们撤出莱茵河，必须有所预见且做好准备。"他坚持主张的一个步骤是沿边境"构筑强大的要塞阵地"，以此替换并不存在的天然屏障。然而，和平的一个更大保障在于潜在力量的团结一致。福煦曾经被迫放弃了所期望的边界线，在无此边境线的情况下，他只能尽全力联合法国盟友形成一个围栅，包围具有潜在威胁的国家。因此，福煦访问了协约国的小成员国，以慈父般的眼神审视着他们的团结。"捷克斯洛伐克、波兰和南斯拉夫的发展和进步，令人为之震撼。他们只需要时间与和平……"

"波兰？1918年的时候，我认为他们是异想天开……现在我完全改变了想法。这个国家拥有我所钦佩的活力与力量。他们已经绝对可以将德国从波兹南尼亚（Posnania）完全赶出去。"捷克这个国家也充分证明了自己的强大与活力。福煦发现卓越的领袖已经展现出了"非凡的智慧,赋予了其持续的力量……秩序井然的国家必定有望实现伟大的未来。"

与法国的新盟友建立更密切的联系,并尽可能保持与旧盟友的关系,这些理念成为福煦所持政见的基石。其均基于保持德国永久孱弱的理念。如果"根据战略考量决定"新立国家的边境,他会感到更为安全。这些新立国家的边境线不规则,而且相互交织。某些人可能认为,此种脆弱性将导致各国会谨慎考虑战争冒险,而福煦认为,只有一个强大的屏障才能保卫和平免受狂风的摧残。"在重塑欧洲的会议上,政客的数量多于军事将领!"此乃相当遗憾之事。

由于福煦事务不多,多年以来,他得以有更多的时间思考政策。然而,他的日常行事却一直未变,但他经常到巴黎的时间除外。福煦每日9时半就会来到荣军院大道8号的办公室,这是一座长而低矮的附属建筑物,旁边就是大圆顶的拿破仑墓。福煦的一个特点依然是严守时间,如果迟到早退,他都会几乎带着歉意解释原因。福煦会向自己的两位副官致以清脆悦耳的问候,然后走进他宽敞且装修简陋的房间,墙上都挂着地图,仅有的装饰物乃是他曾任协约国军总司令时的旗帜。他先会在晴雨表前驻足片刻,尔后再去挂好帽子和披风,在冬日里,他也会看一下温度计,然后快步走到书桌前,桌子上放着一张大型吸水垫,周围堆着书籍与文件,犹如一道壁垒,旁边则井然有序地摆放着办公用品——钢笔、铅笔、烟斗和烟草纸包。在阅读整齐成堆的信件之前,他会擦拭镀镍眼镜,上面系着一根黑线。福煦都会亲自打开信件。他阅读几行之后,便

第二十四章 多年的反思

会看看签名,然后再扫视信件,找到真正的要点。如果只是被签名所吸引,"我们知道这个人吗?不知道!扔到废纸篓里!"如果开篇更是夸张的奉承之语,"嘭!嘭!来了一个敲大鼓的!"如果是退伍军人协会的人来信,福煦就会予以特别同情的关注,并准备予以回复,除非来信所求之事超越福煦的权限,如果有此种情况,他会说:"若我们开了这个头,那么就永远停不下来了。"

福煦的值日军官会紧紧站在他的右侧,依照经验而认真理解他希望回信的措辞含义。"这是什么:'我已经带着极大的兴趣在阅读本书!'不,不!我还没有读过。要实事求是。请这么写:'我希望找到极大的兴趣阅读本书!'"另一封可能请求福煦写序,"写序?他们又来烦我!"这都是福煦常见的意见。当福煦为亨利·威尔逊爵士的出版日记写序言时,他花了几个星期,因为随着年龄的增大,他的修改与润色越来越多。这与他的演说形成了奇怪的反差,他的演说非常杂乱而又相当率直。"也许我说过那样的话,或多或少是我所思所想,但如果要我签名,那我还是坚持再修改一下……我写下来的事项,才会这么做。"历史学家也许会有不同意见。因为透过福煦的文字,展现出了一个死气沉沉的形象,就如福煦死后的面具那般隐晦难懂。

福煦最后处理完信件,他会以一成不变的命令解散值日军官:"去告诉魏刚我已经来了。"随后魏刚会走进福煦的办公室,带来了公文,于是开始讨论更严肃的问题。尽管两人的关系甚为亲密,魏刚总是保持一个恪守纪律的下属身份,当福煦离开桌子背靠沙发,嘴着放着烟斗,魏刚仍会恭敬地分析已经讨论过的问题。

魏刚走后,福煦会接见已经安排任命的人员,每日宾客盈门,川流不息，各色人等均有，但也都是显贵之人。12时10分，福煦准时离开，如果参加仪式需要身着制服，他会乘车，否则通常步行。福煦回到格伦勒街的短距离步行总是令他甚感愉悦，作为一项运动却有些剧烈，他穿过一条马路时，总是小跑通过车辆的间隙。另一项运动则是要不断回敬军礼，尽管他身着便服，但军功章的扣眼绶带也相当显眼，所以经常被人认出来。

然而，比起战后几年到处举办纪念仪式，这种工作强度还是比较轻的。根据他所得的地位以及如日中天的声望，这是他不可避免的磨难。"我只是一个包裹。我让他们打包我。他们展览我，然后再储存起来。我自己什么都无所谓。"他深具军人的品格，充满着相当强烈的使命感，在无尽的评论会、颁奖会、揭幕仪式以及招待会上，他都无法推脱首席木偶的角色。福煦所幸的是，即使他表面是穿着军风衣的刻板形象，但重复的活动并没有削减他对民众热情的激动之情。福煦为战争纪念碑揭幕或英雄颁发奖章时，他仍然可以燃起新的激情，正如他自己所言："我生活在过去的记忆里，往事总是浮现在我眼前。"

法国政府给福煦分配了格伦勒街的宅邸，这里就是一座微型博物馆，到处堆满了战利品和纪念物，福煦的怀旧感情更加不可避免。怀旧的访客看到福煦的奖章可能想起路易十四征服莱茵河的往事，拉昂和兰斯的大教堂的画作表明了福煦意识到他不仅为了保卫祖国，而且也是捍卫宗教，他儿时瓦伦丁的故居交织装饰着列王的华贵礼物和世俗的传家宝。福煦的书架虽然不大，但也有诸多故事，梯也尔的《执政府与帝国史》仍然摆放在显著的位置，还有注释详细的克劳塞维茨、伯恩哈迪（Bernhardi）以及毛奇的通信

第二十四章 多年的反思

集,表明福煦钟爱战场的众多书卷,但他的书架上显然没有小说或者诗集。观察者可以发现福煦的书架上还有相当比例的法国经典名著,高乃依(Corneille)最著名的著作,有些还被翻译成了英文,但福煦认为德国和斯堪的纳维亚文学"令人不安和含混不清"。关于战争史著作,福煦喜欢将其归类为众多战利品的一种,而非文学作品。

福煦前往特鲁费恩特乌努,在7个孙子女绕膝陪伴下度假,他回首往事,感受了更多的变化,也越来越感到放松。他在部分时间里致力于写作回忆录,勤勉而力求措辞准确,这也是他未能完稿的部分原因,还由于作为历史,回忆尚不够准确。如果他在追寻事实方面花费越多的时间,那么润色词句方面的时间就越少了,但他的文稿可能会更为准确且更为真实。但是,他还是缺少时间,因为在生命的最后风月里,他转而撰写圣女贞德的著作,这比起研究同时代的档案,对他更具吸引力。研究这个主题造就了福煦,他也为圣女贞德的研究做出了贡献。福煦并没有无趣地探寻史实,而是用内在的领悟来解释这个问题。

然而,福煦没有在文牍写作方面投入其绝大多数时间,他也没有在这个方面获得最大的满足。福煦即使没有在早晨绕着小院子散步,也会手拿修枝剪,除此之外,他无法找到真正的满足感。当巴黎的友人问他在特鲁费恩特乌努如何消磨时光,他回答说:"我在筹划处理树木的战略。"另一方面,他重复在伊普尔的活动,寻找合适的植树地点,阻挡附近海面吹来的狂风。数年以来,他的主要消遣与乐趣乃是狩猎,但现在也放弃了,他认为:"要还鹧鸪以安宁!"为了获得某种满足感,应当付出建设性的努力,现在成了福煦感兴趣的想法。福煦访问摩洛哥之后，这种想法变得更为强烈，在称颂利奥泰（Lyautey）的成就时，他也表现出了极大的羡慕之情。如果福煦是为了维护古老的法国，而利奥泰则正是在创建一个新法国。"啊，如果我还是 20 岁，我一定前赴摩洛哥！在这里会有所作为……如果我的生命可以重来，我不会顾虑他人的言语，到那里付诸行动，你们会看到我的成就。"在他布列塔尼的小庄园里，他至少可以立志成为利奥泰的缩影，因此他在生命的最后岁月，在大地播下种子。"在我死后，我宁愿留下坚实而永恒之物。"因此，他满怀激情投身于植树事业，由于树木对于福煦而言意味着其将成为哥特式大教堂的拱形圆顶之柱，从而神秘地强化了其植树的执念。

福煦的植树热情，本身典型而极致地表明了他敦促采取有力行动的风格。战后魏刚在福煦的附近买下了一处房屋，有一次以深情的幽默说："元帅来了之后，就抓起修枝剪，剪掉所有'可以修剪'的枝丫，毫无慈悲之情。等到没有东西可剪后，他才离开。"

然而，每年 8 月，福煦中断休假，去从事另一项活动，也就是比利时边境的祭奠之旅。他来到一处木制十字架前面，上面镌刻着一段传奇："第 131 步兵团中尉热尔曼·福煦，1914 年 8 月 22 日阵亡于戈里（Gorcy）。"他脱帽跪地而祷，除了摇头之外，其他身体部位纹丝不动。那个坟墓埋葬着他的血脉。但在福煦的启程之地特鲁费恩特乌努，存在七倍的保证，他的命脉可以延续。

福煦的精力在衰落，勇敢的心也正在逝去。1928 年 1 月，福煦前往尼斯（Nice）揭幕一座纪念碑时，得知了黑格突然去世的消息，他已心有所备。他毫不犹豫放弃了在里维埃拉（Riviera）阳光

第二十四章 多年的反思

下休假的计划，立即动身踏上了奔赴伦敦的漫长旅程。福煦参加了紧张劳累的葬礼后，又经历了糟糕的横渡海峡之旅。回国之后，福煦的身体状况恶化。7月，福煦的雕像在卡塞勒山上落成，普安卡雷亲临揭幕，他前去参加仪式。福煦表现出明显的疲惫之情，肤色也显暗淡。11月，在揭幕马恩河纪念碑时，他恶化的健康状况与他坚定的精神一样突出。

1929年1月13日夜，福煦突发心脏病。天色渐明，医生发现福煦依然活着，遂感宽慰。这次危机拉开了福煦与疾病战斗两个月的序幕，犹如他曾经历过的战争往事那般漫长。在这场最后的战斗中，他的意志力比以往更加强大。虽然疾病困苦，但福煦一战到底，倒下只是为了重新站起来，他甚至离床着地。福煦是为生命而奋战，而非源自对死亡的恐惧。"总有一天要面对死亡。首要之事是准备面对死亡。一个人思考死亡而不因为此而担忧。"他准备好了面对死亡，但不会屈服于死亡。

3月20日，他在椅子上度过了一些时光。冬日渐落，福煦准备回床休息，再次心脏病发。他的惯用语是："走吧！"这次听起来就像号召他进行最后冲锋的号角。其他人可能向死亡投降，而福煦则高举飘扬的旗帜投入死亡的怀抱。

三天之后的圣枝主日，福煦的遗体被安放于凯旋门"无名战士"墓之旁。傍晚移灵巴黎圣母院。星期四，福煦被葬于荣军院大圆形拱顶拿破仑墓地旁边的一处墓穴。这里是福煦身体与精神安息的最佳之地。但是，福煦的灵魂将守卫圣女神殿。

后 记

以胜利之战绩,斐迪南·福煦之名镌刻在了名将列传的短轴之上。他会一直名垂青史吗?在军史研究中逐渐收集和校正的不同事实是否会抹杀掉他的名字?这不仅取决于一个人的声誉面对这些猛烈抨击的抵抗力,而且还取决于真相是否战胜传奇的快速写手,也就是超级传播者。

这里我们只讨论第一个问题,追寻福煦的历史脉络。他显然不符合拿破仑之前的名将特征。这些名将基本上是运用战争艺术实现了以少胜多的战绩。他们巧妙运用计谋实现了目的,作为教授的福煦,根本不屑于此。福煦作为克劳塞维茨的追随者,更加轻视他们取胜所依赖的战争形态,因为他从非历史的视野出发,而认为其与现代条件及永恒的理想状态截然不同。

因此,福煦只能与拿破仑的战争实践相较而论,这也是他一直所愿之事。福煦击溃顽敌,赢得了初次的欢呼,使其几乎不仅与拿破仑并驾齐驱,而且功绩双倍于拿破仑。人们赞扬福煦在现代背景之下重现了拿破仑的战略战术。在历史冷峻而又清晰的光芒之中,福煦与拿破仑之间的区别比起其相似之处则更为显著。

历史条件的差异乃是模仿的主要障碍。以优势之兵力以及人为之防御力量,在时间和空间上限制了部队的机动以及阻止了令力量惊人的联合作战，此乃拿破仑战争艺术的精髓，与拿破仑后期诸役相比，前期拿破仑对交通动脉的阻塞更具杀伤力。铁路和公路运输的出现，提高了部队的机动能力，不仅有助于恢复流通循环，而且有助于防御方更快恢复局部崩溃的守军阵地，这种说法是正确的。在此情况下，克服以及挫败防御方因战地要塞及机枪发展而获得的优势，则需要更多的手段。

我们通过研究拿破仑之前的名将，可以从其他视角审视这个问题。在他们作战的时代，防御方具有优势地位，由于守军的增援兵力，以及军队依赖于复杂的补给体系，进攻行动受到上述两个方面的限制。他们的战争与拿破仑时代战争的区别并非只是源自其意志力的差异，而是由于他们进攻路线上障碍物数量的不同，但福煦简单想象是意志力的差异。如果他们突破障碍物的速度和效率比福煦在1914年至1918年战争时更快和更高，而且不断研究突袭战术，熟练运用欺骗性弃守战术，创造战机，那么可以引诱敌军进入致命陷阱。他们并不是以占领土地的多寡来判断胜败，也不会将有意弃守"一码土地"视为不可挽回的耻辱。

福煦时代的战争，1914年至1918年战争的成功源于采取了防御-进攻战术，这是撤退后反攻的产物。这种战术是不经意间且出人意料出现的。不管将领是谁，这种战术可以获得优势，但也存在矛盾之处。当诸位名将创造了有利条件之际，其职业继任者却不再能够抓住战机。

福煦的一个显著特征是越来越表现出机会主义态度，众多著名将领经历过血的教训之后，放弃了迂腐的"战争原则"，由此渡过危机而走向胜利之路，从而在境界上超越了以往的名将。对于福煦而言，由于其最初固有的理论以及长期担任教职，这种机会主义更值得注意，也更值得认可。福煦战前"以单次优势兵力进攻一点"的理念与其战后所称"通过点滴之胜而积大胜"的理念存在相当大的不同。他经常引用的一句哲理"得过且过"，有助于连接两种理念。福煦首先将其适用于人际关系，证明了其价值所在，于是断然舍弃了自己原有的战争理论，导致他将此原则越来越多地应用于解决军事问题。

于是，这演变成了战争最后阶段的战略方法，其特点在于放松限制，任由机会主义发展。但对此的定义却相当松散，1918年8月26日福煦致黑格的一封贺信中，对此有着最佳的表述："坚持扩大和加强攻势，猛烈进攻精心选定的目标，部队无须过多扎堆或密切接触，这可以让我们以最小的损失获得最大的战果，你完全理解这一点。"对于最后"百日战争"的历史分析表明，福煦并没有完全理解其新战术的含义，他脑海里的旧理念挥之不去，从而倾向于在运用新战术时小心谨慎。然而，他的思想在回归单一与专注理念的道路上也已经走得很远了。

战争结束后，思想的退行仍在继续。福煦自己说："我们在战争一开始就陷入了令人不快的震惊之中。正如俗语所言，我们已经捅了马蜂窝。当我们认为只依靠士气足已，但这却是一个幼稚的想法。只有最初的战略想法才会认为，直接与全面的进攻乃是击败敌军的一种手段……在战争爆发之初，我们像一个士兵，拿起武器进攻，但却忘了防御之法……你专注于突破敌军防线，专注于有效而猛烈的打击，但却永远突破不了。你只能渗透进敌军阵地的皮毛而已。关于另一种直接战术，你不能通过采用单一进攻的方式来取得战果，进攻本身毫无效果,但精心筹划、严格执行、有效实施的一系列进攻除外。"如果福煦此时没有认同他的最初理论,那么他的这个论断则是表现了一种悔意。

福煦习惯形象化说理,用其手势证明自己的含义,这都是他所思所想的外在反映。准确而言,他"所见即所思。"同样准确的说法是,他只思考自己看到的东西。因此,只有经验,他才可以学习,也只有经验,他才可以修正自己在军旅青壮年时期刻在脑海里的权威印象。

拿破仑与福煦之间还有更多的不同:前者在 26 岁的时候即有机会验证推理出来的一种重要理论,而后者必须等到 62 岁才有机会检验从信仰精神力量源出的理论。拿破仑在圣赫勒拿岛(St. Helena)坦承,征战二十年,其实什么也没有学到,然而他之前并不知道这一点。比较拿破仑早期与晚期的战役,确认了他自己的上述坦白。这也表明,经验让他对最初清晰的认识产生了困惑。如果说拿破仑忽视的东西多于福煦曾经学得的东西,那么拿破仑所忽视的,正是福煦所学到的。两人之间差异可以追溯到他们指挥生涯的最后"百日战争"。

福煦的问题在于,学习之前必须忘掉很多东西。而在学习课程完成之前,他的机会就已经结束了。他认识到单次进攻必须代之以一系列攻击,兵力集结必须采用多种形式,战略战术上的让步也是不可避免的。福煦与盟友之间的处事经验有利于应对敌人。福煦根据经验,得出结论:"当四五天时间都被敌击退时,没有必要改变目标,而是以新的战术掩护新的作战行动。只有以此代价,我们才能得到官兵们的服从。法军士兵具有天生的冲劲,喜欢战术的多样化,遂可以接受对他而言是较新的理念。结果是,在适当的掩护下,所有部队都悄悄向前线集结,控制明显的大规模调动,从而秘密行动。"

"这个结论表明了福煦视野变化的程度,及其局限之处。福煦的此种蜕变不仅是为了获得所部官兵的服从,而且是消除阻碍他们遵照命令前进的反对力量。深具远见的指挥官在改变之前不能接受反复的败退。借用谢尔曼(Sherman)的名言,他在一开始的目标就应当让对手'进退维谷'。"

福煦没有完全洞察更深层真理的原因,在于战争的每个问题以及每个原则都具有双面性。犹如一个硬币,具有两面性。因此需要妥协作为协调的一种手段。战争是双方行为,这样自然也会有两面性,必要的基本要素乃是一方进攻,另一方防守。其必然结果是,为了获得攻击效果,必须剪除敌军的护卫力量。只有当敌方部队分散时,才能实现兵力的有效集结,但是为了确保敌军分散部队,己方部队也必须广泛部署。

因此,基于此种外在矛盾,真正的兵力集中乃是分散部署的产物。拿破仑谈到保持军队集中时,已经意识到了这个问题,但其继任者误解了集中这个词的意思,以为军队应该大规模成块集中。而实际上,拿破仑以松散的编队分散部署军队,就像广泛撒开的网,困缚与网罗敌军。这是兵力潜势的积聚,而非实际的接触。

为了以强大的力量实施打击,一方必须进攻另一方的薄弱之处。为了歼灭敌军大部,一方必须逐次蚕食之。为了实现一个目标,一方必须考虑替代性目标。集中于一点的攻击必须能威胁以及可以牵制另一点。为了完成计划,正如布尔塞所言,计划必须有备用计划。

拿破仑则说，成事必有两手准备，这是行事之根本。

　　福煦随着经验的丰富而在战争双重性的认识上获得了进步，但也不可避免地受到偏见以及天性的束缚。因此，福煦的言论与行为存在显著的矛盾，在他看起来的简单的事，却相当难以判断。福煦的一个选择可能让他看似是最聪明的人，而另一个选择又让他成为最愚蠢的人。战争双重性的协调一致与福煦在战争中的所为存在同等的困难。

　　福煦谈及"没有先入为主之见"的同时，也宣称了其所传授的理念"不会开放讨论"。他批判毛奇先入为主，但自己也会先入为主。因此，在尔后的岁月里，他将宣称："你们都知道我厌恶偏见。一个人必须不能只有一种军事见解。"他轻蔑地不予理会政治与著作上的问题，声称："不用管这些问题，根本不在我的考虑范围之内。"或者，他又会宣称接受新理念的重要性，但他却以笼统之语以及手势拒绝新理念："我不需要任何人将想法强加给我！"

　　福煦最具影响力的话语，以行动赋予了其价值。虽然他总是高度概括，但也一直坚持需要分析事实。"事实是存在的。你必须看到事实。他们会继续存在。情绪化不能磨灭事实……人必须是一个现实主义者。"但在另一个场合，他也会定义自己的态度："对于预判，我总是看到成功的一面，而不是阻碍的一面。我会无视灾难的可能性，消除失败的假设。"但他经常无法磨灭事实的存在。

　　我们如何调和如此多的悖论？从智力层面，这是不可能调和的。从精神上而言，却是可以协调一致的。我们距离真相最近了，福煦也是如此，他说："思维、批判，呸！有个性的驴子更有用！"这个论断具有充分的真实性，但只表明了硬币的一面而已。此种片面性完全准确地反映了福煦的特点,因此也是福煦与拿破仑的另一个不同之处。英国宿敌虽然打败了拿破仑,但拿破仑难道不会轻蔑地评价英国人是由驴子领导的一支狮子之军?

可以想见的是,一个世纪后,英军虽由一位法国元帅所统率,拿破仑可能仍不会改变他的论断。拿破仑乃是认真研究所有假设的人,对于一位随意无视任何不利假设条件的战略家,他必定会深感震惊。然而,我们还记得其他谚语所言,一只活的驴子强于一只死掉的狮子,但我们可以感受到,如果福煦少一头活着的驴子,那么英国狮子可以活下来更多。

但我们不应忘记,即使有此领导力,拿破仑问鼎世界的雄心再遇挫败。如果付出更少的代价,结果可能更为不确定。如果统率更具智慧,胜利的代价可能或者甚至很可能更少。但若个性越不鲜明,战败的可能性将高于胜利。福煦具有不可战胜的性格,不仅成为一个象征,而且激励了士气。

福煦可能有一个自己意想不到的独特特质,比涅少校曾说福煦的"个性乃是其天赋"。但他没有战略家的才能。因为战略主要是智力上的,其需要审视硬币的两面,并判断概率。按照拿破仑的标准,福煦甚至不具备指挥官的能力。福煦并没有指挥作战。如果福煦获任总司令之职,实际上也只是一名协调者。福煦深具远见的反省相当突出,他后来说:"我仅仅是管弦乐队的指挥……当然,这是一支庞大的管弦乐队……如果你喜欢,可以说我的拍子打得很好。"福煦的谦虚之言让他获得了更多的荣耀,因为这完全符合事实。这个暗喻也恰如其分,福煦于是将其适用于最终的战略手段:"音乐停了吗?我们听厌调子了吗?我们必须再来一首。不要停下来……统一指挥的真正意义不在于下达命令,而是提供建议……一人谈论,一人讨论,一个劝说……某人说:'我们应该这么做,这么简单,只需愿意去做。'"

如果他倾向于劝服而非掌控,劝服不仅依赖于形势的力量,而且是通过个人的魅力,此种魅力乃是由其个人经历所形成。然而福煦是三尺讲台的教授,而非实验室或讨论会的教授。他的想象多于论辩,他诉诸精神多于理性。在特定情况下,这也许是一条有效的路径,因为在危机期间,理性的影响力得到了削弱。精神号召更容易突破语言障碍,并弥合局部利益的裂痕。

作为协约国管弦乐队的指挥,依据福煦的行事方式以及个人吸引力其足以胜任。如果说他缺乏拿破仑式的大众感召力,但福煦却有个人魅力,这是一种个人的吸引力,刚好契合1914年至1918年的指挥状况。如果他没有个人魅力,那么就会展现出威严的一面。尤其重要的是,福煦已经流露出了功成名就的迹象。一位著名的神经学家听了别人转述的福煦之语,他曾经说道:"在我看来,福煦的自律是一种真正的心理疗法,可以应用于儿童教育以及患者的治疗。"这是对福煦的完美评价,也是他对战争的影响力。在战争的危机之下,人即使不成为神经患者,也容易变成一个小孩子。他们距离前线越远,那么更有可能具有此种倾向。战时的福煦就是战后库埃(Coué)的样子。与库埃显著对比时,福煦习惯于重复简单的公式化建议增强了两者的相似性,而福煦对于意志的强调也没有削弱两者的相似性。尽管福煦不断强调有意识地运用意志的作用,他真正的建议在于发挥潜意识里的信念力量。福煦将依赖于自己的信念。

福煦所称"意志"的力量乃是他与拿破仑之间的唯一可比之处。

严格而言,并不存在比较。福煦的意志力胜于拿破仑,而拿破仑的心理素质优于福煦。拿破仑仰仗于将星,而福煦而寄希望于上帝。"有人谈到天才,呸!天才不用依靠什么……在决策时刻,当必须对涉及成千上万生命的事说'可以'的时候,我是传达神的旨意,我认为是这样的。"

由于福煦自我证明的此种灵感来源,以及他天生的影响力,实际上不能将其与"科西嘉海盗"相比,而是应该与"奥尔良圣女"比较。他们两者都是伟大复兴的象征与倡导者。他们乘风破浪驱逐侵略祖国的敌人,他们都意识到了超越理性的力量,他们虔诚的背后都有着天生的机敏。除了性别,他们之间还有一个不同之处,既是极大的巧合,也是一种赎罪。"奥尔良圣女"面对的第一波侵略者,却帮助法国击败了福煦面对的第二波侵略者。因此,"奥尔良之子"具有双重意义,获得了"奥尔良圣女"所受苦难的回报。

但福煦与"奥尔良圣女"还有其他相似之处。如果说法国的第一次复仇是受到了圣女贞德的鼓舞,法军以刚出现的火炮击溃了英国弓箭手固守的栅栏防御阵地。在信念层面,也许会忽略此种物质因素的重要意义,但理性的思考则不会。因此,在第二次复仇之战中,最初坦克的出现也产生了类似的效果。德国冯·茨韦尔将军(General von Zwehl)所言更能说明事实:"我们并不是败于福煦元帅的将才之下,而是被坦克将军所击败。"福煦自己也认识到了这一点。他承认战前愚蠢地相信"士气战无不胜",他说:"战争本身只是一件维持精神与物质力量比例平衡的事情。从根本上而言也是如此。如果没有此种比例上的平衡,即使精锐之师也可能无法战胜敌手。"

即使如此，福煦还是忽略了心理因素。这可以确保精神与物质的比例平衡。若缺失心理因素，则会影响到战争的持续时间与成本。但是，福煦元帅的精神与类似于坦克将军的躯体乃是胜利必需之物，此种论断仍然是正确的。

从战略上而言，福煦太过于专注一事，而致其缺陷最为严重。即使福煦天生深具宗教精神，但他的见解还是来源于克劳塞维茨的理论。经验的逐渐积累让福煦认识到了战争内存的双重性，他不仅批准了巴尔干的辅助作战行动，而且他自己也实施了其他攻击行动，于是见到了成效。即使如此，福煦想在这两线长期作战，不愿另辟蹊径，也证明了福煦的短视。

从精神上而言，福煦的专注也是其优势所在。由于战争中的人都变得不可理喻，在恐惧之际，他们倾向于相信错误的自信，从而扰乱事实，福煦则可以发挥其优势，从而获得极具价值的效果。尽管他也会因为挫折而遇失败，但这些错觉也有收获，更对其他人造成了损失。他的错误牺牲了人命，但其导致其他人产生错觉，却有利于拯救民族。在战争委员会就像在教室里那样，他自己强烈确信，因此也对别人深具说服力。福煦的思维越全面，他作为将领的影响就越佳，削弱其振奋人心影响力的损害则越小。福煦站得越高，他就更容易保持无限信心，他总是天生具有这种无限信心。

其最有力的证据乃是出现在1918年春。地表之下埋下的天命种子即将开花结果，美国资源的不断增加以及德国资源的枯竭已经无法避免。然而，春天来临之际，青苗却尚不可见。其将一锤定音。在危机中求生，信念重于事实。只有依靠信念，收割者才能坚持到丰收时刻。

后 记

在黑暗的日子里，福煦的信念极具影响力，但是他所持的信念至关重要。福煦本人乃是一个媒介，人们通过他这个媒介获得拯救的承诺。历史学的分析可能表明，而且必会表明最高统帅仅仅是一个头衔而已。但在那时，人们相信最高统帅乃是一个实职。特别是那些最重要的人，也就是参加作战的人。

协约国军更高层的指挥官们可能很快意识到各平等国家所选任最高统帅的局限性；政治家们可能不再相信他们自己灵丹妙药的效用；但是，作战部队却认为最高统帅是一个现实存在的职务，对他们的影响也是确实存在的。在作战部队最需要的时候，特别是英军遭受第一次最沉重打击之际，最高统帅的影响也许是最大的。

如果说福煦出任最高统帅对下级各军阶官兵产生了直接影响，这也许是夸大之词，因为下级官兵的高级指挥官名字，对他们并没有太大的意义，在他们知道名字时，西线已经展开了大规模的军事行动。但是福煦到任的消息却对团级军官产生了显著的影响，而绝大多数团级军官先前乃是平民出身。他们距离军事高层的指挥中枢极其遥远，而无法获得真正的辨别力或准确的分析力，他们综合一般印象、个人经验和具体结果，在此引导下做出自己的判断。但他们比普通官兵更胸有成竹地窥探上级的想法，认为上级晋升的合格指挥官必具名将之列，可是若遇挫折，他们恢复对其信心的过程则甚是缓慢。在帕森德勒之役和康布雷的"回马枪"之后，他们许多人已经失去了对更高指挥层的信心。在此氛围下，不信任的确定存在犹如弹簧的扭曲。

相反，任命一位新的高级指挥官司责战事，这个想法本身具有恢复信心的意义，而且，似乎主要是因为马恩河传奇盛名远扬，福煦之名广为人知，使之成为一个令人振奋的名字。团级军官的体内被注入了新的信心，并在官兵之中传播开来。虚幻与事实具有同等的效果。信念可以创造铁的事实，也就是成功抵抗德军的持续打击。

因此，胜利的成果可以追溯到英国的国家军队，英军以及并肩作战的其他国家军队一次又一次支援了法国。1914年，如果霞飞可以被称之为法国神经的镇静剂，那么1918年，福煦就是振奋国际神经的人。而且福煦不仅于此，他鼓动不可战胜的精神，从而取得了真正的胜利。

参考文献

一般性文献

Maréchal Foch, *Mémoires pour seroir à l'histoire de la guerrl de 1914–1918*(1931)

Commandant Bugnet, *En écoutant au Maréchal Foch* (1929)

Recouly, *Foch, le vainqueur de la guerre*（1919）; *Le Mémorial de Foch* (1929); *Joffre* (1931)

A. de Maricourt, *Foch, une lignée, une tradition, un caractére*(I920）

General Weygand, *Le Maréchal Foch* (1929) [pamphlet] ; *Le Maréchal Foch* (in *Les Letters*, July 1929)

L'Ilustration, April 6, 1929 (Special Foch number)

J. R., *Essai de psychologie militaire* (1921)

Lieutenant-Colonel Mayer, *La psychologie du commandement* (1924); *Trois maréchaux*(1928); *Nos chefs de 1914* (1930)

J. de Pierrefeu, *G.2.G. secteur I* (1922); *Nouveaux mensonges de Plutarque* (1931)

R. Poincaré, *Au service de la France*, Vols. I–VI (1926–1930)

Colonel Herbillon, *Du general en chef au gouvernement. Souvenirs d'un officier de liaison* (1930)

 G. Clemenceau, *Grandeurs et misères d'une victoire* (1929)

 J. Martet, *Clemenceau et Foch* (*Candide*, April 10, 1930)

 General Percin, *Le massacre de notre infanterie, 1914–1918*

 General Palat, *Le part de Foch dans la victoire* (1930)

 René Puaux, *Foch, sa vie, sa doctrine, son œipre, la foie n la victoire*

 Commandant Grasset, *Le Maréchal Foch* (1919)

 General de Lacroix, *Le Maréchal Foch* (1921)

 L. Madelin, *Foch* (1929)

 J. Mortane, *Vie et mort de Foch* (1929)

 W. Sérieyx, *Souvenirs de grands chefs* (1930)

 General von Kuhl, *Der deutsche Generalstab in Vorbereitung und Durchführung des Weltkrieges* (1920)

 General von Zwehl, *Erich von Falkenhayn* (1925)

 General von Falkenhayn, *General Headquarters, 1914–1918, and Its Critical Decisions* (Eng. Trans. 1919)

 General Ludendorff, *Urkunden der Oberste Heeresleitung, 1916–1918* (1920)

 Colonel Bauer, *Der grosse Krieg in Feld und Heimat* (1922)

 Crown Prince Rupprecht of Bavaria, *Mein Kriegstagebuch*, 3 vols. (1928)

 Major-General Sir C. E. Callwell, *Field-Marshal Sir Henry Wilson—His Life and Diaries* (1927)

 Major the Hon. Gerald French, *Field-Marshal Sir John French, First Earl of Ypres* (1931) [contains extrats from diary]

A. B. Dewar and J. H. Boraston, *Sir Douglas Haig's Command, 1915–1918* (1922)

Brigadier-General J. Charteris, *Field-Marshal Earl Haig* (1929)

Major-General Sir F. Maurice, *The Life of General Lord Rawlinson of Trent* (1928)

Major-General G. Aston, *Marshal Foch* (1929)

Sir G. Arthur, *Life of Lord Kitchener* (1920)

1914 年之前事件的文献

P. Pélot, *Foch, sa jeunesse* (1930)

L. Caddau, *À propos du Général Foch* (*Revue des Hautes-Pyrénées*, May 1916); *Le Général Foch* (*Revue des Hautes-Pyrénées*, May 1917); *À la maison natale du Général Foch* (*Revue des Hautes-Pyrénées*, December 1918)

H. Cossira, *Au berceau familial du Maréchal Foch* (*Je sais Tout*, November 1918)

General Boucher, *Les lois éternelles de la guerre* (1925)

Colonel de Grandmaison, *Deux Conférences* (1912)

Lieutenant-Colonel Foch, *La bataille de Laon* (1903); *Des principes de la guerre* (1903); *De la conduit de la guerre* (1905)

H. Bidou, *Le Maréchal Foch, écrivain militaire* (*Minerve Francasise*, February 1920)

1914年事件的文献

Commandant Lefranc, *Le 20ᵉ Corps à Morhange (Revue Militaire Française*, October 1930)

Anonymous, *Le 20ᵉ C. A. à Morhange 20 août, 1914 (Revue des Deux Mondes*, September-October 1921)

V. Giraud, *Le Général de Castelnau (Revue des Deux Mondes*, August 1921)

General Dubois, *Deux années de commandement* (1921)

V. Margueritte, *Au bord du gouffre* (1920)

Commandant Koeltz, *D'Esternay aux Marais de Saint-Gond 6–9 September, 1914* (1930)

C. Le Goffic, *Les Marais de St. Gond* (1917)

Commandant Jeaunaud, *Souvenirs de la bataille d'Arras (Revue des Deux Mondes*, August 1–15. 1920)

General H. Colin, *Le division de fer, 1914–1918* (1931) [also for 1915 and 1916]

Commandant Muller, *Joffre et la Marne* (1931)

Lieutenant-Colonel G. Lestien, *L'action du Général Foch à la bataille de la Marne (Revue d'Histoire de la Guerre Mondiale*, April 1930)

General Huguet, *Britain and the War* (Eng. trans. 1928)

Colonel Bujac, *Le Général Eydoux et le XI Corps d'Armée* (1925)

Les armées française dans la grande guerre, Tome I, Vols. I–II (French Offical History)

Brigadier-General Sir J. E. Edmonds, *Military Operations, France and*

Belgium, Vols. I-II (British Official History)

Field-Marshal Viscount French, "*1914*" (1919)

Reichsarchiv, *Der Weltkrieg, 1914–1918*, Vols. I, III, IV, VI (1924–29) [German Official History]

Reichsarchiv, *Das Marnedrama, 1914* (1928–29) [German Official Monograph, in five parts]

Rechsarchiv, *Ypres, 1914* (1919)

Die Schlacht in Lothringen (1929) [Bavarian Official History]

Field-Marshal von Bülow, *Mein Bericht zur Marneschlacht* (1920)

General von Kuhl, *Der Marnefeldzug, 1914* (1920)

General von Hausen, *Souvenirs de la campagne de la Marne en 1914* (French trans. 1922)

1915 年事件的文献

Commandant Lefranc, *La prise de Neuville-Saint-Vaast (Revue Militaire Française*, September 1929)

Mermeix, *La première crise du commandement*

General Huguet, *Britain and the War* (Eng. trans. 1928)

Les armées française dans la grande guerre, Tome III（1927）[French Offical History]

Brigadier-General Sir J. E. Edmonds, *Military Operations, France and Belgium*, Vols. III–IV (British Official History)

Crown Prince Rupprecht of Bavaria, *Mein Kriegstagebuch* (1928)

1916年事件的文献

General Humbert, *Letters d'un chef à son fils* (*Revue des Deux Mondes* September–October 1922)

General Palat, *Bataille de la Somme*

Brigadier-General Sir J. E. Edmonds, *Military Operations, France and Belgium*, Vol. V (British Official History)

Reichsarchiv, *Somme-Nord*

Crown Prince Rupprecht of Bavaria, *Mein Kriegstagebuch* (1928)

1917年事件的文献

P. Painlevé, *Comment j'ai mommé Foch et Pétain* (1923)

Anonymous, *La fin d'une légende, mission du Général Foch en Italie* (*Revue des Deux Mondes*, July 15,1920)

C. Barrère, *Foch en Italie* (*Revue des Deux Mondes*, July 12, 1929)

General ***, *La crise du commandement unique* (1931)

Mermeix, *Nivell et Painlevé—2e crise du commandement*

General J. J. Pershing, *My experiences in the World War* (1931)

1918年事件的文献

General Mordacq, *Le commandement unique* (1929); *La vérité sur l'armistice* (1929); *Pouvait-on signer l'armistice à Berlin?* (1930)

Mermerix, *Le commandement unique, Part I: Foch et les*

armées d'Occident (1920); *Les négociations secrètes et les quatres armistices*

Commandant Laure, *Au 3ème Bureau du toisième G.2.G.* (1922)

General ***, *La crise du commandement unique* (1931)

R. Recouly, La bataille de Foch (1920)

Colonel Tournès and Captain Berthemet, *La bataille de Flandres* (1925)

L. Gillet, *La bataille des monts de Flandre* (*Revue des Deux Mondes*, June 1, 1919)

Commandant Daille, *La bataille de Montdidier* (1928)

Commandant Koeltz, *L'offensive allemande de 1918* (1928)

Les armées française dans la grande guerre, Tome VII, Vol. I [French Offical History]

M. Erzberger, *Erlebnisse im Weltkrieg* (1921)

The Memoirs of Prince Max of Baden (Eng. trans. 1928)

General E. Ludendorff, *My War Memories* (Eng. trans. 1920)

General von Kuhl, *Entstehung, Durchführung, und Zusammenbruch der Offensive von 1908* (1928)

Deutsche Siege, 1918. Das Vordringen der 7 Armee über Ailette, Aisne, Vesle und ourcq bis zur Marne: 7 Mai bis 13 Juni (Official Monograph, 1930)

Der letzte deutsche Angriff, Reims, 1918 (Official Monograph, 1930)

Lord Milner's Memorandum to the Cabinet, March 27, 1918

W. B. Worsfold, *Lord milner and the Unifed Command* (*United Empire*, May–June 1929)

Brigadier C. J. C. Grant, *Marshal Foch* (*Household Brigade Magazine*, 1929)

C. Seymour, *The Intimate Papers of Colonel House*, Vols. III–IV (1926–28)

General J. J. Pershing, *My Experiences in the World War* (1931)

T. M. Johnson, *Without Censor* (1928)

Colonel T. C. Longeran, *It Might Have Been Lost* (1929)

Major-General J. G. Harbord, *Leaves from a War Diary* (1926)

Major-General Hunter Liggett, *A. E. F.* (1928)

1919 年事件的文献

General Mordacq, *L'évacuation anticipée de la Rhénanie* (*Revue des Deux Mondes*, June 15, 1929)

G. Clemenceau, *Grandeurs et Misères d'une victoire* (1929)

Viel-Mazel, *Le Rhin—victoire allemande*

C. Seymour, *The Intimate Papers of Colonel House*, Vols. IV (1928)

J. M. Keynes, *The Economic Consequences of the Peace*

Major-General H. T. Allen, *My Rhineland Journal*

Mermeix, *Le combat des trois. Notes et documents sur la Conference de la paix* (1922)

Commandant de Mierry, *Foch's Impressions of America* (*Forum*, May 1922)